KB206710

한국 근대연극의 형성

공공극장과 신파극의 대중적 문화지형

한국 근대연극의 형성

개정판 1쇄 인쇄 · 2024년 11월 5일
개정판 1쇄 발행 · 2024년 11월 25일

지은이 · 우수진
펴낸이 · 한봉숙
펴낸곳 · 푸른사상사

주간 · 맹문재 | 편집 · 지순이 | 교정 · 김수란, 노현정 | 마케팅 · 한정규
등록 · 1999년 7월 8일 제2-2876호
주소 · 경기도 파주시 회동길 337-16 푸른사상사
대표전화 · 031) 955-9111(2) | 팩시밀리 · 031) 955-9114
이메일 · prun21c@hanmail.net
홈페이지 · http://www.prun21c.com

ⓒ 우수진, 2024

ISBN 979-11-308-2185-6   93680
값 28,000원

연극이론총서 10

THE CULTURAL TOPOGRAPHY OF MODERN THEATER IN KOREA

공공극장과
신파극의
대중적
문화지형

한국 근대연극의
형성

우 수 진

푸른사상
PRUNSASANG

다시 길 위에서

이 책은 1910년대 신파극을 다룬 박사논문인 「근대연극과 센티멘털리티의 형성」을 확장·보완하여 1900년 전후에서 1920년에 이르는 근대연극사로 재구성한 것이다. 공부의 길에 들어설 때부터 연극사를 한번 써보고 싶다는 바람을 가지고 있었기에 이 책은 부끄럽지만 십여 년 간의 학문적 여정과 노력의 결과인 셈이다.

제목인 '한국 근대연극의 형성 연구 −공공극장과 신파극의 대중적 문화지형'은 공공극장의 등장을 시작으로 협률사 폐지론과 연극개량/론의 전개, 원각사의 '신연극' 실험, 신파극의 등장과 전개 및 연쇄극에 이르는 근대 초기의 연극사를 포괄하고 있다. 그리고 부제는 그것이 연극사적인 사실의 기술보다 사실들 사이에 놓여 있는 문화적 의미와 그것의 근대성을 구명하는 데 초점을 두었음을 암시한다. 연극은 무엇보다도 근대적 대중문화의 살아있는 형식이기 때문이다.

우리의 근대연극('신연극')은 공공극장이라는 새로운 문화적 환경 안에서 신파극이라는 새로운 연극 형식으로 경험되면서 시작되었다. 공공극장은 누구에게나 개방적이면서도 상업적인 공간이었으며, 근대적인 관객대중을 탄생시켰다. 학업이나 실업에 전념하지 않고 극장 구경에 시간을 보내는 새로운 관객대중의 실체는 협률사 폐지론과 연극개량론 등이 연극/극장에 관한 최초의 여론으로 전개되는 직접적인 원인이 되었다. 협률사의 폐지 직후 등장했던 민영극장들과 원각사의 연극개량적 시도 역시 이에 조응하는 것이었다.

원각사 창부들은 판소리를 개량하거나 일본연극을 모범으로 삼으며 '신연극'을 지속적으로 시도했지만 일정한 성과를 거두진 못했다. 이에 비해 1911년 12월에 처음 등장했던 혁신단 임성구 일행의 신파극은 연극개량의 성공적인 결과물('신연극')로 사회의 대대적인 환영을 받았으며, 이후 문수성과 이화단, 청년파 일단, 유일단, 예성좌 등이 연이어 결성되는 계기가 되었다. 신파극은 당시 상업적인 멜로드라마 이상의 것이었다. 신파극은 배우의 육체를 의미화하고 구어조의 대사언어를 실현하며 재현적인 무대 공간을 제시하는 등 근본적으로 새로운 연극성을 관객대중과 조선사회 전반에 경험시켰다. 그리고 신파극의 멜로드라마는 인간과 사회의 개량 가능성에 대한 계몽주의적인 믿음을 낭만적인 방식으로 연극화하였다.

방법론적으로 이 책은 일찍이 레이몬드 윌리엄스가 강조했던 문화사회학을 토대로 하였다. 근대적인 공공극장이라는 제도와 극단, 연극운동, 나아가 연극 형식은 관객대중, 도시민과 도시사회 전체와 맺고 있는 관계를 통해 그 연극(사)적인 의미와 사회적인 의미를 구명할 수 있다. 이를 위해 협률사가 최초의 실내극장이었다는 사실보다, 한성부라는 근대도시에 최초의 실내극장으로 설치되었던 배경과 이후 협률사가 관객대중과 도시민, 나아가 도시사회에 미친 영향 및 그 상호관계에 더 초점을 두었다. 아울러 신파극이 상업적인 멜로드라마였다는 사실보다, 신파극 멜로드라마가 최초의 근대적 연극형식으로 등장했던 배경과 맥락, 그것이 당시의 관객대중과 사회 전반에 감정적으로나 인식적으로 수용되었던 방식과 그 경험의 내용 등에 더욱 주목했다.

앞선 연구자들의 성과가 없었다면 이 책은 나오지 못했을 것이다. 특히 이두현 선생님의『한국신극사 연구』, 유민영 선생님의『한국근대연극사』와『한국근대극장 변천사』,『한국인물 연극사』, 이미원 선생님의『한국근대극 연구』, 양승국 선생님의『한국 신연극 연구』, 백현미 선생님의『한국창극사 연구』, 사진실 선생님의『공연문화의 전통』등의 연극사 연구서들과 안광희 선생님의『한국근대연극사자료집』등은 길을 잃을 때마다 꺼내보는 나침반과 지도였다. 이 외에도 이 책은 인용되거나 인용되지 않은 많은 연구논문들에 많은 빚을 지고 있다. 잘못된 인용이나 간과된 선행연구가 있다면 그것은 전적으로 본인의 책임이다.

출간에 앞서 설레임보다는 두려움이, 두려움보다는 감사한 마음이 더 크다. 어리석은 제자가 공부라는 어려운 길에 들어설 때 우려와 격려를 아끼지 않으셨던 서울교대의 양태식 선생님과 황정현 선생님, 엄해영 선생님이 계시지 않았다면 뒤늦게 실감한 삶의 무게를 감당하기 어려웠을 것이다. 낯설기만 했던 연세대학교는 이제 학문적 모교가 되었다. 전공교수가 없는 희곡/연극 장르를 무모하게 선택한 학생의 지도를 선뜻 맡아주신 김철 선생님을 비롯하여 최유찬 선생님, 신형기 선생님, 이경훈 선생님 등으로부터 연구자로서 갖추어야 할 학문적 엄격성과 비판성을 배웠다. 그리고 김현주 선생님과 다지마 테츠오 선생님을 비롯하여 서은영, 조익상, 한일범 등의 학형과 함께 했던『매일신보』클러스터 세미나를 통해 이 책의 논지를 한층 예각화 하고 엄정히 할 수 있었다. 모두에게 감사한 마음뿐이다.

국문학 안에서 희곡 장르가 가지는 주변성은 오히려 문학의 중심이 아닌 외부, 즉 연극을 매개로 하는 문화 연구로 나아갈 때 극복될 수 있다.

그런 의미에서 연극원에서 보낸 시간은 희곡을 문학 텍스트가 아닌 동시대의 살아있는 연극으로 재발견할 수 있는 시간이었다. 연극 제작뿐만 아니라 무수한 연극 관람과 비평의 경험은 책을 통해서는 결코 실감할 수 없었던 연극의 육체성을 각인시켜주었다. 그리고 연극의 보편성에 대한 이해를 통해 한국 희곡/연극의 특수성에 대한 균형 있는 시각을 가질 수 있었다.

마지막으로 여성 연구자의 길은 가족의 기다림으로 만들어진다는 사실을 덧붙이고 싶다. 어려서부터 책을 좋아했던 딸자식에 대한 부모님의 사랑과 지지가 없었다면 시작조차 불가능했을 것이다. 공부가 업인 아내를 둔 남편의 인내가 없었어도 그 길을 계속 걸어가기 힘들었을 것이다. 그리고 사랑하는 은혁이, 부족한 엄마 곁에서 누구보다도 밝고 건강하게 잘 자라주고 있어 언제나 고마울 따름이다. 이 책이 어린 너의 오랜 기다림에 대한 변명이 될 수 있기를 바란다.

2011년 3월
우 수 진

여전히 그 길 위에서

『한국 근대연극의 형성』은 2010년에 서울문화재단의 예술연구서발간 지원사업에 선정되어 서울문화재단과 한국문화예술위원회의 후원을 받아 출간되었다. 그리고 십여 년이 지난 지금 개정 출간을 앞두고 있다. 인문학술서보다 교양서가 더 선호되고 있는 현실에서 실로 감사한 일이 아닐 수 없다.

이 책은 문학과 연극을 오가며 결코 짧지 않았던 학업과 그 이후의 후속 연구를 통해 완성된 첫 번째 연구서이다. 개인적으로 애착이 큰 것은 이 과정에서 연구의 어려움이나 고됨보다 더 큰 즐거움과 희열을 느끼고 배울 수 있었기 때문이다. 연구자라는 불안한 신분으로 학업을 계속하며 두 번째 연구서인『한국 근대극의 동역학』을 낼 수 있었던 것도 그 덕분일 것이다.

개정이라고 해서 크게 달라지는 것은 없다. 표지를 바꾸면서 몇 군데 오탈자를 바로잡고 문장을 조금 더 명료하게 다듬는 정도로 시작된 작업이었기 때문이다. 여기에 근대극장의 공공성과 신파극의 '눈물', 연쇄극의 테크놀로지, 무성영화의 공연성 등에 대한 논의가 여전히 유의미하게 읽히는 것은 그나마 다행스러운 일이다. 특히 싸구려 감상으로 비난받았던 신파극의 '눈물'을 동정 담론을 토대로 능동적이고 역동적인 것으로 읽었던 시도는 요즘 활발하게 이루어지는 정동 연구와도 연결될 수 있을 것이다.

연구는 조약돌만 한 자신의 식견을 얹기 위해 거인의 어깨 위를 힘겹게 올라가는 과정과 다름없다. 이 과정에서 선행 연구들은 나침반이나 반면교사의 역할을 하면서 언제나 길이 되어준다. 선행 연구의 서지에 정성을 들이는 것은 이러한 고마움 때문이다. 그럼에도 혹여 누락된 것에는 너른 양해를 구한다.

2024년 10월
우 수 진

한국 근대연극의 형성

제2장 연극개량, 극장적 공공성을 모색하다

제3장 '신연극' 신파극, 근대적 연극성을 체현하다

제4장 신파극의 멜로드라마, 근대를 연기하다

제5장 신파극, 테크놀로지와 만나다

한국 근대연극의 형성

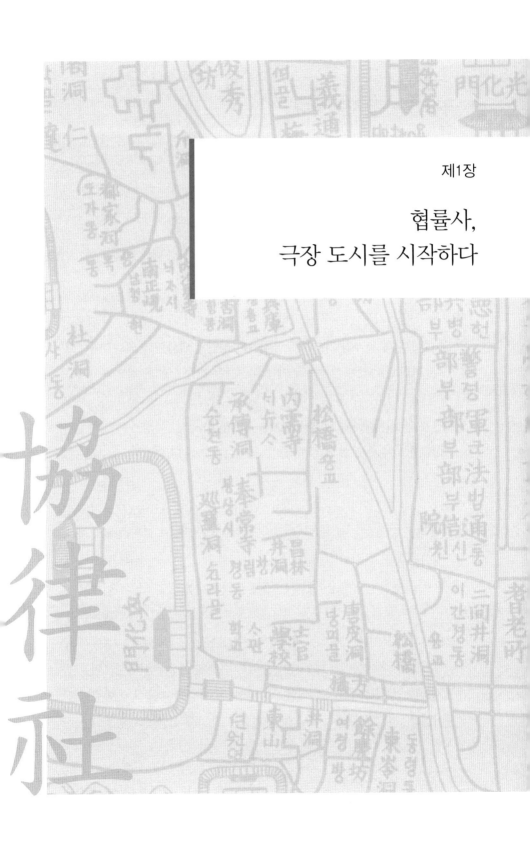

제1장

협률사,
극장 도시를 시작하다

협률사,
극장 도시를 시작하다

근대극장은 1900년 전후 한성부에 처음 등장했다. 한성부 외곽지역인 아현과 용산의 한강변에는 무동 연희장과 같은 야외의 가설 연희장이 개설되었고, 한성부 내 외국인 거류지의 공터에는 청인과 일본인의 연희장이 가설되었다. 그리고 1902년에는 최초의 실내극장인 희대(戲臺)가 한성부의 중심인 광화문의 경희궁 흥화문 앞 봉상시(奉常寺) 안에 설치되었다. 희대는 이후 연희단체의 이름을 따라 협률사(協律社)라고 불렸다.

근대극장은 도시를 배후로 상업적으로 운영되는 공공극장(commercial public theater)이었다. 도시는 실내극장의 조명과 밤의 거리조명을 가능케 하는 전기시설과 도시민 관객대중을 운송하는 전차나 기차 등의 교통수단, 그리고 각종 위생시설 등의 기반을 제공했다. 무동 연희장은 한성부 외곽에 설치된 가설극장이었으나, 한성부를 배후로 신문과 전차 등의 근대적 매체를 통해 상업적으로 운영된 공공극장이었다는 점에서 근대극장적 면모를 선취하고 있었다.

협률사는 신분이나 남녀의 구별 없이 누구에게나 개방되었다는 점에서 공공극장이었다. 협률사에서 주로 공연되었던 기생의 궁중무용과 판소리는 원래 특권계층인 왕족과 고급관리들, 판소리는 양반층과 부유한 중인층의 전유물이었다. 하지만 협률사에서 이들 연희는 특정한 신분이나 성별의 제한

한국 근대연극의 형성

없이 향유될 수 있었다. 궁극적으로 공공극장의 등장은 신분적 위계질서를 토대로 하는 봉건질서의 해체에 기인하였다. 그리고 이 공공극장 안에서 불특정 다수로 구성된 근대의 관객대중(theater public)이 탄생되었다.

공공극장은 상업적인 극장이었다. 공공극장의 개방성은 그러나 입장료를 내야 들어올 수 있다는 점에서 조건적인 것이었다. 물론 이전에도 판소리 창부(唱夫)와 기생, 남사당 등의 연희자들은 놀이에 대한 대가를 받았다. 하지만 상업적인 극장은 극장 자체가 일종의 시장(市場)처럼 연희자와 관객 사이에 교역(交易)이 발생하는 공간이었다는 점에서 새로운 것이었다. 극장 안에서 연희자는 소리(唱)나 무용, 무동(舞童) 등과 같은 공연물을 상품으로 제공하였고, 관객은 그 상품의 소비자가 되었다. 그리고 극장을 경계로 공연물뿐만 아니라 각종 일상적인 삶의 요소들, 즉 인식과 관습, 행동양식, 제도 등이 서로 교환되거나 영향을 주기 시작했다.[1]

---

1 Erika Fischer-Lichte, *The Show and the Gaze of Theatre; A European Perspective*, Univ. of Iowa Press, 1997, p.1.

1. 가설극장, 도시에 금지되다

1) 한강변의 가설극장: 아현과 용산의 무동 연희장

무동 연희장은 1900년 전후 아현과 용산 등의 한강변에서 성행하였다. 아현과 용산은 전차 정거장과 근접하여 도시민의 접근이 상대적으로 용이한 곳이었다. 1900년 2월 28일과 3월 1일 『황성신문』 신문 광고의 '용산강안(江岸) 전기회사정거장 근처'라는 문구는 위치와 교통을 함께 안내하고 있었다. 신문 광고도 도시민 전체를 관객 대상으로 삼고 있었다.

> [1900. 2. 28] 陽曆 二月 卄七日 下午붓터 龍山江岸 電氣會社停車場近處에셔 舞童遊戲를 佚蕩이 ᄒ오니 諸君子는 來玩ᄒ시오

> [1900. 3. 1] 龍山江岸 電氣會社停車場近處에서 舞童戲를 始코져 ᄒ얏더니 衣服이 未備홈으로 再昨에 始戲치 못ᄒ고 今日早朝붓터는 的實히 遊戲홀터이니 諸君子는 逐日來玩ᄒ시ᄋ

> [1900. 3. 2] 昨朝에 舞童을 始戲코져 ᄒ얏더니 終日下雨ᄒ야 演戲치 못ᄒ고 陽曆 三月 四日로 退定ᄒ야 每日遊戲홀터이오니 諸君子는 逐日 龍山으로 來玩ᄒ시ᄋ

[1900. 3. 3] 위와 동일

[1900 3. 5] 日昨에 舞童을 始戲코져 ᄒ얏더니 終日下雨ᄒ야 演戲치 못ᄒ고
陽曆 三月 五日로 改定ᄒ야 每日遊戲홀터이오니 諸君子ᄂ 逐日龍山으로 來
玩ᄒ시ᄋ

　용산의 무동 연희장은 야외의 가설무대로 설치되었다. 3월 2일에서 5일까
지의 신문 광고는 원래 2월 28일로 예정되었던 연희장의 개장이 의복의 준
비 부족으로 하루 연기되었다가 계속되는 우천(雨天)으로 인해 3월 4일에서
다시 3월 5일로 연기되었던 정황을 알려준다.
　무동 연희장의 형태는 그동안 야외의 가설극장으로만 알려져왔다. 하지만
최근 완역 출간된 에밀 부르다레(Emile Bourdaret)의 *En Corée*(1904)에 실린 '서
울에서 벌어진 축제'라는 표제의 사진이 역사학자 전우용 교수에 의해 아현
동의 무동 연희장으로 확인되면서 그 구체적인 모습이 알려졌다.[2]
　그림 1의 사진을 보면, 놀이패들은 너른 공터에 사각으로 넓게 말뚝을 박
고 포장을 쳐 울타리를 만들어 놓았다. 이는 놀이 공간과 구경꾼의 공간을
구분하기 위함이었다. 놀이 공간의 한가운데에는 높은 장대를 사각으로 세
우고 그 끝에 거대한 그늘막을 달았으며, 그늘막의 두 귀퉁이에는 각각 다른
색의 커다란 술이 달려 있었다. 커다란 술은 멀리에서도 한눈에 연희장의 존
재와 위치를 시각적으로 알려주는 표지 역할을 했을 것이다. 구경꾼들은 울
타리 주위를 여러 겹으로 둘러싸고 있었다. 운이 좋은 일부는 포장막 바로
안쪽에 들어가 자리를 잡았고, 몇몇 사람들은 다소 멀찍이 떨어진 언덕 위에

2　에밀 부르다레, 『대한제국 최후의 숨결』, 정진국 옮김, 글항아리, 2009, 185쪽. 에밀 부르
　　다레는 1901년 대한제국이 경인철도 부설을 위해 서북철도국을 설치했을 때 철도기사로
　　한국에 초빙되어 러일전쟁 발발 전까지 약 4년간 우리나라에 머물렀다.

그림 1. 아현동의 무동연희장

자리를 잡았다. 대부분 하얀 도포 차림에 갓을 쓴 구경꾼들은 말 그대로 구름 같이 모여 있었다. 놀이 공간 한 가운데에는 탈을 쓴 놀이패들이 연희를 하고 있고, 그 한쪽 끝에는 악사들이 자리해 있었다.

무동 연희장에서 구경꾼들은 상대적으로 자유로웠다. 신문 광고에 그저 아침 일찍 시작된다고만 되어 있었던 공연은 해 질 무렵까지 계속되었을 것이었다. 전기나 가스조명이 불가능한 상황에서 밤 공연은 설사 화톳불에 의지한다고 해도 위험하고 한계가 있었기 때문이다. 구경꾼들은 원하는 시간에 와서 원하는 시간만큼 구경하다가 갈 수 있었다. 관객석이 별도로 마련되지 않았기 때문에 자리 선정이나 구경값도 강제적이지 않고 임의적이었을 것이었다. 신문 광고에도 입장료에 대한 언급은 없었다.

무동 연희장의 성격과 연희 내용을 알려주는 유일한 자료는 1900년 3월 31일 『황성신문』의 논설 「무희당금(舞姬當禁)」으로서, 이는 여기에서 처음 소개되는 것이다.

한국 근대연극의 형성

… 今所謂舞童이란 것은 或稱男沙當ᄒ며 或稱踏橋牌ᄒ야 扮男爲女도 ᄒ며
幻俗爲僧도 ᄒ야 綠衣紅裳과 松納長衫으로 肩上에 擺立ᄒ야 亂舞翩翩ᄒ며 開
散無賴와 浮浪潑皮가 彩花頭弁과 小鼓胡笛으로 吹打聒聒ᄒ니 初見者ㅣ當之
면 耳目을 可駭로듸 … 是何病風인지 究其本原이면 僧家所謂乞粒도 不是오
農夫所謂風箏도 不是오 外國演戲之屬도 不是라 今年에ᄂ 初自龍山倡起ᄒ야
沿江附近에 互生勝癖ᄒ야 …

논설에 의하면, '무동'은 당시 '남사당'이나 '답교패'라고 불리며 새롭게 등
장하였다. 그리고 이는 기존의 '(승가의) 걸립'이나 '농부의 풍쟁(풍물놀이)',
외국의 연희와도 그 연원을 달리하는 것이었다. '무동'이 '남사당'으로 불렸
던 원인은 놀이의 유사성에 있었다. 남사당은 보통 무동놀이를 중심으로 하
는 풍물로 시작하여 버나, 살판, 어름, 덧뵈기, 덜미 등의 여섯 종목으로 구
성되어 있었기 때문이다. 그 중 덧뵈기는 위의 아현동 무동 연희장 사진에도
실렸던 일종의 탈놀음이었다.

논설에도 주로 무동놀이와 탈놀이 장면이 묘사되어 있었다. "분남위녀(扮
男爲女)도 ᄒ며 환속위승(幻俗爲僧)도 ᄒ야"라는 것은 말 그대로 탈놀이의 남
성 연희자가 여자 역할도 하고 승려가 되어 세상을 속이기도 한다는 것인데,
내용상 소무당(小巫堂) 놀이와 노장승(老長僧) 놀이로 짐작된다. 실제로 "녹
의홍상(綠衣紅裳)"과 "송납장삼(松納長衫)"은 각각 소무당과 노장승의 의상이
기도 하다. 그리고 "견상(肩上)에 파립(擺立)ᄒ야 난무편편(亂舞翩翩)ᄒ며"는
어깨 위에 층층이 서서 춤추는 무동놀이의 모습을, "한산무뢰(開散無賴)와 부
랑발피(浮浪潑皮)가 채화두변(彩花頭弁)과 소고호적(小鼓胡笛)으로 취타괄괄
(吹打聒聒)ᄒ니"는 채색한 꽃이 달린 고깔을 쓰고 소고를 두드리고 호적을 시
끄럽게 부는 악사의 모습을 묘사한 것이었다.

탈놀이는 남사당놀이나 무동 연희장 이외의 놀이판에서도 가장 일반적으
로 공연되었고 인기가 있었다. 예컨대 1900년 8월 9일 『황성신문』의 논설

「희무대타령(戲舞臺打令)」에서 언급된 산대놀이에도 소무당과 노장승 중심의 탈놀이가 포함되어 있었다.

> … 吾們은 山寺에 納凉ᄒ다가 山臺都監의 演戱를 偶覽홈이 … 一代奇恠別
> 人物이 燦爛錦繡新衣裳과 玲瓏彩色眞面目으로 瀟湘班竹十二節로 逾出逾奇
> 차례춤에 **雪膚花容小巫堂과 松衲長衫老長僧**이라 峨冠博帶生員이오 拳鬚突鬢
> 木僧이라 이탈나와 一場이오 져탈나와 一場이라 …(이후 강조는 인용자)

논설자는 여름철 더위를 피해 산사(山寺)에 놀러갔다가 우연히 절을 근거로 활동했던 걸립패들의 산대놀이를 보았다. 그가 보았다는 빛나는 비단옷을 입고 화려하게 채색된 얼굴의 기이한 별사람은 다름 아니라 탈놀이에 등장하는 '소무당'과 '노장승', '생원', '목승' 등이었다.

아현 지역이 녹번 지역과 함께 본산대(本山臺)의 본거지로 원래 유명한 곳이었다는 점에서 탈놀이는 무동놀이와 함께 무동 연희장의 핵심이었다.[3] 이와 관련하여 1900년 4월 9일 『제국신문』에 '새문밧 링동근쳐' 사람들이 '산두도감 연희쟝'을 개설하려 한다는 사실이 기사화되었는데, 지금의 서대문 밖 냉천동인 '링동'은 산대놀이의 본거지인 아현과 가까운 곳이었다.

> 새문밧 링동근쳐 사름들이 산두도감 연희쟝을 쑴으려고 약간 제구사지 만
> 들엇스되 관부에 허가를 엇지 못ᄒ야 쥬선즁이라더니 직작일에 그 동리 사름
> 들이 룡산 듸줄타는 구경을 갓더니 구경군은 희소ᄒ고 맛춤 한셩판윤 리치연
> 씨가 룡산으로 나왓ᄂ지라 산듸도감 허가ᄒ여 주기를 청구ᄒ즉 리판윤의 말
> 이 룡산으로 나와 놀터이면 허가ᄒ여 주마 ᄒᄂ고로 하로만 링동셔 놀고 그후
> 에부터 룡산셔 놀기로 쥰허가되어 방쟝 긔구를 준비ᄒ다더라

---

3 이두현, 『한국의 탈춤』, 일지사, 1981, 35~37쪽.

한국 근대연극의 형성

이 기사에서 '산두도감 연희쟝'은 결국 용산에 설치한다는 조건으로 한성 판윤(지금의 서울시장)의 허가를 받았다. 당시 놀이패 연희장의 설치와 운영은 한성부와 경무청의 통제를 받고 있었던 것이다. 그런데 용산에는 앞서 살펴본 바와 같이 무동 연희장이 개설되어 있었다. 즉 아현과 용산에는 적어도 하나 이상의 연희장이 밀접해 있었던 것이다.

유랑 놀이패들의 연희장은 그 성격상 여러 계층의 사람들이 많이 모여들어 각종 사건사고가 우발적으로 언제든 일어나는 공간이었다. 무동 연희장에 대한 최초의 자료인 1899년 4월 3일 『황성신문』의 「한잡유희(閒雜遊戲)」도 연희장의 폭행사건을 기사화한 것이었다.

> 西江閒雜輩가 阿峴等地에서 舞童演戲場을 設ᄒ엿ᄂᆡ 觀光ᄒᄂᆞᆫ 人이 雲集ᄒ얏거늘 警務廳에서 巡檢을 派送ᄒᄋᆞ 禁戲ᄒᆫ즉 傍觀ᄒ든 兵丁이 破興됨을 憤痛히 넉이어 該巡檢을 無數亂打ᄒᄋᆞ 幾至死境ᄒᆫ지라 本廳에서 其閒雜輩幾許名을 捉致ᄒ고 該演戲諸具를 收入ᄒᄋᆞ 燒火ᄒ엿다더라

기사에 의하면, '서강한잡배(西江閒雜輩)'가 아현 등지에 연희장을 설치하여 사람들이 많이 몰려들자, 경무청에서 순검을 보내 사람들을 해산하였다. 하지만 이로 인해 흥이 깨져 화가 난 '방관(傍觀)ᄒ든 병정(兵丁)'이 그 순검을 죽을 지경에 이르도록 폭행하였고, 이에 경무청에서 한잡배 여러 명을 붙잡아가고 그 연희 도구는 태워버렸다.

이와 같이 무동 연희장은 한강변의 너른 공터에서 무동놀이와 탈놀이, 풍물놀이 등을 중심으로 공연했던 야외의 가설 연희장이었다. 무동 연희장은 한성부의 도시민을 관객 대상으로 상업적으로 운영되었지만, 이후 등장하는 실내극장에서처럼 구경꾼들의 출입을 효과적으로 관리하기는 어려웠다. 무동 연희장의 설치와 운영은 기본적으로 한성부나 경무청의 허가와 통제를 받고 있었다.

2) 외국인 거류지의 가설극장: 청인과 일본인의 연희장

한강변에 무동 연희장이 성행하고 있었던 1900년 전후의 한성부에는 특히 청국인과 일본인 거류지의 공터나 대로(大路) 주변을 중심으로 가설 연희장이 성행하고 있었다. 무동 연희장과 달리 외국인의 연희장 설치가 비교적 자유로웠던 것은, 외국인 거류지의 지방행정권이 각국과의 조약에 의해 외국 정부와 영사(領事), 거류지 외국인들에게 위임되어 있었기 때문이었다.[4]

외국인의 한성부 거주는 임오군란(1882) 이후에 시작되었다. 조선은 원래 건국 이후 외국인의 한성 거주를 일체 불허했고, 개항 이후에도 이를 고집해 왔다. 하지만 근대적인 외교의 미숙으로 인해 일반 청국 상인들의 한성부 거주는 1882년 9월 이후부터, 일본인의 거주는 1885년 4·5월경 이후부터 시작되었다. 청인들은 수표교 남북(오늘날의 중구 수표동과 종로구 관수동 일대)과 남대문 일대에 거류를 시작하여, 점차 덕수궁 동남(오늘날의 프라자호텔 일대)과 서남(오늘날의 서소문통)으로 그 영역을 확장하였다. 그리고 일본인들은 주로 일본공사관 부근에 이웃해 있었던 진고개(泥峴) 일대(오늘날 중구 예장동과 수자동에서 충무로 1가에 이르는 지역)에 거류하였다.

외국인 연희장의 설치 장소는 대부분 외국인 거류지 안이나 그 부근이었다. 당시 신문에 보도되었던 외국인 연희장 관련 기사들은 다음과 같았다.

⟨청국인 연희장⟩

① 「잡술엄금」, 『독립신문』, 1898. 8. 3. "…청인들이 지나간 금요일에 환구단 셔편 빈터에서 니샹흔 기예로 어리석은 대한 사름들의게 돈을 밧거늘…"

② 「잘 쑤드린다」, 『제국신문』, 1899. 3. 7. "…작년시지는 청인들이 곰 놀니

---

4 개항장의 조계(租界)와 거류지, 그리고 한성 내 외국인 거류경위에 대한 자세한 논의는 손정목의 『한국 개항기 도시변화과정연구』, 일지사, 1982, 56~72쪽과 169~201쪽을 참고할 것.

한국 근대연극의 형성

는 노리를 ᄒᆞ되 일인을 고용ᄒᆞ여가지고 남의 푼돈을 쎅앗더니 셔공ᄉᆞ 나온 후로 긔운이나셔 의긔도 양양ᄒᆞ거니와 근일에 남송현 락동근쳐에 휘쟝두루고 쑤다리며 힝인을 쳥ᄒᆞ여들여 돈푼식 구걸ᄒᆞᄂᆞᆫ 싱이ᄒᆞᄂᆞᆫ 사람이 날노늘어…"

③ 「우한여웅(愚漢如熊)」, 『황셩신문』, 1899. 3. 29. "…南門內에서 淸人들이 遊熊戲를 設ᄒᆞ야 賞玩者에게 幾戔式 收取ᄒᆞ더니…"

④ 「만희차로(蠻戲此路)」, 『황셩신문』, 1899. 4. 1. "…近日 我國에 流乞ᄒᆞᄂᆞᆫ 淸人中에 雜戲로 資業ᄒᆞᄂᆞ자ㅣ 多ᄒᆞ다더니 昨日 皇壇前路에셔 此戲를 設ᄒᆞ엿ᄂᆞᆫᄃᆡ 來去人이 圍之三匝ᄒᆞ야 過路의 人이 通行치 못ᄒᆞ더라니…"

〈일본인 연희장〉

⑤ 「군인상망(軍人相忘)」, 『황셩신문』, 1899. 2. 22. "…再昨日에 … 銅峴 日人戲猿場에 入去하엿다가 무슴 事端인지 分明치ᄂᆞᆫ 못하나 日人과 該兵丁이 彼此相詰이 되야…"

⑥ 「원견설희(猿犬設戲)」, 『황셩신문』, 1902. 6. 7. "…南門內 駱洞 日人家에 日本으로셔 戲猿과 戲犬 七雙이 今番 新到ᄒᆞ얏ᄂᆞᆫᄃᆡ…"

⑦ 「일인폭행(日人暴行)」, 『황셩신문』, 1902. 8. 5. "…近頃 日本人機名이 校洞에 來往ᄒᆞ더니 其傍空垈에 假家를 嵬搆ᄒᆞ고 演戲場을 排設ᄒᆞ야 倭〇으로 雜戲를 물홈이…"

⑧ 「연장철폐(演場撤廢)」, 『황셩신문』, 1902. 8. 9. "…日昨 校洞 日本人 演戲場에 韓兵과 日人이 相詰惹鬧홈은 旣報ᄒᆞ얏거니와 … 屛門人이 憤怒ᄒᆞ야 觀光者를 詬辱ᄒᆞ고 瓦石亂鬪홈이 日人이 仍히 戲場을 撤廢ᄒᆞ얏다더라"

이들 기사에 따르면 청국인 연희장의 장소는 '황구단 셔편 빈터'과 '락동근처'(지금의 회현동), '남문내', '황단전로'였으며, 일본인 연희장의 장소는 '동현(銅峴)'(지금의 명동)과 '남문 내 낙동 일인가(日人家)', '교동'(지금의 낙원동)이었다. 청국인 연희장은 주로 그들의 거류지였던 남대문 일대에 설치되었는데, 특히 환구단(圜丘壇) 근처(지금의 웨스턴조선호텔 자리)에는 넓은 공터

그림 2. 남산 입구에서 바라본 일본인 거류지(1897)

가 있어 연희장이 곧잘 설치되었다.

일본인 거류지였던 명동 근처에도 연희장이 설치될 수 있는 넓은 공터가 있었다. 일본인 거류지 사진인 그림 2의 중앙에 있는 원형의 넓은 공터는 각종 흥행을 위한 가설 연희장이 설치되기에 적합한 곳이었다.[5] 그리고 기사 ⑧에서 볼 때 일본인은 당시 종로 부근에까지 진출했던 것으로 보인다. 교동은 지금의 경운동이기 때문이다. 이 외에 일본인들은 지금의 종로 근처로 추정되는 대룡동(大龍洞)에도 곡예연희장을 설치하였다.[6]

한성부 내의 외국인 거류지는 행정법상 치외법권의 지역이었다. 하지만 거류지의 외국인 연희장은 성격상 끊임없이 외국과 조선의 민간인들, 그리고 행정력과 경찰력이 만나고 부딪히는 장소였다. 외국인의 연희장에 대한 위의 기사들은 대부분 그 '충돌'에 대한 것이었다. 예컨대 ③의 「우한여웅」은 청인의 곰놀이 연희장에서 천막 틈으로 몰래 보던 조선인 한 명을 청인 8,

---

5 사진의 출처와 해설은 손정목의 『한국 개항기 도시사회경제사연구』, 일지사, 1982를 참고하였다.

6 "대룡동 대곡예 기위(己爲)광고 이(而)근일에 특설상등석ᄒ기를 귀가(貴家)부인 완상이 편리케 ᄒ왓스니 첨부인(僉婦人)은 조량(照亮)ᄒ와 내임(來臨)을 망(望)홈 西濱萬治 고백", 『황성신문』, 1903. 5. 11. 같은 내용의 광고는 1903년 3·4월과 1904년 3월에도 반복되었다.

한국 근대연극의 형성

9명이 집단폭행한 사건에 대한 것이었으며, ⑦의 「일인폭행」은 일본인 연희장에서 발생했던 일본인들의 조선인 집단폭행과 육혈포 치사(致死) 사건에 대한 것이었다.

그 중 「일인폭행」의 기사내용은 다음과 같았다. 교동 근처에 가설된 일본인 연희장에서 조선인 병사 한 명과 일본인 사이에 싸움이 벌어졌는데, 일본인 여러 명이 조선인 병사를 폭행하여 땅에 쓰러뜨리고 밧줄로 목을 묶어 짐승에게 하듯 연희장 안으로 끌고 들어갔다. 그러자 구경하던 조선인들이 크게 분노하여 돌을 던지며 연희장으로 몰려 들었고 일본인 한 명이 육혈포를 꺼내 사람들을 향해 쏘자 그 중 한 명이 머리를 맞아 쓰러졌다. 이에 조선인들이 일본인을 향해 몰려갔는데, 때마침 도착한 헌병과 순사가 사람들을 해산시키고 일본인을 보호하였다. 육혈포를 쏜 일본인은 체포되었고 총에 맞은 사람은 병원으로 실려갔다.

이들 기사는 예외 없이 폭력을 휘두른 청인과 일인이 현장에 출두한 자국의 순사나 헌병에 의해 체포되는 것으로 마무리되었다. 하지만 이들 기사는 실질적으로 외국인 연희장을 둘러싼 한성부의 치안 공백을 비판하고, 이로 인해 불안해진 조선인의 삶을 고발하고 있었다. ④의 「만희차로」 기사에서도 환구단 앞의 대로 중간에 무단 설치되어 통행을 가로막는 외국인 연희장은 청국인의 야만과 이를 방관하는 청국인 순검의 무책임, 정작 아무 생각 없이 구경하며 즐기는 조선인들의 무개념, 그리고 치외법권으로 인해 아무 것도 할 수 없는 조선 경무청의 무능함 등을 복합적으로 은유하는 공간의 표상이었다.

3) 가설극장의 도시 주변성

무동 연희장이 설치되었던 아현과 용산은 경강(京江) 지역의 일부였다. 이곳은 육로와 수로가 만나는 교통의 요충지로 일찍부터 상업이 발달되어 있었으며, 17세기 후반부터는 한성부 외부로부터 몰려든 유민(流民)들이 정착하여 인구가 급증한 곳이었다.[7] 뿐만 아니라 이곳은 경강 지역 중에서도 특히 근대적 교통수단이 발달한 곳이었다. 아현과 용산은 당시 막 개통되었던 전차 정거장과 경인철도 정거장의 연결지로서[8] 지리적으로는 한성부의 경계 밖에 있었지만 실질적으로는 도시 중심과 가까운 지역이었다.

아현과 용산에 무동 연희장이 설립되었던 이유로 기존의 논의들은 서울 경강(京江) 주변의 상업문화 발달과 근대적 교통수단의 발달을 들었다.[9] 이는 물론 연희장이 개설 운영되는 데 필요한 조건들이었다. 하지만 아현과 용산 지역에 무동 연희장이 개설되었던 가장 직접적인 이유는 한성부 안에 연희장 설치가 금지되었기 때문이었다. 무동 연희장은 실질적인 관객 대상을 도시민으로 하면서도 한성부 안에 개설될 수 없었기 때문에 한성부 주변 지역 중에서도 접근성이 가장 뛰어난 아현·용산 지역에 자리잡았던 것이다.

무동 연희장의 성업은 전차를 운행했던 한성전기회사와 영업적인 이해를 공유하고 있었다. 앞서 1900년 3월 31일 『황성신문』의 논설 「무희당금」은 경무청이 무동 연희장을 금지하러 갔다가 오히려 연장 허가를 내려주었다고

---

7   당시 광진교에서 양화진에 이르는 경강 지역은 지금의 한강주변 지역으로서, 18세기 이전까지 삼강(三江)─한강(남산 남쪽일대에서 노량까지)과 용산강(노량에서 마포까지), 서강(마포 서쪽에서 양화나루까지)─이라고 불렀다. 고동환, 「조선후기 서울의 공간구성과 공간인식」, 『서울학연구』 제25호, 2005, 26~30쪽.

8   전차는 1899년 5월에 서대문과 청량리 구간에 처음 개설된 이후 같은 해 12월 종로에서 남대문, 남대문에서 용산 사이로 확장 개통되었다. 그리고 같은 해 9월에 경인철도가 서대문 정거장을 시발역으로 개통된 이후 다음 해인 1900년 7월에 경성에서 용산까지 확장 개통되었다.

9   사진실, 『공연문화의 전통』, 태학사, 2002, 425쪽; 박명진, 「한국 연극의 근대성 재론 ─20C 초의 극장 공간과 관객의 욕망을 중심으로」, 『한국연극학』 제14호, 2000, 17~18쪽.

비판하면서, 여기에 한성전기회사의 로비가 작용했을 가능성을 제기하였다.

> … 傳說을 風聞한즉 警廳에셔 禁令을 出고져ᄒ다가 不果ᄒ얏다ᄒ고 又或
> 十五日緩限ᄒᄂ 請願을 許施ᄒ얏다ᄒ니 禁者ᄂ 伊誰며 弛者ᄂ 伊誰오 **或說**
> **은 電車會社에셔 舞姬를 因ᄒ야 乘客이 日至ᄒᆫ이 利益이 不少ᄒ기로 戱場을**
> **興勸도 ᄒ며 禁令을 沮止도 ᄒᆫ다ᄒ니** 我의 所料에ᄂ 如此ᄒᆯ 理由가 必無ᄒᆯ 것
> 이 此會社ᄂ 私設ᄒᆷ이어ᄂᆯ 警察官吏가 此를 爲ᄒ야 損財害業ᄒᄂ 無用之戱를
> 不禁키 萬無ᄒᆫ즉 必然未及聞知ᄒᆫ 듯 ᄒ기로 一場駁論을 演ᄒ야 發令禁止ᄒᄂ
> 官吏의 聰을 補고져 ᄒ노라

경무청에서 연희장을 금지하러 갔다가 연장 허가를 내주었던 사건은 일주
일 전에 이미 보도된 바 있었다. 1900년 3월 24일의 기사 「무희연한(舞戱淵
限)」은 서강 등지에 다시 설치된 무동 연희장을 금지하기 위해 경사(警使)가
순검(巡檢)을 파견하였지만, 순검은 해당 연희장이 15일의 영업 연장을 신청
하자 그 자리에서 바로 허락해 주었다고 보도하였다. 그리고 논설 「무희당
금」은 이 사건을 근거로 한성전기회사가 무동 연희장으로 인해 승객이 나날
이 늘어 이익이 크기 때문에 이를 권장할 뿐만 아니라 경무청의 금지령도 막
고 있다는 설(說)을 제기하였다. 아울러 공공기관인 경무청이 "사설(私設)"
기업을 위해 "손재해업(損財害業)ᄒᄂ 무용지희(無用之戱)"를 금지할 이유가
전혀 없다고 비판하며 그 금지를 촉구하였다.

이 논설은 「한잡유희」 기사와 함께 무동 연희장과 한성전기회사의 공조적
인 관계뿐만 아니라 무동 연희장과 한성부의 관계를 알려준다는 점에서 중
요하다. 이들 무동 연희장은 지리적으로는 성문 밖인 한강변에 있었지만, 개
설 여부와 공연 기간, 공연 장소 등에 관해서는 한성부 경무청의 통제를 받
고 있었던 것이다. 앞서 살펴본 바와 같이 각계각층-특히 중하층-의 사람들
이 모여드는 유랑놀이패들의 연희장은 언제든 불미스러운 사건사고가 발생

할 수 있는 공간이었기 때문이다.

무동 연희장의 지위는 근대도시화 되고 있었던 한성부 안에서 이중적이고 모호한 것이었다. 연희장은 도시민을 관객 대상으로 하고 있었음에도 불구하고 도시의 경계 밖에 설치되어 있었다. 그리고 이는 한성부가 도시의 중심에 연희장이 설치되는 것을 강경하게 금지하고 있었기 때문이었다.

앞서 1900년 4월 9일 『제국신문』의 기사는 이러한 맥락에서 다시 읽어볼 필요가 있다. 기사에 따르면 서대문 밖의 냉동 근처 사람들은 산두도감 연희장을 만들고자 하였으나 관부의 허가를 얻지 못하였다. 그러나 냉동 사람들은 줄타기 놀이를 보러 용산에 갔다가 마침 그곳에 나온 한성판윤 이채윤으로부터 용산에 '나와' 노는 조건으로 허가를 받았다. 냉동 사람들은 전차의 종착지이자 경인철도 정거장이 있는 서대문에 연희장을 개설하고자 했으나, 한성판윤 이채윤은 도심과 가까운 "새문밧 링동"이 아닌 용산에 여는 조건으로 허가해 주었던 것이다.

한성판윤 이채연이 당시 한성부의 도시개조사업을 주도했던 인물이라는 점에서 그의 '불허(不許)'가 의미하는 바는 컸다. 이채연은 1887년 초대주미공사였던 박정양의 번역관으로서 바로크 도시계획을 토대로 설계된 워싱턴 D.C.로 가서 서구의 근대도시계획을 공부했다.[10] 그리고 귀국 후 1895년에 박정양이 총리가 되면서 이채윤은 한성판윤이 되어 함께 한성부의 도시개조사업을 주도하였다. 이는 1896년 9월 30일 내부령으로 발포된 「한성내 도로의 폭을 규정하는 건」을 통해 본격적으로 시작되었다.

---

10 바로크 도시계획은 1853년에서 1870년까지 실행된 파리의 근대도시계획이었으며, 이것은 이후 유럽과 아메리카 지역에서 근대도시계획의 원천적인 모델이 되었다. 파리의 바로크 도시계획과 명치 동경과 광무 한성의 도시개조사업에 대해서는 이태진의 「명치 동경과 광무 한성(서울) −근대도시로의 지향성과 개조 성과 비교」, 『건축역사연구』 제12권 제2호, 2003. 6를 참고할 것.

이채연이 한성판윤으로 부임했던 기간은 한성부 도시개조사업이 가장 활발하게 진행되었던 때였다. 당시 도시개조사업의 주 목적은 거리를 정리하여 미관을 높이는 것으로서, 이를 위해 비좁은 길을 넓히고 -지금의 종로와 남대문로만을 대상으로 전구간의 도로폭을 55척으로 정했다- 진흙도랑을 메웠으며 쓰레기를 거리에 버리는 행위를 금지하였다.[11] 그리고 이채연은 직접 순검과 함께 도로를 시찰하면서 가가(假家)를 그 자리에서 철거하고 가로를 정비하였으며, 상인들이 대로에 물건을 나열하고 매매하는 것을 직접 단속하였다.[12] 그는 1898년 1월 한성전기회사의 초대사장으로 임명된 후 제일 먼저 전차 사업에 착수했는데, 이 또한 도시개조사업과 연관된 것이었다.[13]

따라서 앞서 기사에서 이채연의 무동 연희장 개설 불허는 그것이 근대도시 한성부 안에 설치 운영되는 것이 적합하지 않다는 판단에 따른 것이었다고 볼 수 있다. 그리고 이같은 방침은 앞서 살펴본 바와 같이 무동 연희장이나 외국인 연희장이 당시 각종 우발적이고 위험한 사건사고의 장이었다는 점에서 신문언론의 지지를 얻고 있었다. 당시 신문언론은 한성부 외국인 거류지에 개설되었던 일본인의 원숭이놀이장이나 청인의 곰놀이장이 거리에 설치되는 것을 행인의 통행을 막는 '야만적인 풍습'이라고 비판하고 있었다.

> … 昨日 皇壇前路에셔 此戲를 設ㅎ엿ᄂ딕 來去人이 圍之三匝ㅎ야 過路의
> 人이 通行치 못ㅎ더라니 大路中間에셔 **戲場을 設한 淸人도 蠻風을 未免ㅎ엿**

---

11 Bishop I. B, *KOREA and Her Neighbors*, 1898(1970), pp.427-437: 김광우, 「대한제국시대의 도시계획 -한성부 도시개조사업」, 『향토서울』 제50호, 1991에서 재인용.

12 「근복기사(勤服其事)」, 『황성신문』, 1898. 9. 30; 「위령당벌(違令當罰)」, 『황성신문』, 1898. 10. 1; 「한판실행(漢判實行)」, 『황성신문』, 1899. 10. 5.

13 그는 1899년 9월에 한성판윤에 재임되었는데, 당시 『황성신문』의 9월 19일 기사에서는 한성의 거리가 다시 "구거(溝渠)도 정결(淨潔)케ㅎ고 범로(犯路)도 금제(禁制)"될 것이라며 큰 기대감을 표명했다. 김광우, 위의 글, 109쪽.

거니와 …[14]

이러한 인식과 방침은 이후 협률사의 설치를 비판했던 한 기사에서도 나타나 있었다. "우리나라에서도 전에 **문명홀 째에**는 이런 란잡흔 노리픠는 왕궁지쳑에 갓가히 못흔다흐야 **셩즁에 드리지 안튼바ㅣ오**".[15] 이 기사는 동시에 협률사가 경희궁 앞 봉상시 부근에 설치되기 전까지 연희장 설치가 도시 중심부에 금지되고 있었음을 말해주고 있다.

그럼에도 무동 연희장의 근대극장적인 면은 연희 공간의 성격이나 그 내용보다 한성부라는 근대도시를 배후로 했던 입지, 즉 신문 광고와 근대적인 교통수단을 이용해 한성부 도시민을 관객 대상으로 적극 끌어들이고자 했던 영업 방식에 있었다. 그리고 무동 연희장이 한강변에 한해 제한적으로 개설되었던 사실은, 한성부의 도시개조사업에서 가설극장이 아직 근대도시의 구성요소로 인식되지 않았음과 이후 협률사가 한성부의 중심부에 설치되었던 사건의 혁신성을 함께 반증하는 것이었다.[16]

---

14 「만희차로(蔓戱此路)」, 『황성신문』, 1899. 4. 1.

15 「논설 협률사구경」, 『제국신문』, 1902. 12. 16. 윤백남은 협률사 건축안의 제창자가 이채연이었다고 주장했으나 그가 1900년 8월 16일에 사망했다는 점에서 그 여부는 확실치 않다. 윤백남, 『팜프렛 1』, 6쪽; 조영규, 「협률사와 원각사 연구」, 연세대 박사학위논문, 2005. 12에서 재인용.

16 이는 한성부 도시개조사업의 핵심 중 하나가 탑골공원을 우리나라 최초의 근대적 공원(public park)으로 조성하는 것이었다는 사실과 좋은 대비가 된다. 그리고 이는 르네상스 이후 서구에서 극장이 각종 유원지나 공원, 온천, 카페 등과 함께 핵심적인 공공영역 또는 공공제도로 확대되었던 것과도 대비된다. 한성부의 도시개조사업과 탑골공원 조성의 연관성에 대해서는 이태진의 『고종시대의 재조명』, 태학사, 2000, 346~348쪽을 참고할 것.

한국 근대연극의 형성

2. 실내극장, 도심에 들어오다

1) 희대의 설치와 그 도시 중심성

희대(戲臺)의 설치를 알려주는 최초의 자료는 1902년 8월 15일 『황성신문』의 「희대교습(戲臺敎習)」 기사였다.

> 慶禮式時에 需用次로 **戲臺를 奉常寺內에 設置**ᄒ고 漢城內 善歌善舞ᄒᄂ 女伶을 選擇ᄒ야 演戲諸具를 敎習ᄒᄂ디 參領 張鳳煥氏가 主務ᄒᆫ다더라.

고종황제의 즉위 40주년기념 칭경례식을 위해 봉상시(奉常寺) 안에 설치되었던 '희대(戲臺)'는 극장의 중국식 명칭이었다. 희대는 이후 전속연희단체의 이름을 따라 '협률사(協律社)'라고 불렸다.[17]

희대는 우리나라 최초의 실내극장이었다는 점에서 언제나 근대연극사의 시작점이었다. 이두현의 『한국신극사 연구』와 유민영의 『한국근대연극사』는 모두 협률사를 시작으로 기술되었다.[18] 실내극장은 외부와 내부를 건축적

---

17 본고에서 '희대'와 '협률사'는 각각 극장과 연희단체를 지칭하는 용어로 구분하여 사용되지만, 필요에 따라 문맥상 혼란을 주지 않는 범위에서 협률사는 극장을 지칭하는 용어로 사용되었다.

18 이두현은 신극사 기술을 협률사에서부터 시작하며, 협률사 이전에는 "무동"이나 「산대

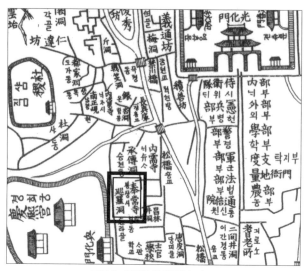

그림 3. 1902년의 한성부 지도

으로 구분할 뿐만 아니라 그 안에서 무대와 관객석을 구분한다는 점에서 연희자와 관객이 만나는 방식을 새롭게 조건화하고 연희의 방식과 내용, 관극의 방식, 나아가 관객의 성격 등을 근본적으로 변화시켰기 때문이다.

희대가 근대극장으로서 가지고 있었던 새로움이나 혁신은 또한 그것이 한성부의 중심에 처음 합법적으로 허가된 극장이라는 데 있었다. 이것은 불과 얼마 전까지도 무동 연희장이 한성부 안에서 금지되고 있었던 사실과 분명하게 대조되는 중요한 변화였다. 희대의 위치는 일반적으로 지금의 새문안교회 자리로 알려져 왔다.[19] 하지만 봉상시(奉常寺)가 그림 3의 지도에서와

놀이」와 같은 놀이가 고정된 무대 없이 야외에서 수시로 연희되고 있을 뿐"이라고 했다. 그리고 유민영 역시 실내극장의 등장이 전통극을 근대적으로 변화시켰던 근본 원인이었다고 강조하였다. 이두현, 『한국신극사 연구』, 서울대출판부, 1966, 3~8쪽; 유민영, 『한국근대연극사』, 단국대출판부, 1996, 31~33쪽.

19 희대의 위치가 지금의 새문안교회 자리였다는 것은 김재철과 최남선에 의해 주장된 이후 거의 정설로 여겨지고 있다. "지금은 그 극장이 흔적도 없으나 흥화문 못미쳐서 신문내(新門內) 예배당이 있으니 그 예배당이 바로 원각사의 자리다." 김재철, 『조선연극사』, 경성: 조선어학회, 1933(민학사, 1974, 126쪽)에서 재인용; 최남선, 『조선상식문답속편』, 동명사,

한국 근대연극의 형성

같이 대로변에 위치한 사관학교 위쪽에 자리해 있었다는 점에서 그것은 실질적으로 새문안 교회보다 좀더 안쪽에 위치한 곳에 설치되었을 것으로 추정된다.[20] 그리고 이곳은 경희궁의 흥화문 바로 앞이었을 뿐만 아니라 광화문 및 종묘사직과 인접한 한성부의 가장 중심 지역이었다.

연희장의 도심 진입과 실내극장의 등장은 동시적 사건이었다. 앞서 살펴보았듯이 야외의 가설극장은 도시민의 통행을 방해하고 거리의 미관을 해친다는 이유로 비난 받았고, 근대도시로 탈바꿈하고 있었던 한성부 안에서 금지되었다. 하지만 연희장이 근대적인 실내극장으로 건축된다면, 그것은 오히려 도시의 특징적인 모뉴먼트가 될 수 있었다. 실제로 희대의 독특한 외관은 마치 이를 의식한 듯 했다. 둥그렇게 만든 외벽 위에 끝이 뾰족한 고깔모양의 지붕을 얹어놓은 듯한 희대는 이전에는 없었던 새로운 형식의 건축이었기 때문이다.[21] 그리고 희대가 고대 로마의 극장을 따라 만들어졌다는 김재철과 최남선의 언급도 그것이 근대도시의 모뉴먼트가 될 수 있는 극장 건축을 염두에 두었음을 암시하였다.

1947, 222쪽. 하지만 건축학자 김정동은 최근 새문안 교회가 1907년 새문안 염(廉) 정승의 집터였던 현재의 신문로 1가 42번지 기지를 구입하고 신축교회를 지었다는 사실을 근거로 하여 희대의 위치가 새문안교회보다는 봉상시 쪽에 더 가까웠을 것이라고 주장했다. 김정동, 「협률사의 세움에 관하여(연구노트)」, 『건축역사연구』 제17권 제6호 통권 61호, 2008. 12, 173 · 174쪽.

20 그림 3의 지도는 『서울 육백년사』 제3권, 서울특별시사 편찬위원회, 1997의 부록에 실려 있으며, 김재석의 「개화기 연극의 형성에 미친 「협률사」의 영향」, 『어문론총』 제43호, 2005, 235쪽에서 소개된 바 있다.

21 희대(협률사)의 사진은 일찍이 이두현의 『한국신극사연구』에서 처음 소개된 이후 최근에 그 출처가 밝혀짐으로써 확증되었다. 배연형은 『한국병합기념첩(韓國倂合紀念帖)』(上野政吉, 日本 東京: 啓文社, 1911. 6.)에 수록된 동일한 사진을 원본으로 추정하고 그 표제인 "京城妓生ノ演(支場 THE BALL PLACE OF KISEI OF SÖUL"을 통해 협률사의 사진임을 확증했다. 배연형, 「근대 극장 사진자료 연구(1) ─협률사 · 원각사 · 광무대」, 『한국사상과 문화』 제30집, 2005. 9, 276~278쪽.

위치와 외형의 변화는 위상의 변화를 의미했다. 희대가 설치되었던 봉상시는 원래 1895년에 봉상사(奉常司)로 개칭되었던 궁내부의 소속기관으로, "제례(祭禮)를 장(掌)ㅎ고 악공(樂工)을 장리(掌理)"[22]하는 곳이었다. 봉상시에 희대가 설치되었던 것은 그것이 칭경례식이라는 황실 및 국가적인 의례의 일환이기 때문이었다. 물론 조선시대에 왕의 행차와 사신의 영접 등을 위해 설치되었던 산대나 기존의 궁중연희 등도 왕실과 국가의 의례를 위한 것이었다. 하지만 그것은 모두 일회적인 가설무대에서 행해졌다. 따라서 희대가 실내극장으로 황실과 국가의례를 위해 상설되었다는 사실은 기존의 가설 연희장과는 다른 새로운 의미를 가지는 것이었다.

희대의 설치 경위에 대한 기존의 연구는 그 '새로운 의미'를 주로 칭경례식과의 연관성에 두고 있었다. 일찍이 최남선은 희대의 설치가 칭경례식을 위한 것이었다고 주장했으며,[23] 이는 이두현에 의해 적극 수용된 이후[24] 사진실과 조영규에 의해 증명되었다. 사진실은 칭경례식이 궁정문화의 전통인 '진연(進宴)'으로 진행되었음을 『고종임인진연의궤(高宗任寅進宴儀軌)』를 통

---

22 송병기·박용옥·박한설 편저, 『한말 근대 법령자료집 I』, 국회도서관, 1970, 307쪽: 이
    정희의 「대한제국기 장악기관의 체제」, 『공연문화연구(구 고전희곡연구)』 제17권, 2008. 8,
    250쪽에서 재인용.

23 "한말 고종황제 광무 6년(壬寅) 추(秋)에 어극 40년 칭경례식이란 것을 경성에서 거행하기
    로 하고 동서양체약 각국의 군주에게 초청장을 보냈는데 이러한 귀빈의 접대를 위하여 여
    러 가지 신식설비를 급자기 진행할 때 그 중 하나로 봉상시(奉常寺), 의 일부를 터서…" 최
    남선, 위의 책, 222쪽.

24 이두현은 협률사의 설치경위에 대해 최남선 설과 김재철 설, 현철 설, 박노춘 설을 제시하
    고 그 중에서도 최남선 설을 가장 설득력 있는 것으로 지지하였다. 최남선 설 외의 김재철
    의 설은 "궁내대신 이용익 씨의 양해를 얻어서 고종의 칙허를 받아 내탕금으로 원각사 극
    장을 건축하였다"는 것이었으며, 현철 설은 이등박문(伊藤博文)이 군인회관건물을 극장으
    로 인허하는 데 적극 관여했다는 것이었다. 하지만 유민영은 당시 신문기사자료를 근거
    로 장봉환이 군악대 유지비를 충당하기 위해 세웠다는 설을 지지하였다. 이두현, 위의 책,
    22~28쪽; 유민영, 위의 책, 33~35쪽.

그림 4. 협률사의 외관

해 구명하면서 동서양 각국의 외교사절을 위한 별도의 연회를 위해 희대를 설치한 것이었다고 주장했다.[25] 하지만 조영규는 사진실의 주장을 수정하여 내외진연이 칭경례식을 위한 것이 아니라 고종의 망육순을 기념하는 것이 었으며, 칭경례식은 1903년 9월 26일 경에 별도로 조출하게 치러졌다고 추정했다.[26] 하지만 조영규의 주장과 달리 칭경례식 자체도 당시 무산되었다. 1904년 12월 9일에 의정부가 탁지부에 보낸 관서문안에는 "칭경례식을 설행하지 않아 무치(貿置)했을 물품목록을 수성책(修成冊)하여 보내라"는 내용이 포함되어 있었기 때문이다.[27]

한편 김기란은 희대와 칭경례식의 관계에 대한 실증적인 논의를 토대로 희대의 설치와 협률사의 공연이 고종 황실의 왕권강화를 위한 기획의 일환이었다고 해석했다.[28] 그리고 이는 이윤상의 논의, 즉 고종의 망육순 내외진

25 사진실, 위의 책, 427~436쪽.

26 조영규, 위의 글, 31~32쪽.

27 『기안(起案)』 제10책, 1904. 12. 9.(규장각한국학연구원 제공) 이윤상은 아래 인용된 논문에서 뚜렷한 근거자료 없이 러일전쟁의 발발로 인해 칭경례식이 결국 거행되지 못하였다고 했다(120쪽). 하지만 여기서 처음 소개되는 이 자료는 칭경례식이 공식적으로 무산되었음을 증명해준다.

28 김기란, 「협률사 재론」, 『현대문학의 연구』 제32호, 2007. 7.

연과 즉위 40주년 칭경례식 준비과정이 철저하게 국가와 국왕의 위상을 높이기 위한 사업이었다는 주장을 토대로 한 것이었다.[29] 그는 칭경례식을 위해 준비된 희대가 기존과 다른 "새로운 형태의 무대"였을 것이고, 협률사 또한 "어떤 식으로든 황실과 관련된 존재"였다고 주장했다.[30]

김기란의 논의에 의하면 고종의 망육순 내외진연과 칭경례식 준비과정 및 희대의 설치는, 하버마스 식으로 말해 "통치권의 공적인 과시"라는 의미에서 국가의 '과시적인 공공성'을 위한 것이었다. '과시적 공공성'은 근원적으로 17 · 18세기 서구의 절대주의 왕정에서 군주를 공적 권위의 유일한 체현(體現)으로 만드는 데 기여했던 궁정 의례 및 전시와 연관되는 것으로서, 그 예로 극소수의 왕족과 귀족만 접근할 수 있었던 화려한 궁정극장의 대규모 스펙터클을 들 수 있다.[31] 하지만 희대의 설치는 칭경례식의 공식적인 절차가 아니라 어디까지나 여흥을 위한 부대적인 행사로 마련된 것이었다. 이윤상에 의하면 칭경례식 공식 절차와 행사는 존호를 올리고 어진(御眞)과 예진(睿眞)을 제작하고 기로소(耆老所)에 들어가고 진연(進宴)을 베풀고 석고와 기념비, 기념장, 기념우표 등의 기념물을 제작하는 일 등이었다.

따라서 희대의 설치와 협률사 공연의 실제적인 의의는 그것의 설립 목적보다 이후 그것이 개장 운영되는 방식에서 찾아질 수 있다. 칭경례식 자체가 무산되었던 상황에서 희대는 협률사의 상업적인 공연으로 개장되었다. 다시 말해 희대는 애초 황실 의례를 위해 설치되었으나,[32] 실질적으로는 궁 밖의

29　이윤상, 「고종 즉위 40년 및 망육순 기념행사와 기념물 −대한제국기 국왕 위상제고사업의 한 사례」, 『한국학보』 제111집, 2003. 6.

30　김기란, 위의 글, 269 · 278쪽.

31　과시적 공공성에 관해서는 하버마스의 『공론장의 구조변동』, 한승완 역, 나남출판, 2001, 66~75쪽을 참고할 수 있다.

32　이로 인해 이두현과 유민영은 협률사를 각각 '국립극장격'(8쪽), '관립극장'(31 · 33쪽)으로, 사진실은 '궁정극장'(437쪽), 백현미는 '왕실극장'(29쪽)으로 보았다. 하지만 이러한 규정

한성부 도시민 전체를 관객대상으로 하는 '공공극장(public theater)'이었던 것이다. 그리고 희대가 공공극장으로서 가지고 있었던 공공성(publicness) 또는 개방성(openness)은 초대 받은 소수의 각국 대사(大使)들과 왕족 및 고위관리들만이 참석할 수 있었던 칭경례식의 배타성과는 분명히 대조적인 것이었다.

2) 협률사의 특권화와 유사 관공성

칭경례식을 위해 설치된 희대는 민간 연희단체인 협률사가 이곳에서 상업적으로 공연하면서 공공극장화 되었다.[33] 희대의 운영은 궁내부의 예산에 의존하지 않고 공연 수익을 통해 비용을 충당하는 방식으로 이루어졌다. 그 이유는 당시 재정이 넉넉지 않았던 황실이 희대를 설치한 이후에 민간연희단체인 협률사에 운영권을 넘겼기 때문이거나[34] 또는 희대가 처음 설치되었을 때부터 수익을 목적으로 하는 사적인 자본이 개입되었기 때문으로 추정된다.[35] 하지만 분명한 것은 희대가 황실극장으로 전유되지 않고 민간에 개방

은 대체적으로 미완의 설치목적을 토대로 협률사의 성격으로 규정하는 것이었다. 백현미, 『한국창극사 연구』, 태학사, 1997.

33 희대는 1902년 12월 4일 협률사의 〈소춘대유희(笑春臺遊戱)〉로 개장되었다. 협률사 광고, 『황성신문』·『제국신문』, 1902. 12. 4. 공연내용과 그 성격에 대해서는 다음 장에서 자세히 살펴볼 것이다.

34 희대의 설치 주체가 왕실이었다는 주장의 근거가 되는 자료는 다음의 논설이다. "협률사는 연전(年前)에 장봉환씨가 황상폐하게 상주(上奏)하되 군악대를 설치훈 경비를 충보홀 계획으로 협률사를 창설하즈고 누누이 천총(天聰)을 기폐(欺蔽)하야 탕금(帑金) 사만원을 닉하하야 구주연희옥 양자로 건축하고…"(「논협률사(論協律社)」, 『대한매일신보』, 1906. 3. 8.) 그리고 협률사를 혁파하라는 의정부의 요구에 궁내부가 "협률사의 건물과 집기가 본부 소유여서 빌려주고 세를 받는 것일 뿐"이라고 회신했다는 내용을 볼 때 설치 주체는 분명히 왕실이었다.

35 이같은 주장에 대한 근거자료는 다음의 논설이다. "…이 회샤에 즈본이 얼마나 들엇는지는 즈셰히 알 슈 업스나 벽돌집 지은 것과 여러 쪽의 가진 부비며 용도가 응당 불소홀지라

되면서 관(官)이나 궁(宮)으로부터 재정적으로나 경영적으로 독립했다는 사실이다. 그리고 한성부 안에 연희장의 설치가 금지되어 있었던 상황에서 황실과 국가 의례를 목적으로 희대를 설치한 것이라는 애초의 명분은 상업적인 공공극장으로 개장하면서 자연스럽게 탈각되었다.

희대의 성격은 전속연희단체였던 협률사를 통해 고찰될 수 있다. 협률사는 창부와 기생, 남사당 등의 전속 연희자들로 이루어진 민간 연희단체였다.[36] 박황에 의하면 동명(同名)의 유사 단체가 이미 1860년경부터 판소리와 줄타기, 가무음곡, 재담, 농악 등의 연희를 일반 백성을 상대로 선보이며 생계를 유지하고 있었다.[37] 따라서 협률사의 새로움은 단체 자체보다도 그것이 희대를 무대로 극장 영업을 처음 시작했다는 데에 있었다. '극장'이라는 환경은 협률사 안에서 연희자들에 대한 실제적인 관리방식뿐만 아니라 연희 구성 방식의 변화 및 무대적 시각화 방식의 창출 등 근본적인 변화를 조건화하는 것이었기 때문이다. 아울러 희대가 한성부라는 도시를 배후로 그 중심부에 처음 지어진 실내극장이었다는 점에서 협률사의 극장 영업은 그 자체로 근대적인 것이었다.

희대를 관이나 궁으로부터 독립시켜 공공극장으로 개장 운영했던 협률사

들으니 몃몃 대관ᄒ시는 량반님네가 ᄌ본을 합ᄒ야 설시ᄒ 거시라 ᄒ니…", 「논설 협률사 구경」, 『제국신문』, 1902. 12. 16.

36 기존의 논의들은 대체로 협률사(協律社)가 희대에서 공연할 창부와 기생 등의 연희자를 관장하는 궁내부 소속기관인 협률사(協律司)로 설립되었다가 이후 민간화된 것이라고 주장했다. 그리고 이는 희대의 설치가 기사화된 이후의 협률사(協律司) 관련기사인 「사국이접」(『황성신문』, 1902. 8. 21.)과 「기사친규」(『황성신문』, 1902. 8. 25.)를 근거로 하였다. 하지만 조영규는 「사국이접」과 동일한 내용의 『제국신문』 기사인 「공해다용」을 발굴 비교하여, 협률사(協律司)가 당시 궁중의 장악기관인 '교방사(敎坊司)'의 이칭임을 밝혀내고 그것이 협률사(協律社)와 무관함을 증명하였다. 조영규, 위의 글, 35~44쪽.

37 박황, 『창극사연구』, 백록출판사, 1976, 16쪽.

는 관의 암묵적인 승인 -이에 대한 적극적인 제재가 없었다는 의미에서- 하에서 일종의 특권을 가지고 있었다. 즉 협률사는 민간 연희단체였음에도 불구하고 희대를 전용하고, 창부와 기생, 남사당 등의 연희자들을 한성부 안에서 독점적으로 관리하였다. 그리고 경우에 따라서는 관과 유사하게 이들을 강제할 수 있는 권한도 행사했다. 기존의 연구에서 협률사가 궁내부 소속기관인 협률사(協律司)가 이후 민간화된 것이라고 했던 근거는 실상 협률사가 가지고 있었던 이러한 유사 관공성(官公性)에 있었다. 협률사 폐지를 둘러싸고 궁내부와 의정부 사이에 벌어졌던 논쟁 한가운데에도 그것이 궁내부의 소속기관인가 아닌가의 -관공성의 여부- 문제가 놓여있었다.

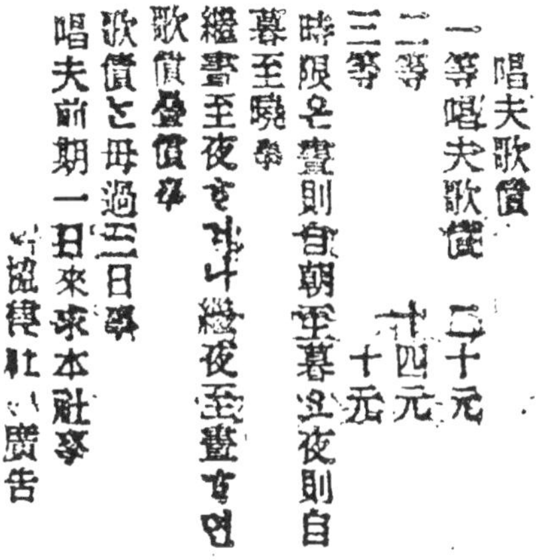
唱夫歌債
一等唱夫歌債 二十元
二等 十四元
三等 十元
時限은 晝則自朝至暮오 夜則自暮至曉ᄒᆞᆷ
繼晝至夜ᄒᆞ거나 繼夜至晝ᄒᆞ면
歌債疊債ᄒᆞᆷ
歌債ᄂᆞᆫ 毋過三日ᄒᆞᆷ
唱夫前期一日來求本社ᄒᆞᆷ
協律社 廣告

그림 5. 협률사의 창부가채 광고
(『황성신문』, 1902. 10. 31.)

협률사의 근대적인 극장 영업은 이같이 희대의 독점적인 전용과 연희자들의 독점적이고 배타적 관리 운용을 통해 이루어졌다. 그리고 협률사에는 창부와 기생, 남사당과 같은 연희자들이 전속되어 있었다.

협률사가 개장하기에 앞서 『황성신문』에는 일종의 창부임대 사업인 협률사의 창부가채(唱夫歌債) 광고가 실렸다.[38] 이 광고에서 협률사는 전속 창부를 총 세 등급으로 나누고, 시간은 낮(아침부터 저녁까지)과 밤(저녁부터 새벽까지)

38 광고 「창부가채(唱夫歌債)」, 『황성신문』, 1902. 10. 31 · 11. 3; 광고, 『제국신문』, 1902. 11. 3. 이 광고는 그동안 "배우의 보수(報酬) 규정 광고"(이두현, 11쪽), "[창부가] 황실로부터 [받는] 급료"(유민영, 35쪽) 또는 창부모집 광고(백현미, 36쪽; 조영규, 42 · 43쪽) 등으로 오인되었으나 김재석에 의해 창부임대 광고로 정정되었다. 김재석, 위의 글, 237쪽.

을 기준으로 1등급 창부는 20원, 2등급은 14원, 3등급은 10원의 노래값을 책정하고 있었다. 그리고 창부가 필요할 경우에는 하루 전에 본사에 청구해야 한다고 밝혔다. 그리고 같은 날 『황성신문』에는 다음과 같은 내용의 또 다른 협률사의 신문광고가 실렸다. "본샤 창부외에 소릭ㅎ려 단이면 세금은 빅랍홀ᄉ".[39] 이는 말 그대로 협률사에 소속하지 않은 창부들이 소리하러 다니면 세금을 두 배로 매긴다는 것이었다.

앞서의 광고를 모두 종합해 볼 때 우리는 최소한 두 가지 사실을 알 수 있다. 즉 협률사 소속이든 아니든 당시 소리하러 다니는 모든 창부들은 자신의 수입 중 일부를 세금으로 협률사에 냈고, 협률사는 적어도 한성부 안에서 활동하는 모든 창부들을 마치 관(官)처럼 통제하고 있었다는 것이다.

1903년 3월 27일 『제국신문』의 기사인 「율사고시(律社告示)」도 이러한 사실을 뒷받침해주고 있었다. 이는 한성부 내 각 사찰에 대한 고시(告示)로, 그 내용은 다음과 같았다.

> 협률사에서 경산(京山) 각 사찰에 고시하기를 음률하는 공인을 임의 본사에서 관할하는 바인즉 소창하러 다니는 것을 불가불 금단하는데 … 즈금 이후로 무론 남녀공인ᄒ고 절에 부치는 일이 잇스면 별반 엄쳐ᄒ깃다더라.

이 기사에 따르면 협률사는 '음률하는 공인'을 관할하고 있었고 '음률하는 공인'의 외부 활동을 금지하고 있었다. 그리고 절에서 고용하는 경우를 특히 엄하게 처벌한다고 하였다. 협률사는 전속 연희자들뿐만 아니라 '음률하는 공인' 일반을 관리 통제하고, '음률하는 공인'뿐만 아니라 사찰까지 처벌할 수 있는 권한을 가지고 있었던 것이다. 그리고 이런 점에서 협률사는 단순히 희대를 독점적으로 임대하는 데 그치지 않고 유사 관공성을 행사했던 민간

---

39 『뎨국신문』, 1902. 11. 3.

연희단체 또는 기관이었다.

유사 관공성은 협률사가 관(官)의 공적인 요구에 한해서만 전속 연희자들을 파견했다는 사실에서도 드러난다. 『황성신문』의 기사 「휴기대객(携妓待客)」[40]에 의하면 내장원경(內藏院卿) 이용익과 법부협판(法部協辦) 이기동은 어느 공사(公使)의 접대연회에 필요한 기생을 협률사에 요구하였다. 하지만 얼마 후 한성전기회사의 무동패 요구는 "근일 협률사 각항공인(各項工人)을 사유(私遊)에 불허방유(不許放遊)하난 규정"을 근거로 거절되었다. 즉 그것은 공적인 업무를 위한 것이 아니라 사적인 놀이를 위한 것으로 여겨졌기 때문이었다.[41]

협률사는 1907년 1월경 희대가 관인구락부로 용도 변경되기 전까지 희대를 전용, 즉 독점적으로 임대하고 있었다. 당시 협률사의 혁파 문제를 둘러싸고 의정부와 궁내부 간에 오고 갔던 구한국 정부문서에는, 궁내부가 의정부에 "협률사의 건물과 집기가 본부 소유여서 세를 받는 것일 뿐 그 영업 등은 본부 소관이 아니…(協律社一款은 但該家屋什物이 旣係本府所有故로 定限借租而已요 其營業等事ᄂᆞᆫ 實非本府所管則…)"라 임의대로 혁파할 수 없다는 내용의 회신이 포함되어 있었다. 희대는 처음에 궁내부 소관으로 설치되었으나 이후 경무청의 허가를 받아 협률사에 독점적으로 임대되고 있었던 것이다.[42]

위의 문서들은 협률사가 관이나 궁과 무관한 민간 연희단체임을 확증해준다. 하지만 협률사는 영업 당시 입장권에 '궁내부소속'이라고 명기하여 관공

---

40 「휴기대객(携妓待客)」, 『황성신문』, 1903. 3. 27.

41 하지만 한성전기회사에서는 이러한 조치에 격분, 협률사에 공급하는 전기를 끊어버려 공연을 고의적으로 방해하였으며, 이에 협률사의 연희자들이 전차탑승 거부를 결의하는 해프닝도 발생하였다. 「양사절화(兩社絶化)」, 『황성신문』, 1903. 5. 4.

42 의정부와 궁내부 간 구한국 정부문서의 내용은 조영규의 위의 글, 63~68쪽을 참고할 것. 직접 인용된 부분의 해석은 조영규의 논문, 65쪽에서 재인용.

기관임을 사칭하고 있었던 것으로 보인다. 1906년 3월 8일의 『대한매일신보』 논설 「논협률사(論協律社)」에 의하면 협률사는 "막중존엄흔 황실유희장이라 칭탁흐고 궁내부빙표(憑瓢)를 사용흐야 궁중영업"을 하고 있었기 때문이다. 같은 해 4월 28일 협률사 폐지를 궁내부에 촉구하는 의정부의 문서에도 "협률사 영업표도 궁내부소속이라고 하고 있는데(且閱該社營業票 즉亦係貴府所屬이거늘)"[43]라는 문구가 포함되어 있었다.

이와 같이 희대는 민간 연희단체였던 협률사가 민간을 대상으로 상업적으로 영업하는 공공극장으로 개장되었다. 하지만 협률사는 특권적으로 극장 영업을 하며 일종의 유사 관공성을 행사하고 있었다. 이후 제기된 협률사 폐지론은 민간 연희단체였던 협률사가 행사했던 관공성의 타당성 여부, 즉 관의 극장영업 문제에 대한 것이었다. 협률사의 극장 영업은 개장과 휴장, 폐장을 반복하다가 결국 1907년 1월경에 폐지되었으며, 희대는 관인구락부로 그 용도가 변경되었다. 하지만 희대를 무대로 했던 협률사의 극장 영업은 광무대나 연흥사, 단성사 등과 같은 공공극장의 본격적인 등장을 예비하고 있었다.

---

43 앞의 글, 66쪽.

3. 극장 도시, 한성부의 밤을 밝히다

1) 극장 구경과 밤 문화의 형성

실내극장이 도시 중심부에 설치되면서 공연 환경은 근본적으로 변화했다. 가장 먼저 당시로서는 최첨단의 도시기반 중 하나인 전기조명을 이용함에 따라 공연시간과 극장 안팎의 환경이 근본적으로 변화하였다.

저녁 공연은 전기조명의 직접적인 결과였다. 개장하고 얼마 안 되어 협률사를 찾았던 에밀 부르다레는 당시 전기조명의 상태가 매우 열악하였다고 불평했다. "조명은 더욱 초라하다. 몇 개 안 되는 전등이 어렵사리 큰 실내를 밝힌다."[44] 유럽인의 눈에 협률사의 전기조명은 턱없이 부족한 것이었다. 하지만 우리 관객대중에게는 분명 한성부의 중심이기에 경험 가능했던 '문명의 빛'이었다.

저녁 공연은 한성부 도시민의 극장 접근성을 실질적으로 높여주었다. '극장 구경(theatrical life)'은 이제 산 속의 사찰이나 성곽 밖의 한강변에서 즐기는 특별한 행사가 아니라, 하루 안에 즐길 수 있는 도시의 밤 문화(night life)로 편입되었다. 무동 연희장의 경우 놀이는 아침 일찍이나 낮 시간에 시작하여 해

44　에밀 부르다레, 위의 책, 256쪽.

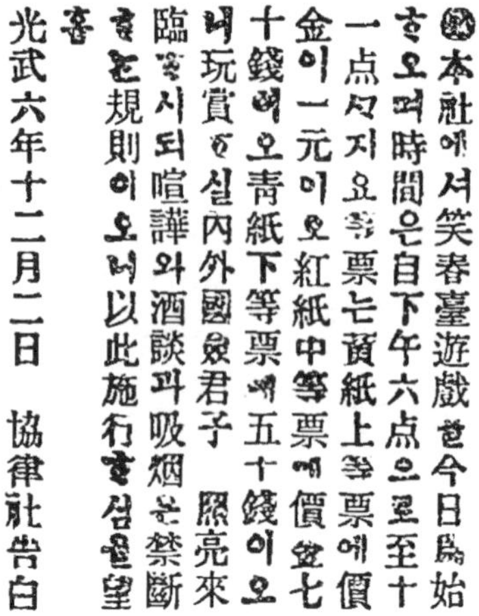

本社에셔笑春臺遊戲을今日爲始
호오며時間은自下午六点으로至十
一点지요等票는資紙上等票에價
金이一元이오紅紙中等票에五
十錢이오青紙下等票에五十錢이오
내玩賞ㅎ실內外國君子照亮來
臨ㅎ시되喧譁와酒談과吸烟은禁斷
ㅎ는規則이오니以此施行ㅎ심을望
光武六年十二月二日 協律社告白

그림 6. 협률사 광고
(『황성신문』, 1902. 12. 4.)

지기 전에 끝났다.[45] 그림 1의 야외 가설무대 사진에서와 같이 조명은 불가능했기 때문이다. 하지만 협률사의 공연시간은 저녁 6시에서 밤 11시까지로서 관객들은 하루일과를 마친 후 저녁이나 밤 시간에 극장 구경을 할 수 있었다.[46] 물론 공연시간의 지정이 오늘날처럼 관객의 입퇴장 시간을 강제적으로 규율했다고 보기는 어렵다. 다섯 시간이라는 공연시간 자체가 한나절에 가까운 데다가 공연물은 판소리, 무용, 남사당놀이 등의 종합적인 연행물로 구성되어 있었기 때문이다. 관객들의 입퇴장은 오히려 무동 연희장에서와 같이 공연 시간 안에서 임의적으로 이루어졌을 것이었다.

저녁 공연의 시작은 극장 밖 거리조명의 시작에 일정한 빚을 지고 있었다. 저녁시간에 극장을 찾는 밤 문화의 형성은 도시민의 안전한 통행을 가능케 하는 거리조명의 발달을 전제로 하였다.[47] 전기사업은 광무개혁을 주도했던

---

45 1900년 2월 28일자 광고에는 "하오부터", 3월 1일자 광고에는 "금일 조조(早朝)붓터"로 되어 있다.

46 "시간은 하오 육점으로 지(至) 십일점ᄭᅵ지요 등표(等票)는 황지(黃紙) 상등표에 가금(價金)이 1원(一元)이오 홍지(紅紙) 중등표에 가금(價金) 70전이오 청색지(靑色紙) 하등표에 50전이오니", 「광고」, 『황성신문』·『제국신문』, 1902. 12. 4.

47 18세기 서구에서 거리조명의 개량이 극장과 관련된 밤 문화의 창출에 미친 영향에 대해서는 다음을 참고할 것. James Van Horn Melton, *The Rise of the Public in Enlightenment Europe*, Cambridge Univ. Press, 2001, pp.163-164.

한국 근대연극의 형성

황실과 대한제국 정부가 의욕적으로 추진했던 대표적인 식산흥업정책 중 하나였다. 1887년 3월 6일 경복궁 향원지 연못 옆 건청궁에서 전등이 처음 켜진 이후 1898년 1월에 한성전기회사가 설립되었으며 전기철도 부설공사와 전등사업 준비도 본격화 되었다. 그리고 1899년 말경에는 한성부 내의 거리와 공사(公私) 가옥의 조명을 준비하기 위한 시설 준비가 착수되었다.[48] 본격적인 거리조명이 처음 시작된 것은 전차의 야간운행이 시작된 다음 날인 1900년 4월 10일이었다. 이 때 처음으로 종로의 전차 정거장과 매표소 주변을 밝히기 위해 가로등 3개가 설치되었다.[49]

거리조명의 확대는 상업의 발달, 즉 시전(市廛)의 야간영업과 통행인의 증가 때문이기도 했다. 1900년 11월경에는 석유등으로 시가를 밝힌다는 유등(油燈) 회사의 기획이 한성부 안에서 잠시 시행되었지만 높은 석유값 때문에 한 달여 만에 폐지되었다.[50] 하지만 거리조명은 1901년 정부의 강한 의지에 따라 한성전기회사의 전신주 재정비와 장비확충 등이 본격화되면서 실현되

---

48 "한성전기회사에서 전기등을 설치ᄒᆞ야 성내(城內) 시가 급(及) 공사(公私) 가옥에 수구연명(隨求燃明)ᄒᆞᆯ 터인ᄃᆡ 연전(年前)에 구치(購置)ᄒᆞ얏던 궁내부소관 전등기계를 일체매득ᄒᆞ야 일간 동대문내 전기창으로 이용(移用)ᄒᆞᆫ다더라", 「한성전등」, 『황성신문』, 1899. 11. 21.

49 "전기회사에서 작일붓터 종로에 전등 삼좌(三坐)를 연(燃)ᄒᆞ얏더라", 「종로전등」, 『황성신문』, 1900. 4. 11.

50 "본회사 설립ᄒᆞᆫ 본의ᄂᆞᆫ 시가(街市)에 현등(懸燈)ᄒᆞᄂᆞᆫ 규례를 일정(一定)ᄒᆞ야 통소광명(通宵光明)케ᄒᆞ이온ᄃᆡ 본사에서 석유를 무(貿)ᄒᆞ고 사환을 정ᄒᆞ야 매일 각처 가시(街市)에 순행ᄒᆞ야 현등을 청결히 세마(洗磨)ᄒᆞ고 달야(達夜)ᄒᆞᆯ 석유를 분등(分等)ᄒᆞ야 등잔(燈盞)에 저치(貯置)ᄒᆞ얏다가 동시점등케 ᄒᆞ면 중소명멸(中宵明滅)ᄒᆞᄂᆞᆫ 폐가 무ᄒᆞ야 가로에 편리ᄒᆞ깃기로 농상공부 청원인허ᄒᆞᆫ 후에 한성부에서 각방곡(各坊曲)에 고시ᄒᆞ얏거니와 사무실시ᄒᆞᄂᆞᆫ 일에 본사 규칙 일장식(本社規則一張式) 현등 가주(懸燈家主)에게 분송(分送)ᄒᆞᆯ 터이오니 첨군자ᄂᆞᆫ 양실(諒悉)ᄒᆞ십 유등(油燈)회사장 최상돈 고백", 광고, 『황성신문』, 1900. 11. 12; "유등회사에서 오서내 각 시전에 유가(油價)를 원정외(元定外) 가봉(加捧)ᄒᆞᆫ다고상민 등이 한성부에 호소ᄒᆞ얏더니 한판(漢判)이 該회사에 훈칙ᄒᆞ되 비리횡탐은 회사의 본의가 안이니 물시ᄒᆞ라ᄒᆞ얏더라", 「유등회사 물시(勿施)」, 『황성신문』, 1900. 12. 27.

었다. 전기회사에서는 5월에 기존의 전신주에 추가로 "고간(古桿)을 갱식(更植)하고 간상(桿上)에 전선(電線)을 첩설(疊設)"하여 전기등 설치를 제반여건을 준비하였고, 6월에는 전기등 설치에 필요한 장비를 상해(上海)로부터 들여왔다.[51] 그리고 8월에는 마침내 전기등이 개설되어 민간을 대상으로 하는 전등영업이 시작되었다.[52]

1902년 12월 4일에 협률사의 〈소춘대유희(笑春大遊戲)〉 저녁 공연과 동대문 전기회사기계창 활동사진소의 밤늦은 영업[53]은 이같은 극장 내의 전기조명과 극장 밖의 거리조명, 그리고 이와 연계된 전차의 야간 운행을 기반으로 하는 것이었다.

부르다레는 한성부에는 밤에 즐길 만한 선술집이나 공연 후에 식사할 수 있는 곳이 없다고 불평했다.[54] 하지만 18세기 이후 한성부에는 상업의 발달과 인구 증가로 인해 음식점이 번창했고, 술과 매음을 영업으로 하는 색주가가 홍제원과 남대문 밖, 탑골공원 뒤, 수은동 등에 번성했을 뿐만 아니라 궁정과 관리들의 전유물이었던 기녀(妓女)가 민간을 대상으로 영업하는 기방(妓房)도 출현하였다.

협률사는 그 중에서도 요리점과 연계하여 새로운 밤 문화를 형성하기 시작했다. 특히 명월관(明月館)은 협률사의 공연 전후에 상층인사들이 자주 찾았던 곳이었다. 명월관은 1904년 궁중의 요리장이었던 안순환이 황토현(黃土峴, 지금의 광화문 동아일보 구사옥 자리)에 개업했던 요리점으로서[55] 당시 고관들

---

51 「전사(電社)확장」, 『황성신문』, 1901. 5. 17; 「전기등」, 『황성신문』, 1901. 6. 18.

52 「전등개설예식」, 『황성신문』, 1901. 8. 16.

53 당시 신문광고에 따르면 활동사진 영업시간은 밤 10시까지였다. 지금까지 확인된 최초의 활동사진 광고는 1903년 6월 23일 『황성신문』의 것이지만, 실제 영업은 그 이전부터였을 가능성이 크다.

54 에밀 부르다레, 앞의 책, 259쪽.

55 명월관 개업시기는 통상 1909년으로 알려져 있다. 하지만 1906년 『만세보』에 명월관의

의 회의장소나 외빈들과의 만찬장소로 자주 이용되었다. 그리고 1908년 원
각사로 재개장된 이후에는 새벽까지 이어지는 상층사회의 밤 문화를 본격적
으로 주도하였다.[56] 명월관의 사장이었던 안순환은 1908년 원각사의 사장에
위임되었고, 당시 요리점은 기생을 대동하고 연희를 즐기는 곳이었다.

여기에 신문이라는 매체는 원래 비가시적이었던 상층사회의 밤 문화를 기
사화하여 일반대중들에게 가시화(可視化) 시켰다. 상층사회의 행보는 신문광
고보다 더 효과적으로 일반대중들의 모방적인 협률사 관람이나 명월관 출입
을 부추겼을 것이었다. 실제로 명월관은 날로 성업하였으며, 1906년 무렵에
는 왕족과 귀족, 고위관리 등의 전유물이었던 안순환의 궁중요리가 도성 안
팎 민간의 각종 행사에까지 배달되었다.[57]

그럼에도 불구하고 협률사의 실질적인 관객층은 값비싼 입장료를 지불할
수 있는 상층사회였다. 하지만 협률사는 러일전쟁의 발발로 폐장되었다가
재개장하면서 입장료를 인하하여 극장 수익의 증가와 관객의 저변 확대를
도모하고자 했다.

2) 관객대중의 형성과 위계화

협률사는 누구에게나 개방적인 공공극장으로서 관객대중(theater public)을

영업확장 광고가 실렸다는 점에서 장규식의 논의에 따라 1904년에 개업했던 것으로 추정
된다. 장규식, 『서울, 공간으로 본 역사』, 혜안, 2004, 244쪽.

56 "내부대신 송병준 농상공부대신 조중응 양씨와 각부차관 일동과 통감부고등관 수십명이
재작야 하오 칠시에 신문내 원각사에 전왕ᄒ야 제종 연희를 일체관람ᄒ 후에 명월관에 회
동ᄒ야 진심환락ᄒ고 작일 오전 삼시경에 각자 산거ᄒ얏다더라", 「선유선유(善遊善遊)」,
『대한매일신보』, 1908. 10. 18. 이 외에도 당시에는 원각사로 재개장된 이후 관극 이전이
나 이후에 명월관을 찾아 밤늦게 놀았다는 기사가 자주 실렸다.

57 「명월관 광고」, 『만세보』, 1906. 7. 13.

형성시켰다. 하지만 협률사의 개방성은 차등적인 입장료만큼 형식적이고 선택적인 것이었다. 상등에 1원, 중등에 70전, 하등에 50전이라는 구분은 다양한 관객층을 고려한 것이었지만,[58] 당시에 10전이었던 활동사진 구경값에 비한다면 상대적으로 고가(高價)였다. 협률사는 가설극장이나 공원처럼 모든 사람에게 무조건 열려 있는 공간이 아니라, 최소한 50전의 입장료를 낼 수 있는 경제력 있는 관객에 한해 개방되는 공간이었다.

여기에 극장의 내부구조, 특히 차등적인 입장료에 따른 좌석의 위계적인 배치는 관객대중에 대한 극장의 의식을 반영하고 있었다. 그동안 협률사의 무대는 윤백남이 남긴 원각사의 평면도를 토대로 막연히 일자형의 프로시니엄 무대로 추정되어 왔다.[59] 하지만 최근 조영규는 에밀 부르다레의 기록을 근거로 협률사가 원각사로 재개장되는 과정에서 무대구조가 일자형으로 변경되었다고 주장했다. 협률사 무대는 원래 삼방향 관람이 가능한 돌출무대였다는 것이다.[60]

이같은 무대구조는 관객석의 구조에 영향을 미쳤다. 부르다레가 쓴 *En Corée*(1904)의 세 가지 다른 번역을 참고해 종합해 보면,[61] 협률사는 무대 바로 앞쪽의 맨바닥이 3등석이었고 무대와 마주하여 조금 높이 마련된 계단식 좌석이 2등석이었다. 그리고 무대의 양쪽 모퉁이에는 1등석과 칸막이 있는 1개의 특별예약석이 조금 높게 자리해 있었다. 부르다레가 앉았던 2층 좌석은 단층으로서 그 끝이 무대 바로 위에까지 이어져 있었고, 1등석 사이에 있는 가파른 계단을 통해 올라갈 수 있었다. 그리고 좌석은 모두 나무로 되어

58 협률사 광고, 『황성신문』·『제국신문』, 1902. 12. 4.
59 김기란, 위의 글, 72쪽; 김재석, 위의 글, 245쪽.
60 조영규, 위의 글, 120~126쪽.
61 백성현·이한우 지음, 『파란 눈에 비친 하얀 조선』, 새날, 2006, 253쪽; 조영규, 위의 글, 123~124쪽; 에밀 부르다레, 위의 책, 255쪽.

있었으며, 그 위에는 붉은 양탄자가 깔려 있었다. 난방시설은 따로 없었고, 칸막이로 구별된 특별 예약석에만 난로가 각각 하나씩 놓여있었다.

부르다레는 이같이 1등석과 특별예약석이 "가장 나쁜 자리"[62]인 무대 양쪽 모퉁이에 위치해 있는 좌석배치를 이해할 수 없었다. 근대 유럽인의 관점에서 볼 때 가장 좋은 자리는 무대가 가장 잘 보이는 자리였기 때문이다. 하지만 협률사의 좌석 배치에 대한 관념은 오늘날과 달랐다. 효과적인 연희 관람을 위한 시각선 확보가 좌석배치에서 가장 중요한 사항이 아니었던 것이다. 무대 양옆 모퉁이에 자리한 1등석과 특별예약석은 출구에서 가장 가까워 입퇴장이 가장 편리했다. 그리고 출구와 가장 가까운 맨 가장자리였기 때문에 늦은 입장과 빠른 퇴장이 가능하면서도 다른 좌석의 관객들과의 교섭을 최소화할 수 있었다. 위치적으로 가장 외곽에 있었기 때문에 가장 쉽게 눈에 띌수 있는 자리이기도 했다. 특별예약석의 상대적으로 높은 위치와 칸막이는 다른 좌석들과의 물리적인 구분을 위한 것이었지만, 이디까지나 과시적인 은폐였을 뿐 비가시적인 은폐는 결코 아니었다.

시각선이 그다지 중요하지 않았던 이유는 창과 무용, 놀이 등으로 구성된 당시 연행물이 오늘날처럼 관객의 지속적인 집중을 요구하지 않았기 때문이었다. 그리고 좀더 근본적으로는 협률사가 연희의 관람 자체를 위한 곳이 아니라 연희를 제공하는 '사교의 장'이었기 때문이었다. 신문광고에는 "훤화(喧譁)와 주담(酒談)과 흡연(吸煙)은 엄금"[63]한다고 하였으나, 실제적인 관극 분위기는 공연 중에 하인과 극장 고용인들은 무대를 오가며 배우와 관객에게 마실 것을 건네고 관객들은 담배를 피우는 등 오늘날보다

---

62 에밀 부르다레, 위의 책, 255쪽.

63 협률사 광고, 『황성신문』·『제국신문』, 1902. 12. 4.

훨씬 자유로웠다.[64]

초기 협률사의 값비싼 입장료와 좌석배치 방식은 그것이 기본적으로 상층사회의 관객을 대상으로 했기 때문이었다. 하지만 개장 직후 협률사는 상등석을 1원으로 고정하여 소수 상층관객을 통한 수익성을 유지하면서도, 중등석 이하의 입장료를 인하하여 하층사회 관객의 저변을 확대하고자 했다.

다음 해인 1903년 2월에 입장료는 상등은 1원 그대로, 중등은 70전에서 20전 인하한 50전, 하등은 50전에서 25전 인하한 25전으로 재조정되었다. 그리고 1904년 러일전쟁의 발발로 문을 닫았다가 2년 후 재개장하였을 때에는 1등석은 1원, 2등석은 60전, 3등석은 40전, 4등석은 15전으로 관객석을 좀더 세분화 하였다. 상층사회 관객을 겨냥한 1등석은 1원 그대로 유지하고 2등석은 60전으로 상향조정함으로써 수익을 늘리는 한편, 하층사회 관객을 대상으로 하는 3등석과 4등석의 가격은 더욱 낮춤으로써 관객의 수를 증가시키고자 했던 것이다. 최저 15전의 입장료는 개장 시 최저 입장료가 50전이었던 것과 비교해 볼 때 파격적으로 인하된 것이었다. 여기에는 입장료가 10전이었던 활동사진소의 관객층까지 끌어들이고자 하는 계산도 놓여 있었을 것이었다.

결과는 대성공이었다. 개장 직후 신문언론에서는 협률사에 사람들이 구름같이 모여들고 있다고 비판했다.[65] 그리고 그 비판은 특히 관객대중 중에서도 입장료의 인하로 인해 늘어난 학생과 여성 관객을 향해 있었다. 이전과 달리 신문언론에서는 '연소남녀', '탕자야녀', '소년', '여자', '청년자제', '학생들',

---

64 에밀 부르다레, 앞의 책, 256~257쪽.
65 "남녀간 운둔무집(雲屯霧集)하여 누천인(屢千人)에 달ᄒᆞᆻ다ᄒᆞ니", 「율사번화」, 『대한매일신보』, 1906. 3. 4; "근일 협률사 경황을 문ᄒᆞᆫ즉 축일 관광자가 운둔무집ᄒᆞ야", 『대한매일신보』, 3. 16.

한국 근대연극의 형성

'야학생들' 등이 밤마다 극장을 찾는 것을 소리 높여 비판했다.

近日에 協律社라는 것이 싱긴 以後로 浩蕩훈 春風麗日에 春情을 耽호는 **年少男女**들이 風流社中으로 輻湊並臻호야 淫佚히 遊樂을 日事호다는되 **蕩子冶女**의 春興을 挑發홈은 例事어니와 至於 各**學校學員**들도 隊隊遂遂호야 每夕이면 協律社로 一公園地를 認做홈으로 甚至**夜學敎學徒**들의 數爻가 減少혼다니 果然인지 未詳호거니와 協律社關係로 野昧혼 風氣가 一層增進홈을 確知호깃다더라[66]

협률사는 상층 입장료의 고수와 하층 입장료의 인하를 통해 한편으로는 이전과 같이 명월관 같은 고급요리집과 연동하여 상층사회 인사들의 사교장으로 기능하고,[67] 다른 한편으로는 젊은 남녀의 새로운 유흥장으로 새롭게 부상하고 있었다.

이필화의 상소를 통해 정점에 달했던 협률사 폐지론은 근대적인 공공극장에 대한 일종의 부정론이었다. 하지만 이는 근본적으로 극장에 몰려든 관객대중에 대한 우려나 두려움에 기인하고 있었다. 실내극장을 통해 형성되었던 관객대중은 인쇄매체의 광범위한 보급을 통해 추상적으로 형성되는 독서대중과 달리, 극장 안에서 육체적인 현존을 통해 구체적인 집단으로 구성되는 하나의 실체로 존재했기 때문이다. 창부의 소리와 기생의 춤을 보기 위해 극장 안에 모여든 관객대중의 집단적 실체는 말 그대로 국권 위기의 시대에 학문과 실업에 전념하지 않고 일탈해 있는 '위험한 국민들'로 가시화되었다. 그리고 극장은 이 '위험한 국민들'을 모이게 하고 실체화 했다는 점에서 백해무익한 것으로 인식되었다.

---

66 「율사오인(律社誤人)」, 『황성신문』, 1906. 4. 13.

67 "단성사이니 협률사이니 설치한 후로 **호화자 부귀객**들이 매야 해사(該社)에 추축하야 탕패가산자가 근일 이래로 우심하다고", 「율사재산(律社財産)」, 『대한매일신보』, 1908. 2. 18.

하지만 극장은 역설적으로 자신을 부정하는 담론 안에서 스스로를 증명하고 있었다. 협률사 폐지론을 통해 극장은 비록 악명적으로나마 여론의 중심에 놓이기 시작했던 것이다. 아울러 협률사 안에서 한번 형성된 관객대중은 이후 광무대와 연흥사, 단성사 등이 등장하는 데 실질적인 토대가 되었다.

3) 창부와 기생 연희의 공공화

협률사의 연희는 창부의 판소리와 기생의 무용과 가요, 무동의 아크로바틱 등이었다.[68][69] 소수의 왕족과 귀족, 고위관리, 양반의 전유물이었던 기생과 창부의 연희는 협률사의 극장 영업을 통해 처음으로 일반 관객대중에게 개방되었다. 창부의 판소리와 기생의 궁중무용은 새로운 관객대중과 만나는 상업적인 공공극장 안에 재배치되면서 공공적인 무대예술로 새롭게 재편되기 시작했던 것이다.

판소리는 원래 소학지희(笑謔之戲)와 함께 창우(唱優)에 의해 공연되었다.

---

68 협률사 초연 이후 1902년 12월 16일 『제국신문』에 게재된 「논설 협률사구경」에서는 창우와 함께 무동패의 연희가 볼 만하다고 전하였다. "이 회샤에셔는 통히 팔로에 광디와 탈군과 소리군 츔군 소리픽 남ᄉ당 쏭픽조군 등류를 모화 합이 팔십여명이 흔집에셔 슉식ᄒ고 논다는디 … ᄒ는 노름인즉 가진 풍악을 가초고 혹 츈향이와 리도령도 놀니고 쌍줄도 타며 탈츔도 취고 무동픽도 잇스며 기외에 쏘 무슴픽가 더 잇는지는 ᄌ셰치 안으나 대기 이상 몃가지로만 말ᄒ야도 풍악긔계와 가무의 련슉홈과 의복과 물건차린거시 별로 보잘거슨 업스나 과히 초초치 아니ᄒ며 츈향이 노리에 이르러는 어사츌도 ᄒ는 거동과 남녀 맛나 노는 형상 일판을 다각각 제복식을 츠려 놀며 남원일읍이 흡샤히 온 듯 하더라ᄒ며 망칙 괴괴흔 츔도 만흔증 무동을 세층으로 타는 거시 쏘흔 쟝관이라 ᄒ더라…"

69 당시 기사들에서 협률사의 연희자는 다음과 같이 크게 '창우'와 '기생'로 대별되고 있었다. "이왕에는 협률사에서 **기생 삼패 광대** 등을 모집 희학하여…", 「율사자폐(律社自廢)」, 『제국신문』, 1903. 2. 17; "작년부터 협률회사(協律會社)에서 **기녀(妓女)와 창우(唱優)**를 회집하여…", 「정우여기(停優餘妓)」, 『황성신문』, 1903. 2. 17; "근일 동문 밖 자지동에서 협률사 소관 **예기와 가객**을 시취함으로…", 「금지기유(禁止妓遊)」, 『황성신문』, 1903. 4. 30.

'창우(唱優)'는 소리(唱)와 연기(優)를 겸하는 광대를 말했다. 하지만 18세기 무렵 소리를 전문으로 하는 창부(唱夫)가 등장하면서 판소리는 단독 연행되기 시작했다. 그리고 더욱더 양반층의 애호를 받으면서 궁중에까지 진출하여 상하층을 아우르는 도시적 유흥으로 확대되었다. 양반층에서는 과거급제 잔치인 문희연(聞喜宴)에 창부를 부르는 것이 관례였고, 판소리 동호인의 모임이나 지방수령의 연회 및 궁중연회에서도 창부를 초청하여 소리를 즐겼다. 중인층과 평민층 역시 창부를 초청할 수 있었지만 웬만한 부호가 아니면 힘들었다. 이들은 판소리 자체의 감상보다도 기생과 기악을 동반한 종합적인 유흥의 일환으로 판소리를 즐겼다.[70]

이렇게 19세기 무렵에 판소리가 사회 전계층에서 향유되었다고 해도 실제로 그것을 즐길 수 있는 신분이나 경제력은 제한되어 있었다. 그리고 그 향유방식은 사적이고 배타적인 방식, 즉 특정 개인이나 집단이 자신들만의 연회에 창부를 고용하는 것이었다. 하지만 협률사의 극장 영업을 통해 판소리의 향유방식은 근본적으로 변화했다. 판소리가 공공극장 안에서 불특정한 관객대중을 위해 연행되었던 것이다. 신분적이거나 경제적인 이유로 판소리의 향유에서 원천적으로 배제되었던 일반대중들은 이제 최하 50전에서 15전의 입장료만 내면, 상층사회가 애호하는 당대 최고 명창(名唱)들의 소리를 그들과 같은 공간에서 함께 즐길 수 있었다.[71] 그리고 양반층이나 고위관리와 같은 상층사회의 관객 역시 전보다 훨씬 쉽게 명창의 소리를 매일매일 즐길 수 있었다.[72]

---

70 이상 판소리 연행방식의 변화 및 확대에 대해서는 김종철의 「판소리 연행방식과 사회적 위상의 변모양상」, 『판소리사 연구』, 역사비평사, 1996, 57~65쪽을 참조할 것.

71 당시 협률사에서 가장 유명했던 창부인 김창환은 고위관리의 연회에 참석하던 중 상으로 정삼품 가자(加資)를 받기도 했다. 가자는 정3품 이상의 품계를 말한다.

72 기존의 판소리 연구에서는 협률사를 통해 판소리가 "민속예술에서 출발하여 상업적 흥행

기생의 연희는 협률사의 극장 공연을 계기로 더 근본적인 변화를 겪었다. 관기(官妓)는 원래 1894년 갑오개혁을 통해 면천(免賤)되어 관에서 해방되었지만, 1901년 고종의 탄신기념일인 만수성절(萬壽聖節) 등과 같은 황실 의례에 여전히 동원되었다. 만수성절의 진연은 모두 다섯 차례 행해졌는데, 그중 외진연에는 무동 백여 명의 정재(呈才)가 있었고 나머지 진연에는 기녀령(妓女伶) 육십여 명의 정재가 포함되어 있었다.[73] 이를 위한 기생들의 습의(習儀)는 교방사와 진연도감의 관할 하에 몇 달 전부터 궁 안팎에서 이루어졌으며, 습의가 궁 밖에 있을 때는 통상 많은 구경꾼들이 모여들었다. 하지만 기본적으로 기생의 정재는 극소수 왕족과 귀족, 고위관리의 전유물이었다. 정재는 일반인들이 출입할 수 없는 궁 안에서 이루어졌기 때문이다.

만수성절과 같이 규모가 큰 궁중 의례에 소용되는 기생들은 중앙관아 출신의 경기(京妓)와 그 외의 향기(鄕妓)로 구성되었다. 경기는 중앙의 혜민서나 내의원 소속의 의녀를 포함한 약방기생 및 공조나 상의원 소속의 침선비였던 상방기생이었으며, 향기는 지방교방에 소속된 관기 곧 외방여기 중에서 뽑혀 상경한 선상기(選上妓)였다.[74] 이들 기생은 특정한 궁중 행사가 있을 경우에 모집되어 교방사나 진연도감의 관할 하에 습의하였고, 행사 후에는 되돌려 보내졌다. 그리고 환송시에는 약간의 경비와 수고비가 주어졌다.[75]

예술로 성장한 것"이라고 평가하며 그 상업화에 주목했다(김종철, 앞의 글, 76쪽). 하지만 여기에서는 민속예술이 원래 상업성을 배제하지 않았다는 점에서 협률사의 판소리 상업화보다 그것의 공공화에 더 주목한다.

73 「칭연절차(稱宴節次)」, 『황성신문』, 1901. 9. 11.

74 송방송, 『증보한국음악통사』, 민속원, 2007, 522쪽.

75 "일작 진연도감에서 평양기녀 21명을 환하송ᄒᆞᄂᆞᆫᄃᆡ 기(其) 회환반비(回還盤費)와 매명하기허포필식(每名下幾許布疋式) 급여ᄒᆞ얏고 작일은 재도습의ᄒᆞᄂᆞᆫᄃᆡ 경기(京妓)及진주 기녀가 거행ᄒᆞ얏다더라", 「평기(平妓)환송과 재도(再度)습의」, 『황성신문』, 1901. 8. 22.

기생의 연희가 소수의 왕족과 귀족, 고위관리를 중심으로 하는 궁의 문화에 전유된 것이었다는 점에서 기생의 협률사 공연은 그 자체가 혁신적인 것이었다. 실제로 부르다레는 당시 협률사 관객들이 가장 기대했던 것은 기생의 연희였다고 기록하였다.

> 사람들은 담배를 피우고 오가면서, 여태껏 궁궐에서만 공연하던 이 유명한 무용을 보려고 안달이 났다. … 이 저녁에 진짜배기 궁궐 무용수들이 등장하는 예외적인 순서가 있었다. 이 새로운 구경거리를 보려고 환장한 군중이 극장에 몰려들었다. … 그녀들은 전혀 수줍음이 없는 어린 '기생'들이다. 무대 뒤로 사라질 때 그녀들은 친구들의 가슴에 불을 지르는 추파를 던진다.[76]

'진짜배기 궁궐 무용수'를 보려고 '환장한 군중'에 대한 에밀 부르다레의 묘사는 당시 기생에 대한 관객대중의 호기심과 반응이 얼마나 크고 열광적인 것이었는가를 그대로 보여준다.

궁의 전유물이었던 기생의 연희는 협률사의 특권적 지위를 나타내는 것이기도 했다. 하지만 그로 인해 협률사가 궁중 영업을 한다는 여론의 비판은 갈수록 커져갔다. 그리고 이는 근본적으로 관객대중의 형성, 특히 학생과 여성관객의 증가에 대한 사회적인 불안감에 기인하는 것이었다. 협률사는 1907년 1월경 협률사는 결국 폐지되었으며, 희대는 관인구락부로 용도가 변경되었다.

---

76 부르다레, 위의 책, 257~259쪽.

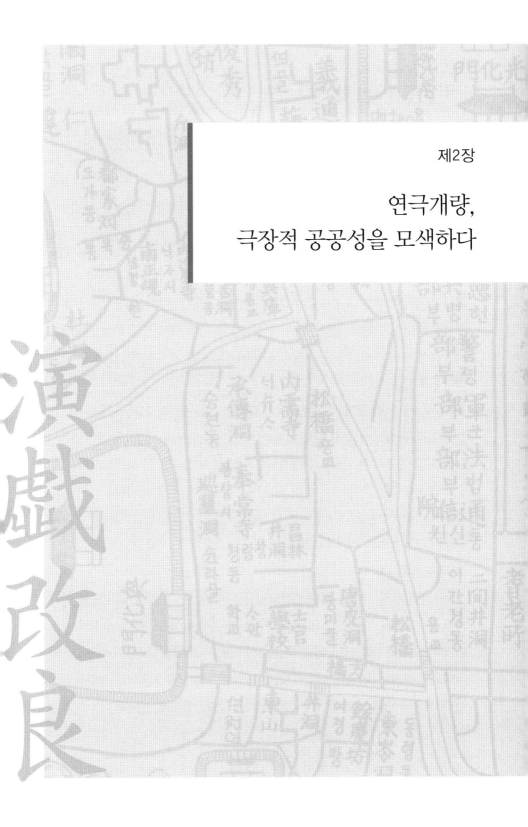

제2장

연극개량,
극장적 공공성을 모색하다

연극개량,
극장적 공공성을 모색하다

    우리의 근대적인 연극경험은 1902년 협률사의 개장과 함께 본격적으로 시작되었다. 근대적인 교통수단의 도입은 한성부 도시민들의 극장 접근성을 높여주었으며, 전기의 도입은 저녁 공연을 가능하게 하여 극장 구경을 도시생활의 일부로 편입시켰다. 하지만 근대극장의 가장 특징적인 결과물은 관객대중의 형성이었다.

    극장 안에 모인 집단적 실체로서의 관객대중은 계몽의 기획에 포섭되지 않고 일탈해 있는 '위험한 국민'으로 가시화 되었다. 협률사 폐지론은 관 주도의 극장 영업이 원칙적으로 불가하다는 명분 하에 극장이 국권위기의 상황에 교육과 실업에 힘써야 하는 사람들의 시간과 금전을 낭비시키고 풍기문란을 조장한다는 부정적인 인식의 표명이었다. 그리고 이 과정에서 근대극장은 궁극적으로 '사(私)'나 '이(利)'가 아닌 '공(公)'을 위한 것이어야 한다는 문제를 제기하였다.

    협률사의 폐지 직후 설립된 민간극장들은 이에 따라 연극개량에 대한 사회적 요구를 처음부터 안고 있었다. 광무대와 단성사 등은 개장과 동시에 연희개량을 내세우고 자선공연에 앞장섰다. 특히 자선공연은 극장이 공공성을 스스로 증명하며 '상풍패속의 기관'에서 '근대적인 사회기관'으로 재인식되는 데 중요한 역할을 했다. 이후 자선공연은 근대극장과 밀접한 관계를 지속

                                                       한국 근대연극의 형성

해 나갔다.

　민간극장이 성행하는 현실 속에서 계몽주의 지식인들은 『황성신문』과 『대한매일신보』를 중심으로 연극개량론을 개진하기 시작했다. 연극개량론은 비록 극장의 현실에 비판적이었지만, 새로운 연극이 관객대중의 근대적인 국민국가의식을 고양시키는 데 기여할 수 있다고 보았다. 그리고 을지문덕이나 강감찬, 이순신, 논개 등과 같은 국난극복의 국민적 영웅을 주인공으로 하는 '슳흔 연희'를 새로운 연극의 대안으로 제시했다.

　이인직의 '신연극'과 원각사의 연극개량은 이러한 배경에서 시작되었다. 〈은세계〉를 비롯한 원각사의 '신연극'은 동시대의 현실 사회에 대한 비판적인 문제의식을 가지고 관객대중의 계몽을 통해 사회를 개량하고자 했던 작품이었다. 그리고 이는 극장의 공공성을 자선공연과 같은 사회사업이나 연극개량론과 같은 이념이 아니라, '신연극' 자체를 통해 구현하고자 했다는 점에서 새로운 것이었다.

　경찰의 극장 통제는 일종의 관(官) 주도 연극개량으로서 경찰의 극장 통제가 1910년 합방을 전후로 본격화 되었다. 경찰은 관객의 수, 영업시간, 연희 내용, 관극태도 등과 같은 위생과 풍속 사항을 집중적으로 통제함으로써 극장을 근대화, 문명화시키고자 했다. 이 과정에서 극장은 특히 『국민신보』와 『매일신보』 같은 식민 언론상에서 '상풍패속의 장'으로 표상화 되었다. 이는 '상풍패속한 식민지 조선사회'에 대한 경찰통제를 식민 언론이라는 무대 위에서 극장화 하는 것이었다. 경찰의 극장통제는 사회라는 거대 극장 안에서 일반대중이라는 잠재적인 관객을 대상으로 일종의 레퍼토리 공연처럼 반복적으로 시연(試演)되었다.

1. 협률사 폐지론, 근대극장을 부정하다

1) '망국'의 극장과 성리학적 예악관

협률사는 러일전쟁이 끝난 후 1906년 3월 2일에 재개장하였다. 흥행은 대성공이었다. 하지만 곧이어 협률사가 폐지되어야 한다는 기사와 논설이 『황성신문』과 『대한매일신보』에 연이어 실리기 시작했다. 협률사 폐지론은 약 두 달 동안 집중적으로 전개되었으며, 4월 19일에는 이필화의 상소를 통해 그 내용이 고종에게 전달된 후 협률사 폐지가 명해지면서 마무리 되었다.

협률사를 비판하고 그 폐지를 주장했던 논설의 내용을 요약 정리하면 다음과 같다. 아래는 대부분 국한문 혼용체인 논설을 한역한 것이고, 원문은 〈부록 1〉에 별도로 수록하였다.

① 「논협률사(論協律社)」, 『대한매일신보』, 1906. 3. 8.

협률사는 군악대 설치경비를 보충할 계획으로 창설하자로 임금께 아뢰어 내탕금(內帑金) 4만원을 받아 유럽의 연극장 모양으로 건축한 것이었다. 하지만 예기(藝妓)와 창우(倡優)를 선택 모집하여 춘향가, 화용도 타령 등을 보여주고 사람들의 금선을 탈취하였다.

이로 인해 첫째로는 내탕금을 써버리고 단지 주모자의 사욕을 채웠다는 것에 대한 세상 사람들의 공론이 떠들썩하며, 둘째로는 나이 어린 자제들이 협

한국 근대연극의 형성

률사로 인해 청춘을 허송하고 가산을 탕진하는 것을 부모형제들이 개탄분노
해 하는 소리가 떠들썩하고, 셋째로는 천한 창우의 생계수단에 불과한 극장을
황실유희장이라 칭하고 궁중영업하는 것을 내외국인들이 비웃는 소리가 떠들
썩하다.

지금과 같은 때에 소모적인 음풍음락(淫風淫樂)으로 국민지의(國民志意)를
흔들리게 하고, 한 나라를 허송세월케 하는 것에 대해 통분하지 않을 수 없다.

② 「책협률사관광자(責協律社觀光者)」, 『대한매일신보』, 1906. 3. 16.

협률사는 김용제, 최상돈, 고희준 등 3인이 조직하였는데, 그 실상은 일본
인이 자본을 대어 영업하는 것이다. 어제 송병준이 협률사에 와서 꾸짖어 말
하기를, 협률사 연희는 외국에도 있는 것이지만 어디까지나 인민이 영업하는
것이며 관인(官人)이 영업한다는 말은 들어본 적이 없거니와, 기녀의 고용은
있어도 관기의 사용은 만만부당하다고 했다. 이에 세 사람과 일본인은 용서를
구하였다.

관광자들에 대해 말하자면, 한인(韓人)의 신세가 이같이 위태로운 때에 아
무조록 학문이나 실업에 주의하여 생활의 방도를 찾아야 마땅할 것인데, 오히
려 음락에 빠져있으니 진실로 두려운 일이다. 실로 한국의 앞날을 위해 애통
해 하지 않을 수 없다.

③ 「율사지폐(律社之弊)」, 『대한매일신보』, 1906. 4. 7.

협률사가 민국(民國)에 백해무익함은 이미 여러 번 게재하였다. 협률사의
음락과 무풍(巫風)이 과연 공(公)에 이롭겠는가, 사(私)에 이롭겠는가.

협률사의 수익이 많아 국가계획에 도움이 된다 하더라도 도리에 어긋나고
민재(民財)의 기만함이 이미 행할 만한 일이 아닌데, 그 소득이 요사한 무리들
개인의 주머니에 들어간다 하니, 사람들이 전하는 말에 비웃음이 없지 않다.
또한 사람들이 금전을 아끼지 않고 한데 뒤섞이는 것을 싫어하지 않으니 민속
은 더욱 음미(淫靡)해지고, 더 큰 걱정은 학교 학생들이 학업마저 내던지고 연
희구경에서 헤어나지 못하는 것에 있다.

술과 기생, 노름 등의 모든 추습이 모두 협률사에서 발생하여 과거 예의 풍속이 점차 음탕하게 변할 것이니 어찌 이를 개탄해하지 않겠는가. 정부는 민지계발과 교육확장을 항상 주장하면서도 협률사를 금지하려고 하지 않으니 참으로 부끄러운 일이다.

④ 「율사오인(律社誤人)」, 『황성신문』, 1906. 4. 13.

최근 협률사가 생긴 후로 호탕한 춘풍여일에 춘정을 탐하는 나이 어린 남녀들이 풍류사(風流社) 가운데로 모여 진을 이루어 음일히 유락을 일사(日事)한다는데, 탕자야녀의 춘흥을 도발함은 보통이거니와 각 학교학원들에 이르기까지 무리를 지어 매일 저녁이면 협률사로 모여들어 심지어 야학교 학도들의 수가 감소한다고 하니 과연 자세히 알지 못하나 협률사 관계로 야매한 풍기가 일층 더해짐을 확실히 알겠다.

⑤ 「경고 율사관자(律社觀者)」, 『황성신문』, 1906. 4. 18.

무엇을 위해 협률사를 설치했는지 진실로 알기 어렵다. 무릇 애원의 소리는 망국의 유풍이요 음탕지희는 사람들을 잘못 이끄는 지름길이다.

뜻있는 인사가 학교창립을 위해 의연금을 청구해도 돈 한푼 내지 않는 사람들이 친구들과 함께 기생을 끼고 하룻밤 협률사에 천금을 하찮게 여기고 낭비한다.

역사(力士)의 방망이로 협률사를 때려부숴 버리면 제일 속시원하겠으나, 동망창해(東望滄海)에 역사(力士)가 이미 가고 없으니 어찌하면 좋겠는가.

협률사 폐지론은 국권이 심각한 위기에 빠진 현실에서 극장 자체가 불가하다는 내용이었다. ②의 「책협률사관광자(責協律社觀光者)」에서 우리의 처지가 가마 속의 물고기 − "釜中之魚" − 나 천막 위에 집을 지은 제비 − "幕上之燕" −와 같다고 한 것이나 ⑤에서 지금 현실이 서로 부여안고 통곡할 때 − "相扶而痛哭之秋也" − 라는 것은 모두 이같이 심각한 위기의식을 단적으로 표현한 것이었다. 청일전쟁 이후 조선침탈을 본격화하기 시작했던 일본은

1904년 러일전쟁에서도 점차 우세를 점하자 제1차 한일협약 후에는 고문(顧問) 정치를, 1905년 제2차 한일협약인 을사보호조약 후에는 통감(統監) 정치를 시행하면서 조선을 보호국화 하고 있었기 때문이다.[1]

협률사 폐지론은 현실적으로 '학문'과 '실업(實業)'을 강조했다. 『대한매일신보』나 『황성신문』을 주도했던 계몽주의 지식인들은 국권회복을 궁극적인 목적으로 하면서도 무력항쟁을 부정하고 실력양성론－특히 교육운동과 식산흥업운동－을 강조하고 있었다. 그리고 이는 대한제국의 관료층이나 유교 지식인층 모두가 원칙적으로 동의하는 바였다.[2] 반면에 협률사는 학문과 실업에 매진해야할 사람들의 금전과 시간을 빼앗아 허송세월하게 만드는 백해무익한 것으로 여겨졌다.

협률사 폐지론은 여기서 한 걸음 더 나아가 관(官)의 극장영업이 부당하다고 주장했다. 관(官)이 민(民)을 상대로 영리적인 사업을 하는 것 자체가 이치에 어긋나는 일－"此等非理의 事爲"(②)－이라는 것이었다. ③의 「율사지폐(律社之弊)」에서 돈벌이가 하루에 천금일 정도로 아무리 많아서 국가계획에 보충이 된다 하더라도 도리에 어긋나고 인민의 재물을 기만함 자체가 행할 만한 일이 아니다－"其纏頭所得이 日有千金ᄒᆞ야 以補於國計라도 違道而騙民財가 已非可行之事이거던"－라는 것도 같은 맥락에서였다. 그리고 그것은 설령 국가재정에 도움이 된다고 해도 도리에 어긋나는 일이었다. "其纏頭所得이 日有千金ᄒᆞ

---

1 협률사에 대한 최종적인 결정권 역시 일본에 있었다. 이필화의 상소 후 고종은 협률사를 혁파하라는 칙령을 내렸지만, 협률사는 당시 궁내부 고문이었던 가토 마쓰오(加藤增雄)의 개입으로 재개장되었다. "협률사연희장은 궁내부참서관 김용제 철도국장 최상돈 씨등이 고문 가등(加藤)씨와 하이(何以) 계약ᄒᆞ고 일인처(日人處)에 인허설시ᄒᆞ엿든지 … 해일인(該日人)은 궁내부에 위약금 이십오만원을 청구ᄒᆞᄂᆞᆫ지라 처분내(處分內)에 고위잉치○(姑爲仍置○) ᄒᆞ라ᄒᆞ옵셧다더라", 「율사불파(律社不罷)」, 『대한매일신보』, 1906. 5. 3.

2 교육과 식산흥업 운동을 중심으로 하는 문화계몽운동의 영역에 관한 좀더 자세한 논의는 김도형의 『대한제국기의 정치사상 연구』, 지식산업사, 1994, 131~144쪽을 참조할 것.

제2장 연극개량, 극장적 공공성을 모색하다   65

야 以補於國計라도 違道而騙民財가 已非可行之事이거던"(②). 더욱이 협률사의 수익이 몇몇 주모자들의 주머니 속으로 들어가고 있다는 의혹까지 제기되고 있었다(① · ③).

협률사 폐지론은 근본적으로 연극을 천시하였다. 우리나라뿐만 아니라 세계 각국에서 연극이나 무용, 활동사진 등을 하는 여러 극장들은 모두 '천한 창우(倡優)의 생계'에 불과하다는 것이었다. "世界各國에 角力戱이니 쭴舞會이니 演劇場이니 輕術業이니 活動寫眞이니 猿戱狗戱熊戱虎戱等 諸般劇場이 非日無之로되 皆是下皆是下賤倡優의 謀生的에 弗過흠이어날"(①).

이같은 인식은 근본적으로 성리학적인 예악관을 토대로 하는 것이었다. 성리학에서는 예(禮) · 악(樂) · 형(刑) · 정(政)이 각각 조화롭게 다스려질 때 이상적인 왕도국가가 실현된다고 보았는데, 그 중에서도 악(樂)은 시(詩) · 가(歌) · 무(舞)의 결합으로 궁극적으로는 음악의 도덕성을 뜻하였다. 따라서 다섯 가지 요소들이 제 기능을 다하지 못하면, 음악 역시 도덕성을 잃고 사회질서는 어지러워져 결국 나라가 망하게 된다고 보았다. 정나라와 위나라의 음악 – "鄭衛之音" – 과 상간복상의 음악 – "桑間濮上之音" – 이 그 대표적인 예였다.

협률사 연희는 바로 '정위의 음악'과 '상간복상의 음악'으로 인식되었다. 협률사를 비판하며 '무릇 애원의 소리는 원래 망국의 유풍이요 음탕지희는 진실로 사람들을 잘못 이끄는 지름길' – "夫哀怨之音은 原來 亡國之遺風이오 淫蕩之戱는 乃是誤人之捷徑이라"(⑤) – 이라고 한 것은 이를 '정위의 음악'이나 '상간복상의 음악'과 같은 망국의 음악으로 인식했기 때문이었다. 이 외에도 협률사는 "패가망신의 기관"과 "일대쇄금정(一大鎖金阱)" – 커다란 함정 – 이라고 불렸다(①).

표면적으로 협률사 폐지론은 관의 극장 영업을 문제 삼고 있었지만, 근본

한국 근대연극의 형성

적으로는 새로 등장한 근대극장과 이를 통해 형성된 관객대중 모두를 국가와 사회에 위험한 것으로 보고 있었다. 하지만 아이러니하게도 협률사는 그 폐지론을 통해 국가 사회적인 공론(公論)의 대상이 되었다. 협률사가 과연 공(公)을 위한 것인가 아니면 사(私)를 위한 것인가 ─ "此果益於公乎아 益於私乎아"(③) ─ 하는 질문은, 그것이 사(私)를 위한 것이기 때문에 폐지되어야 한다는 의미였지만, 동시에 근대극장은 공(公)을 위하는 것이어야 한다는 명제를 명백하게 제시하고 있었다.

2) '상풍패속'의 극장과 관객대중의 '풍기문란'

협률사 폐지의 대의명분이 국권위기의 상황과 관의 극장영업 불가에 있었다면, 폐지가 시급했던 직접적인 이유는 극장의 상풍패속(傷風敗俗)에 있었다. 말 그대로 협률사는 풍속을 상하게 하고 인민의 성정(性情)을 병들게 만들기 때문에 하루라도 빨리 폐지되어야 한다는 것이었다. 풍속은 선하게든 악하게든 한번 굳어지면 오래도록 변하기 어려운 것이기 때문이었다. "風俗之移人이 隨其所導ᄒ야 導之以善則善ᄒ며 導之以惡則惡ᄒ야 一或成習이면 雖久難變키로"(③).

협률사의 상풍패속은 첫째로 사람들로 하여금 학업과 실업에 힘쓰지 않게 하고 세월을 허송하게 만드는 데 있었다. 한성부 한가운데에서 매일밤 벌어지는 기생과 창우의 풍류와 풍악소리 ─ "倡優妓生이 日夜群集ᄒ야 歌聲이 競天ᄒ며 舞袖翻雲ᄒ니"(③) ─ 는 나이 어린 자제 및 학생들과 부녀자들의 심지를 흔들리게 하고 눈과 귀를 황홀하게 하여 협률사 구경에 시간가는 줄 모르게 만드는 것이었다.

특히 심각한 것은 학문에 힘써야 할 나이 어린 자제들인 학생들이었다. 이들 논설은 대부분 학생들이 협률사 구경을 하느라 학교도 빠지고 학업에 소홀히 한다고 비판하였으며, 심지어 협률사로 인해 야학교 학도의 수가 감소하였다고 말하였다(④). 협률사로 인해 각 학교의 학생들이 함께 의기 미정한 청년자제와 함께 무리를 이루어 연희를 구경함에 민첩하니, 학업의 과정을 내던져 이전에 쌓은 공을 포기하며 혹자는 깊이 빠져 돌아오지 못하고 불량배가 되어버리고 있다는 것이었다. "尤所可憫者ᄂᆞᆫ 各學校學徒들이 俱以志氣未定ᄒᆞ 靑年子弟로 隨伴結隊에 銳於觀戲ᄒᆞ야 或全抛課程而棄其前功ᄒᆞ며 或迷溺不返而轉成惡少ᄒᆞ야"(③).

협률사의 상풍패속은 둘째로 사람들의 시간뿐만 아니라 금전까지 낭비하게 만드는 것이었다. 논설은 곳곳에서 관객대중들이 '황금을 아끼지 않고' '가산을 탕진'한다고 개탄했다. 국권위기의 시대에 상식이 있는 사람은 어떻게든 재산을 모아 흥업할 것인가를 생각하거나 또는 재용(財用)을 아껴 공익적인 상업을 해야할 것이었다. 관객대중들이 협률사 구경을 위해 돈을 내는 것은 특히 뜻있는 사람이 보기에 돈을 흙처럼 던지는 것-"擲金錢如土"(②)-과 같았다. 이들 논설은 뜻있는 인사가 학교 창립을 위해 의연금을 청구하면 가세가 기울어 뜻은 있으나 행할 수 없다고 거절하는 자들이 친구와 함께 기생을 끼고 하룻밤 협률사에 천금을 하찮게 여기는 세태를 맹렬히 비난하였다(②).

마지막으로 협률사의 가장 큰 상풍패속은 관객대중의 풍기문란을 조장하는 것이었다. 특히 협률사의 남녀 혼석(混席)은 가장 큰 비판의 대상이 되었다. "昔禮義之俗이 其將變爲鄭衛홀지"(③). 당시 협률사에는 남녀의 좌석이 따로 구분되지 않아 남녀가 함께 구경하였다. 그리고 여성 관객들은 대부분 -여학생 관객도 예외적으로 있었으나- 영업적인 목적을 가지고 협률사를 찾은 기생이나 은근자, 삼패 등이었다. 협률사는 주석(酒席)에서 가무나 매음을 생계로 하는 여인들이 공개적으로 남성들과 어울리는 장소였던 것이다.[3] 따

---

3   남녀의 좌석이 구별되기 시작한 것은 합병 전후 경찰의 극장통제가 본격화되면서부터였

라서 이들 남녀의 혼석은 보수적인 식자층의 눈에 유탕한 무리들이 다투어 구경하기를 즐겨 … 한데 뒤섞이는 것을 싫어하지 않아 희대 곁에 인산인해 하여 그 탐연하는 모양로 보일 수밖에 없었다. "不厭難遲ᄒ고 戲臺側畔에 人山人海ᄒ야 其所貪戀을 有不可名狀인즉"(③).

관객대중의 풍기문란, 특히 성적인 문란은 다소 선정적인 방식으로 협률 사의 조속한 폐지를 촉구하는 근거로 전경화 되었다. 협률사가 생긴 후로 호 탕한 춘풍여일에 춘정을 탐하는 나이 어린 남녀들이 날마다 풍류사 가운데 에 모여 음일히 유락하며 "탕자야녀(蕩子冶女)의 춘흥을 도발흠은 예사"(④) 였기 때문이다. 여기서 음일히 유락한다거나 춘흥을 도발한다는 표현은 다 름 아니라 은근자나 삼패 등의 매음녀들과 뭇남성들 사이에서 벌어지는 '통 정(通情)'을 암시하는 것이었다. 소년과 여자가 음설잡희의 장에서 혼미하여 옷을 걷고 담을 넘는 풍습과 달뜨기를 기다려 꽃을 엿보는 풍습이 저절로 생 기니 어찌 개탄하지 않겠는가 ─ "由是而心地搖漾之少年과 腔腸軟弱之女 子가 魂迷於淫說雜戲之場ᄒ야 褰裳踰墻之風과 待月窺花之謌이 有不期 然而自然之勢矣니 豈不慨歎處乎아"(⑤) ─ 하는 것도 역시 마찬가지였다.

표면적으로 볼 때 상풍패속에 대한 비판은 학생 및 여성 관객의 급증과 사 회적인 풍기문란에 대한 우려를 나타내는 것이었다. 하지만 이는 근본적으 로 상층사회 관객에서부터 학생과 여성 관객 등의 하층사회 관객에 이르기 까지 극장이라는 하나의 공간 안에 섞여 모여 있는 관객대중의 실체와 그 혼 종성에 대한 두려움을 보여주는 것이었다.

앞서 살펴본 바와 같이 하층사회의 관객 수는 1906년에 재개장된 협률사

다. 1910년 『매일신보』 10월 29일자 신문기사 ─ "근일 동구내 단성사의 상황을 문(聞)한즉 비록 남녀등이 좌석을 분별하얏다하나 창기배(娼妓輩)가 남자석으로 문란왕래하야 혼잡이 태심함은 이무가론(已無暇論)이오" ─를 통해 볼 때, 남녀 좌석은 1910년 전후로 구분되기 시작했지만 엄격하게 지켜지지는 않았던 것으로 보인다.

가 입장료를 재조정하면서 크게 증가하였다. 당시 최고 입장료를 1원으로 유지하는 반면에 원래 50전에서 25전으로 인하했던 최저 입장료를 다시 15전으로 대폭 인하했기 때문이다. 학생과 여성 관객의 급증은 실질적으로 최저 입장료의 인하에 기인하고 있었다. 그리고 이를 통해 협률사에는 한성부 도시사회의 종단면, 즉 위로는 경제력 있는 상층사회의 남성관객에서부터 아래로는 나이어린 학생, 그리고 기생과 삼패뿐만 아니라 여학생에 이르는 여성관객 등 다양한 사람들이 모여들었다. 이 중에서도 특히 학생과 여성 관객의 증가는 협률사 폐지의 주된 근거가 되었다.

근대극장의 공간이 형성했던 혼종적이고 집단적이며 무질서하고 각자 자기욕망에 충실한 관객대중의 실체는 전적으로 새로운 것이었다. 상층사회의 남성관객도 극장 안에서는 여느 하층사회 관객과 다를 바 없이 욕망에 충실한 관객대중일 뿐이었다. 그런 점에서 관객대중은 계층과 신분, 성의 차이와 상관 없이 균질적인 존재였으며, 근대극장은 질서나 이성, 조화 등의 계몽주의 이념과 거리가 먼 무질서와 욕망의 위험 공간이었다. 협률사 폐지론의 이면에는 실질적으로 전사회적인 계층을 망라하는 혼종적인 집합체로서 극장 안에 실재하는 관객대중에 대한 불안의식이 놓여 있었다. 그리고 실재하면서도 말할 수 없었던 관객대중은 역설적이게도 극장 밖에서 자신을 비판하고 부정했던 지식인들의 언설 안에 자신의 흔적을 새겨놓고 있었다.

한국 근대연극의 형성

2. 광무대의 '연희개량', 자선공연을 시작하다

1) 광무대의 설치와 '연희개량'의 시작

1907년 5월 28일, 협률사가 폐지된 지 4개월도 채 지나지 않아 광무대(光武臺)가 개장되었다. 광무대는 동대문전기창(電氣廠) 부속 활동사진소 안에 위치해 있었다는 점에서 접근성이 뛰어난 곳이었다.

광무대는 협률사와 달리 민간자본으로 설립 운영된 극장이었다. 광무대는 처음부터 '연희개량'을 내세우고 이후 '자선공연'을 처음으로 개최하여 극장에 대한 부정적인 여론이 전환되는 데 기여했다. 이후 단성사와 연흥사 등이 한성부의 중심에 속속 등장하면서 극장 구경은 이제 한성부의 근대적인 풍경에서 빠질 수 없는 하나의 특징이 되었다.[4]

광무대는 한미전기회사의 부설극장이었다. 전기회사가 당시 고종황실과 콜브란 측의 합자회사였다는 사실은 협률사의 폐지 이후 광무대의 신설에 황실이 개입했을 가능성을 어느 정도 암시한다. 하지만 대외적으로 전기회사의 관리경영 하에 놓여 있었던 광무대는, 그것이 비록 공기업이긴 했으나,

---

4 이는 『대한민보』에 연재된 이해조의 신소설 「박정화(薄情花)」(1910)에도 잘 나타나 있다. 「박정화」는 1910년 3월 10일에서 5월 31일까지 『대한민보』에 연재되었으며, 1912년에는 유일서관(唯一書館)의 단행본 『산천초목』으로 간행되었다.

협률사와 달리 관영(官營) 여부를 둘러싼 논란에서 벗어날 수 있었다.

광무대의 설립 배경과 그 '연희개량'의 내용은 당시 『만세보』의 기사에 잘 나타나 있었다. 5월 21일의 「연희개량」에서는 광무대가 개장될 예정임이 보도되었고, 개장 직후인 5월 30일의 「연희기관(演戱奇觀)」에서는 광무대의 연희개량이 지지를 받았다. 기사의 전문(全文)은 다음과 같았다.

① 「연극개량(演戱改良)」, 『만세보』, 1907. 5. 21.

　　近日에 電氣鐵道會社任員 李相弼, 廓漢承, 郭漢英 諸氏等이 我國에 遺來ᄒᆞᄂᆞᆫ 諸般演戱燈節을 一新改良ᄒᆞ기 爲ᄒᆞ야 嶺南에서 上來한 唱歌女誓兒 蓮花[十三歲]와 桂花[十一歲]를 雇用ᄒᆞ야 各項打令을 演習케ᄒᆞᄂᆞᆫᄃᆡ 美麗한 容貌와 淸雅ᄒᆞᆫ 歌喉ᄂᆞᆫ 眞是奇妙ᄒᆞ야 令人可愛ᄒᆞᆫ 狀態를 包有ᄒᆞ얏고 또 我國에 名唱으로 稱道ᄒᆞᄂᆞᆫ 金昌煥 宋萬甲 兩人을 敎師로 定ᄒᆞ야 該女兒 등의 打令을 敎授ᄒᆞ야 長短節奏을 調正ᄒᆞᄂᆞᆫᄃᆡ 該任員等이 其唱和之節을 參酌ᄒᆞ야 改良ᄒᆞᄂᆞᆫ 事에 着手ᄒᆞ얏다ᄂᆞᆫᄃᆡ 其目的인즉 東西洋 文明國의 演戱를 效倣ᄒᆞ야 觀聽人의 耳目을 愉快케ᄒᆞᆯᄲᅢᆫ아니라 心志를 挑發ᄒᆞ야 愛國思想과 人道義務랄 感興케 ᄒᆞᆯ 터인ᄃᆡ 爲先 春香歌붓터 改良ᄒᆞ야 一週日後에 東大門內電氣廠에 附屬ᄒᆞᆫ 活動寫眞所에서 該施戱를 演設ᄒᆞᆫ다더라

② 「연극기관(演劇奇觀)」, 『만세보』, 1907. 5. 30.

　　東門內電氣廠에 附屬ᄒᆞᆫ 活動寫眞所內에 演劇場을 新設ᄒᆞᆫ다는 說은 前號에 槪報ᄒᆞ얏거니와 該演劇은 電氣會社에셔 專管經起ᄒᆞ야 光武臺라 名稱ᄒᆞ고 前記ᄒᆞᆫ 才人等으로 演藝을 始開ᄒᆞ얏ᄂᆞᆫᄃᆡ 再昨夜에 下午八時붓터 開場ᄒᆞ야 活動寫眞 數回를 演戱한後에 春香歌中 數回를 演劇ᄒᆞᄂᆞᆫᄃᆡ 才人等의 唱歌와 技藝가 天然的 眞境을 畵出ᄒᆞ거니와 十二歲女 蓮花ᄂᆞᆫ 上丹의 形貌를 換出하고 十一歲女 桂花ᄂᆞᆫ 春香이가 再生ᄒᆞᆫ 듯 百般悲歡ᄒᆞᆫ 狀態를 모出할ᄲᅮᆫ더러 唱歌彈琴 僧舞가 無非絶妙ᄒᆞ야 可히　歌舞場裏에 第一等을 占據ᄒᆞᆯ시시라 一動一靜이 觀光者의 喝來를 供ᄒᆞ며 傀磊가 換出ᄒᆞᆯ 時間에ᄂᆞᆫ 留聲機로 歌曲을 送奏하니 春香傳은 傳來ᄒᆞᄂᆞᆫ 特異한 行蹟이ᄂᆞ 但唱優가 唱歌로 敷衍ᄒᆞ고 其眞像

을 未睹함이 慨歎하는바이러니 今에 其活畫를 快睹하니 眼界는 恍然하고 心地는 豁如하거니와 演戲場進步도 其影響이 亦是 國民發達에 及하는듸 此才人等의 技藝가 他國에 讓頭치 아니하깃는지라 觀覽한 盛況을 略記하야 讚揚하는 辭를 附陳하노라

이 기사들을 통해 알 수 있는 사실은 다음과 같다. 우선 광무대는 한미전기회사의 전적인 관리 경영 하에 놓여 있었다. 전기회사의 임원인 이상필, 곽한승, 곽한영 등은 광무대의 '연희개량'을 통해 동서양 문명국의 연희를 본받아 관객을 즐겁게 하고 애국사상과 인도의무를 불러일으키고자 했다. 그리고 영남 출신의 연화와 계화를 고용하고, 명창인 김창환 송만갑의 지도 아래 "장단절주(長短節奏)를 조정(調正)"하게 했다. 또한 "창화지절(唱和之節)을 참작"하여 〈춘향가〉를 우선으로 연희개량에 착수했다. 광무대의 첫 공연은 판소리를 연극적으로 개량한 〈춘향가〉를 포함하여 활동사진의 상영 및 창가와 탄금, 승무 공연, 그리고 유성기의 가곡 등을 포함하는 종합적인 연예물로 구성되었다. 〈춘향가〉의 연희개량은 창(唱) 위주였던 판소리를 부분적으로 분창(分唱)하여 연극적으로 무대화한 것이었다. 이는 기존의 판소리를 '진상(眞像)'이 생생한 '활화(活畫)'로 보여주었다는 점에서 높은 찬사를 받았다.

엄밀히 말해 광무대의 '연희개량'은 새로운 것이 아니었다. 명창들의 판소리 개량은 이미 협률사에서 시작되었기 때문이다. 협률사가 개장하고 얼마 후인 12월 16일 『제국신문』의 논설 「협률사 구경」 안에서 판소리 〈춘향가〉는 이미 부분적으로 분창되어 연극적으로 무대화되고 있었다. "츈향이 노리에 이르러는 어사츌도 ㅎ는 거동과 남녀 맛나 노는 형상 일판을 다각각 제복식을 츠려 놀며 남원일읍이 흡샤히 온 듯 하더라" '각각 자기 복색을 차려 입고 놀며'라는 구절은 여러 명의 창자들이 각자의 배역에 맞는 의상을 갖추어

입고 소리와 연기를 병행하고 있었음을 나타내는 것이었다.[5]

판소리의 개량은 무대가 있는 실내극장이라는 새로운 환경 안에서 판소리가 들어오면서 일면으로는 불가피하게, 다른 일면으로는 능동적으로 적응했던 결과였다. 그리고 광무대의 '연희개량'은 이를 새롭게 캐치프레이즈화한 것이었다. 사실상 광무대 '연희개량'의 의의는 판소리 개량 자체보다 판소리 개량을 '연희개량'으로 처음 명명했다는 데 있었다. 실제로 '연희개량'이라는 용어는 위의 5월 21일 기사에서 처음 등장했다.

연희개량의 내용과 목적 사이에 놓인 괴리는 이를 반증하는 것이었다. 광무대는 연희개량의 목적이 동서양 문명국의 연희를 모방하여 관객을 즐겁게 해주는 한편, 궁극적으로는 관객의 애국사상과 인도의무를 불러일으키는 데 있다고 했다. 하지만 연극적으로 생생하게 무대화된 〈춘향전〉은 내용적인 면에서 애국사상이나 인도의무와 무관하였다. 하지만 광무대의 '연희개량' —실제적인 개량이 아닌—을 통해 '상풍패속의 기관'이었던 연극장은 이제 '애국사상', '인도의무' 등과 같이 국가 사회적인 공익성을 함의하는 용어와 관용적으로 결합되기 시작했다.

2) 자선공연과 극장적 공익성

자선공연은 연극장이 공익성을 추구하는 기관임을 증명하는 하나의 형식이었다. 광무대를 통해 처음 시작된 자선공연은 공익성을 실현하여 연극장이 더 이상 '상풍패속의 기관'이 아니라 '근대적인 사회 기관'으로 재인식될

---

5 협률사의 판소리개량에 대해서는 양승국과 김재석의 논문을 참고할 것. 이 중 김재석은 협률사와 광무대의 이러한 판소리개량 작업을 "마디판소리"라고 하며 초창기 창극의 형식으로 보았다. 양승국, 「신연극'과 〈은세계〉 공연의 의미」, 『한국현대문학연구』 제6집, 1998. 12; 김재석, 「1900년대 창극의 생성에 대한 연구」, 『한국연극학』 제38호, 2009.

수 있도록 했다. 자선공연과 근대극장은 이후 근대연극사에서 지속적으로 밀접한 관계를 연출해 나갔다.

한성부 안에서 자선공연을 처음 시작한 이들은 일본인이었다. 쿠마가이 요리타로(熊谷賴太郎) 등의 일본인 7명은 경성고아원의 경비를 보조하기 위해 6월 1일과 2일 양일간 니현(泥峴) – 오늘날의 충무로 – 의 가부키좌(歌舞伎座)에서 자선공연을 개최했다. 경성고아원의 경비 부족이 신문언론에 보도되면서 각계각층의 기부(寄附)가 이어지고 있었던 때였다.

> 「자선연주회 발기」, 『황성신문』, 1907. 5. 31.
> 日本人 熊谷賴太郎氏 等이 發起ᄒ야 六月一二, 兩日에 泥峴 歌舞伎座에셔 我國孤兒院 慈善演奏會를 設行ᄒ다ᄂ되 入場劵은 一等一圜, 二等五十錢으로 作定ᄒ고 觀光人의 多數來參을 希望ᄒ다 ᄒ니 該氏의 熱心該院을 人皆欽歎ᄒ 겠다고들 ᄒ더라

경성고아원은 우리나라 최초의 근대적 고아시설로서 고종에 협률사 폐지를 상소했던 이필화가 사재(社財)를 출연(出捐)하여 1905년 10월에 창설하였다. 경성고아원은 고아들의 양육뿐만 아니라 교육과 의료까지 담당했다는 점에서 고아원 이상의 사회사업 기관이었다.[6] 하지만 개설 후 수용 아동의 급격한 증가와 시설 확장 등으로 인해 점차 경제적인 어려움에 처했다.

일본인들의 자선연주회 개최는 당시 조선인 사회에 의미 있는 반향을 일

6　처음 명칭은 경성고아학교였으며, 1907년 3월에 학교측이 일본의 오카야마(岡山) 고아원을 시찰 견학하고 일본인 사무촉탁을 채용하는 과정에서 경성고아원으로 개칭했다. 이후 1910년 2월 한성부가 관권(官權)으로 유길준을 새 원장으로 임명하면서 경성고아원을 강제 인수하였으며, 1911년 6월에는 조선총독부 제생원이 이를 전적으로 인수하였다. 이상 경성고아원에 대해서는 하상락의 「경성고아원에 대한 소고(小考)」, 『향토서울』 제45호, 1988를 참고할 것.

으켰다. 특히 그것은 민족적 경계를 초월한 것이었다는 점에서, 그리고 개인들의 기부(寄附) 행위를 가시적인 방식으로 조직화하고 활성화했다는 점에서 세간의 화제가 되었다. 예컨대 6월 5일 『대한매일신보』와 『황성신문』에서는 자선연주회 당일의 관객 중 어느 부인과 여아(女兒)가 각각 일원과 오십 전을 기부했던 일화를 미담(美談)으로 보도하면서, 그 부인의 말을 다음과 같이 감동적으로 인용하였다. "외국인도 이렇게 찬성하는데, 내가 비록 여자이지만 본국(本國)의 동포로서 어찌 가히 눈여겨보지 않겠습니까. 비록 낭중(囊中)에 이것밖에 없어 부끄럽기 그지없지만, 사양하지 말고 부디 받아주시기 바랍니다."[7]

자선연주회는 성공적이었다. 열흘 후인 6월 11일 『황성신문』에 실린 경성고아원 자선연주회 수입금 광고에 의하면, 570환의 입장권 수입과 230환의 기부금 등 총 800환이 모금되었다. 광고에는 최고 기부금액 100환을 기부했던 후작 이토(伊藤) 통감을 비롯하여 1환을 기부했던 일본인 키요타니 케이간(清谷惠眼)에 이르기까지 기부단체 및 개인의 이름과 기부금액 등이 모두 기재되어 있었다. 당시 신문은 자선연주회의 전 과정을 보도함으로써 전사회적인 관심을 유도하였고, 관극(觀劇)이나 기부와 같은 직접적인 참여뿐만 아니라 심정적인 참여를 극대화하였다.

일본인들의 자선연주회는 조선인 사회 안에 모범적인 선례이자 자극이 되었다. 그리고 약 3개월 후에는 경성고아원을 위한 조선인 주최의 자선공연이 준비되었다.

---

7 "…外國之人도 如是贊成ᄒᆞᄂᆞᆫ대 我雖女子나 本國同胞로 豈可泛看乎아 囊中所存이 不過此數故로 慈汗呈ᄒᆞ니 勿爲薄少而收納ᄒᆞ야 以供孤兒一時之饌ᄒᆞ라 ᄒᆞ니…", 「여학도의 휼고」, 『대한매일신보』, 1907. 6. 5; 「부인계자선」, 『황성신문』, 1907. 6. 5.

「제씨휼고(諸氏恤孤)」, 『대한매일신보』, 1907. 9. 27.

石鎭衡 韓錫振 李元植 郭漢永 等諸氏가 孤兒院 經費窘拙홈을 嘆惜ㅎ야 大演
藝會를 刱設ㅎ고 入場票를 放賣ㅎ야 該院經費를 補助ㅎ기로 決定ㅎ얏다더라[8]

「명일회의(明日會議)」, 『대한매일신보』, 1907. 9. 29.

郭漢永 石鎭衡 리元植 漢錫振 閔元植 等諸氏가 孤兒院을 維持ㅎ기 爲ㅎ야
一演戱會를 設ㅎ다ᄂ 說은 前報에 揭載ㅎ엿거니와 該氏等이 本日下午六時에
明月舘으로 會同ㅎ야 該方針을 爛商協議ㅎ다더라

기사에 따르면, 석진형과 한석진, 이원식, 곽한영 등이 모여 고아원을 위한
'대연예회', 즉 자선공연 개최를 준비하기 시작했다.[9] 이들 중 곽한영은 광무
대의 개장에 관여했던 인물이었다. 광무대는 처음부터 자선공연의 준비 주
체로 참여하고 있었던 것이다.

한 달여의 준비과정을 거친 후 조선인 주최의 자선연주회가 1907년 11월 1
일부터 3일간 광무대에서 처음 개최되었다. 공연 일자는 10월 26일 『황성신
문』의 기사 「자선연주회」에 11월 2일로 보도되었지만, 11월 2일의 『대한매
일신보』의 기사 「연설청요」에 따른다면 11월 1일에서 3일까지였다.

「자선연주회」, 『황성신문』, 1907. 10. 26.

京城孤兒院의 財政窘乏ᄒ 狀況은 本報에 屢屢記載하얏거니와 該院에서 各
任員이 特別贊成員의 協議로 十一月 二日에 慈善演奏會를 東大門內 光武臺로
開設하고 有志紳士의 演說과 世界에 有名ᄒ 活動寫眞과 衛生幻燈과 奏樂과
其他滋味가 有ᄒ 演藝로 一般紳士의 觀覽을 供하ᄂ디 慈善婦人會에셔도 一一
出席하야 參觀ᄒ다니 有志同胞ᄂ 慈善의 心大發하야 相勸相携하야 多數往覽

8　기사내용 중 '이원직(李元稙)'은 '이원식(李元植)'의 오기(誤記)로 보인다.
9　「제씨휼고(諸氏恤孤)」, 『대한매일신보』, 1907. 9. 27; 「명일 회의」, 『대한매일신보』, 1907. 9. 29.

하심을 切望하노라

「연설청요(演說請邀)」, 『대한매일신보』, 1907. 11. 02.
孤兒院에셔 經費를 補用ᄒ기 爲ᄒ야 昨日부터 三日 爲限ᄒ고 光武臺 演戲
場을 設ᄒ고 入場優待券을 各部大臣의게 送交請邀ᄒ고 特別히 慈善的으로 演
說家를 請邀ᄒᄂᆫ대 鄭雲復 全德基 鄭喬 尹孝定 等諸씨의게 公函ᄒ얏다더라

이들 기사에 따르면 자선연주회의 프로그램은 유명인사의 자선연설과 활
동사진, 위생환등 및 주악(奏樂)과 연예 등으로 구성되었다. 각부 대신 및 자
선부인회 등과 같은 상층사회 인사들도 다수 참석했다.

광무대의 자선공연 개최는 이와 같이 공익성이라는 새로운 가치를 극장에
더해주었으며 이후 극장과 극단의 관행으로 자리잡았다. 하지만 자선공연은
본질적으로 극장의 본업이 아니었다. 자선공연임을 제외한다면, 공연내용이
나 관극 분위기 등은 오히려 협률사 연희와 다를 게 없었다. 연극개량에 대
한 요구가 지속적으로 제기되었던 것은 바로 이 때문이었다.

3) 민간극장들의 등장과 성행

1906년경에는 광무대를 필두로 단성사(團成社)와 연흥사(演興社)를 비롯한
민간극장들이 한성부 안에 연이어 개장되었다. 협률사를 통해 한번 형성된
관객대중의 극장 수요가 꾸준히 늘어 갔던 것이다. 협률사의 성업과 폐지가
계속되는 가운데 일부 사람들은 극장 사업의 새로운 가능성을 보기 시작했
다. 하지만 광무대의 '연희개량'과 '자선공연'은 극장사업의 대외적인 명분
으로 계속되었다.

1907년 6월 7일 『만세보』의 기사 「연예 단성사 설립」에 따르면 단성사는
경성의 실업가인 지명근(池明根), 박태일(朴太一), 주수영(朱壽榮) 등의 발기로

설립되었다. 이들은 경무청의 허가를 받아 파조교 근처에 연극장을 신축하였고, 1907년 6월 4일 동대문 밖 영도사(永導寺)의 대원암(大圓庵)에 모여 일종의 발대식을 가졌다. 이들은 단성사의 설립 목적이 '연예의 개량 발달'에 있다는 취지의 연설을 한 후 다음과 같은 사항을 결정했다. "…일(一) 회사를 조성하야 단성사(團成社)라 명칭ᄒ고 일(一)은 일반 재인(才人)의 생활상 영업(營業)을 무도(務圖)ᄒ고 일(一)은 수입ᄒᆫ 이익으로 교육상 장려와 자선적 사업에 투용ᄒ기로 결정ᄒᆞ얏ᄂᆞ디…" 단성사는 처음부터 극장의 수입금으로 배우들의 생계를 도모하는 한편, 교육과 자선 사업에도 적극 참여할 뜻을 밝히고 있었다.

정확한 개장일은 알 수 없지만, 단성사는 같은 해 12월에 이미 영업 중이었다. 19일자『대한매일신보』에는 단성사가 창덕궁과 너무 가까운 곳에 있어 내각(內閣)에서 다른 곳으로 옮겨 가라고 권해도 듣지 않고 있다는 기사가 실렸기 때문이다.[10] 같은 신문의 21일자 기사는 단성사의 주무가 이름을 아는 관인(官人)들에게 일종의 초대권인 '찬성원표'를 다수 발행하고 초청한 뒤 일종의 후원금인 '손조금(損助金)'을 청하여 물의를 일으켰다고 비판했다.[11] 하지만 비판적인 언론보도를 의식한 듯이 단성사는 경성고아원을 위한 자선 공연을 곧이어 개최하였다. "동문내 단성사에셔 고아원경비 군졸ᄒᆫ 정황을 문(聞)ᄒ고 일작(日作)에 일일(一日)을 해원(該院)에 허차(許借)ᄒᆞ얏ᄂᆞ디 이일수취(伊日收取)ᄒᆫ거시 2백여환을 해원에 수거ᄒᆞᆻ다더라."[12]

장안사(長安社)는 1908년 3월에 이미 영업 중이었으며,[13] 지금의 인사동인 사동(寺洞)에 위치했던 연흥사는 4월경에 개장되었다. 1908년 4월 14일

10 「단성사 무엄」,『대한매일신보』, 1907. 12. 19.
11 「설창다화(雪窓茶話)」,『대한매일신보』, 1907. 12. 21.
12 「사금기고(社金奇孤)」,『대한매일신보』, 1908. 1. 1.
13 「장사풍류(長社風流)」,『대한매일신보』, 1908. 3. 20.

자 『대한매일신보』에는 사동에 창설된 연흥사에 중추원 고문 이지용 씨 외 대관들이 전날 크게 놀이를 벌였다는 기사가 실렸기 때문이다.[14] 유민영은 1907년 11월 『황성신문』의 기사 「우설연대(又設演臺)」를 근거로 연흥사의 설립 시기를 그보다 빠른 1907년 11월경으로 추정했다.[15] 기사에 따르면 송지만, 이준동, 이종진 등은 중부 사동에 있는 장윤식(張潤植)의 개인 저택에 '연희루(演戲樓)'를 건축하고자 경시청에 청원했다. 하지만 '연희루'가 '연흥사'였다 해도 실질적인 건축 기간과 계절을 고려할 때 실제 개장일은 대략 4월경으로 추정된다.

이 외에도 문헌상 그 존재를 알 수 있는 극장으로는 단흥사(團興社)와 음악사(音樂社)가 있었다. 단흥사는 1908년 9월 1일에 개장되었는데, "용산 동문 외계(東門外契)에서 단흥사(團興社)를 설시이온바…"[16]라는 신문광고의 내용상 그 위치는 지금의 용산 원효로 부근으로 추정된다. 음악사는 『대한흥학보』에 실린 김원극의 「아국의 연극장소식」에 언급되었는데, 그 위치는 현재 정확히 알 수 없다. "…금일 아국의 소위 연극장 소식을 문(聞)ᄒ즉 소위 단성사, 협률사, 음악사, 허당 장소를 설정ᄒ고…"[17]

한성부 내 외국인 거류지에도 연극장들이 급속히 신설되었다. 홍선영에 따르면 1910년 이전까지 일본인 거류지에는 고토부키좌(壽座)와 혼마치좌(本町座), 가부키좌(歌舞伎座), 케이조좌(京城座) 등의 극장이 있었다. 고토부키좌는 1907년 전후 고토부키초(壽町) 삼정목(三丁目)에 개장되었으나 이후 혼마치(本町) 삼정목으로 이전했다. 그리고 혼마치좌는 비슷한 시기에 혼마치 이정목에 개장되었다. 가부키좌 역시 비슷한 시기 아사히초(旭町) 일정목에

14 「연흥사 설시」, 『대한매일신보』, 1908. 4. 14.
15 유민영, 『한국근대극장 변천사』, 태학사, 1998, 133쪽.
16 「단흥사 광고」, 『대한매일신보』, 1908. 9. 1·2.
17 김원극, 「아국의 연극장 소식」, 『대한흥학보』 제1호, 1909. 3.

한국 근대연극의 형성

개장되었으며, 경성좌는 1908년 8월 이전에 고토부키초 이정목에 개장되었다.[18] 그리고 1910년 5월경 남대문 밖에는 역시 일본인 극장이었던 오나리좌(御成座) – 일명 남성좌(南成座) – 가 개장되었다.[19] 오나리좌는 혁신단의 신파극이 초연된 극장이었다. 이 외에도 명동의 마쓰이좌(松井座)[20]와 남부 생민동의 마쓰시마 희장(松島戲場)[21]을 문헌에서 확인할 수 있다.

　불과 몇 달 전까지 한성부의 유일한 극장이었던 협률사가 비판적인 여론 속에서 폐지되었던 사실을 감안한다면, 그 직후에 민간극장들이 급증되었던 상황은 일면 아이러니한 것이었다. 근대극장이 아직 낯선 가운데 협률사가 우여곡절 속에서 개장과 휴장을 반복하고 마침내 폐지되었던 약 5년의 기간 동안에도 극장 구경은 도시민들의 익숙한 삶의 형식으로 점점 자리잡아갔던 것이다.

---

18 홍선영, 「1910년 전후 서울에서 활동한 일본인 연극과 극장」, 『일본학보』 제56집 제2권, 2003, 245~248쪽.

19 "남대문 외에 신축 중이든 일인경영의 연극장은 기(其)공사 전부가 금기(今旣) 준성(竣成)뿐더러 각반의 준비까지 정돈되야 종근 개장홀 차로 작일 일본으로 기(其)배우를 고래(雇來)키 위하야 출발하얏고 일간 낙성식을 행홀 터이라더라", 「일인(日人) 연극장」, 『대한민보』, 1910. 5. 19.

20 "일본동경셔 기술사(技術師)로 유명ᄒ든 신창황오랑(新倉荒五郞)씨가 도한(渡韓)ᄒ야 근일 명동 송정좌(松井座)에셔 연예장을 대개(大開)ᄒ고…", 기관자(奇觀子), 「송정좌연예(松井座演藝)」, 『만세보』, 1907. 5. 18.

21 1907년 2월 5일 『황성신문』에는 「극장실화(失火)」라는 제목으로 "재작일 하오 십시에 남서(南署) 생민동(生民洞) 일본인 유희장 이층 양옥에 석유를 치(置)ᄒ얏ᄂᆞᆫ듸 기화(起火)ᄒ야 사십간 가량이 전소"되었다는 기사가 실렸다. 그리고 같은 날 『대한매일신보』에는 「희대피효(被燒)」라는 제목으로 "일인(日人) 송도희장(松島戲場)에셔 실화ᄒ야 유희대(遊戲臺) 사십여간이 소진"되었다는 기사가 실렸다. 같은 날 『만세보』의 기사 「연극장 실화」에서는 '송도희장(松島戲場)'을 활동사진관으로 보도하고 있었는데, 당시 일인극장들은 일반적으로 공연과 활동사진을 병행하여 운영하고 있었다.

3. 연극개량론, 국민연극을 요구하다

1) 관객대중의 국민화와 '슯흔 연희'

연극개량론이 『황성신문』과 『대한매일신보』에 등장하기 시작한 것은 민간극장들이 점차 자리를 잡아가던 때였다. 연극개량론은 1907년 11월 29일 『황성신문』의 논설 「연희장의 야습(野習)」에서 시작하여 「대연희장(對演戲場) ᄒᆞ야 탄 방인(嘆 邦人)의 실기상성(失其常性)」(『황성신문』, 1908. 5. 5.)과 「연희쟝을 기량ᄒᆞᆯ 것」(『대한매일신보』, 1908. 7. 12.)으로 이어졌다. 불과 일년 전만 해도 협률사의 폐지를 주장했던 이들 신문언론은 극장에 대한 다른 인식을 보여주면서 민간극장들의 '연희개량'에 문제를 제기하였다.

연극개량론의 내용을 구체적으로 살펴보면 다음과 같다. (전문(全文)은 〈부록 2〉에 수록한다.) 우선 「연희장의 야습」은 모두(冒頭)에서 극장이 문명 각국에 있고 그 유익함이 커서 정부에서 금지하지 않음을 강조했다. 불과 일 년여 전만 해도 연극은 모두 천한 광대의 생계수단으로 나라를 망하게 한다는 비판을 받았으나 이제 '문명국의 연극'은 국가와 국민의 풍속에 따라 국민에게 유익한 것으로 인식되기 시작했다. '문명극의 연극'은 ①국민의 피로한 심지(心志)를 유쾌하게 하고 ②애국정신을 불러일으키고 ③하등사회로 하여금 연극을 통해 지식을 감발(感發)하게 한다는 점에서 유익하기 때문이었다. 반

한국 근대연극의 형성

면에 우리나라의 연희는 ①유쾌하게 볼 만한 기예가 없고 ②감동할 만한 고사(故事)가 없으며 ③풍속에 도움이 되고 사상을 일으킬 만한 국가적 관념이 없다는 비판을 받았다.

연극장이 「연희장의 야습」에서 서구의 문명적인 제도로 처음 인식되었다면, 연극개량의 필요성은 「실기상성(失其常性)」에서 처음 제기되었다. 문명국의 연극장은 세상 사람들의 선악을 권징하고 국민의 충의를 감발하는 등 교육적 의미를 가지고 있기 때문에 그렇지 못한 우리나라의 연희는 금지하거나 아니면 개량하거나 해야 한다는 것이었다. "…경관(警官)의 책(責)이 유(有)호 자는 차(此)를 금지호던지 개량호던지 일일(一日)이라도 염시물문(恬視勿問)홀 자가 아니오…".

연극개량의 대안으로 제시된 것은 '슯흔 연희'였다. 「연희장을 기량홀 것」에서는 한국의 연희장이 비록 타파되어야 마땅하지만 만일 "사롬의 모음과 풍쇽에 유익ᄒ야 샤회에 됴흔 영향을 씨칠 연희쟝"이 설립된다면 이를 찬성하고 축복한다고 하면서 '슯흔 연희'를 예로 제시했다. 그리고 '슯흔 연희'는 "영웅호걸의 허다장쾌흔 ᄉ젹"과 "츙신렬ᄉ의 무한 쳐량흔 표젹"을 내용하는 연극으로서, 우리나라에서는 예컨대 "셩츙계와 박제샹 졔공의 ᄉ젹"과 "최영과 졍포은 졔공의 ᄉ젹" 등이 "슯흔 연희"로 만들어질 수 있다고 했다.

'슯흔 연희'는 'tragedy'의 번역인 비극(悲劇)을 우리말 그대로 풀어쓴 것이었다. 서구의 비극은 일반적으로 영웅적 주인공이 성격적 결함을 뜻하는 이른바 하마르티아(*hamartia*)로 인해 몰락하는 연극을 의미했다.[22] 비극에서 영웅들은 자유 의지를 가지고 외적인 환경이나 다른 반동인물들로 재현되는

---

22 아리스토텔레스는 『시학』에서 비극은 선한 사람의 몰락에 관한 행동의 모방이며, 그의 불행은 악이나 비행이 아니라 실수나 성격적 결함에 의해 발생해야 하고, 연민과 공포를 일으켜 이들 감정의 카타르시스를 일으키는 사건으로 만들어진다고 하였다.

힘과 맞서 싸운다. 그리고 관객들은 영웅들의 고통과 불가피한 패배, 그리고 패배에 직면하여 거두는 개인적인 승리를 목격한다.[23]

하지만 연극개량론의 '슲흔 연희'는 삶에 대한 비극적인 인식보다 "영웅호걸"과 "충신렬亽"와 같은 영웅적인 주인공에 더 초점을 두고 있었다. 즉 신채호 같은 내셔널리스트들은 을지문덕이나 이순신 등과 같이 국난을 극복했던 역사적인 충신들을 역사전기소설 같은 근대적인 매체로 재포장하여 국민서사로 대중화시키고자 했다. 국민서사가 봉건사회의 백성이나 인민을 근대적인 국민으로서 재형성시키는 데 필요한 동질적인 소속감을 줄 수 있다고 보았던 것이다. 그리고 '슲흔 연희'가 "국민의 심정과 감회"를 일으켜 "사람의 ᄆᆞ음과 풍속에 유익ᄒᆞ야 사회에 됴흔 영향"을 끼칠 수 있다고 여겼다.[24]

연극개량론은 당시 민간극장들의 '연희개량'에 문제를 제기하며 국민연극의 필요성을 강조하는 한편, 연극개량에 나섰던 이인직에도 비판적인 거리를 유지하였다. 이인직은 관인구락부로 운영되고 있던 협률사를 원각사로 재개장하고 '신연극'〈은세계〉를 공연하여 연극개량에 대한 사회적인 기대

---

23 밀리 배린저, 『서양 연극사 이야기』(개정증보판), 우수진 역, 평민사, 2008, 27~28쪽.

24 연극개량론이 전개되었던 1907년은 국민국가담론이 지배적이었던 시기였다. 1904년의 한일의정서 조약, 1905년의 을사조약 이후에 대한제국의 국권과 왕권은 급속히 약해졌다. 그리고 이 시기에 구체제 하의 '백성'이나 '인민', '신민' 등은 신분제도와 같은 봉건적 위계질서에서 벗어나 '왕'의 공백을 메우고 국가의 중심적 역할을 대신하는 '국민'으로 급부상하였다. '국민' 담론은 1900년대에 이르러 『황성신문』(1898. 9. 5.~1910. 8. 30.)을 중심으로 본격적으로 형성되었다. 이전까지는 '국민'보다 '인민'이란 용어가 더 많이 사용되었지만, '인민'은 유길준의 『서유견문』(1889년 탈고, 1895년 출판)에서와 같이 이미 '국민'의 개념을 띠고 있었다. 1900년대 이후 각종 신문과 잡지상에서 활발히 전개되었던 각종 계몽담론들은 국민국가 담론을 구성하고 있었으며, 연극개량론 또한 이들 담론 중 하나였다. 이에 관한 자세한 논의는 박노자, 「개화기의 '국민' 담론과 그 속의 '타자'들」, 『한국의 근대와 근대 경험』, 한국문화연구원 봄 학술대회 자료집, 2003; 김동택, 「〈독립신문〉에 나타난 국가와 국민의 개념」, 위의 책을 참고할 것.

　　　　　　　　　　　　　　　　　　한국 근대연극의 형성

감을 고조시키고 있었다.

원각사는 7월 26일에 개장되었다. 처음에는 기생과 창부의 연희가 공연되었지만,[25] 바로 이튿날부터 이인직이 연극개량을 위해 '신연극' 연습에 들어갔다는 기사가 보도되었다.[26] 하지만 대대적인 광고에도 불구하고 '신연극' 〈은세계〉의 공연은 계속 지연되었으며, —5개월 후인 11월 15일에야 공연되었다 —[27] 『황성신문』과 『대한매일신보』에는 원각사를 비판하며 연극개량을 촉구하는 논설이 거의 이틀 간격으로 게재되었다. 그들은 원각사가 반년 가까이 말로만 연극개량과 '신연극' 공연을 내세우고 실상은 기생과 창부의 연희를 계속한다고 비판하며, 원각사의 '신연극'은 관객대중의 국민의식을 고취할 수 있는 연극이어야 한다고 주장했다.

1908년 11월 6일 『황성신문』의 「원각사 관광의 향객담화」[28]에서 주장하는 '신연극'은 을지문덕과 강감찬 같은 영웅이나 논개나 계월향 등의 미덕을 주 내용으로 국민의식을 고취하는 연극이었다. 1908년 11월 8일 『대한매일신보』의 「연극장에 독갑이」에서는 연극개량의 결과로 "동국에 유명한 우온달이나 을지문덕의 형용", "워싱톤이나 나폴레옹의 웅위한 기개", "충신열녀와 의기남아의 역사", "신세계에 겁없는 인물"을 볼 수 있기를 기대했다. 원

---

25 원각사 개장 광고는 다음과 같았다. "본사에셔 칠월 이십육일로부터 연극을 개시이온바 경성 닉에 제일 굴지(屈指)ᄒᆞ는 가기(歌妓)가 이십사명이오 창부(倡夫)는 명창으로 저명ᄒᆞᆫ 김창환 등 사십명이온대 처소는 야주현 전 협률사이오며 시간은 매일 하오 칠시에 ᄀᆞᄒᆞ야 동 십이시에 폐ᄒᆞ깃스오니 일반 쳠군자는 여운내림(如雲來臨)하심을 희망. 원각사 백."

26 「소설연극」, 『황성신문』, 1908. 7. 28.

27 공연 이틀 전 『황성신문』과 『대한매일신보』에는 원각사의 〈은세계〉 공연 광고가 다음과 같이 실렸다. "본사에셔 연극을 설시ᄒᆞᆫ 지 수월에 강호 첨군자의 후권(厚眷)을 몽(蒙)ᄒᆞ야 익익확장(盆〃擴張)이온바 열월 갈망ᄒᆞ시던 은세계 신연극이 금재(今纔) 준비이옵기 래(來) 십오일부터 설행ᄒᆞ오니 유지 첨언은 여운내람ᄒᆞ심을 무망. 원각사 고백".

28 『황성신문』, 1908. 11. 6.

각사에서 공연되고 있었던 "춘향가 심청가 화용도타령" 같은 것은 결코 '신연극'이 될 수 없다는 것이었다.

　연극개량론은 극장의 현실을 실제로 알지 못했던 계몽주의 지식인들의 관념적인 연극론이었다. 하지만 『황성신문』과 『대한매일신보』와 같은 신문언론에 게재되었던 연극개량론은 근대극장이 더 이상 '상풍패속의 장'이나 '단순한 오락장'이 아니라, '신연극'을 통해 관객대중의 국민의식을 고양시키고 궁극적으로는 국민국가의 형성에 기여할 수 있는 근대적인 사회기관이라는 인식을 점차 확대시켰다.

2) 국민교육의 연극장: 자발적인 내면화와 통합의 장

　연극개량론은 연극이 관객의 국민사상과 도덕, 감정 등을 고취해야 한다고 주장했다. 연극장은 문명사회의 효과적인 국민교육 기관 중 하나로 여겨지기 시작했다. 연극은 특히 국민사상과 도덕을 시청각적으로 생생하게 보여주고 관객의 감정에 직접 호소하여 내면화시킨다는 점에서 중시되었다.

　19세기 말에서 20세기 초반에 '감정'은 새로운 의미를 가지기 시작했다. 1900년대 감정에 대한 논의는 크게 '발분(發憤)'에 대한 호소와 '지정의(知情義) 체계'의 도입으로 대별된다.[29] '발분(發奮 · 發憤)'은 '분기(奮起)', '분발(奮發)'과 함께 감정과 관련하여 특히 그 동적인 차원을 강조하며 빈번하게 사용되었다. 감정은 계몽의 기획과 관련하여 "사회변혁의 근원적인 원동력",

---

29　김동식, 「한국의 근대적 문학개념 형성과정 연구」, 서울대 박사학위논문, 1999, 106쪽. "이 때 발분은 감정을 사회적 차원에 배치하고 집합적 의지로 구성해내기 위한 모색이었고, 지정의 삼분론은 인간의 내면에까지 도달해서 계몽교육을 수행하기 위한 방법론이었다. 이 두 가지 차원은 사회변혁의 자발적 원동력을 찾고자 하는 계몽의 요구와, 국가 설립의 기초가 되는 완전한 인격을 양성하고자 하는 계몽교육의 이념과의 관련성 속에 놓여져 있다."

즉 "자발적인 자기활성화(self-actualization)"로 부각되었던 것이다.[30] 감정의 역동성은 연극개량론에서 자기 자신뿐만 아니라 타인에까지 적극적인 영향을 미치는 '감화(感化)'로 확장되었다.

　연극개량론 안에서 감정과 관련하여 가장 자주 사용된 용어는 '감흥(感興)'과 '감발(感發)', '감동(感動)', '고동(鼓動)' 등이었다. 이 용어들은 배우와 관객을 포함하는 극장 안 모든 사람들의 감정적 동일화인 '감화(感化)'와 같은 의미로 쓰였다. 계몽주의 지식인들은 연극의 감화 작용이 극장 안에서 배우와 관객, 관객과 관객 사이의 감정적 동일화를 만들어낼 수 있다고 생각했다. 그리고 극장 밖에서는 국민/민족의 정체성을 형성하는 데 기여할 수 있다고 생각했다. '극장'은 이들에게 '조선'이라는 지리적 공간에 대한 환유였으며, '관객'은 '조선 국민/민족'에 대한 환유였다.

　'감발', '감흥', '감동' 등의 감화와 관련된 용어는 연극개량론 안에서 시종일관 애국사상(츙의)이나 인도의무, 지식, 국민감정 등과 연결되었다. 그리고 이는 애국사상이나 지식 등이 인식의 차원이 아닌 감정의 차원에서 불러일으킬 수 있음을 의미했다. '연희개량'을 처음 내세웠던 광무대의 신설에 관한 「연희개량」에서도 연극개량의 목적은 궁극적으로 "애국사상과 인도의무를 감흥"[31]하는 데 있었으며, 논설 「연희장의 야습」에서도 문명 각국의 연희는 "애국의 정신의 고발(鼓發)"하고 하등사회는 연극으로 인해 "지식을 감발ᄒᆞᄂᆞᆫ 효력"[32]이 있는 것이었다. 마찬가지로 논설 「실기상셩」에서도 문명각국의 연희는 "국민의 충의를 감발"[33]하는 것이었으며, 논설 「연희장을 기량ᄒᆞᆯ

30　위의 글, 100 · 101쪽.
31　「연희개량」, 『만세보』, 1907. 5. 21.
32　「연희장의 야습」, 『황성신문』, 1907. 11. 29.
33　「대연희장ᄒᆞ야 탄 방인의 실기상셩」, 『황성신문』, 1908. 5. 5.

것」에서 서구 문명국의 '슯흔 연희'는 "국민의 심정과 감회를 니르키게"[34] 하기 때문에 본받아야 하는 것이었다.

연극이 신문이나 잡지, 소설 등보다 국민 통합에 더 효과적인 이유는 그것이 관객의 시청각적인 감각에 직접 작용하기 때문이었다. 그리고 이것은 감각을 정신활동의 중요한 근원으로 보았던 근대적인 지식을 토대로 하는 것이었다. 당시 근대적 지식은 19세기 후반 이후 각종 신문과 잡지, 단행본 등의 출판 인쇄물을 통해 폭발적으로 번역 재생산되고 있었다. 서로 무관해 보이면서도 때로는 모순적이었던 근대적 지식은 일상생활에 대한 해석적인 틀을 제공하면서 사회적·경제적·정치적·문화적 삶을 무수히 새롭게 범주화해 나갔다.[35] 감각은 위생담론 안에서 다루어졌는데, 당시 위생담론은 생리학과 의학, 해부학, 보건학뿐만 아니라 가정학, 아동교육학, 체육학 등을 광범위하게 포괄하면서 신체에 대한 의학적 과학적 합리적 이해를 도모하는 학문으로 여겨지고 있었다.[36][37]

---

34 「연희장을 기량홀 것」, 『대한매일신보』, 1908. 7. 12.

35 Andre Schmid, *Korea Between Empires, 1895~1919*, Columbia Univ. Press; New York, 2002, pp.6~9. 슈미트는 특히 네이션(nation)과 관련된 근대적 지식의 생산에 기여했던 신문의 힘을 강조하였는데, 여기에는 모든 영역의 근대적 지식생산이 포함될 수 있었다.

36 신체의 이해는 특히 미시적으로 이루어졌는데, 이는 현미경의 발견 이후 급속히 발전해온 근대 의학과 해부학적 지식의 특성이기도 했다. 이에 따라 신체는 하나의 통일된 전체로 소여된 것이 아닌, 분리된 각 부분들의 유기적 총합으로 인식되었다. 예컨대 얼굴이 눈, 코, 입, 귀, 모발 등과 같은 부분들의 총합인 것처럼, 신체 내부는 심장, 폐, 근육, 혈관, 신경 등의 유기적 총합으로 인식, 상상되었다.

37 비가시적인 사물에 대한 이해에 있어서 과학의 틈을 메우는 것은 바로 상상력이었다. "통상 시력으로 볼 수 없는 미생물이 우리 주위에 충만하다", "이들 미생물이 우리의 생활상에 비상한 영향을 미쳐 이해의 관계됨이 중대하다"는 과학적 의학적 사실은 공중에 떠돌아다니는 미생물의 존재를 하나의 실체로서 상상하게 만들었다. 그리고 이렇게 근대적 의학과 생리학적 지식을 원천으로 하는 상상력은 일상생활을 규율하는 하나의 강력한 현실적인 힘이 되었다. 예컨대 혼합물로서의 공기, 특히 냄새 속에 불순물이 섞여 있다는 인식

한국 근대연극의 형성

위생담론 안에서 인간의 정신작용은 "감각 사려 판단 등과 같이 고상한 심의(心意)를 나타내는 것"[38]이었지만, 그것은 어디까지나 신체의 유기적인 작용 가운데 발생하는 것으로 인식되었다. 그것은 소화작용이나 순환작용, 호흡작용, 배설작용, 생식작용과 같은 신체작용의 일부로 인식되었다.[39] 왜냐하면 정신작용의 물적 토대는 어디까지나 감각과 뇌, 그리고 감각을 뇌에 전달하는 신경이었기 때문이다. "(특히 대뇌는) 기억, 사고, 상상, 판단 등의 제반 고상흔 정신적 작용을 관장ᄒᆞᄂᆞᆫ 자니 안이(眼耳) 등과 여흔 제(諸) 감각기의 자극을 감(感)ᄒᆞ며 수의근을 운동케ᄒᆞ고 자기의 존재를 지(知)흠도 차(此) 대뇌의 피질부의 작용"[40]이었다.

이러한 인식은 근대 해부학의 가장 큰 특징이었다. 17세기의 가장 뛰어난 해부학자 토마스 윌리스(Thomas Willis)는 인간의 심장이 영혼을 지배한다고 보았던 전통적인 인식에서 벗어나 뇌가 인체의 중심이라고 보았다. 그는 정신과 뇌를 동일시하고 영혼의 모든 기능이 신경에 의존한다고 보았다. 심지어 "신경 혼자서" 감각적 인상과 그 결과 지식에 대한 책임을 지게 될 것이라고 주장했다. 뇌 중심의 패러다임은 이후 18세기에 와서 조지 체인(Dr. George Cheyne)에 의해 대중화되었다. 이제 사람들은 정신이 뇌의 어딘가에 존재하며 뇌에서 모든 신경 내지는 감각의 도구들이 종착한다고 인식하기 시작했다.[41] 『태극학보』의 저자 중 하나인 '연구생' 역시 동양 정신학 사상에서

은 더 잦은 환기의 필요성으로 이어져 사람이 많은 곳이나 아침 침실의 환기를 강제적으로 규율하였다. 김진초, 「미균론」, 『태극학보』 제3권, 1906. 10, 33~34쪽.

38 송헌석, 앞의 글, 26쪽.

39 강병옥의 「위생」, 『태극학보』 제1권, 1906. 8, 34~35쪽과 송헌석(夢蓮)의 「생리위생학」, 『서북학회월보』 제2권 제19호, 1910. 1, 24~28쪽을 참조할 것.

40 이명섭, 「생리학」, 『서북학회월보』 제2권 제16호, 1909. 10, 18~21쪽.

41 G. J. Barker-Benfield, *The Culture of Sensibility; Sex and Society in Eighteenth-Century Britain*, The Univ. of Chicago Press; Chicago and London, 1992, pp.3-7.

정신의 중추는 '심장'이었으나 근대 해부학에서는 '뇌'가 중추적이며 따라서 '신경'과 '감각'이 중요하다고 강조했다.[42]

뇌와 신경에 대한 강조가 감각에 대한 강조로 이어진 것은 감각이 외부 경험을 받아들이는 근원이자 관념을 연합 형성시키는 것으로 이해되었기 때문이다.[43] 실제로 신경이 감각과 지식을 책임질 것이라는 토마스 윌리스의 발견은 그의 가장 훌륭한 제자였던 존 로크의 「인간오성론」(1690)에서 철학적으로 완성되었다. 로크는 인간의 관념은 타고난 것이라는 천성설을 폐기하였고, 그 대신 정신의 이미지를 유명한 '타뷸라 라사(*tabula rasa*, 백지상태의 마음)'로 대체하였다. 이를 통해 감각은 인간의 정신능력인 오성의 일차적인 토대가 되었다.

나아가 감각은 도덕적 판단의 근본 토대가 되었다. 1747년에 에딘버러 의대교수가 되었던 로버트 휘트(Robert Whytt)는 신경체계 안에서 증명된 '감정원리'(sentiment)에 대한 자신의 견해를 소개하였다. 그리고 동료교수였던 윌리엄 쿨렌(William Cullen)과 다른 두 명의 의사인 알렉산더 몬로 2세(Alexander

---

42 "근래의 해부학 생리학 심리학 등의 연구가 거거익전ㅎ야 왕석의 망신을 일조에 배척ㅎ고 뇌가 중추됨을 일세에 공포홀식 기(其)창설에 왈 뇌에 대뇌와 소뇌가 유ㅎ고 기타 부수된 신경계통이 유ㅎ여 피부 오관 기내 장기 관 등에서 왕래하는 제신경을 호상연락하야…", 연구생, 「뇌와 신경의 건전법」, 『태극학보』 제26호, 1908. 11, 29~32쪽.

43 실제로 당시 초등학교 교과서였던 『초등수신』에서도 귀와 눈, 입, 코 등의 감각기, 특히 귀와 눈은 정신과 마음에 연관되고 있었다. 귀는 소리를 듣는 기관일 뿐만 아니라 소리의 좋고 나쁨에 있어서 "정신을 감동"시키며, 눈 역시 사물을 보고 색을 구별하는 기관일 뿐만 아니라 "심(心)의 사(使)홈"을 인해 "심(心)에 감(感)ㅎ는 사(事)"도 있다고 했다. 박정동 저, 『초등수신』, 동문사(同文社), 1909, 1~3쪽(한국학문헌연구소 편, 『한국개화기교과서총서』 제9권, 시울아세이문화시, 1977에서 재인용). 이 교과서는 1909년 4월 학부검정 사립학교 수신서 초등교육 학도용으로 검정필되어 발행된 수신교과서였다. 여기서 뇌는 "일신(一身)의 주인이 되야 지각이 차(此)에 유(由)ㅎ며 사지와 백체에 전선과 여혼 신경이 유ㅎ야 동정(動精)과 통양(痛瘍)을 감ㅎ느니 고로 항상 과열케 말지니라"로 설명되었다.

한국 근대연극의 형성

Monro Ⅱ) 및 존 그레고리(John Gregory)는 새로운 신경생리학적 체계를 데이비드 흄과 아담 스미스가 주도하고 있었던 도덕철학 학파에 전해 주었다.

연극이 그 시청각적인 효과를 통해 국민적인 지식과 도덕을 불러일으키고 내면화시킬 수 있다는 인식은 이와 같이 인간의 감각과 감정, 정신, 인식 등에 대한 근대적인 지식 체계에 기인하는 것이었다. 이를 통해 연극장은 이제 문명한 사회의 국민교육기관으로 재인식될 수 있었다. 이것은 협률사 혁파론에서 칠정(七情)과 같은 감각 또는 감정이 인간의 타고난 성정(性情)을 흐린다고 보며 근대극장을 상풍패속의 장이라고 비판했던 성리학적 예악관과 근본적으로 다른 것이었다.

4. 원각사의 연극개량, '신연극'을 실험하다

1) '신연극장' 원각사와 이인직의 상징성

1908년 7월 10일 『대한매일신보』에는 김상천과 박정동, 이인직 등이 관인구락부 내 극장 개설을 준비하고 있다는 기사가 보도되었다. 하지만 이들 중 실질적으로 전면에 나섰던 사람은 이인직이었다. 일은 급속하게 진행되었으며, 21일에는 이인직이 하루 전날 경시청으로부터 연극장의 개설을 허가 받았다는 기사가 보도되었다.[44] 26일에는 『대한매일신보』와 『황성신문』에 공연 광고가 실렸다. 극장의 이름은 원각사(圓覺社)였다.

> 本社에셔 七月二十六日로붓터 演劇을 開始이온바 京城內에 第一屈指하는 歌妓가 二十四名이오 唱夫는 名唱으로 著名흔 金昌煥等 四十名이온되 處所는 夜珠峴 前協律社이오며 時間은 每日下午 七時에 開하야 同十二時에 閉하깃스

---

44 "**김상천, 박정동, 이인직 삼씨**가 서문 닉 관인구락부의 연극장을 설시흘 차로 현금 준비 중이라더라", 「연극준비」, 『대한매일신보』, 1908. 7. 10; "**리인직, 박정동 량씨**가 관인구락부에 연극쟝을 셜시한다는 말은 젼보에 게직ᄒ엿거니와 자일에 희쟝 셜시흘 쳥원을 경시청에 승인ᄒ엿다더라", 「연극쟝 설치 허가」, 『대한매일신보』, 1908. 7. 21; "대한신보사장 **이인직 씨**는 신연극장(新演劇場)을 관인구락부에 설(設)ᄒ깃다고 경시청에 쳥인ᄒ얏다더라", 「연장청인(演場請認)」, 『황성신문』, 1908. 7. 21.

한국 근대연극의 형성

오니 一般 僉君子는 如雲來臨하심을 務望   圓覺社 白[45]

 이인직의 원각사 개장이 곧 극장의 민영화를 의미하는 것은 아니었다. 원
각사는 여전히 궁내부 소유였으며, 이인직은 경시청으로부터 그 운영권만
허가받았다. 극장이 개장되었던 날에 발생했던 '불미스러운 사건'에 대한 기
사들에서 이인직은 원각사가 어디까지나 "궁내부소관"이며 자신은 "(극장건
물을) 내각에 승인설시"하는 것이라고 분명히 밝히고 있었다.[46]

 기사에 따르면 극장이 개장하는 날에 일본인 구로타 사부로(久保田三郞)가
찾아와 극장을 담보로 현영운이 7천원 – 다른 기사에서는 3천환 – 을 빌려갔다고
주장했다. 그리고 자신이 극장의 소유주라고 하며 채무변제를 종용하고 극
장 개장을 방해했다. 현영운은 이토 히로부미의 수양딸을 자처했던 배정자
의 두 번째 남편으로 육군 참장에까지 올랐던 인물이었다. 그는 1907년 12
월 28일에 전 협률사인 관인구락부에 극장을 개설했지만, 불과 한 달도 못
되어 1월 30일에 파산하고 극장 문을 닫았다. 그는 원각사 수리비로 진 빚을
갚지 못하다가 경시청에 피착되고 가산(家産)까지 경매에 붙여지는 수모까
지 당했다.[47]

 정황상 현영운의 극장 운영은 개인적인 투자에 의한 것이었다. 하지만 이

---

45 『황성신문』, 1908. 7. 26.

46 직접인용은 각각 「연극장유희」, 『황성신문』, 1908. 7. 28; 「무료퇴거」, 『대한매일신보』,
   1908.

47 현영운과 원각사의 관계와 관한 기사는 다음과 같다. 「현씨의 첩」, 『대한매일신보』, 1908.
   1. 10; 「협률사선폐(旋廢)」, 『황성신문』, 1908. 1. 31; 「현씨봉욕」, 『황성신문』, 1908. 6. 18;
   「제방형수(弟放兄囚)」, 『황성신문』, 1908. 7. 5; 「피착이유」, 『황성신문』, 1908. 7. 9; 「현씨
   공초전말」, 『황성신문』, 1908. 7. 10; 「현씨방송한다는 말」, 『대한매일신보』, 1908. 7. 21;
   「연극장 유희(有戲)」, 『황성신문』, 1908. 7. 28; 「무료퇴거」, 『대한매일신보』, 1908. 7. 28;
   「현씨 방면설」, 『대한매일신보』, 1908. 8. 22; 「현씨집 집힝」, 『대한매일신보』, 1909. 5. 21.

인직의 극장 운영은 말 그대로 대리적인 것이었다. 현영운과 달리 이인직과 관련하여 극장 인수와 책임 운영에 필요한 자본금에 대한 기사는 단 한 건도 없었다. 그리고 이인직은 구로타 사부로와의 분쟁에서도 한발 물러서 있었다. 이인직은 자신이 직접 해결하기보다 "관청에 교섭ᄒ야 타결"하거나, "이유를 설명"하는 것만으로 "일인(日人) 급(及) 순사가 무언퇴거"하게 만들었다.[48] 뿐만 아니라 이인직이 8월 3일에 도일했다는 점에서 그가 원각사의 사장직에 있었던 기간은 불과 일주일 정도였다. 원각사의 사장직은 명월관 사장이었던 안순환에게 위임되었다.[49]

원각사와 관련하여 이인직만큼은 아니지만 비중 있게 기사화된 인물은 당시 내부대신이었던 송병준이었다. 일찍이 백현미는 송병준이 1909년 도일(渡日)하기 전에 경비 9백 여환을 김시현에게 주어 원각사 경영유지를 부탁했다는 점에서 그를 원각사의 경제적인 후원자로 추정했다.[50] 그러나 송병준은 개장 직후부터 원각사에 자주 출입하며 원각사 연희를 관람하고 때로 지휘했다는 점에서 원각사의 실질적인 운영자였을 가능성이 더 크다. 당시 신

48 "일인(日人)이 답ᄒ기를 월전(月前)에 현영운씨가 차사(此舍)를 여(余)에게 칠천원에 전집(典執)ᄒ얏다ᄒ거늘 이씨가 답(答)ᄒ기를 차사(此舍)ᄂ 현영운의 소유가 아니오 궁내부소관인 고로 여(余)가 청원승인ᄒ얏다ᄒᆷ이 일인(日人)이 … 호상힐난ᄒ엿다ᄂ되 **관청에 교섭ᄒ야** 타결ᄒᆫ다더라"(「연극장 유희」); "일인(日人) 구보전삼장(久保田三郎)이가 … 차가사(此家舍)가 아(我)의 소유라고 ᄒᆫ대 이인직시가 차가사(此家舍)를 내각(丙閣)에 승인설시(承認設施)ᄒ얏다고 거절ᄒᆫ즉 히 일인(日人)이 자의(自意)로 순사를 솔래(率來)ᄒ야 이인직시를 위협ᄒ미 히시가 이유(事由)를 설명ᄒᆫ즉 일인(日人) 급(及) 순사(巡査)가 무언퇴거ᄒ얏다더라"(「무료퇴거」).

49 "혜천탕주인 윤계환씨 등 … **해사장(該社長) 안순환**씨ᄂ 기(其)사건에 대ᄒ야 타인의 영업을 방해케 ᄒ얏다고 장차 재판ᄒ야 배상금을 징출(徵出)ᄒᆫ다더라", 「원각(圓覺)풍파」, 『황성신문』, 1908. 12. 1; "본(本) 사장 안순환 씨ᄂ 사퇴ᄒ고 최영목 씨가 해(該)사무를 임시 대변ᄒᆷ 원각사 고백", 『대한매일신보』, 1908. 12. 19.

50 「원각불원(圓覺不圓)」, 『황성신문』, 1909. 4. 14; 백현미, 「원각사의 설립 과정과 연극사적 성격」, 『판소리연구』 제6권, 1995, 295쪽.

문기사들은 예외 없이 '내부대신 송병준이 누구누구와 함께 … 원각사에 가서 연희를 관람하였다'고 보도하였다.[51] 그리고 10월 31일 일본 적십자사 총회의 여흥으로 조선의 기악(妓樂)을 보여주기 위해 그는 직접 "원각사에 지휘ᄒᆞᆷ야 당일 연희를 정케 ᄒᆞ"[52]였다. 행사 3일 전에는 원각사에 나와 준비 여부를 직접 "검정(檢定)"[53]했다.

이인직의 극장 인수는 개인의 의지보다 원각사 개장과 관계된 일을 '위로부터' 위임 받았기 때문이었던 것으로 보인다. 여기에는 이인직의 개인적인 명망에 따른 '사회적인 상징성'이 큰 역할을 했을 것이었다. 당시 이인직은 관인구락부 연극장이 운영되고 있었던 1월경에 장차 관리가 될 것이라는 소문과 함께 대한신문사 사장을 사퇴하였으나 관직 진출이 무산되자 다시 사장직에 복귀하였다.[54] 원각사 개장이 보도되기 직전이었던 7월에도 조만간 일본에 간다는 보도가 있었다.[55] 하지만 불과 삼일 후 김상천, 박정동과 함께 관인구락부 내 연극장 설치를 새로이 준비한다는 기사가 보도되었다.[56] 따라서 이인직은 친일내각 인사들과의 교분 속에서 관직 진출을 모색하던 중 일이 여의치 않게 되면서 갑자기 원각사를 '신연극장'으로 개장하는 일은 주도했다고 할 수 있다. 이는 평소 이인직의 경력과 무관한 것이었다는 점에서 '외부에서' 부여된 것이었을 가능성이 높았다.

연극 경력이 전무했던 이인직이 원각사 사장에 위임되었던 이유는 무엇

---

51 「송일병관(宋日并觀)」, 『대한매일신보』, 1908. 8. 11; 「시원종명(始圓終明)」, 『대한매일신보』, 1908. 9. 19; 「내대연유(內大宴遊)」, 『황성신문』, 1908. 10. 11; 「연후람희(宴後覽戲)」, 『황성신문』, 1908. 10. 14; 「선유선유(善遊善遊)」, 『대한매일신보』, 1908. 10. 18.
52 「본국기예과장(本國技藝誇張)」, 『황성신문』, 1908. 10. 25.
53 「내대검정(內大檢定) 연극」, 『황성신문』, 1908. 10. 29.
54 「ᄉᆞ환에유의」, 『대한매일신보』, 1908. 1. 11; 「사장환임(還任)」, 『황성신문』, 1908. 1. 19.
55 「무ᄉᆞᆷ일노가나」, 『대한매일신보』, 1908. 7. 7.
56 「연극준비」, 『대한매일신보』, 1908. 7. 10.

이었을까. 그는 대표적인 친일인사로서 실권자였던 조중응의 친우(親友)였으며 이완용으로부터도 두터운 신임을 받고 있었다. 하지만 이보다도 그가 『국민신보』와 『만세보』, 『대한신문』의 간행과 발행을 주재했던 저널리스트이자 신소설가였기 때문이었을 것이었다.[57] 그는 동경정치학교에 유학하던 중 『미야코 신문(都新聞)』에서 견습기자로 일했다(1901~1902). 『미야코 신문』은 대중적인 교양 오락 위주의 신문이었던 소신문(小新聞) 중에서도 특히 연예와 오락면이 충실하여 신문연재소설과 유명 극단의 연극각본이나 연극비평을 우선적으로 게재했던 신문이었다.[58] [59] 이인직이 귀국 후 창간하고 그 주필로 있었던 『만세보』에 연극개량 관련기사나 논설이 간간이 실렸던 것도 『미야코 신문』에서의 견습경력과 무관하지 않았을 것이었다.

하지만 이인직은 원각사의 '신연극' 공연을 앞둔 8월 3일 연극시찰을 위한다는 명목으로 도일(渡日)하였다. 이인직의 일본방문은 원각사를 인수하기 전부터 예정되어 있었다. 그리고 이인직이 다음 해 5월 13일에 귀국했다가 7월 말에 다시 도일했다는 점에서, 일찍이 유민영이 지적했던 바와 같이 '신

---

57 이인직의 신문사 경력에 대해서는 다지리 히로유키의 『이인직 연구』, 국학자료원, 2006, 제1장을 참고할 것.

58 당시 일본의 신문은 크게 정치 논설 위주의 대신문(大新聞)과 대중적인 교양 오락 위주의 소신문(小新聞)으로 대별되었으며, 『미야코 신문』은 창간 당시부터 '정당신문에 대항하여 교훈 내지 오락 본위의 지면을 만든다'는 편집의 기본방침을 내세웠다. 『미야코 신문』에 대한 이상의 논의는 다지리의 앞의 책, 58~59쪽을 참고하였다.

59 1907년(메이지40년) 일본의 『골계신문』에는 '신문·잡지의 애독자'라는 제목의 유머러스한 삽화가 실렸는데, 우리는 이를 통해 『미야코 신문』의 성격 및 위상을 가늠해볼 수 있다. 이 삽화에는 도쿄와 오사카에서 발행된 신문과 잡지를 다양한 계층과 직업, 연령, 성별 등의 독자와 연계시켜 놓았는데, 그 중에서도 『미야코 신문』은 특히 창기(娼妓)가, 『문예구락부』는 예기(藝妓)가 보는 신문으로 표상되었다. 이는 대중신문 중에서도 『미야코 신문』의 격이 그리 높은 편은 아니었음을 암시한다. 나가미네 시게토시 지음, 『독서국민의 탄생』, 다지마 테쓰오·송태욱 옮김, 푸른역사, 2010, 61~64쪽.

　　　　　　　　　　　　　　　　　한국 근대연극의 형성

연극 〈은세계〉에 대한 그의 연극적 기여는 원작자에 한정된 것이었다. 오히려 이인직의 실질적인 역할은 그가 원각사 개장의 전면에 나서 원각사를 일개인의 극장사업화 함으로써 협률사에서 가장 문제시 되었던 관(官)의 극장운영에 대한 비판의 여지를 최소화 하는 데 있었다고 할 수 있다. 그리고 여기에는 내부대신이자 원각사의 실질적인 운영자였던 송병준의 지지가 친일내각을 배후로 하여 작용했을 것이었다.

이인직은 『국민신보』와 『만세보』 주필을 거쳐 대한신문사 사장으로 활동하는 한편, 최초의 신소설 작가로 잘 알려진 인물이었다. 일본 유학 후 그는 신문과 소설 등의 사회 영역에서 국민계몽과 사회개량에 앞장섰다. 그리고 누구보다도 '사회' 개념의 수용에 앞장서면서 「사회」 또는 「사회학」이라는 제목의 글을 『만세보』의 창간논설과 『소년한반도』에 총 5회에 걸쳐 연재하였다.[60] 원각사의 재개장 및 '신연극' 〈은세계〉의 공연은 평소 그가 강조하던 '사회 영역'의 확장인 셈이었고,[61] 언론에서도 그렇게 받아들이고 있었다.[62]

'사회'는 '인간집단'을 가리키는 신조어로서 현실의 장에서 새롭고 문명적

---

60 이인직, 「사회」, 『만세보』, 1906. 6. 17, 1쪽; 「사회」, 『소년한반도』 제1호, 1906. 11; 「사회학 속(續)」, 『소년한반도』 제2호, 1906. 12; 「사회학 속(續)」, 『소년한반도』 제3호 1907. 1; 「사회학」, 『소년한반도』 제4호, 1907. 2; 「사회학 속」, 『소년한반도』 제5집, 1907. 3.

61 이와 관련하여 김현주는 이인직의 '사회' 개념 수용과 사회적 영역(신문, 소설, 연극 등)에 대한 관심이 서로 밀접하게 관련되어 있다고 지적한 바 있다. 이에 관한 자세한 논의는 김현주의 『이광수와 문화의 기획』, 태학사, 2005, 102쪽을 참고하기 바란다.

62 "갑왈(甲曰) 여(余)가 재향(在鄕)ᄒ야 신문을 열람ᄒ니 대한신문사장 이인직씨가 아국의 연극이 음미불아(淫靡不雅)ᄒᆫ 것을 개량ᄒ기 위ᄒ야 원각사를 설립ᄒ고 인정풍화에 유조(有助)ᄒᆫ 가무로 창부와 기녀를 교도ᄒᆫ다 ᄒ얏스니 씨(氏)ᄂᆫ 사회상 개명신사로 십여년 해외 문명국에 체재ᄒ야 문명공기를 흡수ᄒ며 문명학술을 연습ᄒ얏고 기(其)귀국야(也)에 신문의 기관을 장악ᄒ며 소설의 저술을 발행ᄒ얏스니 국민을 개도(開導)ᄒ고 풍속을 개량ᄒᄂᆫ 사업에 대ᄒ야 선호호개(宜乎好個)방침을 연구발명홀지라", 「논설 원각사관광의 향객담화」, 『황성신문』, 1908. 11. 6.

인 영역으로 인식되고 있었다.[63] 이인직은 특히 '사회' 개념 및 사회학을 소개하는 데 적극적이었다. 그는 사회가 사회적 단체나 기관을 의미하는 '소사회'와 소사회의 집합인 '대사회'로 구분된다고 했다. 그리고 대사회는 "기중(其中)에 제(諸)사회적 단체가 존재흔 대형체"로서 이들 "소사회의 임무를 갈(竭)케 흐는자"라고 보았다.[64] 이인직의 주된 활동장이었던 신문과 신소설, 그리고 '신연극'은 이같은 의미에서 모두 사회적인 것이었다.

'아국(我國)의 연극'을 개량하기 위해 '신연극장'을 개설하여 '신연극'을 설행한다는 이인직의 '선언'은 극장에 대한 인식을 근대적인 사회단체 또는 기관으로 전환시키는 계기로 작용할 수 있었다. 신문이나 소설뿐만 아니라 '신연극' 역시 동시대의 현실을 의미 있게 다룸으로써 사회 안에서 의미 있는 기관이 될 수 있었다. 이인직이 "사회는 문화의 형식과 일치"[65]한다고 생각했다는 점에서 그의 신문 발행과 신소설 저술, '신연극' 사업은 실질적으로 문화를 통한 사회개량 운동의 일환으로 포괄될 수 있었다.

이인직의 역할은 바로 이 지점에 있었다. 연극장 개장 청원에 관한 보도기사에서부터 도일(度日)까지 이인직의 연극 사업은 실질적으로 한 달이 채 안되는 기간이었다. 하지만 이인직은 원각사가 개장되고 '신연극'이 준비·공연되는 과정의 맨앞에 전경화(前景化) 되어 있었다. '이인직의 효과'는 무엇보다도 원각사가 개장 직후 기생과 창부의 연희로 무수히 비판 받았음에도

---

63 당시 『대한매일신보』와 『황성신문』에서 '사회'는 국가에 독립적인 것이 아니라 국가를 가능케 하는 성립기반으로서 개인의 집합이자 국가의 기반을 이루는 중간항으로 사용되고 있었다. 이상 '사회' 개념의 수용에 대해서는 박명규의 「한말 '사회' 개념의 수용과 그 의미 체계」(『사회와 역사』 제59권, 2001. 5.)와 박주원의 「근대적 '개인', '사회' 개념의 형성과 변화─한국자유주의의 특성에 관하여」(『역사비평』, 2004 여름), 김현주의 위의 책, 86~107쪽 등을 참고하였다.

64 이인직, 「사회」, 『소년한반도』 제1호, 12쪽.

65 앞의 글, 12쪽.

불구하고 '신연극'에 대한 기대감을 꾸준히 지속시켰다. 원각사는 실질적으로 상층 관료들의 여흥과 외빈접대를 위해 각부대신과 왕족 인사, 고위급 일본인들이 출입하는 사교의 장이었음에도 불구하고 이인직을 통해 '신연극'의 장으로 표상화 되면서 그 비판을 피해 갔던 것이었다.

2) '신연극' 〈은세계〉와 사회극의 등장

'신연극장' 원각사의 연극개량은 〈은세계〉와 〈천인봉(千仞峰)〉, 〈구마검(驅魔劍)〉, 〈수궁가〉 등의 '신연극'에서 그 성과를 찾을 수 있다. 기간에 비해 결과물은 과소하였지만, 이들 작품은 처음으로 동시대의 현실사회를 비판적으로 다루는 '사회극(social drama)'이라는 데에 의의가 있었다.

기존의 연구는 대부분 '신연극'으로서 〈은세계〉의 새로움이 내용의 동시대성에 있다고 보았다. 하지만 '신연극'의 진정한 새로움은 동시대적인 사회 현실을 비판하는 데 있었다. 사회극은 근대극의 한 형식으로 등장했다. 근대 이전까지 연극은 고전비극과 낭만비극에서처럼 신화나 역사를 배경으로 하거나 희극에서처럼 비현실적이고 엉뚱한 상황을 기반으로 하였다. 하지만 근대극은 당시 새롭게 형성되었던 사회 내 개인의 문제를 의미있게 다루는 것이었다. 멜로드라마는 동시대적인 현실을 배경으로 가부장적인 이데올로기와 같은 부르주아 사회의 이념을 이상적으로 극화하였으며, 사실주의 연극은 입센(Henrik Ibsen)의 〈인형의 집(A Doll's House)〉이나 〈유령(Ghost)〉에서와 같이 동시대 부르주아 사회의 현실과 허위를 고발하고 비판하였다.

'신연극장' 원각사의 개장 당일 레퍼토리는 '가기(歌妓)'와 '창부(倡夫)'의 노래와 춤이었으며,[66] 이후에도 기생과 창부의 연희가 주로 공연되었다. 개

---

66 "…연극을 개시이온바 경성 뉘에 제일 굴지(屈指)ᄒᆞᄂᆞᆫ 가기(歌妓)가 이십사명이오 창부(倡

장 이틀 후에『황성신문』에 실린 일종의 해명 기사에 의하면, 이는 어디까지나 연극개량의 경비마련을 위한 것이었다. 즉 9월 말로 예정된 '신연극' 공연 전까지 약 두 달 동안 "아국(我國)에 고유한 각종 연예를 설행"[67]한다고 했다.

〈은세계〉는 예정보다 늦은 11월 15일에 공연되었다. 그리고 최소한 15일 정도의 공연 후 극장은 겨울 한파로 인해 휴무에 들어갔다. 극장은 다음 해 2월 21일에 재개장되었지만, "춘향가 심청가"[68]와 같은 기생과 창부의 연희를 다시 공연하기 시작했다. 이에 대한 비판이 높아지자 원각사는 간간이 '신연극' 공연을 준비한다거나 예정한다는 광고를 냈다. 하지만 주로 기생과 창부의 연희가 공연되었다.

개장 후 4개월 만에 공연된 '신연극' 〈은세계〉는 그동안 연극개량론에서 제시되었던 '늚흔 연희', 즉 관객대중의 애국사상을 고취시키고 국민적인 모범이 되는 영웅을 주인공으로 하는 연극이 아니었다. 오히려 〈은세계〉의 주인공들은 암담한 사회적 현실 속에서 몰락하거나 위기에 처하는 인물이었다. 결백한 주인공 최병도는 부패 권력인 강원도 관찰사에 의해 억울한 죽음을 당하였고, 최병도의 자녀 옥남과 옥순 남매는 어려운 환경 속에서 미국 유학을 마친 후 국가를 위해 일하겠다는 기대를 가지고 귀국하였으나 허무하게도 의병들에게 끌려갔다. 표면적으로 본다면 〈은세계〉는 국가적인 현실을 비관하고 그 사회를 부정하는 연극이었다.

〈은세계〉 공연 후 신문언론의 반응이 없었던 것은 이 때문이었다. 보름 가까이 지속된 언론의 침묵을 깨뜨린 것은 12월 1일의 『황성신문』의 「원각풍파」였다. 기사에 따르면 혜천탕 주인 윤계환은 관극 도중 관객들에게 할 말

大)는 명창으로 저명흔 김창환 등 사십명이온대", 「원각사 광고」, 『황성신문』·『대한매일신보』, 1908. 7. 26.

67 「소설연극」, 『황성신문』, 1908. 7. 28.

68 「원각샤 폐지셜」, 『대한매일신보』, 1909. 3. 13.

이 있다고 공포하며 연극을 중지시켰다. 그리고 창부(倡夫)인 김창환에게 탐관오리의 역사를 연극으로 만든 것이 온당하지 않을 뿐만 아니라 그 탐관오리가 결국 어떤 결과에 이르겠는가 하고 호통치며 분노를 표시했다.

> 惠泉湯主人 尹啓煥氏等七人이 再昨夜에 圓覺社의 銀世界를 觀覽ㅎ다가 鄭
> 監司가 崔內陶를 押致ㅎ야 施刑奪財ㅎ는 景況에 至ㅎ야 尹啓煥氏가 座中에
> 言을 通홀 件이 有ㅎ다고 公佈혼後에 倡夫 金昌煥을 呼ㅎ야曰 貪饕官吏의 歷
> 史를 一演劇의 材料로 演戱ㅎ는것이 不爲穩當홀쑨더러 其貪饕官吏의 結果가
> 終當何處에 歸ㅎ깃는야ㅎ고 一場紛挐홈으로…

이 일로 윤계환은 원각사 사장인 안순환에 의해 영업방해로 고소되고 체포까지 되었다. 하지만 그의 분노는 원각사의 '신연극'이 탐관오리와 국가사회의 부패를 그대로 무대화한 것에 대한 부정적인 세간의 시각을 단적으로 보여주는 것이었다. 원각사 출입이 잦았던 고위관리와 왕족 등과 같은 상층관객들도, 당시 부패한 관리의 실상이 일반 관객대중 앞에 적나라하게 무대화되는 것이 달가울 리 없었다. 실제로 왕족인 영선군 이준용은 〈은세계〉 관람 후 창부를 불러 양반을 공박하는 장면을 수정하라고 명령하기도 했다.[69]

〈은세계〉 때문이었는지는 알 수 없으나 원각사 사장 안순환은 12월 말경에 경질되었고 극장도 겨울한파로 인해 곧이어 휴장되었다. 원각사는 다음해 2월 말에 재개장되었으나 여론의 비판 속에서 〈춘향가〉와 〈심청가〉 등을 공연하다가 관객이 없어 사실상 휴업 상태에 들어갔다.

---

69 "영선군 이준용씨가 재작야에 원각사 은세계를 관람홀시에 창부 등이 정감사(鄭監司)의 탐도불법(貪饕不法)ㅎ던 역사(歷史)를 타령으로 논박호창(論駁呼唱)홈이 이준용씨가 해(該)곡조를 문(聞)ㅎ다가 창부를 초치(招致)ㅎ야 분부ㅎ야 왈 양반의 공박(攻駁)은 치지(寘之)ㅎ라ㅎ얏다더라", 「초록은 동색」, 『황성신문』, 1908. 11. 21.

이인직의 귀국과 함께 원각사는 일본연극을 준비하며 활동을 재개하기 시작했다.[70] 그리고 1909년 6월 25일에서 27일까지 『대한민보』와 『대한매일신보』, 『황성신문』 등의 3사에 대대적인 신문광고를 게재하였다.

> 本社에셔 巨額을 費ㅎ고 文明ㅎ 各國의 演劇을 視察ㅎ 結果로 此를 模倣ㅎ야 我國古蹟에 忠孝義烈賢勇의 諸實狀을 演劇으로 하올터이온디 開始ㅎ지 百日以內에는 今日에 ㅎ던 演劇을 其翌日에 아니ㅎ기로 務定ㅎ와 今月 二十七日로 開始ㅎ갯사오니 有志君子는 來臨玩賞ㅎ심을 爲要

광고에 의하면 원각사는 거액의 비용을 들여 문명국의 연극을 시찰했으며, 그 결과 이를 모방하여 우리나라 고적(古蹟)의 충효의열현용의 실상을 연극으로 하여 27일부터 백일 동안 날마다 새로운 연극을 공연할 예정이었다.

원각사의 광고내용이 이후 액면 그대로 실현되었다고 보기는 어렵다. 7월 3일 『대한매일신보』의 기사에서는 광고내용과 실제공연의 불일치를 비판하고 있었다.

> 원각샤에서 각신문에 광고ㅎ기를 젼일에 ㅎ든 연극을 기량ㅎ야 충효와 의리와 졍렬과 용밍스러운 연극을 셜힝ㅎ다홈으로 직작야에 관광쟈들이 만히 **가셔본즉 젼일에 ㅎ든 춘향가를 몃마뒤ㅎ후에 그만 긋치는지라** 관광ㅎ는즁에 흔사룸이 대셩질칙ㅎ디 광고에는 충효와 의리잇는 연극을 흔다더니 그것은 어디두고 음탕흔 춘향 만ㅎ느냐 이것은 긔인편지라ㅎ즉 … 일쟝풍파가 니러

---

70 『대한매일신보』에는 이인직의 귀국기사와 원각사의 활동재개 기사가 다음과 같이 하루간격으로 실렸다. "대한신문사장 이인직 씨가 일본에 전왕(前往)ㅎ야 누월(屢月) 두류ㅎ다가 일작(日昨)에 환국하얏다더라", 「이씨횐레(還來)」, 『대한매일신보』, 1909. 5. 14; "원가샤가 지졍이 군졸홈으로 폐지ㅎ엿다더니 다시 드른즉 모든 연극은 일본법을 모범홀것으로 챵부와 공인들이 일삭위한ㅎ고 일본연극을 련습ㅎ는즁이라더라", 「연극모범」, 『대한매일신보』, 1909. 5. 15.

한국 근대연극의 형성

낫눈듸 다시눈 오지말쟈ᄒ고 희여졋다더라[71]

실제로 "젼일에 하든" 〈수궁가〉도 연극개량의 '신연극'으로 공연되었다.[72] 하지만 원각사가 광고했던, 일본연극을 모방한 '신연극'이 〈은세계〉와 달리 어떤 것이었는지는 ― 가부키인지 가부키개량극인지 또는 신파극인지 ― 확실히 알 수 없다.[73]

다만 현재까지 밝혀진 공연제목과 내용상 이들 '신연극'은 〈은세계〉와 같이 동시대의 현실 사회를 비판하는 내용이었다. 〈은세계〉 이후 처음 시도되었던 '신연극'은 '이소사 이야기'에 대한 것이었다. 일본연극을 연습한다는 보도 후 원각사에서 "안쥬군에 사눈 리쇼ᄉ의 젼일 악형을 당ᄒ던 일"을 연극으로 만들기 위해 "그 리쇼ᄉ를 쳥ᄒ야 젼후ᄉ실을 일일이 탐문"하였다는 내용의 기사가 보도되었다.[74] 이소사 이야기가 정확히 언제 공연되었는지는 현재 확인되지 않는다. 하지만 그것은 〈은세계〉와 마찬가지로 동시대의 정치사회적 구습(舊習)을 비판하는 연극이었다.

두 달 후인 7월 6일과 27일에는 각각 원각사에서 〈천인봉〉과 〈구마검〉이 공연되었다.[75] 〈천인봉〉의 내용은 오늘날 확인할 수 없지만, 〈구마검〉은

71 「이쌔에 구경은 무어시야」, 『대한매일신보』, 1909. 7. 3.
72 "원각사연극장에서 근일 각종 연극을 개량 혹 신제조(新製造)ᄒ야 셕일(昔日)의 상풍패속(傷風敗俗)되눈 연희눈 제거홈으로 관람인의 호평을 득(得)ᄒ눈중 금일브터눈 수궁가라눈 신연극을 설행ᄒ다더라", 「연극개량」, 『대한민보』, 1909. 11. 26.
73 '신연극 〈수궁가〉는 그 광고내용을 참고해볼 때 가부키를 연상시키는 무대연출로 공연되었다. "본사에셔 수궁가라눈 골계적 신연극을 금일붓터 설행ᄒ눈듸 **인공(人工)으로 제조혼 수류어족(獸類魚族)의 각종 형체가 천연히 활동홀 쑨더러** 별주부의 애군단충과 토선생의 권변기모눈 지식개발상 대취미가 유ᄒ오니 제군자눈 속왕(速枉)관람ᄒ시압", 「원각사 광고」, 『황성신문』·『대한매일신보』·『대한민보』, 1909. 11. 26~27.
74 「ᄉ실탐문」, 『대한매일신보』, 1909. 5. 27.
75 "재작야 원각사에셔 천인봉(千仞峰)이라눈 연극을 설행홀 시에 자외(自外) 투석이 우하(雨

미신타파를 주제로 하는 이해조의 신소설을 연극화한 것이었다. 이 작품은 1908년 4월 25일에서 7월 23일까지 『제국신문』에 연재된 후 12월에 단행본으로 출판되었는데 그 내용은 다음과 같았다.

주인공인 함진해는 부인 둘과 사별한 후 셋째 부인 최씨를 맞아 아들 하나를 얻는다. 무당을 지나치게 좋아하는 최씨 부인은 근대 의학을 경시하여 외아들에게 천연두 예방주사도 맞히지 않아 결국 아들을 잃고 만다. 함진해는 이러한 최씨 부인을 탐탁지 않게 생각했으나, 결국은 무당의 꼬임으로 제 자신도 미신에 빠져들어 결국은 패가하고 만다.

이 작품은 금방울이라는 무당이 임지관이라는 사내와 짜고 온갖 술수로 함진해의 종가집 재산을 빼앗는 과정을 통해 굿이나 풍수가 어디까지나 비과학적인 미신임을 고발하였다. 〈구마검〉은 〈은세계〉와 마찬가지로 미신이라는 현실사회의 구태(舊態)를 비판적으로 다루는 일종의 사회극이었다.

원각사의 '신연극'은 창부와 기생의 춤과 노래를 '제시하는(presentative)' 공연이 아니라 동시대의 현실 사회에 대한 비판적인 문제의식을 무대적으로 '재현하는(representative)' 것이었다는 점에서 말 그대로 새로운 연극이었다. 하지만 윤계환의 경우에서처럼 이는 당시의 관객대중에게 쉽게 받아들여지기 어려운 낯선 것이었다. 새로운 연극은 연극개량론에서처럼 관객대중이 본받을 만한 영웅적 주인공의 이야기여야 한다는 관념이 지배적이었다. 〈은세계〉에 대한 윤계환의 분노나 〈천인봉〉 공연시 발생했던 투석사건, 그리고 신문언론의 전반적인 냉담한 반응의 원인은 일부분 동시대의 부정적인 사회현실을 비판적으로 다루었던 '신연극' 자체에 대한 거부감에 있었다.

下)ㅎ야…", 「연장투석(演場投石)」, 『대한매일신보』, 1909. 7. 6; "재작일 하오 십시량에 신문안 원각사에셔 소설 구마검을 실지연극ㅎㄴ듸…", 「맹인피기(盲人被欺)」, 『황성신문』, 1909. 7. 27.

한국 근대연극의 형성

5. 관(官)의 연극개량, 경찰통제를 극장화하다

1) 극장의 풍속개량론과 '상풍패속'의 극장화

합병 전후 일진회 기관지 『국민신보』와 총독부 기관지 『매일신보』에 전개되었던 극장의 풍속개량론은 개량보다 통제를 직접적으로 요구하는 것이었으며, 경찰 역시 비슷한 시기에 극장통제를 시작했다. 이 과정에서 극장은 언론에서 상풍패속의 장으로 표상화되었으며, 경찰의 상풍패속 통제는 신문과 사회를 각각 무대와 관객으로 하여 반복적으로 극장화 되었다.

극장의 상풍패속은 협률사의 설치 이후 줄곧 제기되었지만 그것의 함의와 쟁점화 방식에는 조금씩 차이가 있었다. 러일전쟁 직후 협률사 폐지론에서는 관객대중의 극장 구경 자체가 상풍패속이었다. 그리고 연극개량론에서는 관객대중의 국민국가 의식을 고양시키는 문명제도의 하나인 극장이 연극개량에 앞장서지 않고 구연극을 공연하는 것이 극장의 상풍패속이었다.[76]

나아가 합병 전후 『국민신보』와 『매일신보』에 전개되었던 극장의 풍속개

---

[76] 다음의 「시사평론」 구절은 이러한 정황을 가장 요약적으로 표현하고 있었다. "…우미인 민 뎌ㅅ샹을 직접으로 고동키는 연극쟝이 뎨일이라 동서고금 력ㅅ즁에 영웅ㅅ젹 연희안코 음탕가곡 위쥬ㅎ야 인심현혹 홀쑨더러 상풍패쇽 ㅎ면셔도 기량ㅎ다 말쑨이니 셰샹공의 속일손가…", 「시사평론」, 『대한매일신보』, 1909. 3. 23.

량론은 연극개량보다 사회의 풍속개량을 상위에 두고, 이를 저해하는 극장의 상풍패속을 구체적으로 세목화하며 그것의 경찰통제를 요구하였다. 이는 극장이나 연희단체와 같은 민간의 자율적인 개량이 아니라 통치권력(구체적으로는 식민경찰)의 강제적인 단속과 통제를 요구했다는 점에서 앞서의 협률사 폐지론이나 연극개량론과 근본적으로 다른 것이었다. 『국민신보』와 『매일신보』은 각각 일진회의 기관지와 총독부 기관지였다는 점에서 경찰의 극장통제 정책결정과 실질적으로 가까운 거리에 놓여 있었다.[77]

이 시기 극장의 풍속개량론과 경찰통제는 일제의 식민담론과 연극탄압 정책의 일환으로 여겨져왔다. 문경연은 개화기의 연극개량론이 전반적으로 일본의 메이지 말기에서 다이쇼 시대에 걸쳐 전개된 풍속담론과 연극개량론의 재생산으로서 식민당국의 연극장 통제에 기여했다고 보았다.[78] 하지만 이는

---

77 이와 관련하여 김현주는 『매일신보』가 "조선총독부가 조선인을 대상으로 가동했던 담론 정치의 제도적 실행기관 중 하나"였고 보았다. 『매일신보』의 담론정치적 특성과 그것이 작용하는 방식에 대한 자세한 논의는 김현주의 「1910년대 초 『매일신보』의 사회 담론과 공공성」, 『현대문학의 연구』 제39호, 2009를 참고하기 바란다. 직접인용은 237쪽.

78 그는 이를 특히 샤코오 슌조(釋尾旭邦)가 당시 국내에서 발행했던 일본어 잡지인 『朝鮮』 (1908~1911)과 『朝鮮及滿洲』(1911~1940)를 통해 살펴보았다. 문경연, 「한국 근대연극 형성과정의 풍속통제와 오락담론 고찰」, 『국어국문학』 제151호, 2009. 5. 샤코오 슌조 및 『朝鮮』과 『朝鮮及滿洲』에 관한 자세한 논의는 최혜주의 「한말 일제하 샤코오의 내한활동과 조선인식」, 『한국민족운동사연구』 제45권, 2005를 참고할 것.
    문경연의 논문은 한일 연극개량/론의 영향관계에 대한 기존 연구에서 그동안 논의되지 않았던 『朝鮮』과 『朝鮮及滿洲』를 그 대상으로 했다는 점에서 의의가 있다. 하지만 이들 잡지는 극소수의 일본인거류민들과 조선에 관심이 있었던 본국의 일본인들을 대상으로 하여 일본의 연극/풍속 담론을 재생산하는 것이었다는 점에서, 그것이 국내의 극장 풍속개량론과 경찰의 연극장 통제에 미친 영향을 강조하는 것은 자칫 환원주의가 될 수 있다.
    그 외 한일 연극개량/론의 비교연구는 다음과 같다. 다지리 히로유키, 「이인직의 연극개량과 일본 연극개량 −좌창의민전(佐倉義民傳)과 『은세계』를 중심으로」, 『민족문화연구』 제34권, 2001; 박태규, 「이인직의 연극개량 의지와 『은세계』에 미친 일본연극의 영향에 관한 연구」, 『일본학보』 제47권, 2001.

극장이 근대적인 사회기관의 하나로 제도화되면서 필연적으로 거치는 하나의 '과정'이었다. 그리고 이 점에서 권명아의 논의가 시사하는 바는 크다.[79] 그는 일제시기의 풍속통제가 본질적으로 "특정한 취미 및 문화, 기호 행동 유형이 엘리트층의 건전한 것(주로 문명개화의 이념을 따라 형성된다)과 그렇지 않은 문제적인 것(주로 음란함과 불량함이라는 이름을 갖게 된다)으로 구별되고 규제·관리·통제되는 과정과 맥을 같이 한다"[80]고 보았다.

이에 우리는 극장이 당시 관 주도의 개량 또는 경찰통제의 대상이 되었던 방식과 그 과정에서 연희/자와 극장 경영자, 관객대중이 새롭게 배치되었던 방식에 좀더 주목해볼 필요가 있다. 풍속개량론은 풍속개량에 기여하는/해야 하는 문명적인 연극과 그렇지 않은 상풍패속한 조선연극을 대립적인 관계로 구별하고 그 통제의 대상을 담론적으로 규정하였으며, 제도적인 차원에서 이는 경찰 통제에 의해 현실화 되면서 확장·강화되고 있었다.

1910년 1월 전 4회에 걸쳐『국민신보』에 연재되었던 논설「연흥사의 상풍패속」[81]에서 연극개량론은 사실상 연극장 풍속개량론으로 전환되었다. 그리고 이는 합병 후『매일신보』를 통해 재생산되었다. 이 논설은 연극장 풍속개량론의 시작이었으며,『매일신보』의 어느 연극개량론보다도 상풍패속의 대

---

79 권명아,「풍속통제와 일상에 대한 국가관리」,『민족문학사연구』제33권, 2007. 이 논문은 풍속에 대한 기존 연구가 '풍속=근대적 문화'에 한정된 근대성 연구였다고 지적하면서, 풍속 개념을 "오래된 관습과 새로운 문화(유행), 성적인 것과 관련된 행위 및 문화라는 상이한 층위가 내포되는" 좀더 기술적이면서도 역사적인 개념으로 정리하였다(직접인용, 373쪽). 이 논문은 풍속통제의 범위가 일상생활의 광범위한 영역으로 확장되었던 1920년대 중반을 대상으로 하였지만, 풍속의 개념과 연구방법론의 유효성은 대상 시기에 한정되지 않을 것이다.
80 권명아, 위의 글, 369쪽.
81 연재일자는 각각 다음과 같다. 1910년 1월 18일과 19일, 21일, 22일.『국민신보』는 당시 국내 최대의 민간정치 단체였던 일진회의 기관지로서 1906년에 창간되었다.

상과 내용을 구체적으로 범주화하고 규정하였다.[82] 그리고 상풍패속의 대상을 조선의 연희뿐만 아니라 연희자(창부·기생), 극장 운영자 등으로까지 확대했다.

논설에서 가장 눈에 띄는 것은 연희내용, 그 중에서도 판소리나 민요 등에 대한 비판이다. 〈춘향가〉는 남녀가 상사애련(相思愛戀)하는 음란한 것으로, 〈흥부가〉는 형이 아우를 구박하는 패담(悖談)으로, 〈심청가〉는 황당무계한 것으로 비판 받았다. "…즉 춘향가, 박타령, 심처녀가, 양산도 등 문란흔 창가 즉 탕자음부의 상사애련(相思愛戀)에 불감(不堪)흔눈 음담(淫談)과 형불우제불공(兄不友第不恭)흐야 가정이 질화(失和)흔 불륜의 패설(悖說)과 황당무계흔 사실과 문란풍속의 잡가로 일일 개극(開劇)흐야…"[83] 특히 오늘날 고전(古典)으로 자리잡은 〈춘향가〉는 신분을 초월한 사랑이나 춘향의 정절(貞節)이라는 작품의 미덕에도 불구하고, "미관(未冠)흔 동자(童子)가 애교흔 기생에게 닉혹(溺惑)하야 부모의 교훈과 세인의 치소(耻笑)를 전혀 고(顧)치 아니하고 추행을 행홀 시의 남녀간 극(極)음란 극(極)방탕흔 가(歌)"라는 지탄을 받았다.[84]

---

82 이 논설은 일찍이 다지리에 의해 맨처음 소개되었지만, 당시의 연극적 상황을 배경으로 기존의 연극개량론과 대조해 본다면 좀더 흥미롭게 고찰될 수 있다. 그는 이 논설의 요지가 '한국 고유의 연극'을 '상풍패속한 연극'으로 매도하고 이에 대한 단속을 일제에 촉구하는 데 있으며, 유민영의 논의를 빌어 이를 개화기 유학자들의 편협한 연극관이 일제의 한국연극 탄압을 자초했다고 보았다. 다지리, 「『국민신보』에 게재된 소설과 연극기사에 관한 연구」, 『민족문화연구』 제29호, 1996, 108~112쪽. 『국민신보』는 현재 한국에 전해지지 않는 것을 발굴한 것인데(다케다 한시(武田範之) 소장본, アジア經濟研究所 소장), 본인 역시 다지리 선생님을 통해 연극관련 논설과 기사의 원문을 직접 확인할 수 있었다. 뒤늦게나마 이 자리를 빌어 감사드린다.

83 「연흥사의 상풍패속」(二), 『국민신보』, 1910. 1. 19.

84 특히 '듣지못할 만큼 음란한 대목'으로는 다음을 예로 들었다. "…일(一), 에라노와라 눈는 못노캣네 쥐목 죽어도 못노캣녀 이(二), 우으로 더듬고 아리로 더듬다가 복판에 월경수(月

한국 근대연극의 형성

조선연희의 상품패속에 대한 식민지언론의 비판은 그동안 일제의 조선연희 매도/말살로 논의되었다. 하지만 이는 창부의 판소리나 기생의 가요 등과 같은 연희들이 새롭게 등장한 근대적 공공극장 ㅡ누구에게나 개방적인ㅡ 안에 재배치되면서 발생했던 문제였다. 이전까지 이들 연희는 주로 기방(妓房)이나 양반과 부유한 중인의 사저(私邸), 연회장(宴會場) 등과 같이 사적인 공간에 모인 친밀하고 폐쇄적인 계층 구성원들 사이에서 향유되었으며, 산대도감과 같은 잡극 등은 하층민을 대상으로 여항(閭巷)의 장터나 공터에서 비상설적으로 공연되었다. 그러나 이제 이들 연희는 상하층의 남녀노소가 모두 모인 공공극장 안에 공연되면서 ㅡ역설적이게도 오히려 그 때문에ㅡ 그들 모두에게 적합하지 않은 것ㅡ"정성위악(鄭聲衛樂)의 음탕방질흔 창가(唱歌)"ㅡ으로 재발견되었다.

뿐만 아니라 연희내용의 상품패속은 창부나 기생의 추행(醜行)과 직접 연결되고 있었다. 명창으로 유명한 이동백의 공공연한 스캔들은 상품패속한 연희 때문인 것으로 기술되었다. "음탕흔 가곡과 방질(放迭)흔 유희"가 "혈기미정한 소년과 심지불견한 부녀로 하여금 타락케한 사(事)가 불소(不少)하니 창부 이동백이가 연흥사의 고입(雇人)에 재흘 시에 모 대관가 소실과 정을 통흠과 여흔 사ᄂᆞᆫ 언지추야(言之醜也)라 불가도야(不可道也)나 연흥사의 상품패속ᄒᆞᄂᆞᆫ 연희에 감화를 수(受)ᄒᆞ야 차등 추행을 감행흔 사(事)ᄂᆞᆫ 차로써 가히 기증(其証)을 작흘지요".[85] 하지만 이면적으로 이는 상품패속한 연희보다 연희자의 근본적인 자질이나 행실을 문제 삼는 것이었다.

기생 역시 예외가 아니었다. 관객석에는 당시 극장 관계자의 자리가 별도

經水)통을 산산이 깃들엇다 삼(三), 계집이야 둘나ᄂᆞᆫ로 쟝구이듸…", 「연흥사의 상품패속」
(三), 『국민신보』, 1910. 1. 21.

85 「연흥사의 상품패속」(二), 『국민신보』, 1910. 1. 19.

로 마련되어 있었으며, 기생들은 무대에 서지 않는 동안 이곳에 출입했다. 하지만 이러한 관행은 극장의 풍기를 문란시켜 관객에게 나쁜 영향을 미친다는 비판을 받기 시작했다.

雇入흔 妓生 幾名은 其擔任흔 演戲를 行ᄒᄂ 時以外에ᄂ 所謂 特等, 一等의 席上에서 該社 主務者及其他觀覽客으로 混同雜坐ᄒ야 交頭連膝하고 拇頰接耳하야 淫談悖說과 陋態醜狀이 醜行을 肆함에 適不至흘 ᄯ름이니 男女가 公同觀覽하ᄂ 演劇場內에 此等惡戲를 敢行흠은 其風俗을 紊亂흠이 도로혀 淫蕩放迭흔 歌曲을 唱흠보다 尤甚하다흘지로다

창부와 기생은 궁중이나 관아, 기방(妓房)이나 사저(私邸)와 같은 비개방적 배타적 공간에서 개방적인 공공극장의 무대로 재배치되면서 역할이나 지위의 근본적인 변화를 체현(體現)하였다. 그동안 이들은 소수의 배타적인, 그런 의미에서 사적이라고 할 수 있는 공간에서 기예를 포함하는 접객(接客)에 종사해왔다. 하지만 근대의 공공극장 안에서 이들은 익명의 관객대중에 노출, 즉 공공화 되었다. 앞서 창부와 기생의 상풍패속한 행실에 대한 비판은 이같이 근본적으로 변화된 환경에도 불구하고 자의식 없이 반복되는 이들의 구태(舊態)를 향한 것이었다.[86]

연희와 연희자(창부·기생), 극장 운영자의 상풍패속에 대한 비판과 통제에 대한 요구는 『매일신보』의 연극개량론에서도 계속되었다. 하지만 『매일신보』의 연극개량론은 여기에서 한 걸음 더 나아가 연극장을 '화류연장(花柳演場)', '요부탕자의 양성소'로 표상화 했다. 합병 직후 1910년 9월과 10월의 극장관련 기사들은 대부분 극장을 무대로 활동했던 밀매음녀와 부랑자의 단

---

86 한편으로 이는 당시 관기들이 자선연주회를 통해 자신들의 사회적 위상을 높이고, 신문언론 또한 이들에 찬사를 표했던 것과 좋은 대조를 이룬다.

한국 근대연극의 형성

속을 요구하고 있었다.[87] '마마, 은근자, 별실, 동서남북집, 삼패' 등으로 별칭되었던 밀매음녀들은 극장 안에서 공공연하게 호객 행위를 하였으며, 극장 관계자는 관객 동원을 위해 이를 암묵적으로 묵인하였고 이들에게 '찬성표(贊成票)'-일종의 초대권-까지 대량 발행했다. 이 과정에서 관객대중은 잠재적인 부랑자와 밀매음녀로 상정되었으며, 극장은 사회적인 풍속통제의 장으로 연출되었다. '화류연장'인 연극장을 무대로 전개되었던 밀매음녀와 부랑자 단속은 1910년대 내내 지속적으로 이루어졌다.

2) 극장의 경찰통제와 '위생 · 풍속개량'의 극장화

극장은 특히 위생과 풍속의 측면에서 경찰 통제의 대상이 되었다. 이는 관주도의 연극개량이었다. 이 과정에서 극장은 상풍패속한 식민지조선의 위생과 풍속이 문명적인 제국 일본에 의해 개량 · 근대화되는 공간으로 연출되었다.

연극장과 관련된 경찰 업무는 갑오경장 당시 조선의 구(舊) 관제였던 좌우포도청(捕盜廳)이 최초의 근대적 경찰기구인 경무청(警務廳)으로 통합되었을 때부터 규정되었다. 1894년 경무청 관제는 경무국의 경찰사무를 크게 "연희유희소(演戲遊戲所)"를 포함한 각종 민생의 안녕을 위한 위생사무와 효과적인 국가통치를 위한 경찰(치안) 사무로 구분하였다.[88] 당시 경찰의 업무는 다

---

87 대표적인 기사로는 다음을 들 수 있다. 「연사풍파」, 1910. 9. 28; 「장안사풍파」, 『매일신보』, 1910. 9. 30; 「장안사 음풍회찰」, 1910. 10. 4; 「부녀풍파」, 1910. 10. 5; 「연극장의 악폐」, 1910. 10. 22; 「연극 엄금의 필요」, 1911. 3 29; 「단성사의 풍속괴란」, 1911. 4. 7.

88 "警務局 所管主之 副官主之 助左開事務 營業場市會社製造所敎堂講堂道場演戲遊戲所徽章葬式彩會賭博船舶河岸道路橋梁鐵道電線公園車馬建築田野漁獵人命傷痍群集喧華銃砲火藥發火物 刀劍水災火災漂破船遺失物埋藏物傳染病豫防消毒檢疫種豆食物飮水醫藥家畜屠場墓地其他 有關衛生事務 罪人搜捕 蒐集證據物 付之總巡 瘋癲棄兒迷兒結社集會新聞

음과 같이 크게 대민(對民)과 위생, 풍속, 치안 등 네 가지로 범주화되어 있었다. "大別職掌爲四 一 防護爲民妨害事務 二 保護健康事 三 制止放蕩淫逸事 四 探捕欲犯國法者於隱密中事"[89] 다음 해 4월 29일에 개정된 경무청 관제에서 경찰 업무는 위 범주를 토대로 12가지로 세목화 되었지만, 앞서 "연희유희소"에 대한 사항은 제외되었다.[90] 1900년경까지 한성부 외곽지역인 한강변에 가설 무동연희장만이 한성부의 허가를 받아 설치되었던 상황에서 연극장 관련 경찰 법제는 아직 구체화될 필요가 없었던 것이다.

1900년 6월에는 내부(內部) 직할이었던 경무청이 경부(警部)로 독립되었으나[91] 비효율의 문제로 다시 경무청 관제로 되돌아갔다.[92] 이 과정에서 경무과의 업무에 "동가(動駕) 동여(動輿)와 의식 제전 장의(葬儀)와 **기타 군집장(群集場)의 질서보지(保持)와 순검파치(派寘)에 관ㅎ는 사항**"[93]이 추가되었다. 하지만 이 역시 극장을 직접적인 대상으로 삼았던 것은 아니었다. 1905년 4월경 개정을 반복하던 경무청 법제가 일단락되었을 때에도[94] 1902년에 설치되었던 협률사가 러일전쟁으로 휴장했기 때문인지 극장 관련 규정은 마련되

　　雜誌圖書 其他板印等警察事務', 『관보』, 1894. 7. 14.

89　행정경찰 장정(章程) 제1장 제3조, 『관보』 1894. 7. 14.

90　칙령 제85호 경무청관제, 『관보』, 1895. 4. 29. 그 내용은 다음과 같았다. 1. 행정경찰에 관ㅎ는 사항, 2. 사법경찰에 관ㅎ는 사항, 3. 정사(政事) 급(及) 풍속에 관ㅎ는 출판물 병(幷) 집회 결사에 관ㅎ는 사항, 4. 외국인에 관ㅎ는 사항, 5. 무적(無籍)무뢰의 도(徒) 급(及) 변사상(變死傷) 기타 공안안녕에 관ㅎ는 사항, 6. 실종자 풍진자 부랑자제 기아 미아 급(及) 호구 민적에 관ㅎ는 사항, 7. 유실물 매장물 등에 관ㅎ는 사항, 8. 영업 급 풍속경찰에 관ㅎ는 사항, 9. 총포 화약 도검 등의 검사(管査)에 관ㅎ는 사항, 10. 수화(水火)소방에 관ㅎ는 사항, 11. 도로경찰에 관ㅎ는 사항, 12. 위생경찰에 관ㅎ는 사항.

91　조직 경부(警部)를 설치하는 건, 『관보』, 1900. 6. 12.

92　조직 경부 관제를 전(前) 경무청에 의하여 시행하는 건, 『관보』, 1901. 3. 14.

93　칙령 제20호 경부 관제 중 제19조, 『관보』, 1900. 6. 12; 칙령 제35호 경부관제 개정 중 제20조, 『관보』, 광무 4년 9월 25일; 칙령 제3호 경무청관제 중 제20조, 『관보』, 1902. 2. 16.

94　경무청 분과규정, 『관보』, 1905. 4. 15.

어 있지 않았다. 협률사가 논란 속에서 휴장과 폐장을 거듭하였기 때문에 극장 관련 경찰 법제는 당시 근대적인 경찰 업무가 정비되는 과정에서 고려되지 않았던 것으로 보인다. 다만 같은 해 12월 30일 경무청령(令) 제2호의 가로(街路) 관리규칙 – "가로에서 연설ᄒᆞ거나 연예ᄒᆞ거나 기타 인중(人衆)을 취집ᄒᆞ야 통행을 방해홈이 불가ᄒᆞᆯ 사"[95] – 은 가설 연극장에 확대 적용될 수 있었다.[96] 이와 같이 1906년 협률사가 완전히 폐지되기 전까지 직접적으로 상설극장과 관련된 규정은 아직 없었으며, 가설 연희장에 한해 도로위생 관련 법규나 치안 관련 법규가 확대 적용되고 있을 뿐이었다.

극장관련 경찰통제가 시작된 것은 1907년경 광무대와 단성사, 연흥사 등의 민간극장들이 생겨난 이후인 1908년에 들어서였다. 이 때의 극장통제도 대부분 위생경찰 관련법규와 풍속경찰 관련법규에 의거하였으며, 연극장 관련 법규는 다음 기사내용이 말해주듯이 1910년 3월경까지도 마련되고 있었다. "중부경찰서에셔ᄂᆞᆫ 소관에 재ᄒᆞᆫ 각 연극장을 단속ᄒᆞ기 위ᄒᆞ야 취체규칙을 목하 제정 중이라더라"[97] 극장취체를 주도한 것은 통감부였다.[98] 이는 일찍부터 극장제도가 발달해온 일본의 연극장 취체 경험과 당시 일본인 거류

---

95 경무청령 제2호 가로관리규칙, 『관보』, 1905. 12. 30.

96 같은 맥락에서 김재석이 연극장 검열 법규로 보았던 1907년의 보안법 제4조 역시 연극장에 대한 규정이라기보다, 치안 문제에 대한 경찰 통제가 연극장에 적용된 경우였다. "제4조 경찰관은 가로(街路)나 기타 공개ᄒᆞᆫ 처소에서 문서도화(文書圖畵)의 게시의 분포와 낭독 우(又) 인(人) 언어와 형용과 기타의 작위(作爲)를 ᄒᆞ야 안녕질서를 문란홀 려(慮)가 유홈으로 인홀 시에ᄂᆞᆫ 기(其) 금지를 명(命)홈을 득홈". 이에 관한 자세한 논의는 김재석의 「1910년대 한국 신파연극계의 위기의식과 연쇄극의 등장」, 『어문학』 제102집, 2008. 12, 319쪽을 참고할 것.

97 「연극단속」, 『대한매일신보』, 1910. 3. 3; 같은 날 같은 내용의 기사로는 「연극단속규칙」, 『황성신문』.

98 "경시총감 약림(若林) 씨가 작일에 경시 기명을 대동ᄒᆞ고 성내 각 연극장과 기생의 처소 급 기타 상황을 일일시찰ᄒᆞ얏다더라", 「경총시찰」, 『황성신문』, 1909. 5. 21.

지를 중심으로 등장했던 일본인 극장에 대한 취체 필요성에 기인하였다.[99]

극장에 대한 위생경찰은 위생취체규칙에 따라 극장 내 객석과 변소의 청결, 관객 수의 제한, 영업시간 제한 및 거리 취군(聚群) 방법 등을 포괄적으로 통제, 단속하는 것이었고, 풍속(치안 포함) 경찰은 연희의 내용과 '음부탕자' 관객대중과 관극태도 등을 통제 단속하는 것이었다. 기사의 내용은 기존의 연구를 통해 비교적 상세히 고찰되었기 때문에 여기에서는 단지 연극장 통제 관련기사를 각각 위생과 풍속경찰로 다음과 같이 분류해둔다.

위생경찰

- 연극장 공연시간 규제(12시까지) (「연희시간」, 『대한매일신보』, 1908. 6. 23.)
- 연극장 내 나팔연주 금지 (「인뢰(人籟)」, 『대한민보』, 1909. 9. 24.)
- 연극장 내 징 연주 금지 (「격정(擊鉦) 금지」, 『황성신문』, 1910. 3. 3.)

풍속 경찰

- 연극의 풍기문란으로 일본연극을 모방하게 함 (「연극변경」, 『대한매일신보』, 1909. 6. 8.)
- 연극장 연희원료의 사전 검열 (「연희각본취조」, 『대한민보』, 1909. 7. 9.)
- 순사의 연극장 무단출입을 금함 (「입장권사용」, 『대한매일신보』, 1909. 7. 29.)
- 음담패설의 연희 금지 (「엄유연사(嚴喩演社)」, 『황성신문』, 1910. 1. 22.; 「극장부희(浮戱) 금지」, 『황성신문』, 1910. 3. 20.; 국내잡보 중 「연희장단속」, 『경향신문』, 1910. 4. 1.; 「연극단속」, 『대한매일신보』, 1910. 5. 31.; 「요희금지」, 『대한매일신보』, 1910. 6. 25; 「그리홀일이지」, 『대한매일신보』, 1910. 7. 27.)
- 여학생 복장의 밀매음녀 단속 (「엄밀형탐」, 『대한매일신보』, 1910. 4. 23.)
- 연극장 음부탕자 단속 (「그쑨일까」, 『대한매일신보』, 1910. 5. 8.; 「무표(無

---

99 홍선영은 일본인 경영 극장이 서울에 처음 등장한 시기를 1907년 전후로 추정하고 있다. 이에 대해 좀더 자세한 논의는 홍선영의 위의 논문, 245쪽을 참고할 것.

票) 입장자 피착」, 『황성신문』, 1910. 6. 15.)

이 외에도 통감부는 1909년 9월 21일에서 10월 15일까지 근 한 달간 방역 (防疫)에 대한 위생경찰의 문제로 경성과 용산의 연극장 흥행을 금지하는 법령을 발포하였다. 이는 통감부의 연극장 통제를 직접 보여주는 법령으로서 여기에서 처음 소개되는 자료이다.

● 경성이사청령 제9호 〈방역상 경성 용산에서의 제흥행을 금하는 건〉
호열자병 익익 유행함으로 인하여 당분간 경성 급 용산에서 제(諸)흥행을 함을 금함 범한 자는 구류 又는 과료에 처함. 본령을 발포일부터 차를 시행함.
명치 42년 9월 21일 경성 이사청 이사관 三浦彌五郎[100]

● 경성이사청령 제11호 〈제흥행금지에 관한 건 폐지〉
명치 42년 9월 경성이사청령 제9호 제흥행금지에 관한 건은 본일한(限) 차를 폐지함.
명치 42년 10월 15일 경성 이사청 이사관 三浦彌五郎[101]

1910년 4월 1일 부산에서 부산 이사청령 제1호로 제정된 '극장요세(寄席) 취체규칙'의 내용도 여기에서 처음 소개되는 것이다(전문은 〈부록 4〉를 참고할 것). 이승희는 1910년 4월 1일 부산 이사청령 제2호로 제정된 '흥행취체규칙' 이 현전하는 가장 오래된 흥행(장) 취체규칙이라고 소개한 바 있다.[102] 하지만 흥행장 관련 조항인 '극장요세(寄席) 취체규칙'이 부산 이사청령 제1호로 함

---

100 송병기 편, 『통감부법령자료집 하』, 대한민국국회도서관, 1973, 81쪽.
101 위의 책, 95쪽.
102 이승희, 「식민지시대 흥행(장) 「취체규칙」의 문화전략과 역사적 추이」, 『상허학보』 제29 집, 2010. 6.

께 제정되었다.[103]

그 주요한 내용은 다음과 같았다. ①(제1조) 극장·요세(寄席)의 설치 전에 해당 경찰관서에 허가를 받아야할 사항: 극장의 이름과 위치, 평수, 주변 약도, 부지 및 건물의 평수와 평면도, 건물도면, 관객정원, 낙성일, 조명의 종류와 도면, 극장 관리자의 이름과 주소 등. ②(제4조) 극장·요세의 구조와 설비에 대한 자세한 규정: 주추와 기둥의 재료, 건물과 주위 건물 간의 간격, 출입구의 위치 및 크기, 관객석 내 통로와 계단의 크기 및 개수, 구조, 환기창, 경찰관리의 임검석, 변소의 구조 및 변기의 재질, 방수시설 등. ③(제7조) 극장의 허가가 취소되는 조건 등.

합병 후의 극장통제는 위생보다 풍속의 문제를 주 대상으로 하고 있었다. 극장운영 방법이나 시간, 객석이나 변소의 청결 등과 같은 위생 문제가 단속과 통제를 통해 단기간 개량의 효과를 볼 수 있었던 데 반해 풍속 문제는 지속적인 단속과 통제를 요구했기 때문이었다.

위생경찰
- 흥행시간 단속, 청결 위생 (「세말연수에 대흔 훈시」, 『매일신보』, 1910. 12. 11.; 「각연극장과 주의건」, 『매일신보』, 1911. 7. 18.)

풍속경찰
- 관객의 입장권 조사 (「장안사 파수」, 『매일신보』, 1910. 9. 29.; 「연극장 악폐」, 『매일신보』, 1910. 10. 22; 「무료관극단속」, 『매일신보』, 1911. 1. 20.)
- 정원 외 관객입장 단속 (「연극장 악폐」, 『매일신보』, 1910. 10. 22.)
- 상풍패속의 가곡 단속 (「연사(演社)의 음풍선금」, 『매일신보』, 1910. 9. 30.; 「단성사 엄중단속」, 『매일신보』, 1911. 4. 29.)

---

103 송병기 편, 앞의 책, 466쪽.

한국 근대연극의 형성

- 공안 방해 연극 및 관극태도 단속 (「세말연수에 대한 훈시」, 『매일신보』, 1910. 12. 11.)
- 연극장 내 밀매음 단속 (「단성사 응심」, 『매일신보』, 1911. 4. 9.;「창부단속 내의」, 『매일신보』, 1911. 4. 22.)

경찰의 극장통제는 1894년 근대적인 경찰 제도가 시작되면서 함께 법제화되었지만, 한성부 안에 연극장들이 설립되기 전까지는 실상 유명무실하고 형식적인 것이었다. 하지만 1907년경 극장들이 점차 설립되기 시작하면서 경찰 통제도 함께 본격화되었다. 이는 대부분 극장의 위생과 풍속개량에 대한 것이었다. 합병 후 경찰통제는 주로 풍속개량에 집중되었으며, 식민지 치하에서 반복적으로 지속되었다. 이 과정에서 극장은 조선사회의 밀매음녀와 부랑자에 대한 풍속통제의 장으로 연출되었다.

3) 경찰의 연희자 통제와 '기생'의 극장화

이 시기의 기생은 가장 큰 변화를 체현하였다. 기생은 기예의 연희와 접객을 불가분의 본업으로 하는 특수한 계층의 여성이었다. 이들은 원래 관기(官妓)로서 평상시에는 궁중(宮中)이나 중앙/지방 관아에 침선비(針線婢)와 약방(藥房)기생으로 소속되어 있다가 궁중연회나 사신접대와 같은 국가적인 행사나 지방관아의 의례가 있는 경우 기예가 뛰어난 이들에 한해 정재여령으로 뽑혀 행사에 동원되었다.[104] 일부 관기들은 조선 후기에 이르러 관의 통제가 점점 약화됨에 따라 민간의 기방(妓房)으로 활동영역을 넓혔다.[105] 하지만

104 중앙 · 지방 관기의 공연적 활동에 대한 자세한 논의는 송방송의 『한국음악통사』, 민속원, 2007, 354~424쪽을 참고할 것.
105 기방의 등장과 성격에 대한 자세한 논의는 박애경의 「조선 후기 유흥공간과 일탈의 문학 −기방의 구성과 성격을 중심으로」, 『여성문학연구』 제14권, 2005를 참고할 것.

20세기 초반에 등장했던 근대적 공공극장은 궁중이나 관아, 기방, 양반의 사저 등과 같이 본질적으로 비개방적인 공간을 중심으로 활동했던 이들에게 전혀 새로운 환경이었으며 이후 그들의 역할과 지위를 근본적으로 변화시켰다.[106]

관기는 갑오경장을 통해 면천(免賤)되면서 관에서 해방되었으나, 1900년대 중후반까지도 직책을 유지하며 궁중의 각종 의례에 동원되었다.[107] 그리고 1902년 협률사 무대에 처음 서면서 극장의 주된 연희자로 자리를 잡아갔다. 기생의 연희는 일반 관객대중의 가장 큰 관심거리였다. 궁중이나 관아, 기방 등의 출입이 근본적으로 불가능했던 대다수의 관객대중은 극장 안에서 기생의 연희를 난생 처음 접할 수 있었다.

공간의 차이는 필연적으로 기생의 연희와 접객 방식에도 영향을 미쳤다.

---

106 기생에 관한 기존 연구는 주로 일제시대의 공창 제도의 형성과 연관되거나 전통연희와 연관되어 논의되었다. 하지만 여기에서는 원래 불가분의 관계였던 기생의 연희와 접대가 근대극장의 등장을 계기로 분리되면서, 기생의 사회적인 지위나 역할이 재배치되는 과정에 초점을 두고자 한다. 참고로 공창 제도와 관련된 기생 연구는 다음과 같다. 손정목, 「일제하의 매춘업: 공창과 사창」, 『도시행정연구』 제3집, 1988; 야마시다 영애, 「식민지 지배와 공창 제도의 전개」, 『사회와 역사』 제51권, 1997, 285~360쪽; 송연옥, 「대한제국기의 〈기생단속령〉〈창기단속령〉 – 일제 식민화와 공창제 도입의 준비과정」, 『한국사론』 제40권, 1998, 215~275쪽.
전통연희와 관련된 기생 연구로는 송방송의 각종 음악사 관련 저서 및 논문을 비롯하여 최근 권도희의 연구를 들 수 있다. 송방송, 「한성기생조합소의 예술사회사적 조명 –대한제국 말기를 중심으로」, 『한국학보』 제29권 제4호, 2003; 『한국음악통사』, 민속원, 2007; 권도희, 「20세기 기생의 음악사회적 연구」, 『한국음악연구』 제29권, 2001; 「20세기 관기와 삼패」, 『여성문학연구』 제16권, 2006; 「20세기 기생의 가무와 조직」, 『한국음악연구』 제45집, 2009 등.
107 예컨대 관기들의 자선공연 청원에 관한 어느 기사에서는 이들을 '궁내부 행수 기생' 계옥, '태의원 행수기생' 연화, '상의사 행수기생' 금선 등으로 지칭하고 있었다. 「관기 자선」, 『황성신문』, 1907. 12. 21.

한국 근대연극의 형성

의례나 연회에서 기생의 연희는 접객을 위한 부대적인 행사였다. 하지만 극장에서 기생의 연희는 관람을 위해 특화되었다. 기생들이 일부 관객과 함께 자리하는 관행에 대한 신문언론의 비판은, 근본적으로 극장이 일부 관객을 접대하는 사적이고 배타적인 공간이 아니라 다수의 관객을 위한 공공의 공간이어야 한다는 인식을 토대로 하였다.

기생의 본업인 기예와 접객은 분리되어 극장 안에서는 기예가, 극장 밖에서는 접객이 특화되었다. 여기에는 기부(妓夫) 제도의 폐지도 한몫했다. 기부(妓夫)는 어린 기생이 본격적으로 영업을 시작할 때 그의 관리와 보호를 위해 상당한 대가를 지불하면서 소위 머리를 얹어주는 사람이었다. 기부는 어느 정도의 재력과 지위를 갖추어야 했으며, 1886년 『조선정감』에 의하면 각 전(殿)의 별감(別監)이나 포도청 군관, 정원사령(政院使令), 금부나장(禁府羅將)에서 각 궁가(宮家)와 왕실의 외척 집 청지기 및 무사(武士)만이 기부가 될 수 있었다.[108] 유부기(有夫妓)는 무부기(無夫妓)보다 훨씬 우월한 지위에 있었으며, 협률사에는 유부기만 들어갈 수 있었다.[109] 하지만 경시청은 이제 기부제도를 폐지하고 궁내부 장례원의 관할 하에 놓여 있었던 기생을 직접 관리하기 시작했다.

기부 제도의 폐지는 기생의 해방과 자유로 선전 보도되었다. "장례원에서 구관ᄒ던 기싱들을 경시청에셔 지금 관할ᄒᄂᄃᆡ 이후브터ᄂ 기부로 칭명ᄒᄂ쟈를 일절틔거ᄒ고 기싱들노 ᄌ유ᄒ야 영업ᄒ게 ᄒ다더라."[110] 하지만 기생의 '자유영업'이 '자유매음'을 의미한다는 점에서[111] 이는 기생의 성매매를 공식화 하고 기생을 일제가 도입했던 공창(公娼) 제도의 일부로 재편하는 것

108 박제경, 『조선정감』, 이익성 옮김, 한길사, 1992, 81~82쪽.
109 「율사청원」, 『대한매일신보』, 1906. 8. 8.
110 「기생ᄌ유」, 『대한매일신보』, 1909. 9. 16.
111 「창기 자유매음」, 『황성신문』, 1909. 9. 16.

이었다. 이전까지 기생은 접객의 차원에서 행해지는 비공식적인 혼외정사나 축첩제도의 대상이었을 뿐 성매매의 대상은 아니었다.

우리나라에서 공창 제도는 일본인 거류지의 유곽을 중심으로 도입된 일본의 제도가 확대 적용되면서 시작하였다. 경무청은 1904년 4월에 성매매 조선인 여성들의 거주 지역을 남부 시동(詩洞) — 일명 상화실(賞花室) — 으로 정하고, 통감부 설치 직후인 1906년부터 이들을 대상으로 화류병 검사를 실시하기 시작했다.[112] 기생과 창기는 기부 제도가 폐지되면서 제정된 1908년 9월 25일의 경시청령 제5호 〈기생 단속령〉과 제6호 〈창기 단속령〉에 의해 동일한 방식으로 범주화되었다.

경시청령 제5호 〈기생 단속령〉과 제6호 〈창기 단속령〉

제1조 妓生/娼妓으로 爲業ᄒᄂᆞᆫ 者ᄂᆞᆫ 父母나 或은 此에 代ᄒᆞᆯ 親族의 連署ᄒᆞᆫ 書面으로써 所轄警察署를 經ᄒᆞ고 警視廳에 申告ᄒᆞ야 認可證을 受홈이 可홈
其業을 廢止ᄒᆞᆫ 時ᄂᆞᆫ 認可證을 警視廳에 還納홈이 可홈.

제2조 妓生은/娼妓ᄂᆞᆫ 警視廳에서 指定ᄒᆞᄂᆞᆫ 時期에 組合을 設ᄒᆞ고 規約을 定ᄒᆞ야 警視廳에 認可를 受홈이 可홈.

제3조 警視廳은 風俗을 害ᄒᆞ거나 或公安을 紊亂ᄒᆞᄂᆞᆫ 虞가 有ᄒᆞᆫ줄노 認ᄒᆞᄂᆞᆫ 時ᄂᆞᆫ 妓生/娼妓爲業을 禁止ᄒᆞ며 或停止ᄒᆞᄂᆞᆫ 事가 有홈.

제4조 第一條의 認可證을 受치 아니ᄒᆞ고 妓生을/창기를 爲業ᄒᆞᄂᆞᆫ 者ᄂᆞᆫ 十日 以下의 拘留나 又ᄂᆞᆫ 拾圜以下의 罰金에 處홈.

부칙
제5조 現今 妓生/娼妓으로 爲業ᄒᆞᄂᆞᆫ 者ᄂᆞᆫ 本令 施行日로붓터 三十日以內에

---

112 이에 관한 자세한 논의는 야마시다 영애, 위의 글, 153~154쪽을 참고할 것.

한국 근대연극의 형성

第一條의 規定을 遵行흠이 可흠.[113]

　대상만 다를 뿐 동일한 내용으로 된 두 법령의 핵심은 기생과 창기가 사전에 경시청을 허가를 받고 조합을 만들어 활동해야 한다는 데 있었다. 물론 이들 법령에서 기생과 창기는 각각 접객과 기예를 본업으로 하는 여성과 성매매를 본업으로 하는 여성으로 구별되었다. 하지만 기예의 정도에 따라 다층적으로 위계화 되어 있던 기생 사회는 이제 매음이라는 하나의 범주 안에 강제적으로 재배치되었다. 1906년까지도 기생의 신분은 삼패와 엄격히 구분되고 이는 외적으로도 분명하게 표시되었지만[114] 경시청의 정책은 기생과 예기, 창기, 관기, 삼패 등의 구별을 점차적으로 폐지, 동일화하는 것이었다. "경시청에셔 일작에 조합소 기생 4명을 대표로 초대ᄒ야 생설유(生說喩)ᄒ기를 기생 창기 삼패 상화실 등 각종 명칭을 혼합단체ᄒ야 영업ᄒ라ᄒ얏다더라."[115] 기생과 창기가 함께 소속되었던 한성기생조합소(1909년 설립)는 그 결과물 중 하나였다.[116]

　기생은 각종 의례와 연회에서 기예와 접객을 동시에 수행해왔다. 하지만 협률사 이후 민간극장들이 연이어 설립되면서 기생은 창부나 사당패 등과

113　「관보」 4188호, 1908. 9. 28;『구한국 관보』, 아세아문화사, 1985.

114　"기생과 삼패가 별양분별(別樣分別)이 업스되 단 기생만 홍우산(紅雨傘)을 밧게흠으로 표준(表准)ᄒ더니 근일 삼패 등이 남서장(南署長)에게 호소ᄒ야 무론(無論) 하양(何樣)우산이든지 셔로 통용(通用)ᄒ게 ᄒ되 단 기생에 혜(鞋)만 흑색(黑色)외코신으로 유표(有表)ᄒ게 ᄒ얏다더라", 「기혜유표(妓鞋有票)」,『만세보』, 1906. 7. 19.

115　「창기단합(娼妓團合)」,『황성신문』, 1909. 8. 19; "삼작일에 경시청에서 경성내의 행수(行首) 기생 사명(四名)을 소집ᄒ야 기생과 예기의 계급을 벽파(闢破)ᄒ고 조합소에 열명(列名)케 ᄒ야 조직ᄒ라고 설유ᄒ얏다더라", 「기생조합 설유(說諭)」,『대한민보』, 1909. 8. 19.

116　한성기생조합소의 형성과정과 배경, 조직의 성격 등에 대한 자세한 논의는 송방송의 「한성기생조합소의 예술사회적 조명 −대한제국 말기를 중심으로」(『한국학보』 제29권 제4호, 2003)을 참고할 것.

함께 극장 무대의 연희자로 인식되기 시작했다. 하지만 기생은 창부와 달리 기예만을 직업으로 특화하지 못했다. 극장 밖에서 기생은 매음을 기준으로 창기와 동일하게 재편되고 있었기 때문이다. 경찰통제에 의해 기생의 주 무대는 극장보다 조합으로 강제되었으며 기생의 주된 활동은 접객에 있었다. 자선공연을 비롯한 극장 공연은 모객(募客)을 위한 일종의 마케팅 차원에서 조합이 주최하는 행사였다. 기생이 근대적인 연희자로서 가지고 있었던 특수성과 한계는 바로 이 지점에 놓여있었다.

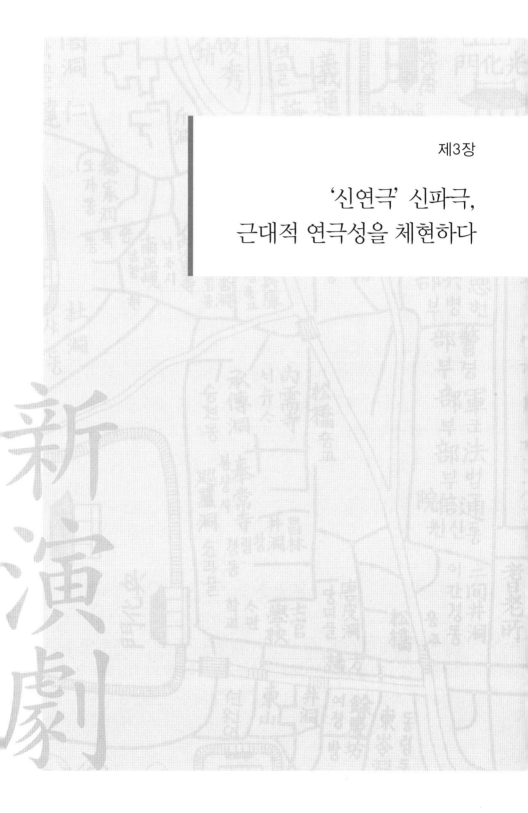

제3장

'신연극' 신파극,
근대적 연극성을 체현하다

'신연극' 신파극,
근대적 연극성을 체현하다

'신연극'이라는 용어는 1908년 원각사에서 공연된 이인직의 〈은세계〉에서 처음 사용된 이후, 1909년 일본연극을 모범으로 했던 원각사의 연극적 시도와 1910년대의 신파극에 포괄적으로 사용되었다. 근대적 연극성은 이들 '신연극'을 통해 새롭게 형성되고 경험되었다.

'신연극'은 1908년 원각사에서 이인직의 〈은세계〉 공연으로 처음 시도되었다. 원각사 창부들에 의해 주도되었던 '신연극'의 새로움은 동시대의 현실 사회에 대한 비판에 있었다. 그리고 원각사의 '신연극'은 1909년에 본격적으로 일본연극을 모방하여 만든 '이소사 이야기'와 〈천인봉〉, 〈촉혼성〉, 〈구마검〉, 〈수궁가〉 등으로 이어졌다. 1911년 말경에 등장했던 혁신단의 신파극 역시 '신연극'이라고 불렸다.

'신연극'의 근대적 연극성은 첫째로 구어(口語) 대사를 중심으로 하는 언어, 특히 계몽적인 연설의 장광설(長廣舌)에 있었다. '신연극'은 〈은세계〉에서 판소리분창극으로 시작되었으나, 궁극적으로는 창극이 아닌 대사극을 지향하였다. 〈은세계〉에서 감영에 갇혀 죽어가는 최병도가 감사에게 크게 호통치며 질책하는 연설적인 대사나 마지막 장면에서 옥남이 자신을 잡아가는 의병에게 던지는 '일장연설'은 이후 신파극에서 좀더 형식화 되는 언어적 근대성을 예시하는 것이었다.

한국 근대연극의 형성

'신연극'의 근대적 연극성은 둘째로 극적인 사건이 등장인물로 성격화 되는 배우에 의해 전개된다는 데 있었다. 배우의 육체는 온나가타(女形)의 그것과 같이 양식적인 방식으로 의미화 되었다. 우리 신파극이 모방적으로 수용했던 일본 신파는 가부키와 의식적으로 결별하는 것이었으나 연극적으로는 오히려 가부키의 양식성을 계승하고 있었다.

'신연극'의 근대적 연극성은 셋째로 믿을 만한 환경을 창출하는 사실적인 무대공간에 있었다. 배우의 발성과 대사, 극작 등이 연극 경험의 오랜 축척과 체화를 토대로 해야 하는 것과 달리 무대는 제작기술의 즉각적인 수용에 의존할 수 있었다. 당시 『매일신보』에 게재되었던 〈쌍옥루〉와 〈눈물〉, 〈정부원〉 등의 공연사진 속에서 신파극 무대는 중극장 규모의 비교적 친밀한 분위기에서 특정한 장소를 비교적 사실적으로 재현하고 있었다.

'신연극'의 근대적 연극성은 특히 신파극의 경우 흥행을 우선시했던 극장의 상업주의적인 풍토와 그 속에서 살아남기 위한 극단 간의 치열한 경쟁 시스템에서도 찾아볼 수 있었다. 신파극단들은 각각 많은 수의 레퍼토리를 보유하였으며, 관객의 유치를 위해 새로운 작품을 지속적이면서도 신속하게 추가해 나갔다. 직업적인 극작가가 아직 등장하기 전이었던 이 시기에 신파극단들의 레퍼토리 확충은 배우들의 구찌다테(口立て)에 의해 이루어졌다. 구찌다테는 완성된 희곡 없이 배우들의 즉흥적인 대사와 움직임으로 연극을 만드는 방식이었다. 배우들은 구찌다테를 통해 일본극단과 경쟁극단의 레퍼토리나 『매일신보』의 연재소설, 신소설 등을 신속하게 레퍼토리화 하였다.

1. '신연극'의 용법과 그 의미

1) '신연극'의 등장과 쟁점들

'신연극'이라는 용어가 처음 등장한 것은 이인직이 '신연극장(新演劇場)'의 설치를 경시청에 청인했다는 내용의 1908년 7월 21일 『황성신문』의 기사 「연장청인」에서였다. 일주일 후인 7월 28일에는 이인직이 원각사에서 장차 '신연극 은세계'를 설행할 것이라는 기사가 보도되었다. '신연극'은 '신연극 은세계'나 '은세계 신연극'과 같이 〈은세계〉와 관용적으로 연결되었다. 그리고 기사 「연장하다(演場何多)」에서처럼 '신연극'은 "아국에 고유흔 구연희"와 분명히 구별되고 "외국연극을 의방ᄒ야 풍속개량에 필요"한 연극을 지칭했다.

「연장청인(演場請認)」, 『황성신문』, 1908. 7. 21.
　大韓新聞社長 李人稙氏ᄂᆞᆫ 新演劇場을 官人俱樂部에 設ᄒ깃다고 警視廳에 請認ᄒ얏다더라

「소설연극」, 『황성신문』, 1908. 7. 28.
　大韓新聞社長 李人稙氏가 我國演劇을 改良ᄒ기 爲ᄒ야 新演劇을 夜珠峴 協律社에 創設ᄒ고 再昨日붓터 開場ᄒ얏ᄂᆞᆫᄃᆡ 銀世界라 題흔 小說로 唱夫를 敎育ᄒ야 二個月後에ᄂᆞᆫ 該新演劇을 設行흔다ᄂᆞᆫᄃᆡ 衆多흔 娼夫敎育費가 巨大흠으로

한국 근대연극의 형성

其經費를 補助키 爲ᄒ야 七月 二十六日로붓터 二個月間은 每月 下午 七時로 同
十二時ᄭ지 營業的으로 我國에 固有ᄒ던 各種演藝를 設行ᄒ다더라

「연장하다(演場何多)」, 『황성신문』, 1908. 8. 1.
近日 金大熙氏等이 改良新演劇場을 設ᄒ고 外國演劇을 依倣ᄒ야 風俗改良
에 必要的으로 一般公衆에 관람을 공(供)ᄒ다ᄂᆞᆫ디 我國에 固有ᄒᆞᆫ 舊演戲ᄂᆞᆫ 一
竝勿施ᄒ기로 決定ᄒ엿다더라

「은세계 연극」, 『대한매일신보』, 1908. 8. 13.
夜珠峴 圓覺社에서 新演劇 銀世界를 每日 倡夫 等이 演習ᄒ야 未久에 設行
ᄒ다더라

「은세계 신연극 대광고」, 『대한매일신보』·『황성신문』, 1908. 11. 13~15.
本社에서 演劇을 設始ᄒᆞᆫ 지 數月에 江湖 僉君子의 厚眷을 蒙ᄒ야 益″擴張
이온바 閱月 渴望ᄒ시던 **銀世界 新演劇**이 今纔準備이읍기 來 十五日부터 設
行ᄒ오니 有志 僉彦은 如雲來覽ᄒ심을 務望

圓覺社 告白

근대연극사 연구에서 '신연극'은 가장 논쟁적인 대상의 하나였다. 1908년
7월 26일 개장된 '신연극장' 원각사에서 이인직의 〈은세계〉는 '신연극'으로
공연되었다. 이후 일본연극을 모범하여 만든 '이소사 이야기'나 〈천인봉〉,
〈구마검〉, 〈수궁가〉 등도 모두 원각사에서 '신연극'으로 공연되었다. 1911
년 말경 등장했던 신파극 역시 신문언론 상에서 '신연극'으로 보도되거나 광
고되었다.

기존의 연구에서 '신연극'은 주로 〈은세계〉의 연극 형식 – 판소리개량극 또는
신파극 – 을 지칭하는 용어로 고찰되었다. 특히 초기 연구는 '신극(新劇)', 즉
근대연극의 기점에 대한 논의와 직결되었다. 이두현은 일찍이 『한국신극사

연구』에서 '신연극' 〈은세계〉가 일본의 소우시시바이(壯士之居)와 같은 초기 신파극적인 것이었다고 보고, 이를 근대연극의 기점으로 삼았다. 이는 이인직의 일본유학 경험과 신소설 『은세계』가 정치소설이라는 점, 그리고 그가 "일본에서 견문한 소위 『壯士之居』를 우리의 무대에서 옮겨 정치사상의 계몽을 도하고"자 했다는 윤백남의 증언을 근거로 하는 것이었다.[1]

유민영은 〈은세계〉가 일본의 츠보우치 쇼오(坪內逍遙)가 시도했던 신가부키 운동의 첫번째 창작 가부키인 〈키리히토와(桐一葉)〉와 같은 창작 창극이었다고 주장했다. 그는 이인직이 원각사 개장 직후 장기간 도일하여 연극의 준비과정에 실질적으로 참여할 수 없었던 행적을 면밀히 고찰해 〈은세계〉 공연이 당시 원각사 창부들을 주축으로 준비되었다는 사실을 밝히고, 그 근거로 원각사 창부시절 원주감사의 폭정을 창극으로 했다는 이동백의 회고담을 제시했다. 그리고 혁신단의 신파극 공연을 근대연극의 기점으로 재설정했다.[2]

〈은세계〉 논쟁은 이후 결정적인 자료가 보완되지 않은 채 재고찰되며 심화되었다. 백현미는 〈은세계〉가 "판소리 창부들이 판소리 표현방식을 토

---

1 이두현, 『한국신극사 연구』, 서울대출판부, 1966, 29쪽.
2 유민영, 「연극(판소리) 개량시대」, 『연극평론』 제6호, 1972. 이동백의 회고담은 「가무의 제 문제: 이동백 한성준 대담」, 『춘추』, 1941. 3, 151쪽 참조.
   유민영의 연구는 문학 연구자들에게도 영향을 미쳐 최원식은 신소설 『은세계』에 삽입된 9편의 가요를 토대로 『은세계』의 전반부가 원각사 창부들의 최병두 타령을 개작한 것이고 후반부만 이인직의 창작일 것이라고 주장했다. 이인직의 『은세계』 창작 여부를 둘러싼 논의는 이후 김종철, 이상경, 김영민 등을 통해 심화되었다가, 최근 박장례에 의해 『은세계』의 공연 이전 필사본이 발굴됨으로써 일단락되었다. 이에 관한 자세한 논의는 다음을 참고할 수 있다. 최원식, 「『은세계』 연구」, 『창작과비평』 제48호, 1978. 여름; 김종철, 「〈은세계〉의 성립과정 연구」, 『한국학보』 제51집, 1988; 이상경, 「『은세계』 재론: 이인직연구 ⑴」, 『민족문학사연구』 제5집, 1994; 김영민, 『한국근대소설사』, 솔, 1997, 239~265쪽; 박장례, 「『은세계』의 원전비평적 연구」, 『장서각』 제7집, 한국정신문화연구원, 2002.

대로 공연"되었다는 유민영의 관점을 견지하였지만, 원각사의 친일적인 운영방식과 일본의 신파극이 국내에 이미 유입되어 있었다는 점을 들어 일본연극의 영향 가능성을 열어놓았다.[3] 그리고 양승국은 창극이었던 〈은세계〉의 '신연극'적인 면모가 형식이 아닌 내용, 즉 그것이 애국계몽의 내용적 혁신을 요구했던 연극개량론의 산물이었다는 데 있다고 보았다.[4] 이상우 역시 〈은세계〉가 창극으로 공연되었다고 보고, 그것이 연극개량운동과 함께 근대적 국민국가 만들기를 위한 것이었다는 점에서 근대적 의미를 갖는다고 보았다.[5]

김재석은 이미 기정사실화된 창극 설에 다시금 이의를 제기하였다. 그는 이인직의 친일적인 성향과 정치 문화적 행보, 당시 일본인 극장에 신파극단이 인기리에 흥행 중이었다는 점을 들어 〈은세계〉가 창극조를 띠었다고 해도 어디까지나 일본의 신파극을 지향하는 '창극조 신파극'이었을 것이라고 주장했다.[6] 그리고 이후 일본의 신파극이 절정에 달했던 시기에 이인직이 『미야코(都) 신문』의 견습기자 생활을 했다는 점을 들어 이두현의 신파극 설

3   백현미, 「원각사의 설립과정과 연극사적 성격」, 『판소리연구』 제6권 제1집, 1995, 279쪽.
4   양승국, 「'신연극'과 〈은세계〉 공연의 의미」, 『한국현대문학연구』 제6집, 1998. 12.
5   이상우, 「1900년대 연극개량운동과 근대 국민국가 만들기」, 『한국연극학』 제23호, 2004,
      8. 38~42쪽. 이보다 조금 앞서 필자는 연극개량론이 당시 활발히 전개되었던 국민국가 담
      론의 연장선에서 관객의 국민화를 위한 감화기제를 강조하는 것이었다고 보았다. 그리고
      이는 연극개량론과 원각사의 연극개량(〈은세계〉 포함)이 각각 성격적으로 다른 주체에 의
      한 것이었다고 보는 점에서 양승국, 이상우의 논의와 구별되는 것이었다. 우수진, 「개화기
      연극개량론의 국민화를 위한 감화기제 연구」, 『한국극예술연구』 제19집, 2004. 4.
6   김재석, 「개화기 연극 〈은세계〉의 성격과 의미」, 『한국극예술연구』 제15집, 2002. 이보다
      앞서 양승국은 1907년 11월에 발간된 일본어 일간지 『경성신보(京城新報)』를 토대로, 이
      시기 일본인 극장에서 공연된 일본 신파극 레퍼토리를 고찰한 바 있다. 「1910년대 한국
      신파극의 레퍼토리 연구」, 『한국극예술연구』 제8집, 1998. 6.

을 다시 지지, 강화하였다.[7]

〈은세계〉의 형식 문제는 양승국과 이상우의 논의에서부터 〈은세계〉의 '신연극성' 즉 근대적인 연극성 문제로 확장되고 있었다. 김기란이 박장례의 논의를 토대로 '신문연재소설의 각본화'에 근대적인 의의를 부여했던 것도 같은 맥락에서였다.[8] 전술했던 바와 같이 〈은세계〉가 동시대의 현실을 비판하는 사회극이었다는 본고의 논의도 결국은 근대적인 연극성과 연관된 것이었다.

그동안 '신연극' 연구는 곧 〈은세계〉 연구였다. 하지만 '신연극'이라는 용어는 1909년 일본연극을 모범했던 원각사의 공연들과 1910년 이후 등장한 신파극과 같이 다른 연극 형식들에도 융통적으로 사용되고 있었다. 따라서 '신연극'의 논의는 〈은세계〉뿐만 아니라 1909년 원각사가 일본연극의 표방을 내세우며 공연했던 '신연극', 1910년대에 '신연극'으로 등장했던 신파극으로까지 확장되어야 할 필요가 있다.

2) '신연극'과 원각사의 일본연극

〈은세계〉 공연 직후 원각사의 사장 안순환이 경질되었고 원각사는 겨울한파로 인해 휴장되었다. 다음 해 2월 21일 원각사는 다시 개장되었지만 여전히 구연극만 공연되었으며, 이에 따라 연극개량에 대한 요구도 커져갔다. 설상가상으로 새로 등장한 광무대와 단성사, 연흥사 등과의 경쟁 속에서 원각사의 경영난은 심각해져갔다.[9]

---

7   김재석, 「『미야코(都) 신문』 체험이 이인직의 신연극관 형성에 미친 영향」, 『어문론총』 제 51호, 2009.

8   김기란, 「신연극 〈은세계〉 연구」, 『한국근대문학연구』 제16호, 2007. 10.

9   "근일에 전정(財政)이 대단히 군졸ᄒᆞ여 한성 안에 연희장을 구경ᄒᆞᄂᆞᆫ쟈가 희쇼흠으로 원각샤ᄂᆞᆫ 폐지ᄒᆞ고 동구안에 잇ᄂᆞᆫ 단셩샤로 합ᄒᆞ여 연희를 ᄒᆞᆫ다더라", 「연희장합셜」, 『대한매일신보』, 1909. 4. 8.

원각사 개장 직후 도일했던 이인직이 귀국하면서 원각사는 재정비에 들어
갔다.[10] 그리고 본격적인 일본연극 연습을 위해 5월 11일부터 한 달간 휴장
에 들어갔다. 약 20여일 후인 6월 8일 경시청에서는 연극장의 풍속개량을 위
해 "일본연극을 모방 설행"하라는 규정을 다른 연극장들에까지 확대하기로
결정했다.

「원각ᄉᆞ폐지」, 『대한매일신보』, 1909. 5. 13.
서부 야쥬기 잇ᄂᆞᆫ 원각샤에서ᄂᆞᆫ 근일에 직졍 곤난흠을 인ᄒᆞ야 구경ᄒᆞᄂᆞᆫ 사
름이 령셩흠으로 직작일브터 폐지ᄒᆞ엿다더라

「연극역모(演劇亦模)」, 『대한매일신보』, 1909. 5. 15.
圓覺社가 財政의 窘拙로 廢止ᄒᆞ얏다더니 更聞ᄒᆞᆫ즉 諸般演劇은 日本演戱를 模
範擴張홀 次로倡夫及工人輩가 壹朔爲限ᄒᆞ고 日本演劇을 練習ᄒᆞᄂᆞᆫ中이라더라

「연극변경(演劇變更)」, 『대한매일신보』, 1909. 6. 8.
近日 漢城內 各種演劇이 風俗上에 大端紊亂ᄒᆞ야 壹般人心을 眩惑케 ᄒᆞᄂᆞᆫ故
로 警視廳에서 此를 取締ᄒᆞ기 爲ᄒᆞ야 日本演劇을 模倣設行케홀 次로 該規定을
製成ᄒᆞ야 各警察署에 壹件式 配付ᄒᆞ얏다ᄂᆞᆫ대 將次 壹致變更ᄒᆞᆫ다더라

원각사가 재개장한 것은 6월 27일이었으며, 실제 휴장일은 한 달 보름이
넘는 기간이었다. 다음의 재개장 광고에 따르면, 원각사는 그동안 많은 비용
을 들여 문명 각국의 연극을 시찰하였으며 이를 모방하여 우리 고적(古蹟)의
'충효의열현용(忠孝義烈賢勇)'의 실상을 보여주는 연극을 백 일 동안 매일 새
로운 작품으로 공연할 예정이었다.

10 "대한신문사장 이인직 씨가 일본에 전왕(前往)ᄒᆞ야 누월(屢月) 두류ᄒᆞ다가 일작(日昨)에 환
국하얏다더라", 「이씨환래(還來)」, 『대한매일신보』, 1909. 5. 14.

本社에셔 巨額을 費ᄒ고 文明ᄒᆫ 各國의 演劇을 視察ᄒᆫ 結果로 此를 模倣ᄒ
야 我國古蹟에 忠孝義烈賢勇의 諸實狀을 演劇으로 하올터이온되 開始ᄒᆫ지 百
日以內에는 今日에 ᄒ던 演劇을 其翌日에 아니ᄒ기로 豫定ᄒ와 今月 二十七
日로 開始ᄒ깃사오니 有志君子는 來臨玩賞ᄒ심을 爲要[11]

〈은세계〉 이후 원각사 '신연극'은 모두 이 시기에 공연되었다. 현재 확인
된 다음의 자료들에 따르면 '이소사 이야기', 〈천인봉〉, 〈촉혼성(蜀魂聲)〉,
〈구마검〉, 〈수궁가〉 등이 공연 예정되거나 공연되었다. 이 중 '이소사 이야
기'는 안주(安州)에 사는 이소사(召史)의 실화를 바탕으로 하는 연극이었으
며, 〈천인봉〉은 작자나 내용 미상의 작품이었고, 〈촉혼성〉은 기사에서 '이인
직 편술'이라고 밝혔으나 역시 내용 미상의 작품이었다. 그리고 〈구마검〉은
1908년 4월 25일에서 7월 23일까지『제국신문』에 연재되었던 이해조의 신
소설을 원작으로 하는 연극이었다. 이들 작품은 대부분 동시대 현실사회를
비판하는 것이었으며, 〈수궁가〉만이 예외적으로 허구성이 강한 설화적인 작
품이었다.

「탐문사정(探問事情)」,『대한매일신보』, 1909. 5. 27.
　　圓覺社에셔 將次 安州 리召史의 抑冤ᄒᆫ 事件으로 新演劇을 設行ᄒᆫ다고 大
韓新聞에 揭佈ᄒᆫ바어니와 更聞ᄒᆫ즉 該리召史를 請邀ᄒ야 其前後事情을 壹壹
探問하는中이라더라

「석락연장(石落演場)」,『황성신문』, 1909. 7. 6.
　　圓覺社에셔 再昨夜에 千仞峰이라는 新演劇을 設行ᄒᆯ際에 投石이 自外下落
에 一般觀覽者가 無不警動ᄒ얏다는되 西部警察署로 通知ᄒ야 巡査機名이 來
到詞探ᄒ얏다더라

11 「원각사 광고」,『대한민보』·『대한매일신보』·『황성신문』, 1909. 6. 25~27쪽.

「촉혼청인(蜀魂請認)」, 『황성신문』, 1909. 7. 8.

李人稙氏가 編述ᄒᆞᆫ **蜀魂聲을 劇演ᄒᆞᆯ 次**로 警視廳에 請認ᄒᆞ얏다더라

「맹인피기(盲人被欺)」, 『황성신문』, 1909. 7. 27.

再昨日 下午 十時量에 新門內 圓覺社에서 **小說 驅魔劍을 實地演劇**ᄒᆞᄂᆞᆫᄃᆡ 盲人 三名을 雇入)(雇金은 每名 五十錢式)ᄒᆞ야 通經의 貌를 行ᄒᆞᄂᆞᆫᄃᆡ 層階를 上하다가 其中一名이 失足仆地ᄒᆞ야 右股를 喪홈으로 該盲人이 其誣欺事를 詰問退去ᄒᆞ얏다더라

「연극개량(演劇改良)」, 『대한민보』, 1909. 11. 26.

圓覺社演劇場에셔 近日 各種演劇을 改良 或 新製造ᄒᆞ야 昔日의 傷風敗俗되ᄂᆞᆫ 演戱ᄂᆞᆫ 除去홈으로 觀覽人의 好評을 得ᄒᆞᄂᆞᆫ中 今日브터ᄂᆞᆫ **水宮歌라ᄂᆞᆫ 新演劇**을 設行ᄒᆞᆫ다더라

「원각사 광고(圓覺社 廣告)」, 『황성신문』·『대한매일신보』·『대한민보』, 1909. 11. 26 · 27.

本社에서 **水宮歌라ᄂᆞᆫ 滑稽的 新演劇**을 今日붓터 設行ᄒᆞᄂᆞᆫᄃᆡ **人工으로 製造ᄒᆞᆫ 獸類魚族의 各種形體가 天然히 活動**홀쌘더러 별土簿의 愛君丹忠과 兎先生의 權變奇謀ᄂᆞᆫ 智識開發上 大趣味가 有ᄒᆞ오니 諸君子ᄂᆞᆫ 速枉觀覽ᄒᆞ시압

〈수궁가〉는 그동안 제목만으로 판소리 또는 판소리개량극이었을 것으로 여겨져왔다.[12] 하지만 〈수궁가〉가 〈은세계〉나 〈구마검〉처럼 소설화된 텍스트를 원작으로 했다면, 그것의 판소리 또는 창극 가능성은 재고될 수 있다.

---

12 〈은세계〉를 신파극으로 보았던 이두현은 〈수궁가〉가 "본격적인 창극에로 일보를 내디딘 시도"였다고 보았고, 〈은세계〉를 창극으로 보았던 유민영과 백현미는 〈수궁가〉가 구연극 판소리였다고 보았다. 이두현, 위의 책, 34쪽; 유민영, 위의 글, 39쪽; 백현미, 위의 글, 276쪽.

다지리에 의하면 이인직은 유학 시절에 「수궁가」를 일본어로 번역하였으며, 이는 일본의 아동문학자 오에 고나미(大江小波)에 의해 「류고우노 오쯔카이(龍宮の使者)」라는 제목으로 편집되어 『世界お伽噺(세계의 옛날 이야기)』 제64편 '朝鮮の部'(博文館, 1904. 11. 27.)에 수록되었다.[13] 그리고 원본을 확인해 본 바 작품의 해제에는 다음과 같은 사실을 밝히고 있었다. "是わ朝鮮に有名な話で´曾て日本に留學して居た´李人稙と云う朝鮮人が´日本文で綴つた物を土臺として´新たに書き直したものであります"(이는 조선에서 유명한 이야기로, 일찍이 일본에 유학해있던 이인직이라는 조선인이 일본어로 쓴 것을 토대로 하여 새롭게 고쳐쓴 것입니다)"

강현조는 텍스트 분석을 통해 「류고우노 오쯔카이」가 판소리 계열의 판본이 아닌 소설 계열의 판본을 원전으로 했을 가능성이 높다고 보았다.[14] 하지만 원전이 무엇이었든 간에 이 작품은 −이인직이 번역하고 오에 고나미가 다시 고쳐쓰는 과정을 거치며− 판소리적인 요소가 없는, 광고에서처럼 "별주부의 애군단충과 토선생의 권변기모"가 주제화된 이야기 소설이었다. 번역의 과정에서 판소리적인 요소를 일본어로 살리기 어려웠을 것이었다. 만일 〈수궁가〉가 이인직의 번역본이나 「류고우노 오쯔카이」를 토대로 했다면, 제목의 동일성만 가지고 〈수궁가〉를 판소리 또는 판소리개량극으로 사실화했던 기존의 논의는 재고될 수 있다.

〈수궁가〉는 어떻게 공연되었을까. 일본연극을 공연한다는 원각사의 방침과 〈수궁가〉에 "인공으로 제조흔 수류어족의 각종 형체가 천연히 활동"한다

---

13 다지리, 위의 책, 31쪽.
14 「류고우노 오쯔카이」와 〈수궁가〉의 연관성 자체는 이인직 연구가인 강현조의 제기에 따른 것이다. 「류고우노 오쯔카이」의 자세한 텍스트 분석과 원전 연구는 그의 후속 논의로 미룬다. 여기에서는 다만 이것이 〈수궁가〉가 판소리나 창극이 아닌 '가부키적으로' 공연되었을 가능성에 초점을 둔다.

는 광고를 보아 그것은 가부키적인 무대스펙터클을 도입했을 가능성이 높다. 가부키는 기본적으로 황당하고 허구적인 미, 화려한 감각적 양식미를 특색으로 하는 연극 형식으로 주된 레퍼토리 중에는 설화에 등장하는 여우나 뱀 등의 동물이 주인공이나 조연으로 등장하는 경우가 적지 않기 때문이다.[15]

그런 점에서 「류고우노 오쯔카이」에 실린 삽화들은 〈수궁가〉의 광고와 유사한 미장센을 연상시킨다는 점에서 흥미롭다. 이 작품에는 모두 16개의 삽화가 실려 있는데, 이 중 대부분은 다음과 같이 마치 배우가 분장을 하고 연기하듯이 인간화된 동물을 연극적으로 제시하고 있었다.

원각사의 '신연극'이 일본연극을 공공히 표방했다는 사실은 물론 그것이 가부키나 신파 그대로 공연되었음을 의미하지 않는다. 〈수궁가〉의 경우 무대적인 스펙터클은 가부키에서 쉽게 빌려올 수 있어도 오랜 기간 체득되는 가부키 연기를 원각사 배우들이 단기간 소화해내기는 어려웠을 것이기 때문이다.[16]

원각사의 '신연극'인 〈은세계〉와 〈수궁가〉가 판소리개량극으로 공연되었다고 해도 그것은 구연극과 다른 '새로운 연극'이었다. 전술한 바와 같이 그것은 내용적인 면에서 동시대를 배경으로 하여 정치나 사회, 각종 풍속 등을 비판적인 관점에서 다루는 연극이었기 때문이다. 그리고 연극적 전통이 없었던 현실 속에서 원각사의 창부들은 대사극의 모범을 노(能)와 가부

---

15 이같은 가부키의 허구성은 이후 연극개량의 주 대상이 되었고, 이에 따라 내용과 표현상의 사실성을 추구하는 가쓰레키(活力) 가부키나 잔기리(散切) 가부키, 신(新)가부키가 등장하기도 했다.

16 일본의 경우에도 가부키개량이 여전히 전통적인 가부키 훈련을 받은 배우들에 의해 시도되고 일본 신파 역시 '소우시(壯士)'라는 아마추어 배우가 가부키를 참고하여 만든 것이었다는 점에서 궁극적으로는 모두 가부키적인 것이었다. 하지만 이들 가부키 개량극과 신파는 전통적인 가부키의 황당무계의 허구성과 비논리성을 지양하고 내용이나 표현상의 사실성과 사회성을 지향하려는 의식(意識)을 가지고 있다는 데에 새로움이 있었다.

그림 7과 8. 「류고우노 오쯔가이」 중 2·3쪽 삽화(左)와 38쪽 삽화(右)

키, 신파 등의 무대적 전통을 가지고 있었던 일본연극에서 찾았던 것으로
보인다.

3) '신연극' 신파극의 등장과 기점

1910년대에 '신연극'은 주로 새로 등장한 신파극에 사용되었다. 그리고 이
와 유사하게 일본 신파를 지칭하는 용어로도 종종 사용되었다.

한 예로 1908년 8월 25·26일 『황성신문』에 실린 대한부인회 주최 자선연
예회 광고에서 이토 후미오(伊東文夫)의 연극은 '구미식 신연극'으로 소개되
었다.

> 大韓婦人會의 敎育經費를 充補하기 爲하야 慈善演藝會를 設하오니 御紳士 貴
> 婦人 一般 慈善 大方家는 如雲 來臨하심을 敬要
> **歐米式 新演劇**
> 演劇大家 伊東文夫
> 演題
> 軍事劇 美劇 夫劇 喜劇 外 合劇

한국 근대연극의 형성

處所는　會洞 歌舞伎座

日字는 八月 二十六日 至 二十八日싸지

　이토 후미오 극단(伊東文夫 一座)은 원래 일본에서 교토를 중심으로 활동하
는 신파극단이었다. 그리고 우리나라로 건너와 일본인 극장인 가부키좌(歌舞
伎座)를 중심으로 〈ピストル强盗淸水定吉〉, 〈心の影〉, 〈武士的敎育〉, 〈乳
姉妹〉, 〈不如歸〉 등을 활발히 공연하였다.[17]

　1910년 3월 31일자 『황성신문』과 『대한매일신보』에는 신명학교 강사 박동
윤 등 4인이 일본인 오토와 잇뽀(音羽一峯)와 함께 '신연극연구회'를 조직했
다는 기사가 보도되었다. 이들의 '신연극' 역시 신파극일 가능성이 높았다.[18]
1910년 10월 연흥사에서도 공연내용을 알 수 없는 '신연극'이 공연되었다.[19]

　'신연극'이라는 용어가 신파극에 본격적으로 사용된 것은 1912년 1월의
단성사 공연에서부터였다. 당시 단성사의 '신연극'은 사회적으로 커다란 반
향을 일으키고 있었다. 『매일신보』에는 창덕궁에서 '어관람'할 예정이라는

17　이에 관해서는 양승국의 「일본 신파극의 내한공연연보」(『한국 신연극 연구』, 연극과인간,
　　2001)와 김재석의 위의 글인 「개화기 연극 〈은세계〉의 성격과 의미」를 참고할 수 있다. 특
　　히 김재석은 당시 활발하게 활동 중이던 이토 후미오 등의 신파극이 〈은세계〉의 신파극
　　공연에 영향을 미쳤을 것이라고 주장했다.

18　한편 '신연극'은 필요에 따라 유행적으로 차용되기도 했다. 연극개량론에서 애국계몽적
　　인 내용의 연극은 '신연극'으로 지칭되었으며, 광무대에서는 구연극의 개량을 '신연극'이
　　라고 광고했다. 「원각사관광의 향객담화」, 『황성신문』, 1908. 11. 6. "···어시호(於是乎) 연
　　극을 개량홀 주의로 원각사를 설립홈이니 오제(吾儕)가 사유흥기를 해사(該社)연극에 을지
　　문덕 강감찬의 영웅사업이나 논개계월향의 정렬방적(貞烈芳跡) 등으로 **신연극을 발명ᄒᆞ야**
　　국민의 사상을 고발(鼓發)홈이 유(有)ᄒᆞ리라 ᄒᆞ얏더니···"; 「광무대 특별광고」, 『대한매일신
　　보』, 1910. 6. 29.

19　"중부 사동 연흥사에는 작일부터 **특별한 신연극(新演劇)을 설행**하고 풍속의 선량한 재료를
　　연구하여 축야개설함으로 관람자가 운집한다더라", 「연사성황」, 『매일신보』, 1910. 10. 6.
　　관련기사는 「연극개량」, 『매일신보』, 1910. 10. 11.

기사와 함께, 송병준이 관람 후 금화 2원을 기부하며 찬성의 뜻을 표시했다는 기사를 다음과 같이 보도했다.

> 「신연극의 입문(新演劇의 入聞)」, 『매일신보』, 1912. 1. 6.
> 中部 罷朝橋 團成社에셔는 近日 **各種의 新演劇을 設行**ᄒᆞᆫ되 壯觀의 演劇
> 이 有ᄒᆞ다ᄒᆞ야 昌德宮에셔는 日間 該演劇을 召入ᄒᆞᄉᆞ 御觀覽ᄒᆞ신다더라

> 「송자의 연극관람(宋子의 演劇觀覽)」, 『매일신보』, 1912. 1. 6.
> 子爵 宋秉俊氏는 再昨日夜에 內地人 巡査一名을 帶同ᄒᆞ고 中部 罷朝橋 團
> 成社演劇을 觀覽ᄒᆞᆫ 後 金貨二圓을 寄付ᄒᆞ고 贊成ᄒᆞᄂᆞᆫ 意를 表ᄒᆞ얏다더라

단성사의 '신연극'은 혁신단의 신파극이었다. 양승국은 1912년 1월 26일에 실린 단성사의 다음 광고를 들어 단성사의 '신연극'이 혁신단의 공연임을 확증했다.[20] 그리고 혁신단의 신파극이 단성사에서 약 20일 동안 공연되었을 것이라고 막연히 추정했다.

> 本社에셔 新演劇을 設行ᄒᆞ여 開演ᄒᆞᆸ다가 陽曆 一月 二十六日브터 停止ᄒᆞ
> ᄋᆞᆸᄂᆞᆫ 理由는 革新團이 日就月將되여 本社가 狹隘ᄒᆞᄋᆞᆸ기로 一層華麗ᄒᆞᄋᆞᆸ게 改
> 築ᄒᆞᆯ 豫定이ᄋᆞᆸ고 其間外方에셔 有志紳士가 革新團一行을 請ᄒᆞ여 一次觀覽을
> 要ᄒᆞᄋᆞᆸ기로 發行ᄒᆞ엿다가 限二週日後 回還ᄒᆞ여 陰曆 五月에 本社를 一新修理
> ᄒᆞᄋᆞᆸ고 開演ᄒᆞᆯ터이오니 僉君子는 照亮ᄒᆞ심을 敬要ᄒᆞᆷ

하지만 1월 5일 『매일신보』의 광고에 따르면, 혁신단의 단성사 공연은 정

---

20 양승국, 「한국 최초의 신파극 공연에 대한 재론」, 위의 책, 61~62쪽. 이전까지 단성사의 '신
연극'은 혁신단 배우들의 이름이 거론된 1월 23일의 기사 「연극후 화투(花鬪)」를 근거로 혁
신단의 공연으로 추정되었다. 유민영, 『한국근대연극사』, 단대출판부, 1996, 229~230쪽.

한국 근대연극의 형성

확히 1월 2일부터 25일까지였음을 알 수 있다.

> 本人一行이 旣爲 南門外 御聲座에 開演ᄒ온 거슨 僉君子게서 看覽도 ᄒ셧
> 거니와 其間 暫止ᄒ온거슨 路遠도 ᄒ고 不合ᄒ 事가 有ᄒ와 京城 洞口 團成社
> 로 擴張ᄒ고 演劇工夫를 特別이 ᄒ와 陽 一月 二日 午後 六時브터 開演ᄒ얏사
> 오니 僉君子ᄂᆫ 照亮ᄒ시와 贊成도 ᄒ시련이와 模範ᄒᆯ 事도 만샤오니 忘寒 來
> 臨ᄒ심을 望홈

> 明治 四十五年 一月 三日
> 團成社 內 朝鮮風俗 新派演劇 元祖 革新團
> 林聖九 一行 告白

이 광고에서 혁신단은 "기위(旣爲) 남문 외 어성좌에 개연"하였으나 잠시
간의 휴장("잠지(暫止)") 후 단성사로 이전 개장했다고 밝히고 있었다.

혁신단의 창립공연일은 그동안 1911년 말경으로 추정되어 왔다. 이는
1914년 2월 11일 『매일신보』 「예단일백인 임성구」 편에서 "명치 소십사년
(1911년)브터ᄂᆫ 홀연 감동ᄒ 곳이 잇셔 신파연극을 죠직ᄒ야 남대문의 어성
좌에서 기연ᄒ니"라고 한 구절을 근거로 하는 것이었다. 그리고 여기에 1913
년 12월 27일 『매일신보』의 다음 기사를 더한다면, 혁신단의 창립 공연일은
정확히 1911년 12월 27일로 추정된다.

> ▲연흥사　혁신단 림셩구(林聖九) 일ᄒᆼ은, 오늘밤브터, 챵립긔념겸 셩대ᄒ
> 기연회를 셜ᄒᆼᄒ며, 각등은, 반익(半額)으로, 예예ᄂᆫ 일책양각(一策
> 兩覺)

이후 '신연극'이라는 용어는 '혁신단 신연극', '혁신선미단 신연극', '문수
성 신연극', '이화단 신연극' 등과 같이 신파극에 관행적으로 사용되었다. 그

리고 1916년경에는 점차 '신연극' 대신에 '신파극'만이 사용되었다. 신파극이 지배적인 연극 형식이 되어버린 상황에서 그것은 더 이상 '신연극', 즉 새로운 연극이 아니었기 때문이다.

2. 신파극의 언어, 구어조의 대사를 시작하다

1) 신파극과 연설의 '스피치', 그 계몽의 장광설

신파극이 구연극인 판소리나 판소리분창극과 가장 다른 점은 그것이 노래(창(唱))가 아닌 구어의 대사(말)를 통해서 전개된다는 데 있었다. 즉 그것은 완성된 희곡 없이 동시대의 실화나 신소설 등을 토대로 배우들이 공동작업을 통해 대사와 움직임을 즉흥적으로 만드는 방식인 구찌다테(口立て)로 만들어졌다. 구찌다테는 신파극이 구어조(口語調)의 대사를 실현하고 관객들이 비로소 무대 위에서 말하는 배우를 보고 들을 수 있게 하였다.

신파극의 구어조 대사는 1900년 전후 처음 등장했던 근대적인 연설 언어와 공진(共振)하고 있었다. 대사와 연설은 모두 '스피치(speech)'의 번역어로서 다수를 상대로 발화하는 언어 형식이었다. 신파극은 공연 전 단장의 연설과 공연 중 주요인물들의 연설적인 대사인 '계몽의 장광설(長廣舌)'을 특징으로 하였다. 계몽의 장광설은 신파극뿐만 아니라 1910년대 창작희곡의 특징이기도 했다.[21]

---

21 이에 관해서는 우수진, 「입센극의 수용과 근대적 연극 언어의 형성」(『한국근대문학연구』 제 17호, 2008)을 참고할 것.

우리나라에서 연설은 계몽을 위한 근대적인 미디어로 적극 수용되었으며[22] 점차 정치적인 색채를 띠어갔다. 1898년 고종의 아관파천 이후 3월에 열린 만민공동회에서 연설은 그 계몽적인 힘을 현실 정치에서 유감없이 보여주는 장으로 경험되었다. 하지만 고종은 수구세력을 앞세워 만민공동회를 무력적으로 탄압하였으며, 이를 불법화하는 칙어를 발표하여 정식으로 해산시켰다.[23]

22 우리나라에서 '연설'이라는 용어는 일본 유학시절 후쿠자와와 직접 접촉하면서 연설 혹은 토론의 기능을 확신하게 되었던 윤치호에 의해서 처음 사용되었다. 그리고 미국 유학에서 돌아온 서재필이 배재학당에서 강의를 맡으면서 조직했던 협성회를 통해 토론과 연설이 본격적으로 학습되었다. 협성회 주최의 연설회와 토론회 정치강연회는 점차 일반에게 공개되었는데, 협성회 회원들은 1897년 여름부터 광화문, 종로 등에서 민중 계몽을 위한 가두 연설회를 개최했다. 그리고 이에 대한 청중의 관심도가 높아지면서, 학생 연사들은 점차 정치문제를 주제로 삼는 연설회를 발전시켜 나갔다.
근대계몽기 토론과 연설에 관한 초기 연구로는 김영우의 『한국 근대토론의 사적 연구』(일지사, 1991)가 있다. 이후 토론과 연설에 대한 연구는 글쓰기나 신체성, 수사학 등의 문제와 접목되어 다음과 같이 다양하게 연구되었다. 권용선, 「1910년대 '근대적 글쓰기'의 형성과정 연구」, 인하대 박사학위논문, 2004; 신지영, 「연설, 토론이라는 제도의 유입과 감각의 변화」, 『한국근대문학연구』 통권 제11호, 2005; 정우봉, 「연설과 토론을 통해 본 근대계몽기의 수사학」, 『고전문학연구』 제30권, 2006; 이정옥, 「연설의 서사화 전략과 계몽과 설득의 효과」, 『대중서사연구』 제17호, 2007. 한편 김기란은 「근대계몽기 스펙터클의 사회·문화적 기능 고찰」(『현대문학의 연구』 제23호, 2004)에서 연설의 감정적인 효과에 주목하여 당시 연설회가 집단의 감정을 단일하게 수렴하는 사회적 스펙터클로서 공론장의 기능을 하였다고 보았다.
23 대한제국 정부는 1899년에 신문지조례와 민회규칙을 반포함으로써 정부에 대한 비판적인 입장에 대해 공식적으로 말을 하거나 글을 쓰는 일을 금지시켰다. 현실정치의 장에서 쇠퇴해갔던 연설은 1900년대 초반 이후에 토론·문답체, 연설체 등의 글쓰기 양식의 형태로 신문·잡지 등의 근대적 인쇄매체 안으로 포섭되어 갔다. 김윤식은 이를 "연설의 금지라는 정치적 강압에 의한 토론성의 내재화"라고 했으며, 권용선은 이를 '말하는' 연설의 주체가 '글쓰는' 주체로 전이되어가는 과정이라고 보았다. 김윤식, 『한국근대문학양식논고』, 아세아문화사, 1980, 201쪽; 권용선, 앞의 글, 30~42쪽.

한국 근대연극의 형성

1900년대 후반에는 언론과 집회에 대한 규제가 갈수록 심해졌다. 1906년 4월에는 '보안 규칙'이, 1907년 7월 27일에는 법률 제2호로 '보안법'이 제정되었다. 보안법 제1조에 의해 "안녕질서를 보지(保持)하기 위한 필요가 있을 경우에는 결사(結社)의 해산"을 명할 수 있었고, 제5조에 의해 "정치에 관한 불온한 동작을 행하는 염려가 있다고 인정하는 자에 대하여 그 거주장소로부터 퇴거"를 명하고 "1개년 이내 기간을 특정한 일정 지역 내의 범인을 금지"할 수 있었다.[24] 1910년 8월 경령(警令) 제3호로 제정된 '집회취체'는 일제의 통치에 도전하는 안녕질서와 풍속 관련 집회를 통제하는 것이었다. 이를 통해 관할경찰관서의 허가를 받은 설교나 학교생도들의 체육이나 운동을 제외한 모든 집회가 완전히 금지되었다.

현실정치의 장에서 실행 불가능해진 연설은 극장이라는 비현실적이고 비일상적인, 따라서 비정치적인 것으로 유보된 공간 안에서 신파극 특유의 연설적인 대사인 '계몽의 장광설'로 변용되었다. 연설은 연극의 전체적인 흐름과 무관하게 독립적 또는 돌발적으로 행해졌다. 신파극의 연설적 대사는 적어도 언어적인 측면에서 신파극을 창(唱) 중심의 판소리 분창극과 근본적으로 다른 새로운 연극으로 만들었다.

우선 신파극은 관행적으로 단장(團長)의 연설로 시작되었다. 안종화에 의하면 당시 관객들은 연설과 타목 소리를 새로운 신파극의 특징으로 받아들이고 있었다. 타목 소리는 일본 신파에서 가부키의 박자목(拍子木) 소리를 계승하여 특히 연극의 시작과 끝 부분에 사용되는 것이었다. "더욱이 그 안에선 음률과 창(唱)과 장구소리라곤 하나도 들리지 않고 무슨 연설체 말소리와 함께 박달나무(打木) 두들기는 소리가 나지 않는가? 모두들 이상히 여기는

---

24 송병기 외 3인, 『한말근대법령자료집 V』, 대한민국 국회도서관, 1971, 591쪽.

눈치였고 장내가 궁금한 모양이다."[25] 개막 전 단장의 연설은 개막 인사와 함께 연극의 내용과 취지까지 설명해주었다.[26] 뿐만 아니라 단장은 막이 시작할 때마다 그 내용을 설명해 주었고, 연극이 끝날 때에도 인사의 말과 함께 연극의 필요성 – 일종의 연극론 – 에 관해 연설했다.[27] 신파극은 연설로 시작해 연설로 끝맺었다 해도 과언이 아니었다. "연극을 하는 것이 아니라 연극을 가르키는 것이었다."[28]

신파극의 거리 광고 역시 연설의 형식을 취하고 있었다.

> …단체가 와서 공연하는 날은 단원 전원이 인력거를 타고 각기 인력거에는 한쪽에 「나하다」(名旗)를 꽂고 또 한쪽에는 「사꾸라」(櫻花) 꽃가지를 맨들어 꽂고 선두에 악사(胡笛手)가 타고 그 다음은 단원이 간부순으로 타고 맨 뒤에 단장이 타는 순서로 행렬지어 앞뒤에 「고노보리」를 들려 늘 세우고 취악을 하면서 전 시가를 도는데 **사거리 또는 사람이 많이 모이는 곳에서는 취악으로 군중을 모아놓고 지명된 단원이 일어나 광고하는 취지와 연극에 관한 설명을**

---

25 안종화, 『신극사 이야기』, 진문사, 1955, 128쪽.

26 "관중은 갖가지 광고로 어수선한 외겹 포장인 面幕을 사이에 둔 저쪽 무대에 기대와 호기와 친밀을 품고 개막을 기다렸다 시간이 되면 간부배우가 幕前에 나와서 「금야의 예제」 즉 상연될 극의 내용을 설명한 다음 막이 올은다." 박진, 「연극잡감」, 『예술원보』 제8호, 1962, 94쪽.

27 "종 한 막을 남기고 단장(團長)으로서 수석 연기자답게 나와서 일장의 연설을 보인다. 인사의 말과 또 연극론(演劇論)이다. 연극의 필요성을 역설하고, 그날 연극의 결론과 이튿날에 상연할 예제를 예고하고 끝을 막는다. 이때는 단장답게 지식있는 말이 필요했다. 선진 문명국가의 연극이 생긴 유래도 인용해 설명했고, 때로는 한문식 문자도 썼다. 외국 문호의 이름도 오르내렸다. 또 일종의 강연이요 웅변이기도 했다. 여기에 관객은 박수갈채하고, 그 단장의 높은 지식을 우러러 보았고, 이 새로운 무대란 새 시대에 있어야 할 연극으로 인식했다." 안종화, 앞의 책, 113~114쪽.

28 변기종, 「연극 오십년을 말한다」, 『예술원보』 제8호, 1962, 51쪽.

한 다음 구경하기를 간청한다.···[29]

    연설 자체가 직설적으로 담아내는 신시대 신사조 등에 관한 계몽적 내용은, 일반 관객대중뿐만 아니라 계몽주의 지식인들로 하여금 신파극을 개량된 연극으로 여겨지게 했다. 신파극의 드라마나 양식적인 완성도 자체보다 단장의 계몽적인 연설이나 극중 인물의 연설적 대사의 내용은 관객들에게 직접적으로 더 큰 호소력을 가지고 있었다.

    무엇보다도 극 중 주요 인물의 연설적인 대사는 신파극의 가장 큰 특징이었다. 특히 마지막 장면에서 등장인물들은 자신의 깨달음이나 소신(所信) 등을 장광설로 설파하면서 관객들에게 계몽적인 메시지를 전달하였다. 이같이 계몽적인 내용의 연설적인 대사는 '신연극' 신파극이 판소리나 기생무용 등과 같은 '구연극'과 차별화되는 특징이었다. 그리고 주인공들의 참회와 깨달음, 또는 특정한 사안에 대한 생각을 담은 장광설의 연설조 대사는 신파극으로 각색 공연되었던 신소설 작품들을 통해서도 엿볼 수 있다.

    〈쌍옥루〉의 마지막 장에서는 정욱조가 자신의 아내였던 여주인공 이경자에게 참회한다. 극 중 주인공 이경자의 남편 정욱조는 평소에 도덕적 완벽주의를 주장하고 실천하는 사람이었으며, 마침내 이경자의 과거를 알게 되자 용서하지 못하고 결국 이혼하였다. 그리고 해외의 오지를 여행하던 중 알 수 없는 풍토병에 걸려 죽을 지경에 이르지만, 이경자의 헌신적인 간호를 받고 목숨을 구하였다. 과거를 속죄하기 위해 간호부가 되어 희생적인 삶을 살던 이경자가 남편의 소식을 듣고 한걸음에 달려갔던 것이다. 그리고 다시 살아난 정욱조는 마지막 장면에서 이경자에게 자신의 잘못을 참회하며 연설과 같은 장광설의 대사를 시작한다. 다음의 인용 부분은 실제 대사의 절반도 되

---

29 앞의 글, 50쪽.

지 않는 분량이다.

여보 부인 그딕는 나를 멀니, 바리지 안이ㅎ고, 잇셧스니, 나는 무엇을, 먼
져 亽죄ㅎ엿스면 됴흘는지 모로겟소, 그러나 오날 져역에, 이 비우에서, 닉의
잘못흔 일을 다 말슴ㅎ오리다, 나는 젼일에, 먹고잇던 쥬의는, 모다 업셔졋소,
젼일은 닉의 편벽된 싱각으로, 죄악이라ㅎ는딕, 딕ㅎ야셔는나 조곰도 용셔치
못흔 것이 졔일 잘못든 싱각이라 나는 죄악이라ㅎ면 어딕싄지든지 동졍을 표
ㅎ여 불상히 녁이지 안이ㅎ고, 도로혀 죄잇는 사름을, 불상히 아는 사름이, 역
시 죄악을, 짓는 사름이라 ㅎ얏더니, 오늘와셔는, 과연 젼일에 잘못든 모음을,
씨다랏소, 모든 셰샹에, 사름의 몸에 관계되는 일이, 도리도 무론 보려니와,
졍이라ㅎ는것도, 도라보지 안이ㅎ면, 안이될 일인딕……, 나는 이졔야, 비로
소 씨다랏구료, 원릭에 죄악이라ㅎ는 것을, 쟝려홀 것은, 안이로딕, 반드시 비
쳑홀 것은 안이니, 엇더ㅎ, 부득이흔 亽졍으로 인연ㅎ야, 지은 죄악은, 사름의
동졍은, 당연히 밧을만흔 것인딕, 만일 나와굿치, 셰샹사름들도, 죄악을 졀딕
덕으로 비쳑ㅎ면, 이셰계는, 죽은 고목나무와 굿ㅎ야, 꼿도 업고, 입식도 업슬
터이니, 사름이라ㅎ는 것은, 결단코 그러흔 것이 안이오…, (이하 생략)[30]

혁신단에 의해 초연된 〈눈물〉(이상협 원작, 상편 공연, 1913. 10. 25.~29.; 상하
편 공연, 1914. 1. 26.~31.)의 마지막 장면에서 조필환이 조강지처인 서씨 부인
에게 그간의 잘못을 참회하는 긴 내용의 편지도 일종의 연설과 같은 대사였
다. 편지의 분량은 한 회(回)의 연재분 전체에 달했다.[31] 문수성에 의해 초연
된 〈불여귀〉(1912. 3. 29.)에서도 여주인공 나미꼬(浪子)는 자신의 이종형제에
게 결혼 후의 시집살이나 분가(分家)의 문제 등 '신가정'에 대한 자신의 생각
을 적극 피력하였다.[32]

30 「쌍옥루」(제49회), 『매일신보』, 1913. 2. 4.
31 이상협, 「눈물」, 『매일신보』, 1913. 12. 23.
32 덕부로화(德富蘆花), 조중환 역, 『불여귀』, 경성사서점, 1912, 101~102쪽.

신파극의 연설적 대사는 일찍이 이인직의 '신연극' 〈은세계〉에서도 찾아볼 수 있다. 작품의 전반부에서 원주 감영에 갇힌 최병도가 무서운 기색도 없이 오히려 감사를 크게 질책하는 대사와 마지막 장면에서 옥남이 자신들을 잡아가는 의병들을 향해 던지는 "일장연설"이 바로 그 대표적인 예이다. 다음의 인용문에서 최병도의 대사는 전문(全文)을 인용한 것이나, 옥남의 대사는 전문의 절반에도 미치지 못한다.

> ① 무죄흔 빅셩을 무슨 싯닭으로 잡아왓스며 형문을 쳐셔 반년이나 가두어 두눈 거슨 무슨 일이며 장쳐가 아믈만ᄒ면 잡아들려셔 즁장ᄒᄂᆫ 거슨 왼일이며 오날 물고를 식키랴는 일은 무슨 죄이온잇가
>
>   殺一不辜刑一不辜 죄업는 ᄉ람ᄒ나를죽이며 죄업는 사람ᄒᄂᆫ를 형벌ᄒᄂᆫ거슨 만승텬자라도 삼가셔 아니ᄒᄂᆫ일이오 또 못ᄒᄂᆫ일이올시다 강원도 빅셩이 슌사도의 빅셩이아니라 나라빅셩이올시다 만일싱이 나라에 죄를 짓고 죽을진디 ᄂᆫ라법에 죽눈거시오 슌사도의손에눈 죽눈거슨 아니올시다마는 지금슌사도게셔 싱을쥬규이시ᄂᆫ거슨싱이 사험에 죽눈거시오 법에죽눈 거슨 아니오니 슌사도가 무죄흔 사름을 쥭이시면 나라에죄를 지흐시ᄂᆫ거시올시다 맙시사 맙시ᄉ 그리를 마십사 싱의한몸이쥭눈거슨 조곰도 악가울거시 업스나 싱의몸붓게 악가온거시 만습니다
>
>   슌사도게셔 어진정사로 빅셩을 다스리지 아니ᄒ시고 오른법으로 죄인을 다사리지 아니ᄒ시면 강원도빅셩들이 누구를밋고 살깃슴닛가 빅셩이 슐수가 업시되면 ᄂᆫ라가 무지흘수가 업슬터이오니 널리 싱각ᄒ시고 깁히싱각ᄒ셔셔 이빅셩을 위ᄒ여쥽시사
>
>   녯말에 ᄒ얏스되 빅셩은 나라의근본이라 근본이굿어야 나라가 편안ᄒ다 ᄒ니 그말을 싱각ᄒ셔셔 이 빅셩들을 쳔히녀기지마르시고 희싱갓치알지 마르시고 원수갓치 대졉을맙시사
>
>   슌ᄉ도게셔 이빅셩들을 슈죡갓치아르시고 동싱갓치녀기시고 어린자식갓치 ᄉ랑ᄒ시면 이빅셩들이 무궁흔 힝복을누리고 이나라가 틱순과 반셕갓치 편안홀터이오나 만일그럿치 아니ᄒ야 빅셩이 도탄엥 들을지경이면 텬ᄒ의

빅셩잘다사리는 문명한나라에셔 인죵을 구혼다는 올은소리를 창시호야 그
나라를 셋는법이니 지금셰계에 빅셩잘못다사리든 나라는 뭉호지아니혼느
라가업슴니다 익급이라는 나라도 뭉호얏고 파란이라는 나라도 뭉호얏고 인
도라는 나라도 뭉호얏스니 우리나라도 빅셩의게 포혹혼 졍사를 힝호지경이
면 나라가 뭉호는 거슨 슌사도는 못보시더릭도 슌사도 자뎨는 볼터이올시
다[33]

② (… 옥남이긎 쳔연히 나셔더니 **일쟝연셜을혼듯**)

여보시오 우리동포 드러보시오 나는동포를위호야 공변되게호는말이니
여러분이평심셔긔호고 자셰히 드르시오

의병도 우리나라빅셩이오 나도 우리나라빅셩이라 피ᄎᆞ에 나라위호고 십
흔 마음은일반이나 지식이드르면 호는일이 드른법이라 이졔 여러분동포게
셔 의병을 이르켜셔 죽기를 헤아리지아니호고 호시는일이 나라에리롭고자
호야 호시는일이오 나라에혀를 씨치려는일이오 말슴좀 호야주시오

늬가 동포를 위호야 그 리혀를 자셔히말호면 여러분의 마음과 갓지못흔
일이잇셔셔나를 죽이실터이나 그러느늬가 그 리혀를알면셔 믈을 아니호면
여러분동포가 화를 면치 못홀ᄯᅳᆫ아니라 국가에 큰 혀를 씨칠터이니

ᄎᆞ라리 늬흔몸이 죽을지라도 여러분동포가 목젼에 화를면호고 국가진보
에 큰방혀가 업도록 츙고호는일이 오른터이라

여러분이 나를쥭일지라도 늬믈이나 드 드른후에 쥭이시오

… (즁간 생략) …

여보 동포들 드러보시오 우리나라 국권을 회복홀싱각이잇거든 황뎨폐하
통치하에셔 부지런이 버러먹고 자식이나 줄가르쳐셔 국민의 지식이 진보될
도리만 호시오 지금 우리느라에 국리민복(國利民福) 될일은 그만흔일이듯

---

33 이인직, 『은셰계』, 동문사, 1908, 57~59쪽.

한국 근대연극의 형성

시업소

  ㄴㄴ 오늘개혁ᄒ신

황뎨폐하의 만셰ㄴ 브르고 국민동포의 만세나 부르고 쥭깃소

(ᄒ더니 옥남이가 손을 놉히 드러)

띄황뎨폐하만세

만세

만세

국민동포만세

만세

만세[34]

〈은세계〉가 창극으로 공연되었다고 해도 최병도나 옥남의 연설조 대사는 기존의 '창(唱)'과는 근본적으로 다른 형식이었다. 작품의 삽입가요가 작품의 전체 구조나 주제와 연관해 갖는 비중은 최병도나 옥남의 연설조 대사의 그것과 비교할 수 없기 때문이다. 연설적인 대사, 계몽의 장광설은 원각사의 '신연극'과 1910년대 '신연극' 신파극, 그리고 1910년대 창작희곡에 공통적으로 나타나는 근대적인 연극 언어의 특징이었다.

구찌다테에 의한 연설조의 대사에는 정치 사회적으로 민감한 문제까지 포함되었던 것으로 보인다. 『매일신보』에 의하면 혁신단은 치안을 방해하고 풍속을 괴란시키는 연극을 흥행하여 우매한 관객의 심지를 충동시킨다는 이유로 당국의 엄밀한 조사를 받았다.[35] 그리고 다음 해에는 신파극의 검열 문

---

34 앞의 책, 137~141쪽.

35 "중부수동, 연흥샤혁신단 연극은, 치안방해와, 풍쇽궤란에 관흔 쟈료로써, 흥힝ᄒ며, 우믜흔 남녀의 심지를 밍동케ᄒ다ᄂ 쇼문이, 죵〃 임럼이, 되ᄂ고로, 당국에셔ᄂ, 엄밀히 됴사도 홀뿐 안이라 쇼관 경찰셔로, 지휘ᄒ야, 특별히 취톄ᄒ라 ᄒ얏슴으로, 북부 경찰셔에셔ᄂ, 일젼에 그 연극쟝 비우, 림셩구(林聖九)를, 호츌ᄒ야, 엄즁히 셜유ᄒ고, 만일 우믜흔 인민으로 ᄒ야곰, 심지를 요동케ᄒᄂ 구어가, 잇다ᄒ면, 연극명지의 쳐분을 집힝ᄒ겟다ᄒ얏

제가 본격적으로 논의되기 시작했다. "신파연극의 각본도, 이후에ᄂ, ᄌ세히 검열ᄒ야, 취례를 ᄒ힝ᄒ다더라."[36]

2) '신파조'의 형성: 연설과 구어의 착종

신파극의 대사는 일정한 리듬의 음조(音調)가 있는 구어조의 대사였다. 무대언어는 기본적으로 다수의 관객을 위해 인위적으로 발성을 크게 한다. 그리고 무대 위에서 일상적인 구어와 다른 방식의 발성과 호흡은 운문이든 산문이든 일정한 양식의 리듬을 만들어낸다. '신파조(新派調)'는 이렇게 생긴 신파극 대사언어 특유의 리듬이었다.

무대언어가 말 그대로 연극적이지 않고 ―달리 말해 과장적이지 않고― 일상적인 구어 대사처럼 발성되기 위해서는 또 다른 종류의 의식과 기술을 필요로 한다. 그리고 이는 근대의 사실주의 연극과 함께 시작되었으며, 사실주의 연극이 완전한 구어를 지향하면서 신파조의 대사는 상대적으로 전근대적인 것이고 왜색적인 것으로 비판되고 폄하되었다. 하지만 그럼에도 불구하고 신파조는 '신연극' 신파극이 우리 연극사에서 대사극을 처음 시작하면서 시도했던 구어 대사법이었다.

무대언어의 발성은 인위적으로 과장된 성량(聲量)과 호흡, 억양을 토대로 한다. 호흡은 발화의 연속이나 휴지(休止)의 정도를 좌우하며, 억양의 고저(高低)는 발화의 리듬과 연관된다. 한 호흡 안에서 발화는 연속적으로 이루어질 수 있지만 호흡 시 필연적으로 휴지가 생기며, 억양의 고저는 휴지와 연동하여 일정한 리듬을 만들어낸다. 일상언어에서 호흡은 내재적으로 이루어

<hr>

다더라.", 「혁단(革團)의 엄중취체」, 『매일신보』, 1912. 5. 4.
36 「연예계의 엄체」, 『매일신보』, 1913. 3. 19.

한국 근대연극의 형성

지기 때문에 휴지나 억양이 부자연스럽게 느껴지지 않는다. 하지만 무대에서 관객에게 속삭이는 듯 들리는 말도 일상언어보다 과장된 성량과 호흡, 억양으로 이루어진다.

나아가 신파극의 무대언어는 웅변적이었으며 신파조는 그 결과였다. 그리고 이는 당시 유행했던 연설의 대사법과 일정 부분 조응하는 것이었다. 연설언어 역시 무대언어와 마찬가지로 청중을 상대로 과장된 성량과 호흡, 억양으로 발화되기 때문이다.[37]

신파조의 대사는 사실주의를 지향하는 근대극의 반면(反面)으로만 간주되었을 뿐 제대로 구명되지 못했다. 이러한 현실은 일차적으로 신파극이라는 연극형식 자체가 오늘날 사라져버린 데 기인한다. 하지만 배연형 교수의 동국대학교 문화학술원 한국음반아카이브연구단이 소장하고 있는 일본 콜럼비아 레코드사의 신파극 음반 〈장한몽〉(1929. 2.)과 〈불여귀〉(1930. 4.)를 통해 당시 신파조 대사법의 실제를 확인해 볼 수 있다.[38][39]

음반들의 녹음된 시기는 두 작품이 초연된 지 십여 년이 지난 후였고, 복

---

37 반면에 사실주의 연극의 대사법은 이전의 웅변적인 무대언어와 차별적인 하나의 근대적인 발명이었다.

38 이 장에서 참고하는 콜럼비아 레코드사의 〈장한몽〉과 〈불여귀〉 유성기음반은 구인모의 「지역 · 장르 · 매체의 경계를 넘는 서사의 역정(歷程)」(『사이』 제6권, 2009)에서 처음 논의되었다. 이는 동국대학교 문화학술원 한국음반아카이브연구단 배연형 교수의 자료제공에 의한 것이었다. 필자 역시 배연형 교수가 제공한 음원을 통해 직접 확인해볼 수 있었다. 이 자리를 빌어 귀한 자료를 선뜻 내주신 데 깊은 감사를 드린다. 이 중 〈불여귀〉의 음반화에 대한 자세한 논의는 구인모의 논문을 참고하기 바란다.

39 〈장한몽〉, 음반번호 Columbia40004 · 5, 장르 영화극, 연주 서월영 · 복혜숙 · 김영환 · 김향란 · 김계선, 반주 조선극장관현악단, 발매 1929. 2; 〈불여귀〉, 음반번호 Columbia40094 · 95, 장르 영화극, 연주 김영환 · 복혜숙 · 김향란 · 김계선, 반주 조선극장관현악단, 발매, 1930. 4. 이는 다음의 서지에서 확인할 수 있다. 한국정신문화연구원 편, 『한국유성기음반총목록』, 민속원, 1998.

혜숙과 서월영은 일본유학생을 중심으로 서구적 근대극을 지향하며 결성된 토월회(土月會)의 배우였다. 하지만 토월회는 제2회 공연에서 박승희가 단장을 맡고 창립동인 대부분이 탈퇴한 후 점차 "신파극과 동일한 수준으로 후퇴"[40]하였다는 평가를 받고 있었다. 아이러니하게도 신파극과 다른 새로운 연극을 시도하고자 했던 토월회 배우들이 참고할 수 있었던 유일한 연극적 자산 또한 신파극이었기 때문이었다. 음반작업에 주역으로 참여했던 여배우 복혜숙 역시 토월회에 들어가기 전에 신파극단인 김도산의 신극좌에서 배우 생활을 시작했다.[41] 따라서 1929년과 1930년에 각각 발매된 신파극 유성기 음반 〈장한몽〉과 〈불여귀〉를 통해 우리는 그것의 매체적인 특성을 고려하여 신파조 무대언어의 특성을 살펴볼 수 있다.

〈장한몽〉 중 음원이 확인되는 부분은 서월영(이수일 분)과 김영환(해설), 복혜숙(심순애 분)에 의해 녹음되었으며, 〈불여귀〉 중 음원이 확인되는 부분은 김영환(해설·무남 분)과 복혜숙(낭자 분)에 의해 녹음되었다. 신파조의 특징은 짧은 대사보다 상대적으로 긴 분량의 대사에서 잘 드러나 있었다. 유성기 녹음이라는 매체의 특성상 짧은 대사에서 배우들은 무대 위에서와 같이 성량과 호흡, 억양을 과장할 필요가 없었기 때문이다. 등장인물의 감정이 고조되는 긴 분량의 대사에서는 성량과 호흡, 억양이 과장되어 가면서 상대적으로 무대언어와 유사한 면모를 보여주었다.

음원을 통해 확인할 수 있었던 신파조 대사의 가장 두드러진 특성은 첫째로 호흡이 만드는 발화의 휴지와 억양의 고저가 인위적일 만큼 분명하다는 데 있었다. 글로 쓰여진 문어가 마침표가 찍힌 문장을 기본단위로 연결된다

40 임화, 「토월회 제57회 공연을 보고」, 『조선지광』 11·12 합병호, 1928; 이두현의 『한국신극사연구』, 135쪽에서 재인용.
41 이두현, 앞의 책, 132쪽; 유민영, 『한국인물연극사 1』, 태학사, 2006, 290~291쪽.

면, 구어는 호흡－문어에서 쉼표에 해당하는－을 기본단위로 말해지는 어구들로 연결된다. 그리고 구어에서 마침표가 발화의 종료를 의미하는 것처럼, 신파조의 대사에서 호흡은 쉼표보다 마침표에 가까운 휴지를 만들어내면서 대사의 자연스러운 연결을 방해하였다. 하지만 대사의 흐름을 끊는 휴지는 억양을 통해 연결된다. 휴지는 그 직전에 강한 억양－과장적으로 높아지거나 낮아지는 억양－을 만들어내는데, 그것이 독특한 리듬을 형성하면서 휴지로 끊어지는 발화 전체에 일종의 통일감을 부여하였다.

이를 〈장한몽〉의 한 장면을 통해 구체적으로 살펴볼 수 있다. 아래의 인용문은 배연형의 채록본에서 쉼표와 마침표 표기를 생략하고, 그 대신에 휴지와 억양을 새로 추가하여 표기한 것이다. ∞는 긴 소리, ∨는 휴지이며, 강조점은 억양의 강한 세기를 나타낸다.

> 수일(서월영 분): 아 ∞ 순애 ∨ 그대와 내가 이렇게 한 자리에 앉았는 첫도 ∨ 마지막이오 ∨ 그대가 나를 이렇게 부축하는 첫도 ∨ 내가 그대에게 이야기하는 것도 모 ∞ 다 오늘이 마지막이오 ∨ 삼월 열나흔 날 ∨ 순애 기억하시오 ∨ 내년에 이 달 이 밤을 수일이가 어디서 저 ∞ 원한의 달을 쳐다볼지 ∨ 내년에 이 달 이 밤 ∨ 십년 후에 이 달 이 밤 ∨ 아 ∞ 나는 일생을 두고 이 달 이 밤을 잊지 않겠소 ∨ 잊다니 ∨ 내가 어떻게 잊어 ∨ 내 맘은 죽어도 이 밤은 안 잊어 ∨ 순애 ∨ 알겠지 ∨ 삼월 열나흔 날 밤이다 ∨ 내년에 이 달 이 밤을 수일이의 눈물로 저 ∞ 달을 흐려놓을 터이다 ∨ 저 달이 ∨ 저 달이 흐리거든 ∨ 내가 순애를 원망하야 어디 지상에서 ∨ 눈물을 흘리고 있는 줄이나 알아나 다오 ∨
>
> 순애(복혜숙 분): 그런 애닯은 소리를 왜 하세요 네 ∨ 수일씨 ∨ 저는 다 ∞ 생각해 논 일이 있으니 ∨ 두고 보기만 하세요 ∨ 저는 당신을 잊지는 않아요 한평생 ∨ 잊지 않아요 ∨

신파조의 강한 억양과 휴지의 반복은 일상어와 다른 독특한 리듬감을 발생시키면서 등장인물의 감정과 대사를 효과적으로, 다시 말해 연극적으로 전달하는 데 기여하였다. 이수일 대사에서 "**이** 달 **이** 밤"과 "**저** 달이 ∨ **저** 달이"는 반복되면서 일정한 운율을 만들어 수일의 고조되는 감정을 시적(詩的)으로 강조해 전달한다. 마지막 부분에서 "내가 **순**애를 원망하야 어디 **지**상에서 ∨ **눈물**을 흘리고 있는 줄이나 알아나 다오 ∨"는, '지상에서'까지가 한 호흡으로 이어지면서 휴지(∨) 다음에 이어지는 '눈물'을 극적으로 강조하였다. 순애의 마지막 대사도, 문장을 기준으로 할 때는 '당신을 잊지 않아요 ∨ 한평생 잊지 않아요'로 끊는 것이 좀더 자연스럽지만, 의도적으로 '한평생'까지 한 호흡으로 하고 휴지 후 '잊지 않아요'라고 함으로써 수일에 대한 순애의 마음을 극적으로 강조하였다.

신파조 대사의 두 번째 특징은 등장인물의 감정 고조를 동반하는 장광설에서 특히 연설적인 대사가 되어 독백과 유사한 효과를 내는 것이었다. 이는 대사 안에서 문어적인 '–다' 체 종결어미의 사용을 통해 극대화되었다.

해설(김영환 분): 분노에 격하여 어느덧 번쩍 든 발로 순애의 가는 허리를 쳤다.

수일(서월영 분): **더**럽다 ∨ **순**애야 ∨ 이 **더**러운 **간**부년 ∨ 내 ∨ 니년이 그 ∞ 참한 마음이 **변**했다고 ∨ 이 이수일의 한 몸은 **실**망타 못하야 ∨ **미쳐 버렸다** 남아의 일생을 **업쳐 버렸다** ∨ 공부고 무엇이고 ∨ 인제는 **그만이다** ∨ 이 놈은 이 분한 **원**한 때문에 ∨ 살아 **생**지옥의 **악**마가 되어 가지고 ∨ 네년 같은 계집들에게 **피**를 빨아들일 **터이다** ∨ 김중배 이 놈 두 **연**분이 ∨ 아 ∞ 인제는 **영** ∞ 원히 **만**날 일이 없으니 ∨ 그 얼굴이나 좀 **쳐**들어 ∨ 이 **청**직한 이 **이**수일의 얼굴이나 좀 **똑**똑히 보아두어라!

한국 근대연극의 형성

위 인용에서 이수일은 심순애에 대한 배신감과 분노의 감정이 최고조에 달할 때 이 장면에서 갑자기 '–다' 체의 종결어미를 반복적으로 도입하였다. 이 '–다' 체의 대사들은 일차적으로 수일이 순애를 향해 말해지면서, 동시에 자기 자신에게 다짐하는 결심이나 맹세를 독백적이면서도 연설적으로 강조하였다. 이같은 '–다' 체의 사용방식은 〈불여귀〉에도 동일하게 나타났다.

① 낭자(복혜숙 분): (기침소리) 낫겠지요 ∨ 꼭 낫겠지요 ∨ 참 ∨ 사람이란 ∨ 왜 죽게 마련이게 되었을까요? ∨ 살고 싶어요 ∨ 천년이나 ∨ 만년이나 ∨ 살고 싶어요 ∨ 죽게 되면 ∨ 둘이서 ∨ 둘이 다 같이 …
무남(김영환 분): 당신이 죽으면 ∨ 낸들 ∨ 낸들 ∨ 왜 살겠소?

② 낭자: 정말입니까? ∨ 기쁩니다∨ 둘어서 ∨ 같이 ∨ 그렇지요? ∨ 그렇지마는 ∨ 당신은 어머님이 계시고 ∨ 허실 일이 있고 ∨ 그러니까 ∨ 지가 먼저 가서 기다리고 있어야지요 ∨ 지가 죽은 뒤에는 ∨ 가끔 ∨ 가끔 제 생각을 ∨ 해 주시겠어요? ∨ 네?
해설(김영환 분): 무남이는 넘치는 눈물을 씻고 ∨ 낭자의 머리를 쓰다듬어 주면서 …
무남: 이제 그런 소리는 고만둡시다 ∨ 그보담도 하루바삐 병이 나서 ∨ 우리 둘이 즐거운 생활할 것이나 생각합시다
해설: 낭자는 남편의 손을 힘있게 쥐고 ∨ 뜨거운 눈물이 비오듯 합니다

③ 낭자: **죽드래도 ∨ 저는 죽어도 ∨ 당신의 아내입니다 ∨ 누가 무어라고 하든지 ∨ 병이 들었든지 ∨ 죽어버리거나 ∨ 미래에 ∨ 미래에 ∨ 그 뒤에까지라도 ∨ 나는 당신의 ∨ 아내입니다**
해설: 눈물에 젖는 두 사람의 발밑에 처량한 파도소래가 들려옵니다 ∨ 그 뒤에 무남이는 함대로 돌아갈 날짜가 작정이 되어 ∨ 의사를 찾어 아내를 당부하고 오후에 기차로 강화에 내려갔습니다

인용된 부분은 〈불여귀〉 중에서도 명장면으로 꼽히는 장면이다. 복혜숙이 짧은 호흡으로 잦은 휴지를 만들어가며 폐병에 걸려 죽음을 앞둔 낭자를 표현하는 대사법이 인상적이다. 이 장면에서 낭자의 대사는 모두 세 번으로, ①에서는 생에 대한 의지를 피력하지만 죽음을 예감하며, ②에서는 자신이 죽은 뒤에라도 자신에 대한 남편의 마음이 계속되길 희망하였다. 그리고 ①과 ②에서 '-요'체를 사용하던 낭자는 ③에서 '-다' 체를 사용하며 자신은 죽어서도 무남의 아내일 것이라고 무남과 자신에게 다짐하였다. 여기에서도 '-다' 체는 독백처럼 자신의 결심을 연설적 어투로 강조하는 효과를 만들어내었다. 이렇게 신파조의 대사는 과장된 호흡과 발화, 억양을 통해 일정한 리듬감을 만들어내는 한편, '-다' 체를 사용하여 독백적이면서도 연설적인 효과를 만들어 등장인물의 감정의 의지를 강조하였다.

신파극의 대사와 달리 연설은 국한문 혼용의 쓰여진 원고를 토대로 하는 발화였다. 물론 연설은 다수의 청중을 상대로 단상에서 말해진다는 점에서 관객을 상대로 무대 위에서 말해지는 신파극과 유사하고, 발화 이외에도 연설자의 표정이나 제스처 등과 같이 연극적인 비언어적인 수행성(non-verbal body performance)을 통해 청중과의 적극적인 교감이나 상호작용을 목적으로 한다. 하지만 신파조의 대사가 무대 위에서 등장인물의 말(구어)을 배우가 실현하고자 하는 것이었던 데 반해, 연설은 어디까지나 연설자의 글(문어)을 말(구어)로 전달하는 것이었다. 이는 안국선의 『연설법방(演說法方)』에 수록된 연설의 예문들을 통해 확인될 수 있다.

…本人은 現政府의 如此ᄒ 政策이 國家의 獨立과 國民의 幸福을 決코 增進치 못ᄒ줄로 思ᄒᆷ니다, 增進ᄒ기ᄂ 古事ᄒ고, 現今의 常態도 保維ᄒ지 못ᄒ야 國家의 獨立은 점점 업서지고, 國民의 塗炭은 日日尤甚ᄒ 것이오, 本人의 所見으로만 如此ᄒ 쑨아니라, 諸君의 意思도 應當 本人과 同一하시리다, (同感

同感) 그러흐나, 諸君이여, 諸君은 幸히 現政府大臣이 甚히 困難흔 地位에 居흠을 思흐야 此눈 容恕흐시오, 本人도 此를 知흠ㄴ다.…(중간 생략)…그러나 政府의 政策이 우리 國家의 獨立을 害흐고, 우리 國民의 幸福을 破흐고, 우리 社會의 文明을 阻흠에 至흐야눈 결코 緘口흘 슈 업슴ㄴ다 (올쏘−) (아니오, 아니오) 아니라흐눈 諸君이여, 諸君도 獨立을 不願흐며, 幸福을 不望흐며, 文明을 不圖흘리눈 無흘터인즉, 그러면, 諸君은 方今 우리 國家의 獨立이 完全흔 즐로 思흐심닛가, …[42]

위 인용문은 「정부의 시책을 공격흐눈 연설」의 일부분이다. 강조된 부분에서 알 수 있듯이 연설 원고는 연설회의 상황을 전제로 하여 작성되었다. 마침표를 사용하지 않고 쉼표로 연결되어 있는 것은 당시 문장쓰기의 관행에 따른 것이었으며, 이는 글쓴이의 호흡에 대한 고려가 문장 안에서 표기된 것이었다. 하지만 무수한 한자어가 노출된 위 인용문에서 알 수 있듯이 연설은 기본적으로 말이 아니라 국한문 혼용의 문어를 토대로 하고 있었다. 이는 신파극의 구어조 대사와 구별적인 것이었으며 바로 이 지점에 신파극 대사 언어의 근대성이 놓여있었다.

---

42 안국선, 『연설법방』, 경성: 탑인사(搭印社), 1907, 53 · 57쪽.

3. 신파극의 육체, 의미를 양식화하다

1) 근대적인 육체와 스펙터클의 사회

근대적인 스펙터클은 본질적으로 바라보는 신체와 보이는 신체를 전제로 한다. 기 드보르는 근대 사회가 더 이상 직접적으로 파악되지 않는 세계이기 때문에 사람들은 점점 더 전문화된 다양한 매개체들에 의존해서 세계를 바라본다고 하였다. 그는 스펙터클 안에서 세계는 이미지화되고 이미지들은 현실적인 존재가 된다고 보았다.[43]

근대적 사회의 스펙터클은 근대적 시공간 자체를 극장화 하였다. 근대극장 안에서의 스펙터클은 근대적 시공간에 대한 환유였다. 무대 위에 선 배우들의 육체는 서양식 군대나 양악대, 체조 등 근대적 스펙터클을 구성하는 다른 근대적 육체와 마찬가지로 전시성(展示性)을 그 본질로 하였다.

근대적 육체의 전시성은 근대적 교육개혁을 통해 육체가 근대적 개인과 국민적 주체를 구성하는 물리적 단위로 재편되었던 과정과 밀접하게 연관되었다. 근대적인 육체 개념은 1889년의 「교육입국조서」에서 '덕양(德養)'과

---

43 기 드보르, 『스펙터클의 사회』, 이경숙 옮김, 현실문화연구, 1996, 16~17쪽. 기 드보르는 "독립적인 표상이 존재하는 곳이라면 어디서나 스펙터클은 자신을 재구성한다"고 하였다.

한국 근대연극의 형성

'지양(智養)', '체양(體養)'을 강조했던 근대적 교육개혁의 과정에서 등장하였다.[44] 근대적 교육개혁은 학교교육 제도를 통해 근대국가의 수립을 촉진하는 국민교육의 등장을 통해 근대적인 인간형을 창출하는 것이었다. 이 중에서도 '체양'은 봉건적 신분제도로부터 해방된 육체가 원칙적으로 평등하게 보편적인 교육을 받고 지식과 덕성을 함양하는 개개인의 물리적인 단위가 됨을 의미했다.

'체양'은 '덕양'이나 '지양'과 달리 유학교육에는 없었던 새로운 개념이었다. 유학은 공자의 문하생을 뜻하는 유가(儒家)의 도(道)를 습득하는 데 목적을 두고 군자(君子)라는 이상적인 인간상을 도입하여 인간성의 계발과 이를 통한 사회교화를 근본이념으로 하였다. 유학교육의 목적은 인간이 타고난 덕성과 재예(才藝)를 후천적인 노력을 통해 계발시킴으로써 궁극적으로는 '수기치인(修己治人)'하는 도덕성 내지는 인간의 도리를 완성하는 데 있었다.

유교적 인간관에 따르면 인간은 인간다운 품성(仁)을 천성적으로 가지고 태어나며, 맹자는 이를 '사단(四端)' — 측은지심(惻隱之心), 수오지심(羞惡之心), 사양지심(辭讓之心), 시비지심(是非之心) — 이라고 하였다. 유교의 목적은 타고난 인간의 품성을 계발함으로써 인도(人道)와 정의가 실현되는 사회를 만드는 데 있었다. 마찬가지로 서구에서도 근대 이전까지는 인간의 마음이 타고나는 것이라는 본유관념이 지배적이었다. 정신이 우대 받았던 것과 달리 신체는 기독교적 원죄론에 입각해 극도로 억압되고 경시되었다.

육체가 정신의 발달에 우선한다는 사고방식은 근대적인 것이었다. 서구

---

44 근대적 교육개혁은 갑오개혁에서도 핵심적인 것으로서, 그 내용은 군신관계를 전제로 봉건적 신분제도를 재생산하는 관리임용제도인 과거제도를 폐지하고 근대적 학교교육제도를 도입하여 교육의 기회균등을 법적으로 보장하는 것이었다. 교육개혁은 이후 근대적 교육의 성격을 정향화 하였으며, 갑오개혁 중에 발표된 고종의 교육입국조서는 근대적 교육의 의의와 기본틀을 제시하였다.

철학과 교육사에서 육체의 중요성이 부각된 것은 로크가 『인간오성론(On Human Understanding)』에서 경험에 의해서, 다시 말해 육체의 감각기관을 통해서 외적 대상들의 활동을 통해서만 마음이 관념을 제공받는다고 주장하면서부터였다. 로크는 육체를 마음보다 더 중요하게 여기진 않았으나, 마음을 위해 육체가 우선적으로 중요하다고 강조했다. 로크의 교육론은 인간이 백지상태인 '타뷸라 라사'의 마음으로 태어나 경험을 통해 지식을 쌓는다고 보고, 천성이나 신분보다 교육을 강조했다. 그리고 이는 근대적인 시민교육과 연관되는 것이었다.[45]

우리나라에서 육체의 강조는 약육강식의 세계질서 안에서 하루빨리 부국강병을 이루기 위한 목적에서 강조되었다. 국민교육을 통해 근대화와 문명화를 이룰 수 있다는 생각은 국가를 구성하는 기본단위인 국민의 신체를 특히 강조하는 방향으로 나아갔다.[46] 로크의 교육론은 1895년 『낙극씨 교육사상』이라는 책을 통해서 일본에 본격적으로 수용되었는데, 우리나라의 「교육입국조서」 역시 그 영향을 받은 것이었다. 「교육입국조서」에서 강조되었던 덕양과 체양, 지양은 이후 각종 신문과 학회지, 잡지 등의 담론장에서 지덕체 삼분론으로 재생산되었고, 그 중 체양이 특히 유학의 문약함과 비교되며 강조되었다.[47] 여기에 스펜서의 사회진화론이 본격적으로 수용되면서 국민 개개인의 신체는 부국강병의 토대로 더욱 강조되었다.

한 예로 1906년 『대한매일신보』의 「대(大)영국학사 록씨의 교육」은 "건전흔 신체에 건전흔 심의(心意)가 존재흔다"는 것이 로크의 "교육상 대안목"이

<hr/>

45 로크의 교육사상에 대해서는 김규성 엮음, 『존 록크의 교육사상을 이해한다』, 학문사, 1993을 참조할 것.
46 이는 서우학회의 발기 취지를 밝힌 박은식의 논설에서도 잘 나타나 있다. 『서우』 제1호, 1906. 12, 8~9쪽.
47 권보드래, 『한국 근대소설의 기원』, 소명출판, 2000, 43~44쪽.

라고 소개하면서 체육과 덕육, 지육에 관해 차례로 설명하였다. 이는 지덕체 교육론의 토대였다.[48] 그리고 장응진은 「진화학상 생존경쟁의 법칙」에서 생존경쟁, 우승열패적 세계질서 속에서 국가를 이루는 일구성원으로서의 개인이 튼튼해야 국가가 부강하다는 부국강병의 맥락에서 체육을 강조하였다. "기(其)단체의 분자되는 각개인이 다 강장ᄒ면 차개인으로 조직된 단체는 타위강장ᄒ야 생존경쟁에 우승ᄒ 지위를 점득ᄒᆯ 것."[49] 문일평도 「체육론」에서 서구열강과 일본의 예를 들면서 체육이 개인의 정신뿐만 아니라 국가의 운명에도 중대한 영향을 미친다고 하였다.[50]

국가주의적 육체 관념은 학교교육 안에서 체육교과에 대한 강조로 나아갔다. 1895년 소학교령에서 체조 교과는 심상과(尋常科)의 선택과목으로 되어 있었지만, 소학교의 교육목표 자체를 통해 아동의 신체발달을 우선적으로 강조하고 있었다.[51] 민간 학회에 의해 운영되는 사립학교에서도 체조 교과는 선택과목이었다.[52]

초기의 체조교과는 병식체조(兵式體操)를 주된 내용으로 하였으며 여기에 보통체조가 더해졌다. 병식체조는 군인의 훈련수단으로 이루어진 일종의 대열행진 운동이었다. 일본에서 체조는 막부 말기에 네덜란드나 프랑스의 근

---

48 『대한매일신보』, 1906. 1. 5~11.
49 『태극학보』 제4호, 1906. 11.
50 『태극학보』 제21권, 1908. 5.
51 소학교 교칙 대강에 보면, 체조과의 지도목표는 "신체의 성장을 균제 건강케하며 정신을 쾌활 강의케 하고 겸하여 규율을 수하는 관습을 양함을 요지로 함", 그 내용은 "초기에는 적의한 유희를 하게 하고 보통체조를 가하되 편의한 병식체조의 일부를 수함이 가함"이라고 되어 있었다. 그 외 중학교와 사범학교 등에서의 체육교과에 대해서는 나현성의 『한국체육사(상)』, 영문사, 1959, 78~92쪽을 참조할 것.
52 『서우』 제12호(1907. 11.)에는 서우학회에서 설립한 서우학교의 학생모집광고가 실려 있는데, 모두 17개인 교수과목에 체육이 포함되어 있었다.

대적 병제(兵制)를 도입할 때 조련(調練)의 일환으로 함께 들어왔다. 그리고 메이지 정부가 체조를 학교교육에 도입하면서 일반인들에게 널리 보급되었다. 우리나라의 경우에도 학교교육은 병식체조를 중심으로 이루어지고 있었다. 일본인 교관인 육군소위 호리모토 레조(堀本禮造)는 일본의 영향 아래 1881년에 창설된 별기군을 상대로 신식 군대훈련을 시작했다. 서울의 양반 자제 중에서도 우수했던 백여 명이 사관생도로 뽑혀 일본식 교련을 훈련 받았다. 1895년경 군부(軍部)에서 설치한 훈련대사관 양성소에서도 병식체조를 실시하였다.

근대적 교육개혁에서 체육교육은 출발에서부터 개인적이고 자율적인 육체의 발달이 아니라 부국강병을 위해 집단적으로 규율화된 육체 훈련에 더 초점을 두고 있었다. 질서정연한 대열의 움직임은 그 속에서 개개인의 육체가 자기 자신보다 전체를 우선시할 때 가능하였다. 그리고 병식체조의 집단적 규율성은 궁극적으로 타자를 위해 전시적인 성격을 갖고 있었다. 일사불란하게 집단적으로 움직이는 학생들의 병식체조는 일차적으로 학생들 자신의 육체적 건강을 목적으로 하는 것이었지만, 궁극적으로는 이를 바라보는 사람들―황제를 비롯한 일반 국민들―의 시선을 전제로 하고 있었다.

병식체조에 관한『독립신문』의 두 기사 안에도 병식체조를 하는 학생들의 육체와 이를 바라보는 '대군주폐하' 등의 시선이 함께 상정되어 있었다. 이 속에서 병식체조를 하는 학생들의 집단화되고 규율화된 육체는 부강한 국가의 표상으로 작동하고 있었다.

"**영어학교 학도들이** 지내간 월요일 오후에 새 군복들을 닙고 교수들과 굿치 아라샤 공사관에 와 **대군쥬 폐하 압희셔 죠련을 ㅎ엿ᄂᆞᆫ디** 복식도 보기에 씩씩ㅎ고 졍편히 보이거니와 죠련들도 춤 잘ㅎ더라 대군쥬 폐하씌셔와 각 대신들과 각국 공사들이 다 칭찬들 ㅎ시고 미우 깃버들 ㅎ시더라 영국 히군 관원 훈 분이 이 학도들을 죠련ㅎ느라고 힘을 대단히 쓴 신둙에 대군쥬 폐하씌셔 금시계 흔기를 샹급ᄒ시고 교수 헛치슨씨와 할릭빅스씨를 불으셔셔 존문 ᄒ셧다더라 복식과 죠련은 잘 되얏스나 지금브터 시쟉ᄒ야 쇼견과 학문이 밧갓ᄀᆺ치 졍ᄒ고 규묘잇게 되기를 ᄇ라노라"[53]

"이들 이십이일 오후 다섯시에 **대군주폐하와 왕태자전하쎄셔** 젼수어쳥 유무셩에 친림ᄒ시ᄋᆸ고 영**어학도와 법어학도와 이어학도들을 불러 간풍하시ᄂᆫ디,** 먼저 영어학도들이 들어가서 총을 가지고 병대의 기예를 ᄒ고 그 다음에 법어학도와 이어학도들이 들어가서 그저 체조를 ᄒ엿ᄂᆫ디 대군주폐하쎄셔 모든 학도들에게 조흔 음식을 ᄂᆞ리어 머이시ᄋᆸ고 학도매명에 미션 한자루 선자 한자루식을 나리어 주ᄋᆸ셧ᄂᆫ디 학도들이 물러나갈 임시에 대군주폐하와 왕태자전하를 위ᄒ여 만세를 부르며 돌아갓다더라"[54]

일본의 체조 그림에 등장하는 학생들도 모두 줄과 열을 맞추어 집단적으로 같은 동작을 하고 있었는데, 그림 안에는 체조하는 학생들을 바라보는 천황도 함께 등장하였다.[55]

체조 교과는 병식체조에서 보통체조로 점차 대체되었다. 보통체조는 일본의 도쿄 사범학교와 도쿄 여자사범학교에서 체조교육에 힘썼던 미국인 교사 조지 릴랜드(George Leland)가 경체조(輕體操)를 도입한 것이었다. 릴랜드는

---

53 『독립신문』, 1896. 5. 26.
54 『독립신문』, 1897. 6. 24.
55 니시키에(錦繪), 「체조하는 학생들」, 1886(명치19)년. 유모토 고이치의 『일본근대의 풍경』(연구공간 수유 너머 동아시아 근대세미나팀 옮김, 그린비, 2004), 421쪽에서 재인용. 고이치의 이 책에는 1905년 『곳케이신문』(1905. 7. 20.)의 삽화에서, 치마를 입은 여학생들이 단체로 열과 종을 맞춰 엎드린 자세로 체조하는 모습을 담고 있다. 이는 여성의 고등교육에 대한 부정적인 표상이었다. "한 줄에 4명씩 땅에 손을 대고 엎드려 허리를 길게 펴는데, 이렇게 보기 흉한 체조를 해서 무얼 하겠다는 건지. 요바이(夜這: 밤에 연인의 침소에 가만히 침입하던 일) 연습인가, 남편을 짓누르는 연습인가, 그것도 아니면 찻잎가는 맷돌 돌리기 연습인가. 어쨌든 매우 바보 같은 연습임에 틀림없다. 최근 여성들이 점점 말괄량이가 되는 것도 무리가 아니다. 이게 고등사범이라니".

1878년에 설립된 체조전습소에서 경체조—가벼운 기구를 이용하여 신체를 건강하게 단련하는—를 가르쳤는데, 이것이 전국의 학교로 퍼져 나갔다. 1908년에는 스웨덴 체조가 소개되면서 보통체조와 병식체조가 학교체조라는 이름으로 새롭게 바뀌었다(1909년 7월 사범학교령 시행규칙개정). 스웨덴 체조는 일본에서 1903년 미국에서 스웨덴 체조를 배우고 귀국한 이구치 아구리(井口阿ぐり)가 도쿄 여자사범학교에서 보통체조와 군대식 체조를 대신하여 스웨덴 체조를 가르치면서 보급되었다. 스웨덴 체조는 생리학 등을 기반으로 해서 합리적으로 고안되었으며 준비운동이나 정리운동에 효과적이었다.

우리나라에서도 병식체조는 점차 체조교과에서 사라져갔다. 1909년 1월 휘문의숙의 체조교사였던 조원희는 병식체조가 아동의 신체발달에 유해함을 지적하고 신식 체조법을 발간하였다.[56] 그러나 보통체조 역시 다같이 구령에 맞추어 같은 동작을 반복한다는 점에서 전시적이었다.

근대적인 육체는 새로운 스펙터클을 구성하는 중요한 일부였으며, 전시성과 집단적인 규율성, 표상성을 특징으로 했다. 예컨대 1900년 12월에 창설된 군악대는 1901(광무 5)년 7월 25일 왕의 탄신 기념식장에서 초연 후 왕실이나 관인구락부의 각종 행사에 동원되면서 관객들에게 군악의 연주와 함께 의장행렬과 군진행렬 등을 선보였다. 군악대 창설의 실제적인 목적은 당시 왕실의 권위나 우아함, 나아가 국권을 과시하는 데 있었다. 군악대는 1902(광무 6)년 12월에 서울 탑골공원 서쪽의 신양옥으로 본부를 옮기고, 목요일 오전 10시마다 파고다 공원 팔모정에서 부민 위안공연회를 가졌다. 음악연주뿐만 아니라 각종 행렬을 병행하였다는 점에서 군악대원들의 신체는 집단화되고 규율적인 것이었고, 군악대의 공연 자체가 왕실의 권위와 국권을 과시하는

---

56 나현성의 『한국운동경기사』(문천사, 1958), 156~160쪽과 유모토 고이치의 앞의 책, 420~421쪽을 참조할 것.

것이었다는 점에서 전시적이고 표상적인 것이었다.

2) 신파극 연기의 양식성과 의미의 육체성

신파극의 배우는 근대극장 안에서 새로운 육체성을 가지고 있었다. 궁중무용이나 민속연희, 판소리 등과 같은 구연극에서 '연희자(performer)'의 육체는 관객과 함께 어우러지며 춤추고 노래하는 것이었다. 하지만 신파극에서 '배우(actor)'의 육체는 관객들에게 이야기를 전달하며 의미화 되었다.

구연극 중 이야기의 비중이 가장 큰 판소리에서도 이야기의 내용 전달보다 창(唱) 자체가 더 중시되었으며, 이야기의 전달을 목적으로 완창(完唱)되는 경우는 많지 않았다. 서스펜스를 가지고 관객의 극중 몰입을 지속적으로 추동하면서, 아리스토텔레스가 말했던 처음과 중간, 끝의 형식을 갖춘 완결된 극행동(dramatic action)을 보여주는 연극은 우리 연극사에서 신파극이 처음이었다.

하나의 완결된 극행동 안에서 육체는 배우의 것이 아니라 등장인물의 것이었다. 그리고 신파극의 육체는, 그것이 기본적으로 멜로드라마적이라는 점에서 피터 브룩스의 "의미에 사로잡힌 육체"였다. "멜로드라마의 단순하고 생경한 메시지가 관객에게 명백히 시각적으로 드러나기 위해서 희생자들과 악당들의 육체 또한 신분을 명확하게 드러내어야"[57] 하기 때문이다.

"의미에 사로잡힌 육체"는 관념적인 의미나 미덕, 감정 등이 멜로드라마 안에서는 궁극적으로 배우의 물질적인 육체성을 띠고 구현된다는 것을 의미한다. 예컨대 순결한 모습의 여주인공은 여주인공의 미덕인 정절을 시각적으로 육체화 하였다. 그리고 여주인공의 눈물은 악인의 모함으로 겪게 되는

---

57 피터 브룩스, 『육체와 예술』, 이봉지·한애경 옮김, 문학과지성사, 2000, 134쪽.

억울함과 시련, 고통을 육체화 하였다. 일반적으로 눈물의 양은 등장인물이 갖는 미덕의 크기에 비례하였다. 특히 여주인공으로 대표되는 희생자가 시련을 당할 때에는 육체 자체가 감금되거나 혹사당하는 경우가 많았으며, 마지막에 곧잘 등장하는 재판 장면이나 오해가 풀어지는 장면에서는 주인공의 무죄함이 공개적으로 밝혀지고 고결한 미덕은 찬양되며 물질적으로 보상받았다. 악당은 육체적으로 죽거나, 살아도 무대 위에서는 추방되었다.

브룩스는 혁명적 계몽기에 새로운 대중문화로 성행했던 멜로드라마의 육체를 선악의 이분법적인 의미가 새겨지는 장소로 보았다. 이 시기는 중도노선을 배제하고 범주를 양극화시키며 사람들을 궁극적으로 어느 범주 중 하나에 포함시켰다.[58] 우리의 1910년대 역시 문명과 야만을 선과 악의 이분법으로 구분하는 시기였으며 다른 어느 때보다 문명을 지향하는 계몽의 논리가 힘을 발휘하던 시기였다는 점에서 신파극 멜로드라마의 이분법적인 의미는 현실성을 가지고 있었다.[59]

신파극 멜로드라마의 육체는 양식화된 연기를 기반으로 하고 있었다. 온나가타(女形)의 연기로 대표되는 신파극의 양식성은 일본 신파의 그것이 식민지적인 상황에서 외삽된 것이었다. 일본 신파는 비록 의식적으로 가부키와 결별하고자 했으나, 연극적 소양이 없는 아마추어인 소우시(壯士)의 연극이었던 까닭에 연극적으로 가부키를 계승하는 데 더욱 적극적이었다.

일본 연극사에서 신파의 기원은 일반적으로 메이지 21년(1888) 12월 오사카(大阪)의 신쵸자(新町座)에서 '대일본장사개량연극회(大日本壯士改良演劇會)'

---

58 앞의 책, 116~119쪽.
59 전통 연희의 인물유형 역시 선인과 악인으로 구분되는 경향이 있다. 그러나 '어리석은 양반'이나 '영리한 하인', '부패한 중(僧)' 등과 같이 계층별 유형이 우세하고 이는 또한 기본적으로 해학성을 토대로 하기 때문에 멜로드라마에서와 같은 절대적인 선인이나 악인이라고 볼 수 없다.

한국 근대연극의 형성

라는 이름으로 공연된 스도 사다노리(角藤定憲) 극단의 공연으로 여겨진다. 이 극단은 민권운동가인 나카에 초민(中江兆民)의 후원 아래, 스도의 자전적인 정치소설을 대본으로 만든 〈인내하며 정조를 지킨 아름다운 서생(忍耐之書生貞操佳人)〉과 대역(大逆)으로 처형되었던 코토구 신수이(幸德秋水)의 〈근황미담 우에노의 새벽(勤王美談上野曙)〉을 공연하였다.[60] 하지만 스도가 '개량연극'을 올리기 전인 메이지 20년(1887) 2월에 카와카미 오토지로(川上音二郎)는 교토의 사카이조자(阪井座)에서 '개량연극' 〈남쪽바다 요메지마의 달(南洋嫁嶋月)〉을 공연하였다. 카와카미는 그 이전부터 민권사상을 선전하기 위해 코단(講談)이나 니와카(にわか)를 공연하고 있었다.[61]

스도의 소우시시바이(壯士芝居)는 "사실적인 현대극과 소우시(壯士)의 구제, 정론(政論)의 선전"을 위한 것이었다. 하지만 이런 정치적 목적에도 불구하고 그는 평소 자신이 숭배했던 가부키 배우인 제3대 나카무라 소주로(中村宗十郎)에게 연극 지도를 의뢰했다. 오사카의 진보적인 가부키 배우였던 나카무라는, 당시 제9대 이치카와 단주로(市川團十郎)를 중심으로 이루어졌던 도쿄의 연극개량 운동에 대항하여 명치 20년 이후에 오다 준이치로(織田純一郎)와 우다가와 분카이(宇田川文海), 하야카와 이스이(早川衣水), 오카노 한보쿠(岡野半牧), 구보다 베센(久保田米遷)과 함께 연극개량 운동을 주창, 실행하고 있었다. 스도가 하고자 했던 '명치의 풍속을 사실적으로 묘사하는 현대극'은 바로 나카무라의 연극을 모범으로 하는 것이었다.[62] 따라서 스도의 공연은 비록 가부키보다 사실적이었으나, 여전히 초보(チョボ) ─ 가부키에서 지다이유(義太夫)가 지문을 이야기해주는 방식 ─ 나 게자(下座) ─ 가부키에서 무대 한쪽

---

60 일본 신파작품의 제목 번역은 효도 히로미, 문경연·김주현 옮김, 『연기된 근대』, 연극과 인간, 2007의 번역에 따른 것이다.

61 大笹吉雄, 『日本現代演劇史』, 白水社, 1985, pp.48~50.

62 波木井皓三, 『新派の藝』, 東京書籍, 1984, pp.9~14.

구석에 마련된 연주자들의 자리 - 음악을 사용했던 가부키풍의 연출에 머물러 있었다.[63]

한편 카와카미는 스도의 '소우시시바이'에 자극을 받아 후지사와 아사지로(藤澤淺二郞), 아오야기 스테지로(靑柳捨三郞)와 함께 '쇼세이시바이(書生芝居)'를 시작하였다. 하지만 반정부적인 민권운동의 일환으로 시작되었던 카와카미의 연극도 1891년 6월 도쿄의 나카무라자(中村座) 공연 이후부터 정치적 성향을 버리고 연극 지향성을 분명히 하기 시작했다. 일종의 전쟁보도극으로 대흥행을 거두었던 〈이가이(意外)〉, 〈속편 이가이(意外)〉, 〈속속편 이가이(意外)〉 등의 작품은 모두 가부키풍의 연출을 토대로 하고 있었다.

스도나 카와카미의 신파가 가부키풍이었다는 것은 특히 그것의 과장된 양식미를 말하는 것이었다. 가부키의 양식성은 '구마토리(隈取)'라는 얼굴분장법[64]이나 미에(見得)[65]와 다테(殺陳)[66], 롯포(六方)[67], 단마리(だんまり)[68] 등과 같

---

63 大笹吉雄, 위의 책, p.51.

64 크게 홍색계통과 남색계통이 있으며, 홍색은 선인(善人)을 남색은 악인(惡人)을 표상한다.

65 '미에(見得)'는 무대에서 연기가 진행되는 어느 한 순간에 배우가 정지상태로 눈을 부라리거나 손이나 발에 힘을 집중시키는 연기를 말한다. 이때 다른 등장인물들 모두 정지상태가 되고, 반주음악도 멈추고 딱딱이만 친다. 미에는 연기 중에 감정이 고양되었을 때나 난투 같은 심한 움직임을 했을 때, 특히 어느 행위를 관객에게 인상깊게 하려고 할 때에 신체의 움직임을 고정해 조각과 같이 정지한 포즈를 취하는 것을 말한다. 이하 용어의 설명에 대해서는 김학현의 『가부키(歌舞伎)』, 열화당, 1997, 45~51쪽.

66 '다테(殺陳)'는 무대 위에서 벌어지는 난투장면을 말하며, 일명 다치마와리(立回)라고도 한다. 살인, 격투, 범인체포 등 살벌한 장면을 예술적으로 아름답게 보일 수 있도록 양식화한 것이다.

67 '롯포(六方)'은 가부키에서 배우들이 무대에 들어설 때 손발을 내저으며 위세있게 걷는 걸음걸이를 말한다. 이는 천지동서남북(天地東西南北)의 방향으로 손을 움직이는 것으로 해석된다.

68 '단마리(だんまり)'는 한자로 암투(闇鬪), 암도(闇挑)로 표기하며, 어둠 속에서 대사 없이 무언으로 서로 더듬어 찾는 동작을 과시하는 연기법을 말한다.

한국 근대연극의 형성

은 연기법 등을 통해 잘 나타난다. 가부키 배우의 연기, 즉 우는 법이나 웃는 법, 먹는 법, 싸우는 법 등은 전반적으로 일정한 '약속'이 전승되고 있어 여기에서 크게 벗어나지 않았다.[69]

가부키 고유의 양식미를 대표하는 것은 무엇보다도 여자 역할을 하는 남성 배우인 온나가타(女形)이다. 1629년 풍기문란의 이유로 여자 가부키(遊女歌舞伎)가 금지된 이후 등장한 온나가타는 남자를 여자답게 보이기 위한 일종의 연극적 변형이었다.[70] 온나가타는 실제 여자보다 더욱 여자답게 보이기 위해서 손짓이나 고갯짓, 발걸음 등의 행동을 여성적으로 양식화시켜야 했다. 하지만 그것은 여성성의 사실적인 표현이 아니었다. 남자역할을 하는 배우 역시 온나가타와 균형을 맞추기 위해서는 그저 남자답게 행동하는 것 이상으로 남성성을 과장하고 양식화하지 않으면 안 되었다.

우리의 경우에도 신파극은 기생들의 궁중무용이나 창부들의 판소리, 사당패들의 민속연희 등의 '구연극'에 대응하는 '신연극'으로 등장했다. 그러나 우리의 신파극은 아이러니하게도 일본의 구파 연극인 가부키의 잔재가 남아 있는 일본 신파를 모방적으로 수용한 것이었다. 박진은 어렸을 적에 연흥사

---

69 이 약속을 가부키에서는 '가타(型)'라고 한다. '가타'라는 것은 '가타이(かたい, 굳다, 단단하다, 견고하다는 뜻)'와 '가타치(かたち, 形)'의 '가타'와 같은 어원을 갖는 말로, 일정한 형태로 굳어진 행동의 본보기를 말한다. 본보기인 만큼 거기에 따라 행동해야 하지만 새로운 고안이 완전히 금지되어 있는 것은 아니다. 이러한 형(型)을 따르면서 한편으로 이 형을 어떻게 하면 벗어날 수 있는가 하는 과정을 통해서 발전이 있게 된다.

가부키의 '형(型)'은 생활의 모든 영역에 유형화가 이루어지고, 그 유형화가 눈에 보이는 형태를 취하여 생활에 현저한 모습으로 나타나고 시각화하는 것이 강력히 요구되었던 도쿠가와 시대를 반영하는 것이었다. 신분사회에서의 유형적 정신이 가부키의 연기 속에 들어가 '형'을 낳게 된 것이라고 한다. 이상에 관해서는 가부키의 양식미에 관해서는 김학현의 위의 책, 33~36쪽을 참조할 것.

70 여자 가부키가 금지되자 미소년 가부키(若衆歌舞伎)가 등장했지만, 이 역시 남색의 매음을 겸한 풍기문란을 이유로 1652년에 전면 금지되었다.

에서 보았던 신파극의 무대수법 모두가 완전히 일본 것 그대로였으며 화술의 억양, 동작의 걸음걸이까지 일본의 투를 본딴 것이었다고 회상했다.

> …이 「신파연극」은 인기를 아니 끄을 수가 없을 만큼 재미있고 아슬아슬하고 장렬한 것이었다. 그때의 「신파연극」에 좋은 역할은 반드시 단장이 했고 단장이 등장할 때에는 반드시 「하나미찌(花道)」라는 관객석 한구퉁이를 꿰뚫고 무대로 가는 길(이것도 무대의 일부)을 통해서 걸어나오는 것인데 무대 한 옆에 설치된 「하야시바」라는 오케스트라 비트 아닌 음악실에서 반주하는 북과 종발(鍾鉢)의 소리에 맞추어 멋들어지게 무대로 향하는 것이다. 이 순간의 관중의 박수와 배우의 영예는 극치라 할 것이다. 이 모든 무대에서의 수법은 완전히 일본 것 그대로였으니 화술에 있어서는 억양까지 동작에 있어서는 걸음거리까지 일본의 투를 본딴 것이어서 우리 이목에 이상했다.…[71]

하나미찌(花道)는 가부키의 고유한 무대구조 중 하나이다. 그것은 관객석에서 무대를 바라볼 때 왼쪽 편으로 정면의 무대를 향해 길게 복도처럼 이어져있는 무대길이었다. 하야시바(雜子場)도 가부키의 반주음악을 연주하는 자리였다. 이는 모두 일본 신파를 그대로 계승한 것이었다.

단성사와 연흥사 등의 민간극장들도 대부분 일본식이었다. 윤백남은 "그때 단성사는 지금의 단성사 건물과 달러서 순화식(純和式) 극장으로 하층에는 다다미를 깔고 위층에는 널판 걸상이 죽 놓여있는 극히 개조(簡粗)한 건물"이었으며, "무대에서 관객석 한편을 거쳐서 소위 「花途」가 조금 경사를 가지고 높여 있다"고 회상했다.[72] 그리고 조일재와 함께 관람했던 임성구의 〈혁신단〉 초창기 공연의 시작 부분에 대해 다음과 같이 회상하였다.

---

71 박진, 앞의 글, 95쪽.
72 윤백남, 「조선연극운동의 20년전을 회고하며」, 『극예술』 창간호, 1934. 4, 20쪽.

별안간 소고(小鼓)를 『뚱땅 뚱땅 뚱땅』 치는 소위 「噺方」의 북소리와 함께 단장 임성구가 시대와 현실을 초월한 군복을 입고 군도를 한손으로 쥐고 그 북소리에 마쳐서 군대조련식 보조(步調)로 화도(花道)에 나타나서 본무대로 들어섯다. 그리고 조곰 쉰목성으로 억양을 붙인 이상야릇한 문자가 석긴 「세리후」를 독백하기 시작하엿다."[73]

위 인용에서 주인공이 북소리에 맞춰 하나미찌를 통해 등장하는 것은 가부키와 일본 신파의 연극적 관행에 따른 것이었다. "군대조련식 보조"라는 것은 가부키의 '롯포(六方)', 즉 배우들이 무대에 들어설 때 손발을 내저으며 위세 있게 걷는 걸음걸이를 응용한 것으로 추정된다. 앞선 박진의 회고에서 신파극 배우들이 하나미찌를 걸어나올 때 하야시바의 북과 종발의 소리에 맞추어 멋들어지게 무대로 향했다는 것도 이 '롯포'였다.

박진과 윤백남의 회고담에서 신파극이 다소 과장적으로 희화화 되고 있는 것은, 그들이 사실주의 연극의 관점에서 신파극을 회상했기 때문이다. 하지만 중요한 것은 신파극 공연이 일본 신파를 억지스럽고 엉뚱하게 모방한 것이었다는 회고담의 축자적인 의미보다, 그토록 부자연스럽고 이국적인 공연이 당시의 관객들에게는 문명적이고 진지한 '신연극'으로 보여졌다는 사실에 있다. 신파극의 새로움은 무엇보다도 근대화에 먼저 성공한 일본의 문화 자체를 ─ 그것이 구파이든 신파이든 간에 ─ 문명적인 것으로 간주하고 수용하는 데 있었던 것이다. 신파극 배우들의 억양이나 동작, 의상을 비롯하여 무대장치에 스며있었던 일본적인 것은 식민지적인 상황에서 문명적인 이국의 취향으로 인식, 소비되고 있었다.

73 위의 글, 21쪽.

4. 신파극의 공간, 무대환경을 사실화하다

1) 근대극장의 공간과 관극 방식

실내극장의 신설은 관극 방식에 근본적인 변화를 가져왔다. 실내극장이 등장하기 이전까지 관객들은 주로 야외공간에서 공연물을 자유롭게 구경하였다. 그러나 실내극장은 관객들로 하여금 고정된 자리에 앉아서 한쪽 방향에 놓인 무대를 바라보게 만들었다. 공간이 관극의 방식을 규율하기 시작했던 것이다.

상설적인 실내극장이 등장하기 이전까지 각종 연희는 일상생활의 공간 안에서나 자연환경을 배경으로 하여 공연되었다. 그리고 이들 연희는 주로 각종 연회나 행사 등의 여흥으로 행해졌다. 조선시대에 궁궐이 있는 서울에서는 산대잡극(山臺雜劇)이나 지방 관아의 행사가 주로 나례도감(儺禮都監)의 관장 하에 공적인 의례로서 행해졌다. 그리고 민간에서는 사대부의 회갑연이나 과거급제 후의 유가(遊街)와 소분(掃墳), 이희연(耳喜宴) 등과 같은 각종 잔치에 재인(才人)과 광대가 동원되었다. '유가(遊街)'란 과거에 급제한 자가 그 영광을 자랑하면서 세악수(細樂手)와 광대 재인을 앞세우고 서울 시가를 삼일간 돌아다니는 것이었으며, '소분(掃墳)'은 유가 후 출신 본향에서 조상의 묘분에 참배하는 것이었고, '이희연(耳喜宴)'은 부모에게 알리는 것이었다. 이들 행사에는 항상 재인과 광대의 악(樂)과 희(戱)가 여흥으로 따랐으며, 재인과 광대는 보수를 받고 공연하였다.[74]

일상생활의 공간이나 자연환경 안에서 각종 연희들은 통상 동시다발적으로 진행되었으며, 관객들은 자유롭게 관극 위치와 관극 대상을 선택할 수 있었다. 예컨대 조선시대의 궁중연회에서 기녀(妓女)와 무동(舞童)의 각종 공연들은 동시에 또는 순차적으로 행해졌다. 궁중연회 중 하나인 진연(進宴)은 국가적인 경사를 맞아 특별히 거행하는 큰 규모의 연회로서[75] 주로 정전(正殿)에서 거행되는 외연(外宴)과 주로 편전(便殿)이나 내전(內殿)에서 거행되는 내연(內宴)으로 구분되었다. 정전이나 편전은 임금이 정사의 업무를 보는 공적인 공간이었고, 내전은 왕비가 거처하는 사적인 생활공간이었으나 연회가 벌어지는 동안에는 임시적으로 연회 공간이 되었다. 이를 위해 대부분의 궁궐 대청마루 앞에는 임시로 덧마루를 설비하여 연회공간의 넓이와 높낮이를 조정하였고, 상하의 층위를 두어 예(禮)를 실현하였다.[76]

연회는 궁궐의 실내공간과 주변의 계단, 마당 등의 모든 공간에서 이루어졌다. 궁궐 정면 앞에 확장된 대청마루의 중앙에는 어좌(御座)가 배치되었으며, 어좌 앞의 마당을 중앙무대로 하는 양옆에는 신하들의 자리가 마련되었다.[77] 이러한 공간은 참가자들의 신분과 계층이 한정되어 있었다는 점에서 배타적 공간이었다. 자리 역시 서열에 따라 정해져 있었다. 하지만 참가자들이 각자의 자리에서 마당과 대청마루 위에서 동시적으로 진행되는 공연을 자율적으로 선택하여 구경할 수 있었다는 점에서 그것은 열린 공간이었다.

---

74 이두현, 『한국연극사(개정판)』, 학연사, 1996, 101~102쪽.

75 진연은 또한 다른 연회들을 포함하는 넓은 개념으로 쓰이기도 하였다. 이재숙 외, 『궁중의 례와 음악』, 서울대학교출판부, 1998, 84쪽.

76 사진실, 「진연과 정재의 공연미학과 예악론」, 『공연문화의 전통』, 태학사, 2002, 71쪽.

77 앞의 책, 90~97쪽.

야외의 자연환경을 배경으로 하는 연희도 마찬가지였다. 일상적인 공간을 벗어난 연극공간의 배경은 아름다운 산과 강 등뿐만 아니라 시선이 머무는 자연 전체로 확장되었고, 이를 배경으로 다채로운 행사가 동시에 행해졌다. 예를 들어 대동강 선유놀음에서는 강변에 위치한 흥복사(興福寺)와 영명사(永明寺) 등의 사찰과 부벽루, 다경루 등의 누정(樓亭)을 유람하고 연회를 베푸는 일이 함께 이루어졌다.[78] 평양성과 대동강은 밤에 화려한 횃불로 꾸며졌으며, 횃불은 그 자체가 조명이 되어 강변과 강물 전체를 하나의 스펙터클로 만들었다. 대동강 및 주변의 자연환경 자체가 모두 거대한 연극 공간으로 전환되었던 것이다. 강물 위에 띄워진 배들은 이동식 무대이자 관객석이 되었으며, 보는 사람들과 보이는 대상은 모두 끊임없이 유동적으로 변화되었다. 같은 배에 타고 있는 사람들의 경험도 각각 달랐다.

이와 같이 근대적 실내극장이 상설화되기 이전에 연극 공간은 건축물의 내부와 외부(마당)를 모두 아우르고 자연환경 전체를 무대와 배경으로 하는 열린 공간이었다. 물론 이러한 공간은 특정한 신분과 계층에 한정된 배타적인 공간이었지만, 이 안에서 참가자들은 자유로운 구경꾼이면서 동시에 서로가 서로의 구경 대상이 되었다. 대부분의 연회나 연희에서는 기생이나 광대 등의 여러가지 공연물이 동시에 진행되었기 때문에 구경꾼들의 시선은 자유롭고 능동적으로 그 대상을 찾을 수 있었다.

근대적 실내극장은 관극 자체를 목적으로 설치된 별도의 상설 공간이었다. 물론 신파극이 등장하기 이전까지 극장의 공연물은 주로 재래의 연희들, 즉 기생과 창우들의 궁중연희나 민속연희 등이었다. 그러나 구경 자체를 목적으로 일정한 액수의 돈을 지불하고 한정된 극장공간 안에 관객 대중으로 모여드는 것 자체가 이전에 없었던 새로운 경험이었다. 실제로 최초의 실내

---

78 위의 책, 142~175쪽.

　　　　　　　　　　　　　　　　　　　　　　　　한국 근대연극의 형성

극장 공연이었던 1902년 12월 4일의 협률사 공연은 공연 사실과 함께 입장료를 다음과 같이 고시하는 것으로 시작되었다. 시장터나 사찰 등지에서도 재인과 광대들은 보수를 받고 공연하였지만, 상설극장처럼 폐쇄된 공간에서 모든 구경꾼들에게 균등한 금액을 받는 것이 아니었다.

> 本社에서 笑春臺遊戱를 今日爲始하오며 時間은 自下午 六点으로 至十日点까지요 等票는 黃紙上等票에 價金이 一元이오 紅紙中等票에 價金七十錢이오 靑色紙下等票에 五十錢이오니 玩賞하실 內外國僉君子 照亮來臨하시되 喧譁와 酒談과 吸煙은 嚴禁하는 規則이오니 以此施行하심을 望함[79]

실내극장의 구조는 극장 안에 모인 관객들의 경험, 즉 연극적 의사소통과 인식방식에 큰 변화를 가져왔다. 협률사(이후 원각사)를 비롯한 연흥사, 단성사, 장안사 등의 내부구조는 중국식 극장이나 일본식 극장을 따라 지어졌다. 협률사는 앞서 살펴보았듯이 삼방향 관람이 가능한 돌출무대였으며, 이후 원각사로 재개장되면서 일자형의 무대로 변경되었다. 단성사와 연흥사 등의 민간극장들은 일본식 가부키 극장의 구조를 따라 무대 앞쪽 일면이 관객과 접해 있는 구조였다.

실내극장 안에서 무대와 관객석은 서로 마주 보게 배치되었다. 이 속에서 관객들의 시선과 육체는 모두 일방향으로 정향화되었다. 이는 재래의 공동체적인 연극공간 안에 한데 섞여 있던 관객과 공연물을 주체와 객체의 관계로 이분화시키는 것이었다는 점에서 근대적이었다.[80]

---

79 「광고」, 『황성신문』, 1902. 12. 4.
80 기존의 논의들은 식민지 근대 초기의 극장 공간을 둘러싸고 경험되었던 근대성 문제를 다루면서 대부분 실내극장의 제도적 성격과 자본주의적 시장성에 주목하였다. 이중 박명진은 식민지 근대초기를 "도시공간과 건축, 박람회, 박물관, 신문 매체와 사진 등의 '시각적 표상(representational space)'이 활성화된 시기"로 간주하면서 특히 시각체계

실내극장의 이분법적인 구조는 자유롭게 움직이고 대화하며 음식을 먹으며 공연을 보는 데에 익숙한 관객들을 무대를 향해 일방향으로 정렬화시키고 정숙한 가운데 무대를 지켜보도록 규율화 하였다. 위의 협률사 개장 광고에는 "훤화와 주담과 흡연은 엄금하는 규칙"을 분명히 명시되어 있었다.

연극장의 풍경은 그럼에도 불구하고 정숙과 거리가 멀었다. 1914년 혁신단의 〈눈물〉 공연을 본 어느 일본인 부인은 일본잡지인 『죠가쿠세카이(女學世界)』에 투고한 조선 연극장 관람기에서 당시의 관극 분위기에 관해 다음과 같이 기록하고 있었다.

구경ㅎ는 사름은 여전히(특히 부인석) 들입다 짓거리며 그즁 긴요흔 모통이에셔 우슴시지 이러남니다. … 죠션인은 고리로 연극을 우슴거리로 보아 연극쟝에는 우스러가는 것으로 작뎡되엿다든가 그러닛가 슯흔 것을 보아도 동정이 조곰도 안이 이러나는 모양이올시다 [81]

의 중요성에 주목하였다. 그러나 실제 논의는 연극 공간이 아니라 인쇄된 희곡 텍스트, 그 중에서도 「병자삼인」의 시각성에 한정하였다. 박명진, 「한국연극의 근대성 재론 —20C 초의 극장공간과 관객의 욕망을 중심으로」, 『한국연극학』 제14호, 한국연극학회, 2000; 박명진, 「근대초기 시각체제와 희곡」, 『한국극예술연구』 제16집, 2002; 이승희, 「한국 사실주의 희곡 연구 —1910년~1945년 시기를 중심으로」, 성균관대 박사학위논문, 2001; 김소은, 「한국 근대연극과 희곡의 형성과정 및 배경연구」, 숙명여대 박사학위논문, 2002.

한편 김기란은 근대적인 프로시니엄 무대구조가 가져온 시각 체계의 학습적인 측면에 주목하였다. 그는 관객들의 시선을 집중시키는 협률사의 프로시니엄 무대구조가 관객들로 하여금 무대와의 교감을 이루게 함으로써 공연에 효과적으로 몰입하게 만들었다고 했다. 그리고 관객들의 감각을 시각 중심으로 통합시키는 프로시니엄 무대를 통해 계몽주체들은 자신들이 의도하는 세계상을 제시하고, 관객들의 시선에 자신들의 이념적 목표를 감염시키고자 했다고 주장했다. 김기란, 「한국 근대계몽기 신연극 형성과정 연구」, 연세대 박사학위논문, 2004, 84쪽.

81 「「눈물」 연극을 톳흔 내지부인의 감상」, 『매일신보』, 1914. 6. 26. 이 기사에서는 모두에 이 글이 하촌약초(河村若草) 여사가 일본의 유력한 잡지 『여학세계』에 기고한 글이라고 소

연극장 전체가 울음바다였다는 당시의 신문기사들의 보도와 달리, 글쓴이는 연극장 안의 소란스럽고 슬픈 장면에서도 웃음소리가 끊이지 않았다고 전하였다. 1910년대 중반의 관객대중들은 오늘날처럼 침묵 속에서 관극에 몰입할 수 있을 만큼 규율화되지 않았던 것이다.

정숙한 관극 태도는 연극개량의 모범적인 이상으로 일찍부터 제시되곤 했다. "관람자가 축야운집하는데 남녀의 석차(席次)가 정숙하야 혼잡한 상태가 호무(豪無)하다더라."[82] 1913년 1월 21일 『매일신보』 「선인(鮮人) 관극에 대ᄒ야─일반관람쟈에게 경고흠」의 글쓴이인 '남하생(南下生)'은 현금 조선의 연극장이 "남ᄌ와 녀ᄌ의 딕합소(待合所)"에 불과하다고 비판하였다. 왜냐하면 관객석의 풍경이 "한 헌화쟝을 지어, 혹은 이러셔고, 혹은 안즈며, 혹은 다른 사름과, 의론이 분분ᄒ고 혹은 고담쥰론으로 우스며, 리약이ᄒ니, 그새ᄂ 어느째냐 ᄒ면, 막을 열고 비우ᄂ 열심히, 흥힝을 ᄒᄂ즁"이기 때문이었다. 그리고 일본의 조용한 관극태도를 문명한 것으로 들고 현재 조선의 관극태도를 강하게 비판하였다.

　　…작년십이월경에 닉디에 유명ᄒ 신파연극의 원죠(元朝)된 쳔샹졍로(川上貞奴)일파에 흥힝ᄒᄂ 당지슈좌(고도부기싸─)에를 엇던 닉디친고와, 관람ᄎ로, 갓슬째에 쟝닉에ᄂ, 관람쟈가 가득ᄎ셔, 송곳셰울곳이이 업셧스나 오히려 비우에 흥힝○○귀ㅅ속말한되○○업스며, 일졀 무례흔, 악습이 업더라 깁히 싱각ᄒ시오 닉디에 문명이, 엇더흔, 범빅ㅅ에ᄭ지 이르럿ᄂ가,…

근대 이전까지 대청마루나 마당에서 자유롭게 이동하며 구경하는 데에 익

　　개하고 있다. 실제 확인한 바 이 글은 대정 3년(1914) 7월 『여학세계』 제14권 제9호에 카와무라 와카쿠사(河村 わか艸)란 필명의 "조선 연극을 본 글(朝鮮の演劇を見た記) ─혁신된 조선 연극의 내용"이란 제목으로 실렸다. 내용은 대동소이하다.

82 「연극개량」, 『매일신보』, 1910. 10. 11.

숙했던 사람들에게 남녀가 분리된 고정된 좌석과 정숙한 관극태도는 낯설고 어려운 경험이었음에 틀림없다. 그러나 실내극장 안에서 관객들은 고정된 자리에 앉아서 정숙한 분위기를 유지하면 무대에 집중하도록 요구받기 시작했다.

2) 무대 사실주의와 믿을 만한 환경의 창출

신파극의 동시대적인 내용과 구어조의 대사, 배우의 육체는 모두 무대적인 사실성에 대한 지향을 보여주고 있었다. 그리고 신파극의 사실적인 무대공간은 특히 이를 가시화하는 것이었다.

무대공간은 특정한 장소를 사실적으로 재현(representation) 또는 모방하거나 상징적으로 제시(presentation)함으로써 이를 표상화한다. 예컨대 그리스 시대의 원형극장과 중세 종교극의 수레무대, 엘리자베스 시대의 글로브극장은 기본적으로 빈 무대였으나, 극중 인물의 대사나 간단한 소도구 등을 통해 특정한 시공간을 상징하거나 표상화했다. 반면에 르네상스 이탈리아의 프로시니엄과 원근법적인 무대장치를 갖춘 극장이나 입센과 스트린드베리, 앙투완 등의 20세기 사실주의 연극의 무대공간은 특정한 장소에 대한 환영(illusion)을 최대한 구체적으로 창출하고자 했던 시도였다.

신파극의 무대는 중극장 규모의 비교적 친밀한 분위기에서 특정한 장소를 비교적 사실적으로 재현하는 공간이었다. 신파극의 주 무대였던 연흥사나 단성사는 그리 큰 극장이 아니었다. 공연 당시의 관객석을 담은 다음 사진을 참고하여 카메라의 사각(死角)지대까지 고려해본다면, 연흥사의 관객석 규모는 만원(滿員)일 경우 3·4백 명 정도였던 것으로 추정된다.[83] 물론 그때는

---

83 서구 연극사에서 최초의 근대적인 연출가였던 앙드레 앙투완(André Antoine, 1858~1943)

한국 근대연극의 형성

오늘날처럼 개별좌석이 아닌 긴 벤치로 되어 있고 다다미가 깔려 있어 관객들이 신발을 벗고 들어갔기 때문에 관객 수용 인원만으로 극장의 규모를 추정하기는 어렵다. 하지만 공연사진을 통해서 우리는 극장이 오늘날 소극장 정도의 규모였음을 추정해 볼 수 있으며, 여기서 배우들은 야외의 가설무대에서처럼 큰 소리를 지르거나 과장되게 움직이지 않아도 되었을 것이다. 단성사는 연흥사보다 조금 더 큰 규모였던 것 같지만, 그림 10은 1914년 1월 17일에 신축된 이후의 사진이라는 점에서 처음에는 연흥사와 유사한 크기였을 것으로 추정된다.

극장공간의 성격과 분위기는 『매일신보』에 게재되었던 공연사진을 통해 좀더 구체적으로 파악될 수 있다. 당시 신파극단들과 『매일신보』는 공조적인 관계를 가지고 있었다. 신파극단들은 대중적으로 큰 인기를 얻고 있었던 『매일신보』 연재소설을 적극적으로 레퍼토리화 하여 흥행을 도모했다. 그리고 『매일신보』는 자사(自社)의 연재소설 각색 신파극 공연을 대대적으로 홍보 보도하고 신문에 반액할인권을 게재하면서 ―지방 순회공연 시에는 지방의 독자/관객에까지― 협찬하는 방식으로 구독률을 높였다. 다음의 공연사진들은 『매일신보』 연재소설을 원작으로 하여 모두 흥행에 대성공을 거두었던 1910년대 신파극의 대표작인 〈쌍옥루〉와 〈눈물〉, 〈정부원〉의 보도 기사에 포함된 사진들이었다.

〈쌍옥루〉는 1912년 7월 17일에서 1913년 2월 4일까지 『매일신보』에 조일

은 1887년에 자신의 극장인 테아트르 리브르(Théâtre Libre)에서 무대 사실주의, 즉 자연주의 공연양식을 처음 시도하였다. 초창기의 테아트르 리브르는 242명 정도의 관객만이 들어갈 수 있는 정도로 아담하고 친밀한 극장이었으며, 이후 테아트르 몽빠르나스(Théâtre Monparnasse)로 옮겼으나 이 역시 800석 규모였다. 이러한 앙투완의 극장은 몇 천 명을 수용할 수 있는 기존의 궁정극장이나 공공극장에 비해 아주 작은 극장이었지만, 그의 새로운 연극인 무대 사실주의를 실험하기에는 적당한 극장이었다. 이에 관해서는 밀리 배린 저의 『서양연극사 이야기(개정증보판)』(우수진 역, 평민사, 2008), 제9장을 참고할 것.

그림 9. 〈쌍옥루〉 공연 당시 연흥사의 관객석 풍경 (『매일신보』, 1913. 5. 2.)

그림 10. 〈눈물〉 공연 당시 연흥사의 관객석 풍경 ("눈물연극의 부인회 성황", 『매일신보』, 1914. 2. 3.)

그림 11. 기생연주회 당시 단성사의 관객석 풍경 (『매일신보』, 1914. 2. 15.)

한국 근대연극의 형성

재 작으로 연재된 후에 1913년 4월 29일에서 5월 3일까지 혁신단에 의해 연흥사에서 초연되었다. 공연사진에 의하면 연흥사의 무대폭이 약 5m 정도로 그리 크지 않았음을 알 수 있다. 만원(滿員)의 관객들이 무대 바로 밑에까지 가득 들어서 있었으며, 관객들이 손을 뻗으면 배우에 닿을 수 있을 정도로 관객석과 무대 사이의 거리는 가까워 보인다.

그림 12의 사진은 이경자가 악인 서병삼에게 속아 거짓 결혼으로 농락당하고 임신한 후에 한강에 빠져 자살하려는 장면이다. 무대 뒤편에는 강둑이 설치되어 있고 그 위에 이경자가 관객을 등지고 돌아서 있다. 경자의 앞에 놓인 강둑 너머 한강 풍경의 배경 그림막이 눈길을 끈다. 이 장면에서 경자는 자살하려고 하지만, 마침 우연히 지나가던 김씨 부인이 경자를 발견하고 설득해 자신의 집으로 데려간다. 목숨을 구한 경자는 김씨 부인의 집에서 아이를 낳지만, 오랜 마음고생으로 인해 몸이 허약해져 결국 산후 신경과민에 걸리고 만다. 그림 13은 바로 경자가 머물렀던 김씨 부인의 집 장면이다. 무대 뒤편과 마당의 왼편에는 각각 대청마루와 미닫이문이 달린 방과 울타리, 대문이 비교적 사실적인 구조물로 설치되어 있다.

마지막으로 그림 14의 사진은 연극 후반부에 이경자와 정욱조, 아들 정남이 함께 요양차 목포 해안에 내려갔다가 우연히 전에 낳은 아들 옥남과 조우하고 불의의 사고로 정남과 옥남이 모두 바다에 빠져 죽는 클라이맥스 장면이다. 무대 전체를 천으로 뒤덮어 바다를 표현했으며, 그 뒤편에 옥남과 정남이 고립되어 있는 바위섬이 보인다. 바위 뒤편에는 그림 배경막이 설치되어 있다.

세 장의 공연사진에서 혁신단은 장면 장면마다 새로운 무대장치와 무대배경을 사용하였다. 이는 기본적으로 그림 12과 13의 사진에서처럼 특정한 장소를 사실적으로 나타내고 있는 것이었다. 그림 14의 사진은 연극적으로 표현된 무대였지만, 이 역시 바다와 바다에 둘러싸인 바위섬을 사실적으로 표

그림 12. 〈쌍옥루〉의 한 장면
("쌍옥루 연극즁의 리경조가 한강에서 쌔지는
모양", 『매일신보』, 1913. 5. 2.)

그림 13. 〈쌍옥루〉의 한 장면
("쌍옥루 연극즁의 리경조가 산후에 밋친 모
양", 『매일신보』, 1913. 5. 2.)

현하기 위한 것이었다.

사실적인 무대는 〈눈물〉 공연에서도 사용되었다. 〈눈물〉은 1913년 7월 15
일에서 1914년 1월 20일까지 이상협 원작으로『매일신보』에 연재되었다. 연
재 도중인 1913년 10월 25일에서 29일까지 혁신단에 의해 앞부분만 공연되
었고, 연재가 끝난 직후인 1월 26일에서 31일까지 작품 전체가 공연되었다.

그림 15의 사진은 설명과 같이 주인공 서씨 부인이 평양집의 계략에 의해
집에서 쫓겨나가는 장면이다. 무대 오른편 뒤로 마을 풍경이 배경 그림막으
로 걸려 있으며, 무대 가운데에는 집 마당에서 집안으로 연결되는 마루가 보
인다. 그림 13에서처럼 이 사진의 무대구조물 역시 안채와 마당이 연결된 집
안 구조를 사실적으로 나타내었다.

혁신단의 〈쌍옥루〉와 〈눈물〉 공연에 비해 문수성의 〈단장록〉 공연은 좀
더 건축적으로 완성된 사실적인 무대를 보여주었다. 〈단장록〉은 1914년 1
월 1일부터 6월 10일까지『매일신보』에 조일재 작으로 연재되었는데, 연재
가 끝나기 전인 4월 21일에서 28일까지 문수성에 의해, 그리고 5월 16일에서

한국 근대연극의 형성

그림 14. 〈쌍옥루〉의 한 장면
("쌍옥루 연극즁의 졍남옥남이가 히즁에 빠져
죽는 모양", 『매일신보』, 1913. 5. 2.)

그림 15. 〈눈물〉의 한 장면
("가련흔 셔씨부인이 쫏겨가는, 모양과 무듸산지 침
범흔, 수쳔관긱의 머리", 『매일신보』, 1914. 1. 28.)

18일까지 혁신단에 의해 공연되었다. 신파극단들은 〈쌍옥루〉와 〈장한몽〉,
〈눈물〉 등의 흥행 성공 후 레퍼토리 선점을 위해 치열한 경쟁을 벌이고 있
었다.

　그림 16의 사진은 김정자의 집안 응접실이다. 혁신단은 그림막을 무대배
경으로 사용했지만, 문수성은 무대 뒤편에 가벽(假壁)을 만들고 가벽에 창문
을 내고 커튼을 달았다. 그리고 가벽과 가벽 사이에는 공간을 두어 무대에
깊이감을 더했다. 응접실 풍경은 서구적인 분위기를 조성하였으며, 김정자
의 의상은 한복차림의 서씨 부인이나 김경자와 달리 양장 차림이었다.

　그림 17의 사진에 나타난 무대 역시 건축적인 완성도가 매우 높다. 무대
앞쪽의 대문과 울타리, 그 뒤로 보이는 서구식 현관은 그 자체가 〈쌍옥루〉의
마당과 다른 새로운 스펙터클을 보여주었다. 그림 18의 산속 장면 무대배경
안 그림막도 앞서 혁신단의 소나무 그림에 비해 비교적 원근감 있게 표현되
었다.

　〈단장록〉과 같은 사실주의적인 무대는 1916년 3월 27 · 28일에 단성사에

그림 16. 〈단장록〉의 한 장면
("처음날 흥힝ᄒᄂᆫ, 단장록,
데이막이니, 김뎡쥬의 응졉
실에셔, 졍쥰모의 노흔 모
양", 『매일신보』, 1914. 4. 23.)

그림 17. 〈단장록〉의 한 장면
("처음날 흥힝ᄒᄂᆫ, 단장록,
데이막이니, 김뎡쥬의 응졉
실에셔, 졍쥰모의 노흔 모
양", 『매일신보』, 1914. 4. 26.)

그림 18. 〈단장록〉의 한 장면
("단장록연극 데오막의 광
경", 『매일신보』, 1914. 4. 24.)

한국 근대연극의 형성

서 개연한 예성좌의 첫 번째 공연인 〈코루시카의 형제〉에도 잘 나타나 있었
다. 알렉산드르 뒤마(Alexandre Duma, pére) 원작의 이 작품은 『매일신보』에서
"셔양에셔 유명ᄒ던 연극", "셔양연극직료"라고 기사화되었다.[84] 무대배경
은 문수성의 공연에서처럼 서구적인 응접실을 건축적으로 설치하였다. 그림
19의 사진에서와 같이 등장인물의 의상도 공간의 성격과 걸맞은 양복 또는
양장 차림이었다. 단성사는 연흥사에 비해 극장 규모가 더 크고 무대의 폭도
더 넓었다.

---

84 「예성좌의 초일(初日)」, 『매일신보』, 1916. 3. 26; 「예성좌의 초(初) 무대 코시카 형뎨를 보
  고 (一齋)」, 『매일신보』, 1916. 3. 29.

5. 극장 흥행주의와 극단의 레퍼토리 시스템

1) 극장의 흥행주의와 경쟁 시스템

1910년대 경성 안에서 조선인을 대상으로 운영되었던 상설극장은 원각사와 광무대, 연흥사, 단성사, 장안사 등이었다. 이 중에서 광무대는 주로 구연극의 공연장으로 사용되었으며, 원각사는 1912년 4월과 5월에 문수성의 전용극장으로 사용되었다가 얼마 후 극장의 노후로 영구 폐장되었다. 신파극의 주무대는 연흥사와 단성사였으며, 연흥사는 1914년 9월경 극장건물의 노후로 영업을 정지하기 전까지 신파극을 주로 공연했다. 연흥사의 폐장 이후 신파극은 주로 단성사에서 공연되었다.

혁신단과 문수성, 청년파일단, 유일단 등의 신파극단들은 극장을 장기 대관하여 극단의 레퍼토리를 매일 또는 몇 일에 한 번씩 바꾸어가며 공연했다. 그리고 새로운 관객을 유치하기 위해 새로운 레퍼토리를 지속적으로 추가했다. 대관가능한 극장의 수가 한정되어 있었던 까닭에 신파극단들은 지방순회 공연을 통해 서로 일정을 조정해야 했다. 하지만 기본적으로 신파극단들은 극장 대관이나 관객 유치를 사이에 두고 서로 경쟁적인 관계에 놓여 있었다. 극장은 대관을 통해 수익을 얻는 방식으로 경영되었으며, 이는 결과적으로 신파극단들뿐만 아니라 신파극과 구연극, 활동사진 사이의 흥행 경쟁을

한국 근대연극의 형성

불러일으켰다.

1910년대 전반기에는 연흥사가 혁신단의 주무대로서 신파극의 전성을 이끌었다. 혁신단은 1911년 12월경 남대문 밖 일본인 극장인 어성좌에서 신파극단으로 처음 개연하였다. 하지만 "노원(路遠)도 ᄒ고 불합(不合)ᄒ 사(事)가 유(有)"[85]한 이유로 단성사로 옮겼다가[86] 다시 연흥사로 옮겨 2월 18일(음력 1월 1일)부터 9월 22일까지 약 7개월간 흥행을 계속하였다. 이후 연흥사는 혁신단을 비롯한 신파극단들의 주무대가 되었다.

7개월의 공연기간 동안 혁신단의 휴연은 단 세 번뿐이었다. 혁신단은 2월 18일부터 6월 3일까지 약 백 일 동안 공연을 계속하다가 6월 4일에서 9일까지 6일 동안 처음 휴연하였다. 『매일신보』에는 혁신단이 그동안 하루도 쉬지 않고 공연을 계속해왔던 까닭에 배우들의 신병(身病) 문제로 불가피하게 휴연한다는 광고가 연속 게재되었다.

> 혁신단이 원죠로 신파ᄒ야 우금(于今) 지보ᄒ옴은 비우에 지조가 능ᄒ오미 안이라 관람ᄒ시는 졔군ᄌ에 찬셩ᄒ시는 혜퇵이온고로 **본일ᄒᆡᆼ**이 찬셩지은을 만분지일이라도 보답코ᄌᄒ야 **경년월셰토록 일″이라도 휴연치 안아ᄉ오나** 그간 비우즁에 단쟝과 모″비우가 신양이 불평이온고로 부득이 일쥬일간 휴연ᄒ겟ᄉ오니 쳠군ᄌ는 조량ᄒ시옵셔 그러ᄒ오나 긔연ᄒ는 날에는 연극도 일층 긔량ᄒ겟ᄉ오니 ᄎ조량ᄒ심을 경요홈
>
> 혁신단 임셩구 일ᄒᆡᆼ
> 쥬임 박창한 빅

그 후 혁신단은 6월 10일부터 7월 28일까지 다시 한 달 반 동안 쉬지 않고

---

85 「임성구일행 광고」, 『매일신보』, 1912. 1. 5.
86 1912년 1월 2일부터 25일까지 약 23일간 흥행하였다.

공연하다가 7월 29일부터 8월 4일까지 일주일 동안 휴연하였다. 그리고 8월 5일부터 9월 12일까지 공연을 했다가 9월 13일에서 15일까지 3일간 휴연한 후 다시 9월 22일까지 공연을 계속했다.

혁신단 다음에는 부인연구단의 신파극이 9월 23일부터 10월 중순까지 연흥사에서 공연되었다. 부인연구단은 혁신단의 단장인 임성구를 주임으로 했기 때문에 레퍼토리는 혁신단과 중복되었다. 혁신단은 10월 23일 동서연초회사 주최로 마련된 평양의 가부키좌 공연을 위해 떠났으며, 새로 창단된 청년파일단(靑年派一團)이 그 뒤를 이어 10월 26일에서 11월 30일까지 약 한 달여 동안 연흥사에서 흥행하였다. 청년파일단은 혁신단의 주임이었던 박창한(朴昌漢)이 단장인 임성구와의 갈등을 겪은 후 —정황상 부인연구단의 일로 추정— 독립해서 만든 신파극단이었다.[87][88]

청년파일단은 한 달여의 공연 후 평양으로 떠났으며, 이기세의 유일단(唯一團)이 그 뒤를 이어 12월 1일부터 연흥사에서 공연하였다. 개성 출신인 이기세는 일찍이 교토(京都)의 시즈마고지로(靜間小次郎) 문하에서 신파극을 배운 후 개성으로 돌아와 극장 개성좌(開城座)를 직접 짓고 극단을 조직하였다.[89] 개성좌의 유일단은 1912년 10월 13일의 창단 공연 후 실력을 쌓아가다가 경성에 처음 올라와 12월 1일부터 공연을 시작하여 호평을 받았다.[90]

혁신단이 평양과 진남포에서 흥행을 마친 후 11월 말에 다시 경성에 돌아

---

87 "▲ …연흥샤 문 압까지 가보닛가, 폐업 광고를 써서, 늬걸엇데 그려 (虛行者) … ▲쥬임 박창한, 단쟝 림셩구 사이에, 엇더흔 감정이 잇셔, 그 디경에 이르럿는지는, 알 슈 업스나,…",「사면팔방」,『매일신보』, 1912. 10. 5.

88 "▲청년파 스동연흥샤에셔 흥힝ᄒᆞᄂᆞᆫ, 청년파일단은, 그 **쥬임 겸 단장 박창한**씨의, 열심연구흔 결과로, …",「연예계」,『매일신보』, 1912. 11. 23.

89 이기세,「신파극의 회고(上): 경성서 도라와 유일단을 조직」,『매일신보』, 1937. 7. 2.

90 「개성좌의 개연」,『매일신보』, 1912. 10. 17;「유일단 공연광고」,『매일신보』, 1912. 12. 1 · 3~7.

왔을 때에는 청년파일단이 연흥사에서 공연하고 있었다. 이에 혁신단은 어성좌에서 한 달 가량 공연한 다음 인천 축항사로 떠났다. 20여 일 후 혁신단이 다시 경성으로 돌아왔을 때에는 유일단이 연흥사에서 공연하고 있었다. 혁신단은 마침 새로이 개장되었던 황금유원 연기관(演技館)에서 공연을 시작했다.

새로 개장한 황금유원(黃金遊園)은 황금정(黃金町)으로 불렸던 경성 남부 산림동(山林洞, 지금의 중구 을지로 부근)에 일본 아사쿠사(淺草)의 루나파크(ルナパーク)를 모방하여 만든 일종의 유원지로서 활동사진관인 황금관과 공연장인 연기관을 포함하여 갖가지 오락물을 갖추고 있었다. 루나파크는 1910년(명치 43년) 9월 근대적인 유원지로 거듭나고 있었던 아사쿠사 지역의 파노라마관(パノラマ館)을 허문 자리에 들어선 2층 건물의 최신 유원지였다.[91]

1911년 12월 혁신단 공연으로 처음 시작되었던 신파극은 불과 일 년여 만에 혁신단 외 혁신선미단, 부인연구단, 청년파일단, 유일단 등의 창단을 보았다. 이들 극단은 1910년대 중반까지 경성 안에서 연흥사와 장안사, 어성좌 등을 번갈아 대관하며 경쟁적으로 공연하였다.

이 시기 단성사는 신파극 공연에 소극적이었다. 단성사는 1912년 1월에서 3월까지 혁신단과 혁신선미단의 공연 후 4월 21일부터 6월 19일까지 기생들의 연희단체인 강선루(降仙樓) 일행에 장기 대관되었다. 그리고 이후 구연극을 주로 공연하였다.

단성사에서 신파극이 다시 공연된 것은, 12월 1일부터 연흥사에서 공연했

---

91 이곳에는 남극여행관과 천문관(天文館), 해저여행관(海底旅行館), 자동기계관(自動機械館), 목마관(木馬館), 전기발음기관(電氣發音機館), 천녀관(天女館) 등의 기상천외한 구경거리가 아파트 방식으로 빈틈없이 들어서 있었다. 前田愛, 「盛り場に映畵館がてきた」, 『幻景の明治』, 筑摩書房, 1989, p.239.

그림 20. 낙성을 앞둔 단성사의 외관
(『매일신보』, 1914. 1. 17)

던 유일단이 자리를 옮겼던 1913년 2월 6일부터였다. 하지만 약 20여 일 후인 3월부터는 다시 시곡예기조합과 광교기생조합 등의 연주회가 계속되었고,[92] 1914년 1월 말경 신축 낙성한 이후에도 기생연주회 등 구연극이 주로 공연되었다.

연흥사가 1914년 9월 극장 노후로 영업이 정지된 후 단성사는 10월 혁신단의 〈장한몽〉 공연을 시작으로 신파극의 주 무대가 되었다. 1915년 2월 19일 신축한 지 일 년 남짓 만에 단성사는 불의의 화재를 당했지만, 5월 19일에 재개관한 후에는 다시 혁신단과 예성좌의 주 무대가 되었다. 1917년 2월 황금관 주인인 다무라(田村)에게 매각되어 12월 21일 활동사진관으로 개축 개연되었지만, 단성사는 여전히 신파극의 무대로 병용되었다.

이와 같이 연흥사나 단성사 등은 극장 소유주의 독립적인 사업체로서 극단과 독립적으로 대관을 통해 수익을 올리는 방식으로 경영되었다. 따라서 신파극단들은 일정한 금액의 대관료를 지불하거나 입장료 수입을 일정 비율로 나누는 방식으로 대관했을 것으로 추정된다. 이러한 구조 안에서 극장은 흥행성이 높은 극단들을 선호했을 것이었으며, 신파극단들은 같은 신파극단들뿐만 아니라 각종 구연극, 기생연주회, 활동사진과 끊임없이 경쟁해야 했

92 「연예계」, 『매일신보』, 1913. 3. 9; 「화류계의 공익심」, 『매일신보』, 1913. 3. 27.

한국 근대연극의 형성

그림 21. 화재 직후 단성사의 외관
("집안은 죄타고 네벽만 남아잇는 단성사 연희장",
『매일신보』, 1915. 2. 19.)

그림 22. 신축개관한 단성사 외관
(『매일신보』, 1918. 12. 21.)

다. 신파극단들 사이의 치열했던 레퍼토리 경쟁과 신파극단들의 계속적인
이합집산, 활동사진을 도입했던 연쇄극의 등장 등은 극장과 극단 모두 관객
유치를 궁극적인 목적으로 했던 흥행주의의 산물이었다. 이같은 환경은 결
과적으로 극장과 극단이 발전적으로 경쟁하며 공존해나가는 토대가 되었다.

　문수성과 원각사는 이와 대조적인 관계를 보여주었다. 원각사는 1909년
11월 26일 '신연극' 〈수궁가〉 공연 이후 각종 연설회나 기생연주회의 무대로
사용되었다. 그리고 문수성을 창단한 윤백남은 원각사를 인수하여 3월 29일
에서 5월 중순까지 전용극장으로 사용하였다.[93] "1913년(1912년의 오기인 듯-

---

93 현재 확인된 바로, 문수성의 창단 공연으로 1912년 3월 29일부터 공연된 〈불여귀(不如歸)〉
와 이후 4월 10일부터 공연된 〈천리마(千里馬)〉, 4월 17일부터 공연된 〈상부련(相夫憐)〉, 4
월 19일부터 23일까지 공연된 〈형설(螢雪)〉, 5월 7일에서 9일까지 공연된 〈송백절(松柏節)〉
(당시 기사에는 제목이 '송죽절(松竹節)'로 표기되었으나 5월 7일과 9일의 광고에는 '송백절'
로 표기되었다), 5월 10일부터 재공연된 〈불여귀〉가 모두 원각사에서 공연되었다.

인용자 주) 3월에 문수성 일좌를 조직하고 일방 원각사를 인수하여 일방 매일 신보의 후원으로 사계신흥(斯界新興)에 한 선(線)을 지었다."[94] 하지만 문수성의 공연 활동이 재정적인 문제로 중지됨에 따라 원각사의 운영권 또한 매각되었으며, 원각사는 6월 11일부터 유광관(有光館)이라는 이름의 활동사진관으로 전용되었다.[95]

1910년대 공연환경 속에서 일개 신파극단이 극장을 전용하는 것은 아마도 극단과 극장 모두를 유지하는 데 오히려 부담이 되었을 것이었다. 원각사는 건물의 노후로 인한 붕괴 위험 때문에 보수의 기회조차 갖지 못한 채 1912년 9월 28일부터 영업이 완전히 중지되었다.[96] 재정적인 어려움을 겪고 활동을 중단했던 문수성은 약 2년 후인 1914년 3월 12일 연흥사에서 〈청춘〉 공연으로 재기하였다.

2) 구찌다테의 제작 시스템과 배우의 예술

혁신단과 청년파일단, 문수성, 유일단 등의 신파극단들은 각각 많은 수의 레퍼토리를 보유하고 있었으며, 새로운 작품 또한 지속적이면서도 신속하게 추가되었다. 직업적인 극작가가 본격적으로 등장하기 이전인 이 시기에 신

---

94 윤백남, 「조선신극운동의 연혁 (2)」, 『신생(新生)』 제2권 제2호, 1929, 29쪽.

95 "▲유광관(有光館)의 신방광(新放光) **박영우(朴泳友) 시등 ᄉ오인이 쥬장**으로, 세계각국의 문명흔 샹틱를 샤진박어서 일반 샤회에 소기ᄒ 작뎡으로 유광관(有光館)이라 일홈ᄒ고, 셔부 원각사(西部圓覺祀)에서, 본일밤부터, 대활동샤진(大活動寫眞)을 힝흔다ᄂᆞᆫ듸, 대단히 주미도 잇스려니와, 셩문을 나가지 안이ᄒ고도, 능히 세계를, 유람홀줄로 싱각ᄒ노라", 「연예계」, 『매일신보』, 1912. 6. 11.

96 "셔부여경방쟝싱동에 잇ᄂᆞᆫ, 원각샤연극쟝은, 오리된 건축물이오, 쏘흔 건축흔 것이, 완전치 못ᄒᆞᆷ으로, 일반관람쟈의, 슈용이 심하 위험흔지라, 당국에서, 거월 이십팔일부터 연극쟝으로 ᄉ용ᄒᆞᄂᆞᆫ 것을, 금지ᄒᆞ얏더라", 「원각샤의 연극금지」, 『매일신보』, 1912. 10. 2.

파극단들의 레퍼토리 확충은 구찌다테(口立て)로 이루어졌다. 구찌다테는 완성된 희곡 없이 배우들의 공동작업을 통해 대사와 움직임을 즉흥적으로 만드는 방식이었다.

현실적으로 구찌다테는 극작가 없이 일본 신파의 레퍼토리를 신속하게 공연할 수 있는 유일한 방식이었다. 혁신단의 초기 레퍼토리도 단장인 임성구가 일본인 극장에서 일을 하며 익힌 레퍼토리를 구찌다테로 만든 것이었다. 일본어에 능통했던 임성구는 일본어를 모르는 단원들에게 줄거리와 대사, 무대운영 방식을 일일이 설명해주면서 대사와 움직임을 함께 한 장면씩 한 장면씩 만들어갔다. 안종화의 『신극사 이야기』에 의하면 혁신단은 어성좌에서의 초연 이후 일본인 배우 고마츠(小松)에게 본격적으로 연극 수업을 받았는데, 이는 다음과 같이 구찌다테로 이루어졌다.

> … 일어를 통치 못하는 단원들에게는 성구가 통변을 했다. 그 방식은 이러했다. 먼저 「소송」 교사가 연극의 내용을 설명하고 나면 성구는 배역을 결정한다. 다음은 「소송」 자신이 혼자서 대사와 동작을 만들어보이면 즉시 성구가 통역하고 단원들도 그대로 받아서 연습을 한다. 이렇게 해서 초벌연극을 익혀놓고, 다음은 우리의 연극으로 알맞게 정리해가지고 총체적으로 연습을 계속했다. 당시는 이 방식의 연극습득이었으나 특기할만한 점은 성구의 연극적 두뇌였다. 그가 우리말 연극으로 돌려꾸며놓는 그 재주란 비상했었다. …[97]

이렇게 준비한 레퍼토리를 가지고 혁신단은 한 달 이상 예제(藝題)를 변경하며 공연을 계속했다. 어성좌 개연 이후 혁신단은 단성사에서 1월에 23일 간 공연하고 다시 연흥사로 옮겨 2월 18일에서 9월 22일까지 공연했다. 연흥사에서 공연되었던 신작은 『매일신보』의 기사와 광고에서 확인되는 것만 해도 모

---

97 안종화, 위의 책, 95쪽.

두 41편이었다. (공연일정 및 이후의 레퍼토리 목록은 〈부록 6〉에 실린 '신파극 공연연보'를 참조할 것.)

날짜	제목	회	날짜	제목	회
1912. 2. 18.	〈육혈포강도〉	1회	1912. 6. 25.	〈우정 삼인병사〉	1회
1912. 2. 20.	〈군인의 기질〉	1회	1912. 6. 26.	〈효자반죄〉	1회
1912. 2. 21.	〈친구의형살해〉	1회	1912. 6. 28.	〈가련처자〉	2회
1912. 2. 23.	〈지성감천〉	1회	1912. 6. 29.	〈사필귀정〉	1회
1912. 3. 11.	〈무전대금〉	1회	1912. 6. 30.	〈무전대금〉	2회
1912. 3. 19.	〈사람이냐 귀신이냐〉	1회	1912. 7. 2.	〈귀족비밀〉	1회
1912. 4. 2.	〈병사반죄〉	1회	1912. 7. 3.	〈미신무녀후업〉	3회
1912. 4. 3.	〈청년입지 고아소위〉	1회	1912. 7. 4.	〈군인의 기질〉	2회
1912. 4. 6.	〈무사적 교육〉	1회	1912. 7. 5.	〈일녀양서〉	2회
1912. 4. 10.	〈교육적 활인형〉	1회	1912. 7. 17.	〈선탐후개〉	1회
1912. 4. 11.	〈일녀양서〉	1회	1912. 7. 18.	〈친구의형살해〉	5회
1912. 4. 13.	〈친구의형살해〉	2회	1912. 7. 20.	〈서승어적〉	1회
1912. 4. 16.	〈소위휘선 사자친죄〉	1회	1912. 7. 24.	〈악형선제 휘선개악〉	1회
1912. 4. 17.	〈정부감〉	1회	1912. 7. 25.	〈형사고심〉	2회
1912. 4. 18.	〈무사적 교육〉	2회	**1912. 7. 29~8. 4 일주일 휴연**		
1912. 4. 20.	〈형사고심〉	1회	1912. 8. 6.	〈실자살해〉	1회
1912. 4. 25.	〈군인의 구투〉	1회	1912. 8. 7.	〈열녀충복〉	3회
1912. 4. 29.	〈유정무정 유녀의지〉	1회	1912. 8. 8.	〈사자친죄〉 (〈소위휘선 사자친죄〉인 듯)	3회
1912. 5. 15.	〈친구의형살해〉	3회			
1912. 5. 16.	〈청년입지 고아소위〉	2회	1912. 8. 9.	〈가련처자〉	3회
1912. 5. 17.	〈군인구토〉	2회	1912. 8. 10.	〈시매암의〉	1회
1912. 5. 18.	〈학생의 인내〉	1회	1912. 8. 11.	〈실자살해〉	2회
1912. 5. 19.	〈유정무정 유녀의지〉	2회	1912. 8. 13.	〈친구의형살해〉	6회
1912. 5. 21.	〈의기남자〉	1회	1912. 8. 14.	〈수전노〉	3회
1912. 5. 22.	〈수전노〉	1회	1912. 8. 15.	〈육혈포강도〉	3회
1912. 5. 23.	〈육혈포강도〉	2회	1912. 8. 16.	〈천도조정〉	1회
1912. 5. 24.	〈무사적 교육〉	3회	1912. 8. 17.	〈반수천죄〉	1회
	〈열녀충복〉	1회	1912. 8. 22.	〈무전대금〉	3회

한국 근대연극의 형성

1912. 5. 25.	〈수전노〉	2회	1912. 8. 23.	〈미신무녀〉 (〈미신무녀후업〉인 듯)	4회
1912. 5. 26.	〈소위휘선 사자친죄〉	2회			
1912. 6. 2.	〈청년입지 고아소위〉	3회	1912. 8. 25.	〈우정독신탐정〉	1회
1912. 6. 4~6. 9 휴연			1912. 8. 27.	〈정부감〉	2회
1912. 6. 12.	〈자작얼은 불가활〉	1회	1912. 8. 29.	〈유정무정 유녀의지〉	3회
1912. 6. 13.	〈여강도〉	1회	1912. 8. 31.	〈교육미담 성공고학생〉	1회
1912. 6. 14.	〈친구의형살해〉	4회	1912. 9. 1.	〈사민동권 교사휘지〉	2회
1912. 6. 15.	〈가련처자〉	1회	1912. 9. 4.	〈지극병원〉	1회
1912. 6. 17.	〈열녀충복〉	2회	1912. 9. 5.	〈친구의형살해〉	7회
1912. 6. 18.	〈기지죄〉	1회	1912. 9. 6.	〈미신무녀후업〉	5회
1912. 6. 19.	〈열녀충복〉	2회	**1912. 9. 13~15 삼일간 휴연**		
1912. 6. 20.	〈미신무녀후업〉	1회	1912. 9. 17.	〈불행친자〉	1회
1912. 6. 22.	〈사민동권 교사휘지〉	1회	1912. 9. 18.	〈서승어적〉	2회
1912. 6. 23.	〈미신무녀휴업〉 (〈미신무녀후업〉의 오기 인 듯)	2회	1912. 9. 19.	〈사자친죄〉	4회
			1912. 9. 20.	〈반수천죄〉	2회
			1912. 9. 22.	〈무전대금〉	4회

인기가 높았던 작품들은 꾸준히 반복적으로 재공연되었다. 그 중 가장 많이 공연되었던 작품인 〈친구의형살해〉와 〈미신무녀후업〉은 초연을 포함해 각각 7차례, 5차례 공연되었다. 〈사자친죄〉와 〈무전대금〉은 각각 4차례, 〈청년입지 고아소위〉, 〈무사적 교육〉, 〈열녀충복〉, 〈가련처자〉, 〈수전노〉, 〈육혈포강도〉, 〈무전대금〉, 〈유정무정 유녀의지〉는 각각 3차례 공연되었다. 매달 신작이 꾸준히 추가되었는데, 2월에서 4월까지는 〈친구의형살해〉와 〈무사적 교육〉의 재공연을 제외하고 전부 신작을 공연하였으며, 5월에는 3편, 6월에는 9편, 7월에는 4편, 8월에는 6편, 9월에는 2편의 신작이 각각 추가되었다.

구찌다테는 특히 『매일신보』의 연재소설을 신속하게 레퍼토리로 각색 공연하는 데 효과적이었다. 일 년여 후 혁신단은 신파극단들 간의 경쟁이 점차 심해지던 가운데 인기리에 『매일신보』에 연재되었던 소설 「쌍옥루」를 공연하여 대성공을 거두었다. 그리고 이후 「봉선화」와 「우중행인」, 「장한몽」, 「눈물」, 「단장록」, 「형제」, 「정부원」 등의 연재소설을 공연하였다. 유일단과 문수성, 예성좌 등의 다른 신파극단들도 연재소설을 공연하기 시작했다. 이들 극단은 연재소설의 레퍼토리 선점을 위해 연재가 끝나자마자, 심지어는 연재하는 도중에도 공연하였다.

다음은 신파극으로 공연되었던 『매일신보』 연재소설의 연재기간과 공연일시이다.

	연재기간	공연일시
〈봉선화〉	1912. 7. 7~1912. 11. 29.	혁신단, 1913. 5. 4~5. 9. (약 5개월 후)
〈쌍옥루〉	1912. 7. 17~ 1913. 2. 4.	혁신단, 1913. 4. 29~5. 3. (약 3개월 후)
〈우중행인〉	1913. 2. 25~1913. 5. 11.	혁신단, 1913. 5. 17~19. (6일 후)
〈장한몽〉	1913. 5. 13~1913. 10. 1.	유일단, 1913. 7. 27~7. 29. (연재 도중 전편 공연)
		유일단, 1913. 8. 8~8. 10. (연재 도중 상·중편 공연)
		혁신단, 1914. 2. 11·12. (약 4개월 후)
〈눈물〉	1913. 7. 15~1914. 1. 20.	혁신단, 1913. 10. 25~10. 29. (연재 도중 상권 공연)
		혁신단, 1914. 1. 26~1. 31. (6일 후)
		문수성, 1914. 4. 21~4. 28. (3개월 후)
〈국의향〉	1913. 10. 2~1913. 12. 28.	혁신단, 1914. 2. 13~2. 16. (약 2개월 보름 후)
〈단장록〉	1914. 1. 1~1914. 6. 10.	문수성, 1914. 4. 21~4. 28. (연재 도중)
		혁신단, 1914. 5. 16~5. 18. (연재 도중)
〈형제〉	1914. 6. 11~1914. 7. 19.	한창렬 정극단 일행, 1914. 8. 4~8. 11. (약 15일 후)
〈정부원〉	1914. 10. 29~1915. 5. 19.	혁신단, 1916. 3. 3~3. 10. (약 10개월 후)

『매일신보』 연재소설의 신파극 공연은 거의 즉각적으로 이루어졌다. 〈장한몽〉과 〈눈물〉, 〈단장록〉은 연재 도중에 공연되었으며, 〈우중행인〉과 〈눈물〉 전편은 연재가 끝나고 6일 만에 공연되었다. 〈형제〉는 약 보름 후 공연

한국 근대연극의 형성

되었다. 빠른 시간 안에 연재소설의 신파극 공연이 이루어질 수 있었던 것은 소설을 희곡으로 각색하는 과정 없이 신파극단들이 연재된 소설을 직접 구찌다테로 만들었기 때문이었다.

구찌다테의 레퍼토리 제작 시스템은 배우들에게 적지 않은 부담이었다. 공연 일정은 몇 달간 쉼 없이 계속되었으며, 배우들은 대본 없이 자신의 대사와 무대 비즈니스뿐만 아니라 상대방의 대사와 무대 비즈니스 등을 함께 기억해야 했다. 작품의 전체 분량도 계속 늘어 갔다. 하지만 부담과 비례하여 배우 개개인의 기량 및 전체적인 앙상블 또한 증가했을 것이었다.

구찌다테는 앞서 살펴보았듯이 배우들이 구어 대사를 실현하는 데 기여했다. 구찌다테는 오늘날의 공동창작(collaboration)과 유사하게 대강의 줄거리나 각 장면에 대한 정보를 토대로 배우들이 대사나 움직임을 직접 즉흥적으로 만드는 것이었다. 이 과정에서 배우들은 극작가가 희곡으로 쓴 대사-문어(文語)-를 다시 자신에 맞는 대사-구어(口語)-로 옮길 필요가 없었다. 대신에 배우들은 직접 자신의 입과 몸, 나아가 극적인 상황에 맞도록 대사와 움직임을 함께 만들었으며, 결과적으로 이는 가장 효과적인 방법으로 극단의 전체적인 앙상블을 만들었다.

구찌다테 자체의 연극성-희곡의 문학성과 대비적인 의미에서-은 따라서 신파극이 궁극적으로 극작가의 예술이 아니라 배우나 극단의 예술이었음을 의미한다. 신파극단의 레퍼토리 중복이 오늘날과 달리 하나의 관행처럼 극단들이나 관객대중, 원작자 등 모두에게 크게 문제시되지 않았던 것도 이 때문이었다. 〈장한몽〉은 『매일신보』 연재 도중에 유일단에 의해 공연되었고, 연재가 끝난 후에는 혁신단에 의해 공연되었다. 〈눈물〉은 연재 도중 혁신단에 의해 공연되었고 연재가 끝난 후에는 문수성에 의해 공연되었다. 〈단장록〉은 연재 도중 문수성과 혁신단에 의해 공연되었고, 연재가 끝나고 근 2년 후에는 예성좌에 의해 공연되었다.

일본의 경우도 마찬가지였다. 이기세는 유일단을 창단하기 이전 교토(京都)의 시즈마소지로(靜間小次郎) 문하에서 신파극을 배울 때 주로 '각본도리(脚本取り)'를 담당했다고 회고하였다. '각본도리(脚本取り)'는 "말하자면 남의 연극 각본을 표절해오는 것으로 다른 극장에 가서 남의 연극을 마치 구술강연을 필기하듯이 필기해오는 것"[98]이었다. 그리고 일본 신파에서 연극 각본의 표절이 크게 문제시되지 않았던 것은 배우들의 예(藝)를 가장 중시했기 때문이었다. 같은 레퍼토리라고 해도 구찌다테는 궁극적으로 희곡이 아닌 배우의 연기에 의존하고 있었기 때문에 배우와 극단은 대사나 움직임의 세부에서 서로 개성적으로 차별화 될 수 있었다.

---

98 이기세, 위의 글.

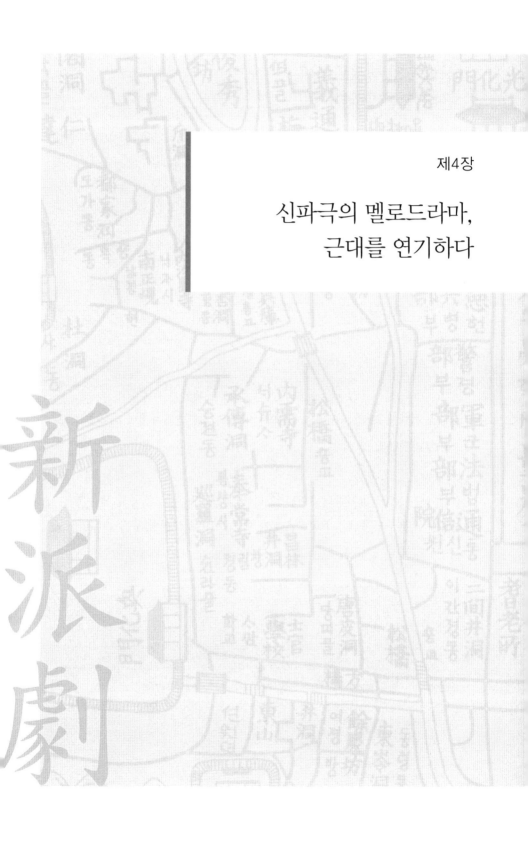

제4장

신파극의 멜로드라마,
근대를 연기하다

신파극의 멜로드라마,
근대를 연기하다

신파극은 근대적인 연극 형식인 멜로드라마였다. 18세기 말 서구에서 등장한 멜로드라마는 고통 받는 여주인공과 그를 괴롭히는 악인, 여주인공에 온정적이고 희극적인 조연 등의 전형적인 인물(stock character)을 특징으로 했다. 극 중에서 여주인공은 우연적으로 조우하는 외적인 세력 ─ 악인이나 자연재해, 사회적 부조리, 악령 같은 초자연적인 존재 등 ─ 으로부터 고통 받는다. 그리고 시련을 견뎌낸 그 주인공은 보상 받고 악인은 처벌받거나 참회하는 방식으로 마무리된다.[1]

멜로드라마는 삶을 인위적으로 이상화하며, 헤일만은 이를 '의사(擬似) 온전성(quasi-wholeness)'이라고 보았다.[2] 하지만 멜로드라마는 당시 새롭게 등장했던 계몽주의적이고 휴머니즘적인 인간과 삶에 대한 관점을 토대로, 인간의 근본적인 선함에 대한 새로운 믿음, 인간과 사회의 개량 가능성에 대

---

1 멜로드라마의 발생과 형식, 그 성격 등에 관해서는 다음 논의를 참고할 것. Frand Rahill, *The World of Melodrama*, Pennsylvania State Univ. Press, 1967; Robert Bechtold Heilman, *Tragedy and Melodrama: Versions of Experience*, University of Washington Press: Seattle and London, 1968; James L. Smith, Melodrama, Methuen & Co Ltd., 1973.

2 헤일만, 「비극과 멜로드라마: 발생론적 형식에 관한 고찰」, 『비극과 희극, 그 의미와 형식』, 송욱 외 옮김, 고려대학교 출판부, 1995, 90쪽.

한국 근대연극의 형성

한 낙관과 도덕주의, 도덕적 판단의 새로운 기준으로 발견된 센티멘털리티(sentimentality)에 대한 강조 등을 담고 있었다.

그중 센티멘털리티는 멜로드라마에 앞서 17세기 말에 등장했던 감정희극(sentimental comedy)이나 가정비극(domestic tragic)을 통해 이미 새롭게 경험되고 있었다. 감정희극은 관객이 동정할 수 있는 등장인물을 보여줌으로써 그 도덕적 목적을 달성하고자 했던 연극이었다. 신흥 부르주아 관객들은 극장에서 언제나 풍자와 조롱의 대상이 되었던 자신들과 같은 주인공이 처음으로 보여주는 미덕에 동정의 눈물을 아끼지 않았다. 극적인 관습상 비극의 주인공은 왕족이나 귀족 출신에, 희극적인 인물들은 부르주아 계층 이하의 평균적인 인간에 한정되었기 때문이다.

우리의 경우에도 신파극의 멜로드라마는 권선징악이나 악인의 개량이라는 해피엔딩으로 당시 요구되고 있었던 정치와 사회, 풍속개량의 윤리학을 구현하고 있었다. 특히 가정 신파극은 고전소설과 유사한 멜로드라마적인 구조를 통해 국민국가의 틀 안에 놓인 근대 가정의 부부 중심적이면서도 가부장적인 도덕률을 재생산했다.

동정(同情)의 센티멘털리티는 관객대중의 '눈물'로 가시화되었으며 시련에 처한 여주인공에 대한 동정, 권선징악과 악인개량의 결말 및 그 윤리학에 대한 동의의 표시였다. '눈물'은 극장에 모인 집단적인 관객대중뿐만 아니라 이를 동정적으로 보도하는 『매일신보』의 독자대중까지를 하나의 상상적인 감정의 공동체로 만들었다. 극장 안에서 흘리는 '눈물'은 부끄러운 개인의 감정이라기보다 공개적으로 내지는 공공적으로(publicly) 확인되면서 서로를 고무하는 집단적인 매개체였다. 1907년에서 시작되어 1910년 이후 본격화된 각종 자선공연들은 이렇게 사회문화적으로 확장된 동정의 형식이었다.

1. 신파극, 개량의 윤리학을 실연(實演)하다

1) 센티멘털리티의 형성과 개량의 윤리학

1910년대의 신파극 멜로드라마에서는 권선징악의 해피엔딩보다 악인이 주인공의 미덕에 감화되어 참회하는 해피엔딩이 더 지배적이었다. 그리고 이는 인간과 사회에 대한 개량의 윤리학을 구현하고 있었다. 신파극 고유의 센티멘털리티는 인간과 사회의 개량가능성에 대한 동의와 믿음이 감정적으로 극대된 것이었다.

신파극의 센티멘털리티는 오늘날 '감상성(感傷性)'으로 번역되면서 불필요한 감정의 과잉상태라는 부정적 의미로 사용되어 왔다. 그것은 특히 식민지 시기 일본의 신파를 수용한 것이었다는 점에서 식민지민의 현실도피와 연결되었다.[3] 하지만 신파극의 센티멘털리티는 휴머니즘적인 계몽주의 인간관을

---

3 이두현은 신파극의 가정비극이 "인간적 무력감을 일시적으로 마비시키기 위한 「감상의 눈물」이었다"고 평가했다. 그리고 유민영은 "신파극이 가지고 있는 독특한 감상성과 홍루적 속성은 수백 년 동안 억압과 빈궁 속에 살아온 데다가 실국의 비탄에마저 젖어있던 식민지 대중의 공감을 얻어 융성해갔다. 그리하여 신파극은 감정분출의 유일한 위안오락물이었고 극장은 대중(특히 여성)이 마음껏 울 수 있는 '통곡의 장'이기도 했다"고 평가했다. 이두현, 위의 책, 66쪽; 유민영, 「초기 신파극에 대한 연구 -한국근대희곡사연구 其 Ⅳ」, 『논문집』 제6집, 한양대학교, 1972, 85~86쪽.

토대로 인간이 신분이나 성별과 상관없이 누구나 개량될 수 있다는 관점을 적극적으로 표현하고 이에 동의하는 것이었으며 '불필요하게 과잉적'이거나 '현실도피적인 것'은 아니었다.

극장 안의 센티멘털리티/즘은 극장 밖의 센티멘털리티/즘과 적극적으로 공진하고 있었다. 20세기 초반 조선사회에서 센티멘털리티와 각종 사회/풍속 개량운동과의 관계는 18세기 서구에서와 같이 밀접한 관계를 가지고 있었다. 각종 풍속개량 사업이나 자선공연을 포함한 사회사업 등은 센티멘털리티의 사회적 현현(顯現)이었다. 예컨대 이광수의 에세이 「동정」(『청춘』 제3호, 1914. 12.)과 장편소설 『무정』(1917)은 센티멘털리티의 사회적 중요성을 '동정(同情)'으로 형식화한 것이었다.[4]

18세기 서구에 처음 등장한 멜로드라마는 센티멘털리티를 특징으로 하는 연극 형식이었다. 멜로드라마는 비극이 귀족계급의 영웅적 인물을 주인공으로 하고 고전희극이 풍자와 교화(敎化)의 대상으로 조롱받는 중산층 인물을 주인공으로 하는 것과 달리 신흥 부르주아 계급을 주인공으로 하여 그들의 미덕을 진지하게 대변하였다. 멜로드라마 주인공의 중요한 미덕은 분노와 슬픔, 기쁨 등의 풍부한 센티멘털리티에 있었으며, 이는 자기 인식에 도달하는 비극의 주인공이나 지적이고 풍자적인 논쟁을 즐기는 희극의 인물들과 구분되는 것이었다. 이는 평균적인 인간 본성의 선함에 대한 믿음을 토대로 18세기에 새롭게 등장했던 센티멘털리즘과 조응하는 것이었다.

센티멘털리티는 멜로드라마가 등장하기 이전인 17세기경 영국의 감정희

---

4 한국 근대문학의 '동정' 담론에 관한 선행연구는 다음을 참고할 것. 김성연, 「한국의 근대문학과 동정의 계보 ―이광수에서 『창조』로」, 연세대 석사학위논문, 2002; 소영현, 「근대소설과 낭만주의」, 『상허학보』 제10집, 2003; 김현주, 「1910년대 '개인', '민족'의 구성과 감정정치학」, 『현대문학의 연구』 제22집, 한국문학연구학회, 2004. 2; 김현주, 「문학·예술교육과 '동정' ―이광수의 '무정'을 중심으로」, 『상허학보』 제12집, 2004.

극(sentimental comedy)을 통해 처음 관객에게 경험되기 시작했다.[5] 그리고 그 것은 같은 시대를 살면서도 연극을 접할 기회가 전혀 없었던 샤프츠베리(3rd Earl of Shaftesbury, 1661~1713)의 철학적 에세이 안에서도 공진되고 있었다. 센티 멘트는 그가 창시했던 도덕관념(moral sense)의 등장과 함께 처음 긍정적인 것 으로 여겨졌다.

샤프츠베리는 감정 윤리학(sentimental ethics)의 아버지이자 천성적인 '도덕 관념(moral sense)'의 창시자였으며, 도덕관념이 선과 악을 구분하고 사회적 유 대감을 향하는 인간의 직관적이고 본질적으로 감정적인 반응이라고 규정했 다.[6] 도덕관념은 기존의 양심(conscience)이 무서운 감시자로서 인간의 나쁜 성 향을 규율했던 것과 달리 동정(sympathy)을 통해 천성적으로 선한 충동을 고 무시키는 미적인 감정이었다. 도덕관념이 작동할 때 센티멘트는 이성의 판 단을 위협하기보다 오히려 그것을 확신시키는 역할을 한다고 여겨졌다.

샤프츠베리의 사상은 이후 영국과 유럽에서 높이 평가받으며 수용되었다. 그리고 특히 『도덕감정론』(1759년 초판)을 쓴 아담 스미스의 계몽주의 윤리학 과 유럽의 낭만주의에 큰 영향을 미쳤다. 아담 스미스에게 센티멘트는 각 개 인의 '동정'으로 개인들의 집합인 사회를 묶어주는 끈이었으며, 감정적인 것 은 오히려 합리적인 것으로 여겨졌다.[7] 이런 의미에서 '센티멘트'는 18세기 이후에 "(동의나 거부 등의) 정신적 태도", "어떤 것이 옳다거나 어떤 것에 동 의하는 것으로서의 의견이나 견해" 등을 포함하는 지적인 감정 상태를 의미 하였다.[8]

---

5 'sentimental comedy'는 통상 '감상희극'으로 번역되지만, 전술한 바와 같이 '감상'이라는 용어의 부정적인 의미상 여기에서는 '감정희극'으로 번역한다.

6 G. J. Barker-Benfield, *Ibid.*, pp.105-109.

7 딜런 에번스, 『감정』, 임건태 옮김, 이소출판사, 2002, 11~12쪽.

8 "6. a. What one feels with regard to something; mental attitude (of approval or disapproval,

센티멘털리티의 새로운 의미는 극장에 새로 등장한 감정희극을 통해 대중적으로 경험되고 있었다. 감정희극은 인간 본성의 선함에 대한 신념을 토대로 관객이 동정하거나 감동할 수 있는 등장인물을 보여줌으로써 도덕적인 목적을 달성하고자 했던 연극이었다. 이는 고전희극이나 왕정복고시대의 희극이 인간의 본성에 대한 부정적인 관점을 토대로 중산층의 등장인물을 풍자와 조롱의 대상으로 보여주는 것이었다는 점에서 전적으로 새로운 것이었다.[9]

감정희극은 1696년 1월의 콜리 시버(Colley Ciber)의 작품 〈사랑의 마지막 수단 또는 유행중인 어리석음(Love's Last Shift, or the Fool in Fashion)〉을 통해 처음 등장했다. 웃기 위해서 극장을 찾은 관객들은 자신과 동일한 인간의 미덕과 고통을 향한 동정(sympathy)에 하염없이 눈물을 흘리는 예상하지 못한 경험을 난생처음하게 되었다. 작품의 내용은 엄격한 미덕의 소유자인 아만다(Amanda)가 방탕한 남편인 러블리스(Loveless)를 개량하기 위해 마지막으로 행하는 마지막 계획(shift)에 대한 것이었다.

아만다는 남편에게 버림받은 후 막대한 유산을 받았으나 여전히 행복하지 않았다. 반면에 러블리스는 십 년 만에 빈털터리로 런던에 돌아왔으나 아내를 알아보지 못하였다. 친구인 워시(Worthy)가 그로 하여금 아내가 죽었다고 믿게 만들었기 때문이다. 아만다는 상류층 창녀 행세를 하여 러블리스를 집으로 유인하여 꿈 같은 하룻밤을 보내고 다음 날 아침에 자신의 정체를 고백했다. 그녀의 믿음에 깊이 감명 받은 러블리스는 자신의 잘못을 진심으로 후회하고 새로운 사람이 되어 아내와 재결합하였다.

---

etc.); an opinion or view as to what is right or agreeable.," "sentiment," *Oxford English Dictionary*(on-line), Oxford Univ. Press.

9 이후 센티멘털리티/즘과 감정희극, 가정비극에 대한 자세한 논의는 다음을 참조하였다. Ernest Berbaum, *The Drama of Sensibilty: A Sketch of the History of English Sentimental Comedy and Domestic Tragedy 1696~1780*, Peter Smith: Gloucester, Mass, 1958.

왕정복고시대 희극이었다면 제멋대로인 남편과 교묘한 아내 사이에서 벌어지는 사건을 풍자적으로 그렸을 것이었다. 하지만 이 작품에서 작가인 시버는 기존의 희극과 달리 아내의 엄격한 미덕을 강조하고, 마지막에는 아내가 남편을 개량시키고 눈물어린 화해를 하는 장면을 보여주었다. 여기에서 중요한 것은 도덕적인 교훈 자체가 아니라 센티멘털리티, 즉 선한 마음을 지닌 러블리스의 성격과 무엇보다도 도덕적인 주도면밀함과 연민에 호소하여 승리를 거두는 미덕의 소유자인 아만다의 성격이었다. 결과는 대성공이었다.[10]

감정희극의 주인공들은 고전주의 비극이나 낭만극(romantic drama)의 주인공들처럼 비현실적인 상황 속에 놓인 비인간적이고 영웅적인 고결한 성품의 소유자가 아니라, 일상적인 세계 속에서 관객이 그들의 미덕에 감탄하고 고통에 연민을 느낄 수 있는 행동을 보여주는 고결한 인물이었다. 이 속에서 주인공들은 고통과 투쟁하지만 마침내 도덕적으로 정당한 행복으로 보상받는다. 이러한 인간관은 삶에 대한 기존의 보수적 관점에 저항하고 동시에 그러한 관점을 위해 종사하는 문학적 관습에도 저항하는 것이었다. 인간의 본성이 종종 완전하지 않을 때라도 감정에 호소함으로써 완전해질 수 있다는 암시는 당시 새로운 인간관 및 윤리학이었다. 센티멘털리즘은 사회적으로 노예해방이나 민주주의, 인권교육 등의 각종 사회개량 운동을 생생히 추동했던 원동력이 되었으며, 이는 현재까지도 유효하다.[11]

가정비극(domestic tragedy)은 센티멘털리티를 강조하는 또 다른 연극 형식이었다. 이것은 원래 엘리자베스 시대의 낭만극이 전성하던 시기 영국에서 처음 등장했던 특정한 종류의 사실적인 연극(realistic play)을 관습적으로 지칭하

---

10 *Ibid.*, pp.72~76.
11 *Ibid.*, pp.1~10.

한국 근대연극의 형성

던 용어였다. 가정비극은 고전주의 비극의 등장인물과 달리 평범하고 일반적인 등장인물을 통해 동시대 가족들의 삶이 지닌 어려움과 문제들을 다루었다. 그리고 이를 위해 주로 가정불화의 우선적인 원인인 부정(不貞), 질투, 복수, 이기주의, 나태, 가난, 권위적인 부모, 성 차별 등의 문제에 집중하였다. 가정비극은 사실적이고 비영웅적인 부르주아 가족들의 비극이었다. 가정비극은 잘못하는 부모와 아내, 남편, 연인들의 죄를 경고하고 징벌하고자 한다는 점에서, 즉 공개적으로나 은연중에 "시대를 도덕화한다(moralize the age)"는 점에서 기존의 다른 비극 형식들과 달랐다.[12]

감정희극을 통해 희극 양식에 성공적으로 진입했던 센티멘털리티/즘은 가정비극에도 나타나기 시작했다. 가정비극은 목적과 성격화에 있어 감정희극과 큰 차이가 없었다. 18세기에 처음 등장했던 가정비극인 〈경쟁하는 형제 (The Rival Brothers, 저자 익명, 1704)〉의 내용은 다음과 같았다.[13]

두 명의 형제들은 어느 처녀와 동시에 사랑에 빠진다. 형은 그녀의 마음을 얻어 몰래 결혼한다. 그는 옆방에 자고있는 신부의 아버지 몰래 밤늦게 신부를 찾아와 노크를 살짝 세 번하고 들어오겠다고 말한다. 그 약속을 우연히 들은 동생은 형이 처녀를 유혹한다고 생각하고 그녀의 명예를 구하고 구혼하기 위해 형 대신 방문한다. 하지만 다음날 그는 자신이 형의 아내를 범했다는 사실을 알고 두려움에 빠진다. 그들 세 사람은 마침내 죽음으로 구원을 찾는다.

이 작품의 표제는 '운명적인 비밀(The Fatal Secret)'이었으며 '운명적(fatal)'이라는 말은 이후 가정비극에서 반복되었다. 너무나 고결한 등장인물들은 불행한 결말을 맞이하기에 합당하지 않기 때문에 만일 그렇게 된다면 그것은 우

---

12 Robert Metcalf Smith, "the Nature of Domestic Tragedy," *Types of Domestic Tragedy*, Prentice-Hall, INC: New York, 1928, p.1.

13 Ernest Bernbaum, *Ibid.*, pp.96-97.

연이나 결정적인 운명의 힘에 의해야만 했다. 그러나 고결한 등장인물이 불행하게 끝나는 가정비극 공연의 빈번한 흥행 실패는 관객들이 징벌의 비극적인 결말에 동정하는 것보다 감정희극에서와 같은 참회의 해피엔딩을 바라고 있었음을 암시하였다.

18세기 초반에 본격화된 감정희극과 가정비극 등의 영국 연극은 18세기 중반 프랑스 연극, 그 중에서도 디드로의 진지한 연극(drame sérieux)에 많은 영향을 미쳤다. '진지한 연극'은 디드로가 전통적인 비극과 희극으로 표현될 수 없는 인간의 진실을 그리기 위해 설정한 일종의 새로운 중간장르로서 '부르주아 연극' 또는 '부르주아 가정비극'이라고도 불렸다. 디드로는 인간의 미덕에 인간의 진실이 존재한다고 생각하고, 인간의 진실을 추구하는 연극이라면 당연히 미덕을 그려야 한다고 생각했다. 극작가는 미덕을 사랑하고 악덕을 두려워하는 마음을 관객들에게 불어넣어 주어야 한다고 보았던 것이다.[14] 그리고 교훈의 효과를 극대화하기 위해 관객의 흥미를 끌고 또 감동시켜야 한다고 보았다. 멜로드라마의 특징 중 하나인 해피엔딩은 실질적으로 디드로의 도덕적 교훈주의를 차용한 것이자 이를 인위적으로 실현하는 것이었다.

2) 멜로드라마적인 해피엔딩과 도덕주의

1912년은 혁신단을 비롯한 여러 신파극단들이 새로운 작품을 연속적으로 선보이며 다른 어느 시기보다 왕성한 활동을 보이던 시기였다. 『매일신보』 지면상에서 확인 가능한 신작은 모두 67편이었다. 다음 해 1913년에는 8편의 새로운 레퍼토리만 추가되었으며, 그 대신 『매일신보』 연재소설을 각색

---

14 이상 디드로에 대한 논의는 이인주의 『디드로: 사상과 문학』, 건국대학교출판부, 1997, 53~59쪽을 참고하였다.

한 가정 신파극(domestic drama)이 극장 흥행을 주도해 나갔다.

신파극 레퍼토리들 중 소설각색 작품을 제외하고 그 내용을 알 수 있는 것은 모두 20여 편이다. 이 작품들에서 멜로드라마적인 해피엔딩은 도덕적 교훈주의를 강화하였고 이를 위해 센티멘털리티를 극대화하면서 개량의 윤리학을 실연(實演)해 나갔다. 가정 신파극 중 일본에서 인기가 높았던 〈불여귀〉가 〈쌍옥루〉나 〈눈물〉, 〈장한몽〉 등과 달리 우리나라에서 크게 성공하지 못했던 원인도 이와 무관하지 않았다.

이들 레퍼토리는 – 일부 작품에서는 주인공이 악인/원수를 징계/살해하거나 드물게는 함께 죽기도 하지만[15] – 대부분 점차적으로 고결한 미덕을 지닌 주인공이 극중 악인을 도덕적으로 감화, 개과천선시킴으로써 해피엔딩을 맞이하는 구조를 하였다. 이들 작품에서 주인공의 미덕은 직접적으로 악인을 참회, 감화시키는 것이었지만, 동시에 이는 관객을 향한 것이기도 했다. 관객의 센티멘털리티는 고결한 주인공의 미덕과 악인의 참회에 대한 동정을 포함하였다.

개량의 해피엔딩이 처음부터 나타난 것은 아니었다. 초기작인 〈육혈포강도〉[16](혁신단, 연흥사, 1912. 2. 18.)는 책임감이 강하고 용감한 주인공 순사가 마침내 육혈포 강도를 체포하는 과정에 초점을 두었다. 연극의 주된 재미는 신식 무기인 '육혈포'가 주는 시청각적 스펙터클과 쫓고 쫓기는 추적의 서스펜스에 있었지만, 동시에 '순사'라는 공직(公職)의 주인공이 미덕으로 지닌 내지는 지녀야할 용감함과 책임감이 작품의 주제로 강조되었다. 같은 시기에 공연된 〈친구의형살해〉(혁신단, 연흥사, 1912. 2. 21.) 역시 〈육혈포강도〉처럼 주

---

15 주인공이 죽음을 맞이하는 유일한 작품은 〈우정 삼인병사〉(혁신단, 연흥사, 1912. 6. 25.)로서, 기병(騎兵)인 주인공은 자신과 백년가약을 맺은 기생이 금전을 탐해 이웃의 부자와 내통하자 결국 부자를 죽이고 피신한다. 그런데 보병인 친구가 (이유는 알 수 없으나) 의리를 지키기 위해 자살하자 주인공 역시 친구를 따라 자살한다.
16 이후 작품의 줄거리는 〈부록 5〉를 참고할 것.

인공이 부친의 원수를 갚기 위해 악인을 죽이는 내용이었다.

5월과 6월에 공연된 〈수전노〉(혁신단, 연흥사, 1912. 5. 22.)와 〈가련처자〉(혁신단, 연흥사, 1912. 6. 15.)의 극행동은 좀더 복잡했지만, 해피엔딩의 방식이 아직은 주인공의 도덕주의적 성격과 악인의 개량으로까지 나아가지 않았다. 〈수전노〉에서 재산을 보고 결혼시킨 부모는 나중에 주인공인 사위가 가난해지자 딸을 다른 데 개가시킨다. 이에 주인공은 이를 악물고 상업에 종사하여 부자가 되지만, 자신의 의지에 반해 개가한 딸은 그만 미쳐버리고 만다. 〈가련처자〉에서는 어느 참영이 자신의 마부와 전쟁터에 나갔다가 홀로 포로가되는데, 참영이 죽은 줄 안 마부가 혼자 돌아와 참영의 부인을 속여 각종 흉계를 꾸미자 부인은 집을 떠나 떠돌게 된다. 이후 참영은 집에 돌아오지만, 부인을 무고하는 마부의 말을 믿고 정직한 계집 하인을 첩으로 맞이한다. 부인은 마부가 천벌로 죽은 뒤 돌아오지만 참영의 냉대를 받는다. 하지만 부인을 불쌍히 여긴 계집 하인은 참영과 부인이 다시 함께 살게 하고 그 자신은 아들을 데리고 떠난다. 이 두 작품은 모두 선한 주인공이 마침내 승리하고 악인은 반드시 처벌을 받는 권선징악의 해피엔딩을 하고 있었다.

주인공의 도덕주의적인 성격과 악인의 참회와 개량이 본격화되기 시작한 것은 〈미신무녀후업〉(혁신단, 연흥사, 1912. 6. 20.)에서부터였다. 주인공인 학생 남매의 부모는 미신을 믿고, 심지어는 딸을 무당의 아들에게 시집보낸다. 하지만 무당은 자신의 아들이 중병에 들자 며느리가 옷에 귀신이 붙여왔다고 하며 구박한다. 이에 두 집안이 굿과 치성으로 패가(敗家)할 지경에 이르자 학생남매는 마침내 외국의 문명한 교육을 받기로 결심한다. 그리고 다시 돌아와서는 걸인이 된 두 집안을 개과천선시킨다.

〈선탐후개〉(혁신단, 연흥사, 1912. 7. 16.)는 〈은세계〉와 비슷한 설정 안에서 전혀 다른 결말을 보여주는 작품이었다. 탐관오리인 재상은 자수성가한 임성구의 부친을 잡아 억울하게 형벌을 가하여 목숨이 위중하게 만들고 그 가

솔마저 위험에 처하게 만든다. 하지만 이후 외국에서 공부한 아들 임성구가 시찰관이 되어 탐욕스런 재상을 개과천선시킨다. 〈은세계〉에서 최병도는 강원 관찰사의 폭정에 힘없이 죽고 강원 관찰사가 폭정을 이어가고 상황에서 최병도의 자식들은 유학을 떠난다. 하지만 〈선탐후개〉에서는 임성구의 부친이 죽지 않으며 그 아들의 미덕은 탐관오리를 감화, 참회시킨다. 이는 악인의 처벌보다 개량을 선호하는 관객과 사회의 요구를 반영하는 것이었다고 볼 수 있다.

〈단총여도〉(청년파일단, 연흥사, 1912. 10. 29.)는 〈육혈포강도〉의 변형이었다. '육혈포강도'는 '여강도'로 변형된다. 〈육혈포강도〉가 주인공 순사의 용감함과 책임감을 강조하면서 육혈포강도를 징벌하는 결말이었던 데 반해, 〈단총여도〉에서 '인간적인' 형사에 의해 붙잡힌 여강도는 개과천선하여 "다시 이 세샹에, 착흔사름"[17]으로 거듭난다. 용감함과 책임감이 아닌 자애로움과 도덕적 감화력이 순사의 미덕으로 강조되면서 악인이 참회하고 개량하는 해피엔딩이 된 것이다. 물론 이는 '육혈포' 스펙터클의 새로움이 점차 식상해지면서 순사가 강도를 잡는 단순한 극행동이 좀더 복잡한 것으로 변형 보완된 것일 수도 있다. 그러나 중요한 것은 변형의 방향이자 여기에 반영되어 있는 관객과 사회의 요구라고 할 수 있다.

주인공의 미덕에 감화된 악인의 참회와 개량, 그로 인한 해피엔딩은 인위적인 것으로서 실상 극의 전체적인 흐름을 비현실적이고 부자연스럽게 만들었다. 하지만 역설적으로 이것은 주인공의 미덕과 이에 감화받은 악인의 참회와 개량이 어떠한 상황 속에서도 강조되어야 한다는 믿음을 보여주는 것이었다. 예컨대 〈서승어적(庶勝於嫡)〉(혁신단, 연흥사, 1912. 7. 20.)에서 적자(嫡子)인 형은 성격이 불량하여 조국을 배신하고 외국을 섬기며, 서자(庶子)인 동

---

17 『매일신보』, 1912. 10. 29.

생은 항상 집안을 생각하며 사관학교 졸업 후 입대해 줄곧 승전한다. 그러던 중 동생은 적병들을 사로잡아 군법으로 총살하려고 하는데, 그 순간 그 가운데 있는 형이 죽게 됨을 개탄해하며 일장 연설로 개과를 권고하여 형은 총살을 면한다. 전쟁터에서 적군을 면죄하는 상황은 지극히 비현실적이지만, 이는 오히려 형의 개과를 효과적으로 부각시킨다. 면죄는 개과하는 악인에 대한 필연적인 보상이다.

관객은 극의 전체적인 개연성보다 주인공의 도덕주의적인 성격과 악인의 개량에 의해 더 큰 감동을 받았다. 그리고 이같은 신파극의 세계는, 교훈적인 내용을 장광설로 연설하는 신파극의 대사나 온나가타(女形)의 양식적인 연기와 같이 근본적으로 낭만적인 것이었다.

번안소설을 각색한 신파극 레퍼토리 역시 마찬가지였다. 1912년에 초연되었던 67편 중 번안소설 각색극은 불과 여섯 편, 즉 〈불여귀〉(도쿠토미 로카(德富蘆花)의 「호토도기스(不如歸)」 원작), 〈상부련〉(와타나베 카테이(渡邊霞亭)의 「소우렌(想夫憐)」 원작), 〈재봉춘〉(「소우렌」의 번안), 〈기지죄(己之罪)〉(기쿠치 유호(菊池幽芳)의 「오노가쓰미(己か罪)」 원작), 〈비파성〉(오오쿠라 모모로우(大倉桃郎)의 「비와우타(琵琶歌)」 원작 추정), 〈상사린(相思隣)〉(번안 추정)이었다. 이 중 〈재봉춘〉은 〈상부련〉과 같이 「소우렌」의 번안이었다는 점에서 실질적으로 각색은 다섯 편이었다. 그리고 〈비파성〉과 〈상사린〉은 유일단에 의해 개성에서 공연되었다는 점에서 경성에서 공연되었던 작품은 불과 세 작품, 즉 〈불여귀〉와 〈상부련〉(〈재봉춘〉), 〈기지죄〉였다.[18][19] 하지만 이 작품들은 그다지 큰 주목을 받

18 〈상부련〉은 1912년 4월 17일 문수성에 의해 원각사에서 공연되었다. 양승국은 앞의 글, 101쪽에서 1912년 9월 25일 『매일신보』에 실린 책 광고 내용—"…향일(向日)에 문수성일행이 초출(抄出)ᄒ야 연극싯지 ᄒ얏슨즉…"—이 착오인 듯 싶다고 하였으나, 광고 내용은 사실이 맞다.

19 이기세는 개성에서 유일단을 창단하여 1912년 10월 13일부터 공연을 시작했으며, 〈비파

지 못했다. 번안소설 각색극이 흥행에 성공한 것은 1913년 『매일신보』의 협찬 하에 대대적으로 세간의 주목을 받으며 〈쌍옥루〉를 공연하면서부터였다. 그 인기는 이후 〈장한몽〉과 〈눈물〉, 〈단장록〉, 〈정부원〉으로 이어졌다.

이를 자세히 살펴보면, 문수성의 창단 공연이었던 〈불여귀〉(원각사, 1912. 3. 31.)는 처음으로 소설을 각색한 것이었다. 윤백남과 조일재는 혁신단의 신파극에 대한 비판적인 문제의식 하에 '제대로 된' 신파극을 선보이고자 〈불여귀〉를 창단 공연 작품으로 선택했다.[20] 초연 날 『매일신보』에는 〈불여귀〉가 "본릐 일본 덕부노화(德富蘆花) 션싱의, 걸작으로, 오늘날 연극즁에, 쏫이라 홀만흔 것이라"는 호의적인 소개의 비평적인 기사까지 실렸다. 하지만 기자도 지적하듯이 "관람쟈가 볼줄을, 모르는 식둙"에 〈불여귀〉는 "셜명 잘ㅎ는 니가, … 씹어싱키는 것 굿치, 셜명"해 주어야할 만큼 낯선 레퍼토리였다.

그럼에도 문수성은 초지(初志)를 굽히지 않았고 다음에는 〈상부련〉과 '가정극' 〈형설〉, 〈송백절〉을 공연하였다. 혁신단도 이에 고무 받았음인지 〈기지죄〉를 공연하였고, 그 해 가을에 혁신단에서 독립해 나온 박창한 일행의 청년파일단도 〈상부련〉을 번안·각색하여 〈재봉춘〉을 공연하였다. 그 해 말에는 유일단이 개성에서 〈비파성〉과 〈상사린〉을 공연하였다. (이 중에서 내용을 알 수 있는 작품은 〈상부련〉(〈재봉춘〉)과 〈송백절〉(번안으로 추정), 〈기지죄〉, 〈비파성〉이다.) 그런데 〈불여귀〉를 포함하여 흥행에 성공하지 못한 이들 작품의 내용은 이후 흥행에 성공한 〈쌍옥루〉나 〈눈물〉, 〈장한몽〉 등과 다소 다른 성

성)과 〈상사린〉이 당시의 레퍼토리였던 것으로 보인다. 유일단은 개성에서 자리를 잡은 후 다음 해인 1913년 1월부터 경성에 진출하여 연흥사와 단성사에서 〈혈의누〉와 〈오호천명〉, 〈장한몽〉(전편)을 공연하였다. 이들 레퍼토리를 참조할 때 〈상사린〉은 원작이 확인되진 않지만 역시 번안각색으로 추정된다.

20 윤백남, 「조선연극운동의 20년전을 회고하며」, 『극예술』 창간호, 1934. 4.

격의 것이었다.[21]

〈불여귀〉에서 다케오와 결혼한 나미꼬는 남편이 청일전쟁으로 오래 집을 비우는 사이 홀로 시집살이를 하지만 시어머니와 불화한 까닭에 고독하게 지낸다. 나미꼬는 결국 폐결핵으로 요양지에서 쓸쓸하게 죽고, 마지막 장면에서 다케오는 아내의 무덤을 찾는다. 〈송백절(松柏節)〉[22](문수성, 원각사, 1912. 5. 7.)에서 육군대위 김영규와 정혼한 임교욱의 딸 방자는 이후 화약폭발로 실명하여 돌아온 김대위가 러시아인(露國人)에게 모욕당한 사실을 듣고 원수를 갚고자 찾아가 마침내는 자신을 희롱한 러시아인의 배를 찔러 죽인다. 하지만 중국인의 증언을 통해 임방자는 무죄방면 된다. 두 작품은 모두 해피엔딩의 결말에서 벗어나 있다. 나미꼬는 죽고 임방자는 살인을 저지르기 때문이다. 그리고 시어머니의 참회나 징벌, 선한 주인공의 도덕주의적 성격 등과 같은 설정도 없다.

〈불여귀〉와 〈송백절〉의 흥행부진은 바로 불행한 결말에 있었다고 볼 수 있다.[23] 반면에 문수성의 공연으로 큰 주목을 받지는 못했지만 〈불여귀〉나 〈송백절〉과 달리 해피엔딩이었던 〈상사련〉은 이후 청년파일단에 의해 〈재

---

21 상대적인 흥행 부진의 또 다른 원인은 앞서 말한 소설각색극이 관객들에게 어렵게 여겨졌 거나 또는 번안되지 않는 각색극의 일본적 배경이나 상황, 정서가 이질적인 것으로 여겨 졌기 때문일 수 있다.

22 공연 광고에는 제목이 〈송백절〉로 되어 있으나, 공연 기사에는 〈송죽절(松竹節)〉로 보도되 었다. 여기에서는 광고의 제목에 따른다. 작품의 자세한 내용은 『매일신보』 1912년 5월 7 일자를 참고할 것.

23 개성의 유일단에 의해 공연된 〈비파성〉 역시 마찬가지이다. 원작인 〈비와우타(琵琶歌)〉는 주인공 아라이 산죠(荒井三藏)가 하나밖에 없는 여동생 사도노(里野)를 천민의 동생이라는 사실을 숨기고 소학교 교사에게 시집보낸 뒤 동생과 절연하고 지낸다. 하지만 여동생은 시아버지의 부정한 연모를 당하여 부부간에는 별다른 문제가 없음에도 불구하고 이혼한 뒤 미치고 만다. 그리고 주인공은 러일전쟁에 소집되어 간다. 〈비파성〉은 문수성에 의해 〈비파가〉로 공연되기도 하지만 대중적으로 큰 성공을 거두지는 못했다.

봉춘〉으로 번안·각색되었다. 〈재봉춘〉에서 천민의 딸인 여주인공은 허씨의 수양녀가 되어 이소위에게 시집가지만 천민의 딸은 악인의 모함으로 박대를 당한다. 하지만 몸종의 도움으로 결국 억울함을 풀고 남편과 평생 행복하게 살게 된다. 이후 〈눈물〉과 〈쌍옥루〉, 〈장한몽〉 등이 대중적으로나 사회적으로 큰 반응을 얻을 수 있었던 원인도 주인공의 미덕을 통해 결국 악인 ─악인은 아니더라도 상대배역─이 도덕적으로 감화를 받고 참회, 개량하는 도덕주의적 내용에 일부 있었다고 본다. 일본과 달리 우리의 신파극에서는 비희극적인 해피엔딩이 훨씬 더 선호되고 있었던 것이다.

　신파극 레퍼토리의 멜로드라마적인 구조와 해피엔딩의 결말은 인간과 사회의 개량 가능성에 대한 신념을 보여주는 것이었으며, 센티멘털리티는 도덕적 교훈주의의 효과를 극대화하는 데 기여하였다. 신파극이 "권선징악, 사(使)세도인심으로 비익케 하니"라든가, "권선징악과 교육권장과 충효열을 표창ㅎ야 일반관람자로 ㅎ야곰 모범기관을 작홀만" 한다든가, 또는 신파극이 "일반사회의 풍속개량"에 기여할 것이라는 『매일신보』의 기사는, 신파극에 대한 관객과 사회의 기대를 보여주고 있었다. 문수성의 〈불여귀〉 공연에 대해 관객들이 "(작품의) 비츰한 구절이며, 인정의리에 딕ㅎ야, 가히 동정의 눈물을, 흘닐만 흔 것이 잇스되" 도리어 웃고 떠드는 태도를 비판하는 기사역시 센티멘털리티가 신파극의 도덕적 교훈을 관객에게 매개하는 것으로 인식되었음을 보여준다. 〈쌍옥루〉나 〈눈물〉, 〈장한몽〉 등의 흥행에 관한 기사는 언제나 관객석이 주인공의 처지를 동정하는 '눈물바다'였음을, 즉 '눈물'로 넘치는 관객대중의 센티멘털리티를 강조하고 있었다.

2. 신파극의 '눈물', 동정의 공동체를 극장화하다

1) 신파극의 '눈물'과 '동정'의 관극 기제

선악의 이분법적인 대립과 주인공의 미덕, 악인의 징벌 또는 참회의 멜로드라마적인 구조는 무엇보다도 관객을 감동시키는 센티멘털한 방식으로 그도덕적 교훈주의를 실현하였다. 극중 인물과 관객대중의 '눈물'은 그 센티멘털리티가 외화(外化)된 것이었다.

신파극의 극중 인물, 특히 여주인공의 '눈물'과 이에 동정하는 관객대중의 '눈물'은 이들을 하나의 감정 공동체로 묶어주었다. 『매일신보』의 기사와 비평에서 혁신단과 문수성의 신파극, 특히 연재소설 번안 신파극은 '많은 동정을 받았'고 또 관객들은 신파극에 대해 '많은 동정을 표'하였다.

'동정'은 일차적으로 '가엾고 불쌍하게 여기다'의 의미로 사용되었다. 문수성의 〈불여귀〉는 "그 연극 즁에도, 비춤한 구절이며, 인정의리에 딕흐야, 가히 **동정의 눈물**을, 흘닐만 흔 것이 잇"[24]는 것이었다. 그리고 혁신단의 〈쌍옥루〉는 "특히 녀주관긱은 리경주와 욕남 정남의, 신상에 딕흐야, 열셩으로 동정을 표흐야, 관람셕에서, 눈물을 흘리는 녀주가, 극히 만"[25]은 공연이었

---

24 『매일신보』, 1912. 3. 31.
25 『매일신보』, 1913. 5. 1.

다. 이는 계모인 시어머니의 간계로 결국 이혼하게 된 젊은 두 부부의 처지(〈불여귀〉)와, 자신의 잘못으로 인해 이혼 당하고 사고로 죽는 여주인공 이경자(〈쌍옥루〉)에 대한 관객의 '가엾고 불쌍한 마음'을 강조하는 것이었다.

뿐만 아니라 '동정'은 '동정을 표한다'는 표현에서와 같이 '감정적 동의'의 의미로도 폭넓게 사용되었다. 1908년 11월 6일 『황성신문』에 실린 「원각사 관광의 향객담화」에서 누가 이인직의 극장사업에 대해 "동정찬성"할 것인가 — "을왈(乙曰) 이인직씨의 사업은 고사ᄒ고 해사(該社)에 대ᄒ야 동정찬성(同情贊成)ᄒᄂ 자가 수야(誰也)오ᄒ면" — 물을 때의 "동정찬성"은 동의(同意)의 의미였다.[26]

1910년 이후에도 '동정'은 '동의한다'는 의미로 빈번하게 사용되었다. 혁신단은 자선공연의 수익금을 각종 학교와 병원 등에 기부하여 칭송을 받았는데, 이는 "일반ᄌ녀를 싱산ᄒᄂ쟈ᄂ [혁신단의 자선공연에 대해] 불가불 **동정을 표홀**"[27] 것이었다. 이 때 '동정'은 찬성과 지지의 의미였다. 〈쌍옥루〉 공연이 "일반 관람쟈의 엇더케, 다수히 입쟝ᄒ얏ᄂ지, … 그 연극이 얼마큼, **동정**이 사회에서, 엇음을 ᄭᆡ닷겟고"[28]라는 것도 〈쌍옥루〉가 사회의 연민을 받았다는 의미가 아니라 사회의 많은 공감과 동의를 받았다는 의미였다.

엄밀히 말해 '동정'은 신파극의 관객 반응을 지칭하는 용어로서 두 의미, 즉 대상에 대해 불쌍한 마음을 갖는 감정의 의미와 대상에 대한 이성적인 동의의 의미를 동시에 가지고 있었다. 우선 혁신단의 〈눈물〉 공연을 예고하는 기사를 보자.

---

26 그 외에도 1909년 10월 1일 『서북학회월보』(제1권 제16호)에 실린 달관생(達觀生)의 「연극장 주인에게」에서 '동정'은 '생각과 감정'이라는 더 큰 폭넓은 의미로 사용되었다. "행(幸) 제씨ᄂ 본인을 대ᄒ야 노도만설(呶呶漫說)로 너기지 말고 본인의 깁고간절ᄒ 동정을 추서(推恕)ᄒ시기 천만발아압ᄂ니다"

27 『매일신보』, 1913. 3. 15.

28 『매일신보』, 1913. 5. 2.

…지난 칠월부터, 금일까지, 본지 일면에 게지하야, 독쟈의 디갈치와, 만흔 동정을 밧은 쇼셜 「눈물」은 회수가 나아감을 좃차 독쟈의 칭찬이, 더욱 셩대 ㅎ야, 미일본샤에 도달ㅎ는, 칭숑의 투셔가, 수십쟝에 ㄴ리지 안이ㅎ는즁, 특히 일반부인은, 불샹흔 셔씨부인과, 가련흔 봉남의, 비참흔 ㅅ졍에 디ㅎ야, 신문을 디홀째마다, 눈물을 금치못흔듯는디, … 혁신단 림셩구일힝이, 이 쇼셜을 연극으로 흥힝ㅎ겟다ㅎ야, 금이십 오일밤, 여섯시반브터, 삼일간흥힝혼다는디, …[29]

이 작품은 이상협의 동명의 신소설을 연극화한 것으로서 장안을 눈물바다로 만들며 일대흥행을 거두었다. 위의 기사는 신문에 연재되어 독자들로부터 많은 사회적 동의("동정")을 얻었던 이상엽의 소설 「눈물」이 마침내 혁신단에 의해 신파극으로 공연된다는 사실을 알리고 있었다. 그리고 이 기사 안에서 "불샹흔 셔씨부인과, 가련흔 봉남의, 비참흔 ㅅ졍에 디ㅎ야, 신문을 디홀째마다, 눈물을 금치못"하게 한다는 공연의 내용과 〈눈물〉 공연에 대한 사회적 동의("동정")는 은연중에 연결되었다. 실제로 〈눈물〉 공연에 대한 사회적 호응도는 공연이 자아낸 눈물의 양과 비례하는 것으로 여겨졌다. 관객의 '동정'(연민)을 불러일으키는 것은 곧 작품이 관객의 '동정'(사회적 동의)을 얻는다는 것과 같은 의미였다.

쇼셜 「눈물」의 구경은 진실로 눈물이라 짝업시 불샹흔 셔씨부인 모즈의 비참흔 졍경에 디ㅎ야는 동졍ㅎ는 눈물을, 흘니지 안이ㅎ는이가 업고, 그즁 부인셕은, 큰ㅇ합 비읍쟝(悲泣場)을 이루엇는디, 그즁에는 꼿갓치 졂은 부인이, 다슈흔 면목을 ㅇ게ㅎ고 늣겨가며 우는이가 만코, 심지어, 붉은 슈건으로, 눈물을 씨셔, 얼골이 쟝홍으로 변흔 부인ㅅ지잇셔, 실로 눈물연극은, 눈물로 구경ㅎ는듯ㅎ얏고[30]

29 『매일신보』, 1913. 10. 25.
30 「눈물극의 눈물쟝(場)」, 『매일신보』, 1913. 10. 28.

한국 근대연극의 형성

감정은 성리학에서처럼 더 이상 규율의 대상이 아니었다. 성리학에서는 이(理)에서 발생하는 측은, 수오, 사양, 시비 등의 네 가지 감정을 전적으로 선한 것이라고 보았지만, 기(氣)에서 발생하는 희로애구애오욕(喜怒哀懼愛惡欲) 등의 칠정은 선하거나 악하게 변할 가능성이 있기 때문에 마음(心)을 통해 통제되어야 한다고 보았다.[31] 그러나 연극을 통해 직접 느낄 수 있는 여러 가지 감정은 이제 교육적인 것으로 여겨지고 있었다. "슯흐고도 ᄌᆞ미잇고, 쾌ᄒᆞ고도 분ᄒᆞ야, 보ᄂᆞ사름으로, 여러 가지 감정이 졀로 이러나, 우리인싱에 큰 교훈이 되겟던결이요."[32]

감정의 외적인 표현도 이제는 더 이상 억제되어야 하는 것이 아니었다. 앞의 인용에서처럼 극장 안에서 남의 시선, 특히 남자들의 시선과 관계없이 "셔로 약됴ᄒᆞᆫ 듯이 일졔히" "늣겨가며" 우는 부인들의 모습은 그 자체가 연극 못지않은 하나의 구경거리였다. '눈물'로 대변되는 감정은 공공장소인 극장 안에서 마음껏 터트려질 수도 있었으며, 그것은 더 이상 부끄러운 일이 아니었다. 극장 안에서 관객들 개개인은 오히려 눈물을 함께 나누며 자신의 본성에 내재한 선함을 적극적으로 드러내었다.

'동정'이 개인적 차원의 '연민'뿐만 아니라 사회적 차원의 '동의'를 의미하는 것은, 그것이 상대방의 행위나 그 동기인 감정에 대한 도덕적 판단을 내포하는 'sympathy'의 번역어였기 때문이었다.[33] 대상에 대한 개인의 연민은

31 김우창, 「감각, 이성, 정신 –현대 문학의 변증법」, 이문열 · 권영민 · 이남호 엮음, 『한국문학이란 무엇인가』, 민음사, 1995, 23~24쪽.

32 「독자구락부」, 『매일신보』, 1913. 10. 28.

33 일반적으로 '동정', '공감', '동감' 등으로 번역되는 'sympathy'는 흄과 아담 스미스로 대표되는 18세기 계몽주의 도덕철학의 기본원리이다. 1910년대 동정 담론에 대한 연구는 다음을 참조할 것. 김성연, 「한국의 근대문학과 동정의 계보 –이광수에서 『창조』로」, 연세대 석사학위논문, 2002; 소영현, 「근대소설과 낭만주의」, 『상허학보』 제10집, 2003; 김현주, 「1910년대 '개인', '민족'의 구성과 감정정치학」, 『현대문학의 연구』 제22집, 한국문학

도덕적 판단을 전제로 할 때 사회적인 동의로 확장될 수 있었다. 'sympathy' 는 도덕적 판단의 근원으로서 18세기 서구의 계몽주의 철학자들에 의해 처음 강조되었다. 이들은 고대의 윤리학이 이성을 강조했던 것에 반해 감정의 윤리적인 힘에 주목했으며, 도덕적 당위성을 '주관적 확신'에서 찾기 시작했다.[34]

작은 집단 안에서의 동정이 관습(convention)을 만들어내고 이러한 관습이 공공적 이해에 대한 동정을 만들어낸다는 18세기 서구 계몽주의자들의 생각은 『매일신보』가 신파극의 '눈물'과 '동정'을 보도하는 방식에도 발견된다. 『매일신보』의 기사들은 신파극의 '눈물'이 내적인 미덕인 '동정'의 외화인 듯 보도하였으며, 이를 통해 신파극의 '눈물'이 만들어낸 내지는 만들어냈다고 여기는 관객대중의 감정적인 유대감을 전국의 『매일신보』 독자대중에게 극장화 하였다. 신파극은 『매일신보』의 생생하고 상상적인 보도를 통해 극장 밖의 전국적인 독자대중까지 감정의 공동체로 만들며 극장화되었던 것이다. 이는 궁극적으로 "흘려진 눈물은 감수성을 북돋우고 미덕에 참여하게 한다"[35]는 것처럼 관객/독자대중을 신파극의 도덕적 교훈에 감화시키는 것이었다.

연극 고유의 시청각적인 전달방식은 하층의 관객대중까지 도덕적인 감정의 유대감으로 폭넓게 묶어낼 수 있었다. 실제로 『매일신보』 안에서 신파극은 눈물을 매개로 각계각층의 다양한 관객들을 감정적으로 동일화한다고 여

연구학회, 2004. 2; 「문학·예술교육과 '동정' ─이광수의 '무정'을 중심으로」, 『상허학보』 제12집, 2004.

34 이 때의 '주관적 확신'이란 사물에 대한 추록적 인식에서 오는 것이 아니라 직접적인 느낌에서 오는 것을 말한다. 이상 동정의 윤리학에 대한 논의는 김상봉의 『호모 에티쿠스 ─윤리적 인간의 탄생』, 한길사, 1999, 225~246쪽을 참조할 것.

35 안 뱅상 뷔포, 『눈물의 역사』, 이자경 옮김, 동문선, 2000, 99쪽.

한국 근대연극의 형성

겨졌다. 어느 '풍류랑'은 기생이 흘리는 눈물을 보고 비로소 기생에게도 인정이 있음을 알았으며,[36] '쇼박마진부인'은 주인공 서씨 부인과 같은 처지로서 꼭 한번 구경 가겠다고 결심하였다.[37] 그리고 한 '스나희'는 자신이 비록 남자지만 눈물을 흘리지 않고서는 구경할 수 없었다고 고백하였다.[38] 적어도 극장 안에서만큼 이들은 똑같이 연극이 제시하는 악덕을 미워하고 미덕을 사랑한다는 점에서 동일한 심정을 공유하였던 것이다.

2) 자선공연의 확대와 '동정'의 사회적 형식화

자선공연은 개인의 '동정'이 사회 문화적인 형식으로 확장된 것이었다. 한성부에서 자선공연은 쿠마가이 요리타로(熊谷賴太郎) 등의 일본인 7명이 경성고아원의 경비를 보조하기 위해 1907년 6월 1일과 2일 양일간 오늘날의 충무로인 니현(泥峴)의 가부키좌에서 개최하면서 처음 시작되었다. 그리고 정확히 5개월 후 최초의 조선인 주최 자선공연이 경성고아원을 위해 광무대에서 개최되었다. 이는 기생의 자선연주회나 신파극단들의 자선공연, 청년

---

36 "눈물연극구경을 왓다가, 엇지도 그리만히 우는지, 그 계집이야말로, 참 다졍ᄒ던걸, 화류계 녀ᄌ들은, 인정이 작다고 ᄒ더구면은, 보화를, 두고보면은 그럿치안턴걸이오 「풍류랑」", 『매일신보』, 1913. 10. 29.

37 "이사름은 신세가, 셔씨부인만 못지안케, 츰혹ᄒ 사름이올시다 다힝히 귀신문으로 적지안히 위로로 「눈물」 쇼설이 난후에는 아조 셔씨부인이 불샹ᄒ고 눈압헤 그 형샹을 보는듯ᄒ야, 언의날 울지안이흔날이 업슴니다, ᄯ 이번에 혁신단에셔, 눈물연극을 ᄒ다ᄒ니, 다른 사름은, 엇지 힛든 나갓흔, 쇼박덕이는, 불가불 흔번 가보겟습니다, 귀신문 할 일권만, 버혀 가지고가면, 샹등이라도, 단 십오젼이요 하등이면, 단 오젼 「쇼박마진부인」" 『매일신보』, 1913. 10. 26.

38 "눈물연극구경은, 참 눈물이던걸이오, 부인석에셔는, 셔로 약됴ᄒ 듯이 일졔히 우는듸 이사름은 스나희것만은 눈물이 쩌러지던걸이오 참 그 눈물구경을 ᄒ고 눈물을 안이흘니면 정말 구경ᄒ얏다구는 못ᄒ겟든걸이오 「다졍싱」", 『매일신보』, 1913. 10. 26.

회 자선연주회 등으로 이어지면서 점차 확대되었다.

18세기 서구 사회에서 처음 등장한 '자선(philanthropy)'은 휴머니티와 관용의 시대를 주도하였다. 자선사업은 사회적으로 제도화되기 시작했으며, 그 중에서도 자선기부가 가장 활발히 행해졌다. 공공복지를 염두에 두었던 신사와 상인들은 한데 모여 고통 받고 병든 자를 위해 각종 자선단체를 조직하고 설립하였다. 공적인 기부를 자극적으로 선전하는 논쟁들은 이제 막 등장하고 있었던 공론장 안에서 '여론'이라는 새로운 사회적 가치를 형성하는 데 참여하였다. 사회 집단의 감정이나 여론과 같은 것이 있다는 이해는 그 자체가 하나의 혁신이었다.

자선이 계몽주의와 센티멘털리즘, 그리고 사회적 공감으로 확장되었던 '동정'과 맺는 역학관계는 1910년대 신파극과 이를 둘러싼 사회 문화적인 영역 안에서도 유사하게 나타났다. '자선' 개념은 우리에게 근대적 제도의 하나로서 수용되었다. 오늘날의 도덕윤리 교과서에 해당되는 『수신서』에서는 자선을 "천재지병(天災疾病) 등 불의의 재난을 당ᄒ야 곤궁에 싸진 자를 구조홈은 오인의 의무라 무릇 빈곤ᄒ 자와 가긍ᄒ 자를 구조홈"[39]이라고 정의하였다.

천부인권적인 휴머니즘을 바탕으로 하는 근대적 자선의 개념은, 사람이 한번 태어나면 죽을 때까지 불평등한 존재이며 가난은 나라에서도 구하지 못한다는 생각이 일반화되어 있었던 봉건체제 하에 경험할 수 없었던 새로운 것이었다. 조선시대의 '혜민'이 봉건 군주(君主)가 어버이의 마음으로 민(民)에게 시혜적이고 수직적으로 베푸는 것이었다면, 근대적인 자선은 사회를 구성하는 개개인이 자발적인 동정심을 가지고 자신과 같은 다른 개인들에게 자율적이면서도 수평적으로 행하는 것이었다.

---

39 『(학부편찬 보통학교 학도용) 수신서(修身書)』, 동경:삼성당 서점, 1907, 43쪽; 한국학문헌연구소 편, 『한국개화기교과서총서 9』, 서울아세아문화사, 1977, 637쪽.

이에 따라 자선에서는 물질적인 측면 못지않게 감정적인 측면이 강조되었다. "자선이라 ㅎᄂᆞᆫ 것은 금전이나 물품을 혜여(惠與)ㅎᄂᆞᆫ 것뿐 아니라 인애(憐愛)ㅎᄂᆞᆫ 정으로 친절흠을 다흠도 역시 자선"[40]이라는 『수신서』의 부연은 이러한 맥락에 놓여있었다. 『초등수신』에서도 자선은 "세계의 보통흔 사업이오 생의 당연흔 의"인 인간의 근본도리로 확장되면서, "근년에 제중원(濟衆院)과 혜민원(惠民院)과 광제원(廣濟院)과 고아원과 대한의원과 적십자사 등이 즉차(卽此)이니라"라고 설명되었다.[41]

근대 연극이 '자선'에 대한 사회적 인식을 공유하며 형성되었다는 사실은 이같은 맥락에서 의미가 있었다. 즉 자선공연은 연극개량에 대한 요구와 그 실행과 함께 본격화되고 있었던 것이다. 문명적인 연극, 근대적인 연극을 표방했던 연극개량은 궁극적으로 연극/극장의 공공성 (또는 공익성)을 확장시킴으로써 사회의 동의를 얻을 수 있었다.

광무대의 자선공연에 앞서 단성사가 설립 당시부터 공연수익의 일부를 교육과 자선 사업에 쓴다고 했던 것도 이러한 사회적 분위기를 반영하였다. "…회사를 조성하야 단성사(團成社)라 명칭ㅎ고 일(一)은 일반 재인의 생활상 영업(營業)을 무도(務圖)ㅎ고 일(一)은 수입흔 이익으로 교육상 장려와 자선적 사업에 투용ㅎ기로 결정ㅎ얏ᄂᆞᆫᄃᆡ…".[42] 그리고 단성사는 실제로 일일 흥행 수입금 전체를 종종 고아원에 기부하며 이를 실천했다. "동문 안 단이성샤에

---

40 『(학부편찬 보통학교 학도용) 수신서(修身書)』, 앞의 책, 637쪽. 한편 『수신서』에는 '박애'를 "특별히 빈자 병자 불구자 등은 인세(人世)의 ᄀᆞ장 가련ㅎ나 자인즉 차를 구조홈은 오등의 본분이라. 나이딩겔과 ᄀᆞᆺ흔 자ᄂᆞᆫ 능히 박애의 도를 알앗다 훌지로다"로 설명하면서 나이팅게일을 그 예로 들었다.

41 박정동 저, 『초등수신』, 동문사(同文社), 1909, 37쪽; 한국학문헌연구소 편, 위의 책, 127쪽. 『초등수신』은 1909년 4월 학부검정 사립학교 수신서 초등교육 학도용으로 검정필되어 발행된 수신교과서이다.

42 「연예단성사 설립」, 『만세보』, 1907. 6. 7.

셔 고ㅇ원의 경비가 군식홈을 듯고 일젼에 ㅎ로를 희원에 벌넛ᄂ듸 그날에 고아원에셔 이빅여환을 거두어 갓다더라".[43]

흥미롭게도 자선운동은 처음부터 여성적인 것으로 젠더화되고 있었다. 여성의 천성이 자선운동에 적합하다고 인식되었으며, 적어도 이 분야에서만큼은 여성의 공적인 사회적 활동이 일찍부터 인정받고 있었다. 대표적인 예로 자선공연이 끝난 후 9월에는 김석자(金石子) 발기로 자선부인회가 조직되었다.

자선부인회는 친일 성향의 상류층 부인을 중심으로 조직된 단체였다. 이는 경성고아원과 각 병원을 대상으로 하는 자선활동을 주된 목적으로 하면서, 다음해 8월에는 『자선부인회잡지』를 기관지로 간행하였다.[44] 그리고 자선활동이 부녀자의 가장 합당한 천품이라는 것을 내세워 이들의 광범위한 참여를 촉구하였다. 이후 자선부인회는 각종 자선공연에 적극 참여하는 한편[45] 자선공연을 직접 개최하기도 했다.[46]

자선부인회보다 출발은 늦었으나 더욱 적극적이고 지속적으로 자선공연

---

43 「단성샤 선심」, 『대한매일신보』, 1908. 1. 1.
44 『자선부인회잡지』에 의하면 그 발간 취지는 첫째, 이 잡지를 보고 자선심이 유연히 감발하여 각각 하늘이 주신 착한 성품 근본이 밝아지기를 바라는 것이며 둘째, 자선부인회의 목적이 도달되도록 찬성하기 바라는 마음에서였다. 이에 대한 좀더 자세한 논의는 박용옥의 「1920년대 신여성 연구」, 『여성; 역사와 현재』, 국학자료원, 2001, 133~134쪽을 참고할 것.
45 "경성고아원의 재정군핍흔 상황은 본보에 누누 기재하얏거니와 … 11월 2일에 자선연주회를 동대문 내 광무대로 개설하고 유지신사의 연설과 세계에 유명흔 활동사진과 위생환등과 주악(奏樂)과 기타 자미(滋味)가 유(有)흔 연예로 일반신사의 관람을 공(供)하ᄂ듸 자선부인회에셔도 일일출석하야 참관흔다니 유지동포ᄂ 자선의 심(心) 대발(大發)하야 상권상휴(相勸相携)하야 다수왕림하심을 절망(切望)하노라", 「자선연주회」, 『황성신문』, 1907. 10. 26.
46 "자선부인회 자선연주회 / 처소는 신문 내 전(前) 협률사 / 기한은 자음(自陰) 5월 23일로 지어(至於) 25일 / 시간은 하오 8시로 지(至) 12시 / 최신개량대연극", 「광고 자선부인회 자선연주회」, 『황성신문』·『대한매일신보』, 1908. 6. 23.

을 주도했던 여성 주체는 바로 관기(官妓)였다. 1907년 12월 21일자 『황성신문』의 광고에 따르면 궁내부 행수(行首) 기생들은 경시청에 삼일간 자선연주회 설행 허가를 요구하였다.[47] 그리고 3일 후에는 관기들의 자선연주회 광고가 다음과 같이 게재되었다.

> 妓等百餘名이 京城孤兒院 經費窘拙ᄒᆞ야 維持極難之說을 聞ᄒᆞ고 爛商協議
> ᄒᆞ야 慈善演奏場을 夜珠峴 前協律社에 開催하야 收入金을 沒數히 該院에 寄
> 附ᄒᆞᆯ터이옵고 順序ᄂᆞᆫ 如左ᄒᆞ오니 慈善ᄒᆞ신 仁人君子ᄂᆞᆫ 來臨玩賞ᄒᆞ심을 伏望
> 順序
>
> 一 平壤 랄탕픠   一 幻燈   一 倡夫 쌍지죠   一 僧舞
> 一 劍舞   一 佳人剪牧壇 一 船遊樂   一 項莊舞
> 一 포구樂   一 무고   一향응영무   一 복춤
> 一 사자舞   一 鶴舞
>
>
> 其外에도 滋味잇ᄂᆞᆫ 歌舞를 臨時ᄒᆞ야 設行ᄒᆞᆷ
> 陰十一月 二拾一日 爲始ᄒᆞ야 限三夜開場ᄒᆞᆷ
> 每日 下午七時에 開場ᄒᆞ야 至十一時閉場ᄒᆞᆷ
>
> 慈善演奏場 發起人
> 宮內府 行首妓生 桂玉
> 太醫院 行首妓生 蓮花
> 尙衣司 行首妓生 錦花
> 竹葉 桂仙 鸚鵡 採蓮 等 告白[48]

---

47 "궁내부 행수기생 계옥 태의원 행수기생 연화 상의사 행수기생 금선 등이 경시청에 청원
   ᄒᆞᆫ 개의(槪意)를 문(聞)ᄒᆞᆫ즉 경성고아원을 설치 이래로 제반 경비를 원주(院主)가 담당지급
   ᄒᆞ다가 현금 경비가 군졸ᄒᆞ야 다수 고아가 경(更)히 유리개걸(流離丐乞)ᄒᆞᆯ 경(境)에 지(至)ᄒᆞ
   얏다니 기불긍측호(豈不矜惻乎)아 본기(本妓) 등이 고아원 연주사(演奏社)를 본월 21일 위시
   ᄒᆞ야 관인구락부에 설행ᄒᆞᆯᄀᆞᆺ스니 한(限) 3일 인준ᄒᆞ라ᄒᆞ얏더라", 「관기자선」, 『황성신문』,
   1907. 12. 21.
48 『대한매일신보』, 1907. 12. 24.

이들 관기는 구한말 기생 사회의 일패기생들이었으며, 1901년 고종황제 탄신 50주년을 기념한 만수성절 잔치와 1902년의 고종황제 즉위 40주년을 기념한 잔치의 진연에 출연했던 정재여령(呈才女伶)들이었다. 조선시대 궁중 무용을 담당했던 정재여령들은 혜민서의 의녀나 상의원(尙衣院)의 침선비 등 중앙관서에 소속됐던 관기 및 지방에서 뽑아올린 선상기(選上妓)로 구성되었다. 광고의 마지막에 자선연주회의 발기인이 여러 관아(官衙)에 소속된 관기들이었던 것은 이 때문이었으며, 이들 중 대부분이 1901년과 1902년의 궁중 진연에 참여하였다.

구한말의 관기들은 협률사나 연흥사, 장안사 등에서 자신들의 궁중 정재를 주된 레퍼토리로 하여 자선연주회를 개최하였으며, 이러한 전통은 1908년에 설립된 한성기생조합소 및 일제초기 기생조합의 기생들에게 전승되어 1910년대 동안에도 계속 지속되었다.[49] 이후 기생들의 활동은 자선부인회보다 훨씬 더 적극적으로 이루어졌으며, 경성고아원과 조산부양성소 등을 돕는다는 명분 하에 1910년대 동안 지속적으로 이루어졌다.[50] 기생들의 의식수준은 자선연주회를 시작하기 전에 청중을 상대로 감동적인 연설을 할 수 있을 만큼 높았다.[51]

기생들의 궁중무용이나 민속연희 등의 공연물은 일명 '협률사 연희'로 불리면서 연극개량의 주된 비판 대상이 되었다. 그러나 자선이라는 공익적인

---

49 이에 관한 자세한 논의는 송방송의 「대한제국 시절의 진연과 관기들의 정재공연」, 『한국무용사학회 논문집』 제1권, 2003을 참조할 것.

50 이후 관기 제도가 공식적으로 혁파되면서, 1910년대에는 각종 기생조합들이 본격적으로 생겨나기 시작했다. 그리고 이들의 경쟁 관계가 심해짐에 따라 자선공연 역시 자선 본래의 취지보다 영업적인 목적성을 노골적으로 띠어가고 있었다.

51 "시곡거(詩谷居) 예기 연심이가 단성사 자선연주회를 개회시에 고아원 정형(情形)에 대ᄒ야 격절흔 언사로 일장연설ᄒ얏ᄂᆞᆫ대 만좌 제씨가 막불탄하(莫不嘆賀)ᄒ얏다더라", 「예기(藝妓) 연설」, 『대한매일신보』, 1908. 7. 11.

명분 하에 이루어지는 기생들의 공연 활동은 사회적인 환영을 받았다. 그리고 신파극단들까지도 자선활동에 적극 참여하였다. 혁신단은 1912년 4월경 인천 공연시 박문학교의 경비를 보조하기 위해 신파극단으로서는 제일 처음 자선공연을 시작하였으며, 경성에 돌아와서도 자선공연에 적극 앞장섰다.[52]

혁신단의 자선대상은 경성고아원이나 조산부양성소 등뿐만 아니라 보중(普中)친목회와 상동청년학원, 진명여학교, 공옥소학교 등의 교육계로까지 확장되었다. 문수성과 유일단, 이화단, 청년파일단 등의 신파극단들뿐만 아니라 각종 기생조합소, 기독교 청년회 등까지도 서로 경쟁적으로 자선공연을 행하여 사회적 관심을 도모하였다. 상대적으로 자선공연을 등한시 하는 극단이나 연극장들은 사회적으로 비난을 받았다. "단셩샤 비응현일힝은, 엇져니〃〃ㅎ야도, 공익샹에ᄂᆞᆫ, 쥬의ᄒᆞ야, 각금 연주회를 열지만은, 엇던연극쟝은, 결단코 안이ᄒᆞ기로, 작뎡ᄒᆞ고, ᄶᆞᆨᄂᆞ실ᄉᆞ코만 흔다나, 공익의 무도, 아조 모로면, 사름이라홀 것 업셔"[53]

자선공연 자체가 더 이상 사회적 주목을 끌지 못할 정도로 보편화되자 자선 행위 자체가 하나의 공연처럼 기획되기도 했다. 혁신단의 걸인을 위한 자선공연이 그 대표적인 예였다. 신파극단으로서 가장 먼저 자선공연을 시작했던 혁신단은 창단 3주년을 맞이하여 1914년 1월의 추운 겨울에 노숙하는 걸인들에게 옷 한 벌을 입히기 위한다는 명목으로 대대적인 자선공연을 개최하였다.[54]

---

52 "연흥샤에셔, 흥힝ᄒᆞᄂᆞᆫ, 혁신단(革新團) 신연극은, 일반샤회의, 됴흔평론을 엇어 밤마다, 인산인히를 일울 ᄲᅮᆫ더러, 공익에 열심으로, 향일에도, 보즁친목회(普中親睦會)를 위ᄒᆞ야, 연주회를홈은, 일반이 아ᄂᆞᆫ 바이어니와, 근일 쇼식을 드르즉, 조산부양셩소(助産婦養成所)의, 경비군졸홈을 듯고 개셕히 녁여셔, 쟝ᄎᆞ 연주회랄, 셜힝ᄒᆞᆫ다ᄒᆞ니, 림셩구(임성구) 일힝의, 공익샹열심은 붓을 들어, 크게 치하홀만ᄒᆞ며…", 『매일신보』, 1912. 4. 12.

53 「독자구락부」, 『매일신보』, 1913. 7. 18.

54 "현금 본단에셔 신파로 흥힝ᄒᆞ온지 삼기년에 이극ᄒᆞᄂᆞᆫ 쳠위와 졔부인의 다대흔 찬셩을

그림 23. 「임성구의 자선사업」기사 자료사진(『매일신보』, 1914. 2. 4)

혁신단의 걸인 자선공연은 자선행위가 자선공연 안에 포함되었다는 점에서 특징적이고 새로운 방식이었다. 혁신단은 자선공연의 수익금으로 걸인들을 돕는 기존의 방식 대신에, 걸인들을 위한 이백 명 분의 솜옷와 떡을 미리 마련한 후 걸인들을 직접 극장에 불러 모아 이들을 위해 공연하였다. 그리고 단장인 임성구를 위시한 모든 단원들이 걸인들을 한 사람씩 데리고 무대 위에 올라와 직접 세수를 시키고 옷을 갈아입혔다. 혁신단의 걸인 자선공연은 하나의 사회적 퍼포먼스로서 자선 행위 자체를 극장화 하였던 것이다.

　…「눈물」상연시대 성황이었던 수입금을 송두리째 털어서 광목으로 이백 명분의 솜옷을 지었다. … 그리고 쌀 한가마를 풀어서 떡을 만들었다. … 서울

어슈ᄒ와 우금지보이온바 … 그 혜틱을 보답ᄒ기 위홀 쑨 외라 쏘한 도텨에 걸인 유ᄋ들이 풍찬노슉에 한긔를 ○○ᄒᄂ 3상이 칙은ᄒ와 금번의 의복 한 별식 입히기 위ᄒ야 명지명일은 연극을 특별히 기량ᄒ고 관람료도 반익으로 흥ᄒᄒ겟ᄉ오니…",「광고」,『매일신보』, 1914. 1. 18.

　　　　　　　　　　　　　　　　　　　　　한국 근대연극의 형성

장안에는 혁신단 광고대가 샅샅이 돌아다니며 걸인의 집합을 선전했다. 장소는 연흥사로서 아침부터 저녁까지 세차례에 걸쳐서 걸인들이 모여들었다. … 성구를 위시해서 단원 일동의 접대반이 편성되어 먼저 더운 물 한 대야와 비누를 주어서, 한 사람씩 세수를 시켰다. 객석의 의자는 붓배기였기 때문에 세수는 무대에서 하기로 했다. 그러기 때문에 그날밤 혁신단 연극의 무대마루는 진구렁에서 진행했고, 또 젖은 무대를 바라보는 관객도 갈채로 환호했던 것이다. 한차례에 70명이 넘었다. 먼저 세수를 하고나면 의복을 갈아입혔다. … 이렇게해서 저녁나절까지 세차례로서 원만히 잔치는 끝났다. 이때 연흥사 골목과 사동 어구에는 대기하는 걸인 일대와 소문듣고 걸인 잔치를 보러온 군중으로 길목이 메어졌었다. 이날은 초전골 정명구(鄭明九), 남문 신창안 김치경(金致景)도 달려와서 이 잔치에 참예하고, 가슴들이 뻐근해 눈물을 지었다. 그리고 그날밤 혁신단 무대는 단원들의 유쾌한 신명으로 연극을 했다.[55]

혁신단의 걸인 자선공연은 자선이 근대적 제도로서 갖고 있는 본질적인 성격을 잘 보여주고 있었다. 근대적인 사회 제도로서 자선은 '왼손이 한 일은 오른손이 모르게 하는' 식의 은밀함을 미덕으로 하지 않았다. 그보다 자선의 미덕은 사회 안에서 공개적으로 전시됨으로써 사회 전체의 동정과 자선을 유발시킨다는 데 있었다. 자선은 사회라는 거대 극장 안에서 사회 구성원 전체를 관객대중으로 삼아 센티멘털리티로 매개된 공동체를 연출하였던 것이다.

<hr>

55 안종화, 앞의 책, 159~161쪽.

3. 신파극의 멜로드라마,
근대적 도덕률을 극장화하다

1) 신파극과 『매일신보』 저널리즘의 공조

신파극단들은 「쌍옥루」와 「봉선화」, 「장한몽」, 「눈물」, 「단장록」, 「형제」, 「정부원」 등의 『매일신보』 연재소설을 각색 공연하여 흥행에 대대적으로 성공하였다. 이는 신파극과 저널리즘의 공조적인 관계를 토대로 하고 있었다.

신문이라는 근대적인 인쇄매체는 신파극이라는 공연매체의 시공간적 제한성을 극복시키고 확장시켰다. 본질적으로 관극이라는 경험은 특정한 시공간의 물리적인 공유를 통해 이루어지는 것이었다. 하지만 신파극의 공연내용은 연재소설을 통해 사전에 공유되었고, 관극 경험도 기사나 관극평을 통해 일정 부분 대리적으로 공유되었다. 신파극의 관극 경험은 식민지조선이라는 시공간 안에서 『매일신보』 저널리즘을 통해 균질적으로 재생산되었던 것이다.[56] 이는 신파극의 사회적인 생산과 수용이 총독부 기관지였던 『매일

---

56 이 때 균질화는 공간 내 어떤 지점에서도 동일한 원리가 성립된다는 사실을 의미한다. 이는 균질화된 인식, 즉 '지금, 여기'로부터의 공간 파악이 다른 (즉 '지금, 여기'가 아닌) 지점으로부터의 공간 파악과 동일한 원리 하에 같은 것으로 포착된다는 사실을 토대로 한다. 즉 이는 '타자'의 시선과 시야가 자신의 것으로 상정되고 이해되는 계기를 포함해야만 한다. 이에 관한 자세한 논의는 이효덕의 『표상공간의 근대』, 소명출판, 1996, 129~139쪽을 참고할 것.

한국 근대연극의 형성

신보』의 저널리즘을 통해 정향화되고 있었음을 함께 의미했다.

신파극화 되었던 『매일신보』의 연재소설은 대부분 일본 메이지 중엽의 신문연재소설을 번안한 것이었다. 예컨대 〈쌍옥루〉(1912. 7. 17.~1913. 2. 4.)는 1899년에서 1900년까지 『오사카 매일신보(大阪毎日申報)』에 연재되었던 기쿠치 유로우(菊池幽芳)의 「오노가쓰미(己が罪)」를 번안한 것이었으며, 〈장한몽〉(1913. 5. 13.~10. 1.)은 1897년에서 1903년까지 『요미우리 신문(読売新聞)』과 『신쇼세츠(新小說)』에 연재되었던 오자키 코요오의 「곤지키야샤(金色夜叉)」를 번안한 것이었다. 그리고 〈형제〉(1914. 6. 11.~7. 19.)는 예외적으로 『런던타임스』에 연재되었던 작자미상의 작품을 번안한 것이었으며,[57] 〈정부원〉(1914. 10. 29.~1915. 5. 19.)은 1894년에서 1895년까지 『요로즈초호(万朝報)』에 연재되었던 쿠로이와 루이코(黑岩涙香)의 「스테오부네(捨小舟)」를 번안한 것이었다.

『매일신보』에 연재되지는 않았으나, 일본의 신문연재소설을 맨처음 각색한 작품은 1912년 3월 29일부터 원각사에서 공연된 문수성의 〈불여귀〉였다. 이 작품의 원작은 일본의 도쿠토미 로카(德富蘆花)가 『고쿠민 신문(國民新聞)』 (1898. 11. 29.~1899. 5. 24.)에 연재하여 크게 호평 받았던 동명(同名)의 작품 「호토도기스(不如歸)」였다. 「호토도기스」는 1900년 단행본으로 출간된 후 신파극화 되어 1901년 2월 오사카의 아사히자(朝日座)에서 초연되었다. 그리고 1905년 야나가와 순요(柳川春葉)에 의해 8막 10장의 신파극 대본으로 각색 공연되었으며, 이것이 커다란 성공을 거두어 일본 신파의 고전이 되었다.[58]

<hr />

57 〈형제〉는 영국의 원본을 직접 번안했다는 점에서 다른 작품들과는 차별적인 것이었다. 이에 관해서는 함태영의 『1910년대 『매일신보』 소설연구』, 연세대 박사학위논문, 2009, 180쪽을 참고할 것.

58 『불여귀』는 당시 가장 널리 외국에 소개된 일본 문학작품이기도 했다. 「호토도기스」는 1904년 4월 영역판이 'Namiko'란 제목으로 출판된 이후 폴란드어와 프랑스어, 한어(漢語)로도 출판되었으며, 1912년에는 독일어와 한국어로도 출판되었다. 이에 대해서는 권정희의 「해협을 넘은 '국민문학' -조선에서의 『불여귀』 수용 양상」, 사에구사 도시카스 외,

「호토도기스」는 1912년 8월 조일재에 의해 동명의 『불여귀』(경성사서점(警醒社書店))로 번역 간행되었으며, 간행 직전인 2월에 조일재와 윤백남이 함께 했던 문수성의 창단 공연으로 무대화되었다.[59] 후일 윤백남은 〈불여귀〉를 창단 공연작으로 선택했던 이유가 일본의 제대로 된 신파극을 소개하고 싶어서였다고 회고했다.[60] 하지만 〈불여귀〉는 문수성의 '정통적인' 신파극만큼 낯설었던 탓인지 흥행에 성공하진 못했다.[61]

『매일신보』 연재소설의 신파극화는 1913년 4월 29일 혁신단의 〈쌍옥루〉에서 본격적으로 시작되었다. 〈쌍옥루〉는 기쿠치 유우로우(菊池幽芳)의 「오노가쓰미(己が罪)」를 조일재가 번안한 것이었다. 〈오노가쓰미〉는 연재가 끝난 1900년 10월 아사히자(朝日座)에서 초연되어 〈호토도기스〉와 함께 일본

『한국근대문학과 일본』, 소명출판, 2003, 40쪽을 참고할 것.

59 이 시기 「불여귀」는 우리나라에서 여러가지 판본으로 번안되었다. 우선 선우일은 '두견성 (杜鵑聲)'이라는 제목으로 1911년과 12년에 각각 상하권을 보급서관(普及書館)에서 출간하였다. 그리고 1912년에는 김우진이 '유화우(榴花雨)'라는 제목으로 동양서원(東洋書院)에서 번안·출간하였다. 『두견성』의 전체적인 내용은 원작의 범위를 크게 벗어나지 않았으나 『유화우』는 뼈대만 비슷할 뿐 원작과 달리 해피엔딩으로 마무리되었다. 번안 양상에 대한 자세한 내용은 신근재의 「「불여귀」의 번안양상 -『두견성』과 『유화우』를 중심으로-」, 『일어일문학연구』 제15권 제1집, 1989를 참조할 것.

60 실제로 윤백남은 조일재와 함께 '혁신단' 공연을 처음 보았을 때 "아즉도 멀엇구나하는 탄식(嘆息)이 제절로 터저 올랏다"고 하였다(윤백남, 앞의 글, 21쪽). '문수성'을 창단한 배경에 대해서도 "임성구일파의 치열난잡한 연극은 연극초창기에 있어서 대중을 그르치는 사극(邪劇)이니 이런 등속의 연극이 수도의 극장에서 오른다는 것은 나라의 치욕이다. 그러므로 그 것을 구축하는 의미에서 속히 정도(正道)의 연극을 상연할 필요가 있다는 것이며 이것을 곧 실천에 옮기자는 약속을 하였다"고 말했다. 『한국예술총람』 1964년도 참조. 차범석의 「일본의 신파연극이 한국연극에 미친 영향」(『예술논문집』 제30집, 1991. 12.), 201쪽에서 재인용.

61 박승희의 회고에 의하면 "윤백남의 연극은 왜색이 너무 짙어서 일반에게 환영을 못받았다"고 한다. 일본의 정통 신파극을 추구하고자 했던 문수성의 연극은 아이러니하게도 바로 그 때문에 대중적인 인기를 얻지 못했던 것이다. 이두현, 『한국신극사연구』, 서울대출판부, 1966, 61~62쪽.

한국 근대연극의 형성

의 제1차 신파전성기를 이끌었던 작품이었다.

흥미로운 점은 〈쌍옥루〉보다 거의 일년 앞서 1912년 6월에 공연되었던 혁신단의 〈기지죄(己之罪)〉는 정작 흥행에 성공하지 못했다는 사실이다.[62] 제목상 「오노가쓰미」로 추정되는 〈기지죄〉의 공연 광고는 단 하루에 불과했으며, 신문에서도 특별히 기사화되지 않았다. 하지만 바로 다음 달인 7월부터 다음해 2월 4일까지 「오노가쓰미」는 『매일신보』에 「쌍옥루」로 번안 연재된 후 혁신단에 의해 공연되어 대성공을 거두었다. 이는 흥행 여부의 주된 원인이 작품의 질이나 극단의 연기, 연출력보다, 『매일신보』 연재를 통한 작품의 사전 지명도와 공연 전후의 광고 및 보도에 있었음을 보여준다.

〈쌍옥루〉는 신문연재소설의 번안과 마케팅에 있어서 신파극과 저널리즘이 공조해나갔던 방식을 잘 보여주었다. 조일재의 「쌍옥루」는 연재 이전부터 신문지상에서 대대적으로 선전되었으며, 연재가 시작되었던 7월 17일에는 다음과 같은 광고성의 기사가 『매일신보』에 실렸다.

> 본샤샤고에 초호글ᄉᄌ로 ᄆᆡ일공포홈을 인ᄒᆞ야 일반샤회에서 날마다 고ᄃᆡ
> ᄒᆞ시던 쌍옥루가 오ᄂᆞᆯ브터 일면지샹에 현츌ᄒᆞ야 고ᄃᆡ고ᄃᆡᄒᆞ시던 동포ᄌᆞ미의
> 반가운 면목을 ᄃᆡᄒᆞ고 궁금ᄒᆞ던 회포를 펴겟ᄂᆞ이다. ··· 반ᄃᆞ시 본보를 익독ᄒᆞ
> 시ᄂᆞᆫ 동포ᄆᆡᄌᆞᄂᆞᆫ 무료관람을 허ᄒᆞ야 평일의 ᄉᆞ랑ᄒᆞ시던 졍을 포ᄒᆞ려니와 일
> 반익독졔군은 본샤의 계획을 인ᄒᆞ야 뎨일호로브터 죵말ᄭᆞ지 한쟝이라도 루락
> 지마시고 츅호ᄒᆞ야 모와두면 부지즁에 완젼ᄒᆞᆫ 쇼셜한권이 될것이니, 이것도
> 됴커니와 **이후 실디를 연극홀째에 큰참고거리가 되겟다**고 ᄒᆞ겟ᄂᆞ이다.

광고는 신문을 구독하여 모으면 나중에 한 권의 책이 될 것이고, 이는 연극 관람에도 커다란 참고가 될 것이라고 강조하였다. 신파극 공연은 〈쌍옥

---

62 「광고」, 『매일신보』, 1912. 6. 18.

루〉의 연재 이전부터 예정되었으며, 신문의 마케팅에도 처음부터 적극 활용되고 있었던 것이다. 실제로 연재가 끝난 후인 1913년 4월 29일에는 〈쌍옥루〉가 공연될 때 신문지상에 인쇄된 반액권을 잘라가면 관람료의 반액을 할인해 준다는 방식으로 신파극 광고와 신문 마케팅이 함께 이루어졌다. "본 보란외(欄外)에 인쇄흔, 반익권을, 버혀가지고 가는쟈에게는, 각등을, 반익으로 감흔다ᄒ며".[63]

『매일신보』의 공격적인 홍보에 힘입은 덕분인지 〈雙玉淚〉 공연은 대대적으로 흥행에 성공했다. "…연흥샤기설후와 혁신단 창립후에 처음보는 성황을 이루엇스며"[64] 그리고 원래 삼일 예정이었던 〈雙玉淚〉 공연은 이틀 더 연장되었다. "…허힝ᄒ는 사름이 여러빅명에 달ᄒ얏더라, 그럼으로, 삼일간에뎡으로 쌍옥루연극을 흥힝코져 ᄒ엿더니, 다시 잇흘을 연긔ᄒ야 릭삼일ᄭ지 흥힝흔다는딕…".[65]

〈雙玉淚〉의 대성공 이후 신문연재소설의 신파극 공연은 가속화되었다. 혁신단은 곧바로 1913년 5월 4일에서 9일까지 이해조의 연재소설 〈봉선화〉를 6일간 성공적으로 ─ 삼일 예정 공연에 이틀을 연장한 후 또 하루를 연장하여 ─ 공연하였다. 그리고 1913년 5월 17일부터 19일까지 연재가 끝난 지 불과 일주일 만에 이해조의 〈우중행인〉을 공연했다. 1913년 7월 27일에는 〈장한몽〉의 전편(前篇), 8월 8일에는 〈장한몽〉의 상권과 중권이 유일단에 의해 공연되었으며, 10월 25일에는 이상협의 〈눈물〉이, 11월 29일에는 〈귀의성〉이 혁신단에 의해 공연되었다. 혁신단은 1914년 2월 11일에 유일단이 공연했던 〈장한몽〉을 다시 올렸으며, 〈국의향〉과 〈은세계〉 등도 공연하였다. 1914년 4월과 5월

63 「혁신단의 쌍옥루 행연」, 『매일신보』, 1913. 4. 30.
64 「대갈채중의 쌍옥루」, 『매일신보』, 1913. 5. 1.
65 「삼십일야(夜)의 쌍옥루 성황」, 『매일신보』, 1913. 5. 2.

한국 근대연극의 형성

에는 〈단장록〉이 문수성과 혁신단에 의해 각각 공연되었다.

신파극이 공연될 때마다 『매일신보』는 이들 공연이 본보 연재소설의 각색이라는 사실을 빠짐없이 강조하였다. 그리고 특별히 신문 독자에게 관람료를 할인해주는 행사를 병행하였다. 신파극단들이 지방으로 순회 공연할 때에는 해당 지역의 신문사 지국(支局)에서 경성에서와 같은 할인 행사를 벌였다.

신파극과 저널리즘의 공조는 공연이 시작된 후에도 계속되었다. 『매일신보』는 각종 공연사진, 즉 연극의 중요한 장면이나 극장을 가득 메운 관객들, 유명배우의 얼굴사진 등을 기사나 관극평과 함께 실어 신문 독자대중의 관심과 흥미를 끌었다. 관극평에서는 공연이 단지 재미거리가 아니라 풍속개량의 모범이 될 만하며, 따라서 한 번쯤은 반드시 보아야 한다는 사실이 강조되었다. 신문연재소설과 신파극은 서구화된 근대적 가정이나 남편과 아내의 미덕을 모범적으로 제시하는 문명적이고 근대적인 문화 형식으로 표상화되었던 것이다.

이러한 맥락에서 1916년 3월 3일 혁신단에 의해 공연되었던 〈정부원(貞婦怨)〉의 대성공은 매우 특징적인 것이었다. 「정부원」은 1914년 10월 29일부터 1915년 5월 19일까지 이상협의 번안으로 『매일신보』에 연재되었고, 1916년에는 박문서관에서 단행본으로 출간되었다. 김병철에 의하면 〈정부원〉의 원작은 쿠로이와 루이코우(黑岩淚香)가 일역(日譯書)한 『스테오부네(捨小舟)』(上・中・下, 扶桑堂, 1895)였다. 일역서에는 원작자의 이름이 밝혀져 있지 않았지만, 키무라키・사이도 쇼우죠(木村毅・齋藤昌三)가 공동편집한 『서양문학번역연표(西洋文學飜譯年表)』에 의하면 원작자의 이름은 'ブラット'였다.[66][67]

---

66 김병철, 『한국근대번역문학사연구』, 을유문화사, 1975, 344쪽.
67 'ブラット'는 영국작가 '브라튼(Mary Elizabeth Braddon)'의 표기였으며, 원작은 *Diavola*(1867)였다. 이 작품은 일본에서 번역될 때 제목이 'Diavola' 또는 'Nobody's Daughter'로 알려져 있었지만 이는 미국에서 출판될 때의 제목이었고 원제는 'Run to Earth'였다. 브라튼은

〈정부원〉은 기존의 번안 작품과 달리 원작에 충실한 번역에 더 가까웠다.
〈쌍옥루〉나 〈장한몽〉 등은 원작의 서구적 배경과 인물명, 풍습 등을 한국식
으로 번안하였다. 그러나 〈정부원〉은 인물명이나 지명만 번안했을 뿐 나라
나 지방 이름을 포함한 배경이나 풍습 등의 표기는 원작을 따랐다. 서양식
그대로의 번역이 독자들에게 주었을 불편함을 고의적으로 감수했던 것이다.
그리고 이것은 서구적 문화, 즉 서양 각국 도시의 지리뿐만 아니라 의식주
등에 걸친 생활태도나 풍습, 사고방식 등을 독자대중들에게 폭넓게 소개하
고자 하는 교육적인 목적에 따른 것이었다. 이상협은 연재에 즈음하여 "[정부
원을 통해] 이번 셔양이라는 것을 만히 알게ᄒᆞᆫ 조흔 째로 이째에 당ᄒᆞ야 우
리와 좀다른 그네의 긔질과 물졍과 풍속의 몃분으르 이 쇼셜로 말미암아 아
ᄂᆞᆫ 것도 ᄯᅩᄒᆞᆫ 희롭지 안이ᄒᆞᆫ 일"이라고 스스로 밝혔다. 그리고 매회 소설의
끝마다 소설 속에 등장하는 낯선 풍물과 풍속—유태인, 기도, 화투, 악수 등—을
일종의 각주와 같은 형식을 취해 설명하였다. "쇼셜 가온ᄃᆡ에 혹시 알지 못
ᄒᆞᆯ 문졍과 풍쇽은 그런 것이 잇ᄂᆞᆫᄃᆡ로 ᄆᆡ일 쇼셜의 ᄭᅳᆺ에 알기 쉽도록 간졀히
셜명을 ᄒᆞᆯ 계획이라."[68]

〈정부원〉 공연과 저널리즘의 공조는 소설의 연재 도중 독자투고를 적극
싣는 방식을 통해 강화되면서 독자반응과 이후의 관객반응을 함께 균질화
시켰다. 「정부원」의 연재가 끝나갈 무렵인 1915년 4월 말부터 『매일신보』에
는 「「뎡부원」을 보고」라는 제목의 독자투고가 8편이 실렸다. 투고자들은 '일
여셩(一女性)'과 '일여학생도(一女學生徒)', '몽외생(夢外生)', '이정달', '이광

1866년 10월 27일부터 1867년 7월 20일까지 영국에서 출판된 *London Journal*에 이 작품을
연재했으며, 쿠로이와는 이를 1894년 10월 25일부터 다음 해 7월 4일까지 155회에 걸쳐
『요로즈초호(万朝報)』에 번안·연재했다. 이상협은 쿠로이와의 『스테오부네(捨小舟)』 번역
본을 연재횟수까지 동일하게 중역했다. 권용선, 위의 논문, 65쪽.
68 하몽, 「「정부원」에 대ᄒᆞ야」, 1914. 10. 29.

현', '이종연', '김봉ㅇ' 등이었으며, 이 중 남성독자는 여성과 학생을 제외한 과반수 이상이었다.

- "아… 뎡혜부인이여! 이 셰상 녀즈의 모범이여!!", 「「뎡부원」을 보고「일여셩」으로부터」[69]
- "녀즈힝졍의 모범될 뎡혜의 스젹", 이종연, 「뎡부원을 보고」[70]
- "貞婦怨의 主人된 貞惠婦人은 엇더흔 스룸이엇딕 그갓치 意志가 굿세며 道德心이 厚흐며 禮義가 만흐랴 承利를 爲흐야ᄂ 貴重흔 生命을 犧牲에 供하더라도 조곰도 怨恨치 아니흐며 누이치지 아니흐나니 함을며 區區흔 浮世의 名利리오. 分에 安흐며 天을 樂흐ᄂ 貞惠婦人이여 婦人의 압혜ᄂ 善惡과 是非가 업스며 得失과 利害가 업스리로다 生흐야 一代의 模範이 되고 死흐야 百世의 儀表가 된다흠은 婦人을 두고 準備된 말이 아니라…", 김봉ㅇ, 「뎡부원을 보고」[71]

이들의 독자투고 중 일부가 『매일신보』 편집진들에 의해 작성되었을 가능성을 배제할 수 없다. 그러나 사실에 관계없이 독자투고 자체가 인쇄매체 상에 활자화됨으로써 잠재적인 독자반응까지 일정한 방식으로 정향화, 균질화시켰을 것임은 분명했다. 이는 결과적으로 관객대중이 신파극을 관극, 수용하는 방식에도 직간접적인 영향을 미쳤을 것이었다.

2) 신파극의 멜로드라마 구조와 근대적 도덕률의 구현

신파극은 선인(善人)과 악인(惡人)의 이분법적인 대립과 우연적인 사건의

---

69 『매일신보』, 1915. 4. 20.
70 『매일신보』, 1915. 5. 18.
71 『매일신보』, 1915. 5. 21.

전개, 권선징악이나 선인에 의한 악인의 개량과 같은 해피엔딩 등을 특징으로 하는 멜로드라마였다. 멜로드라마는 1800년경에 등장한 서구의 근대적인 연극 형식이었다. 하지만 신파극의 멜로드라마는 선악의 이분법적인 대립이나 권선징악적 결말처럼 고전소설을 통해 부분적으로 익숙한 틀 안에서 새로운 근대적 도덕률을 재생산하고 있었다.[72]

멜로드라마 구조의 가장 큰 특징은 무엇보다도 선악의 이분법적 대립이며, 극 중에서 선인(善人)인 주동인물과 악인(惡人)인 반동인물은 서로 대립하고 갈등한다. 대부분의 멜로드라마에서 선한 주인공은 극 중 내내 악인에 의해 '일방적으로' 고통을 당하다가, 결국은 주위 사람의 도움과 우연적인 계기를 통해 '일방적으로' 승리한다. 특히 『매일신보』 연재소설을 번안한 가정 신파극(domestic drama)의 여주인공인 가정 부인들은 악인의 음모에 의해 남편에 의해 버림을 받거나 자식과 헤어지는 등 극심한 시련을 당한다.

이러한 갈등 구조에서 여주인공을 괴롭히는 악인은 고전소설의 인물과 거의 유사하였다. 고전소설의 여주인공을 괴롭히는 첩이나 계모, 시어머니, 이복동생 등의 인물들은 신파극에서도 여전히 여주인공을 괴롭히는 악역으로 등장하였다.[73] 〈불여귀〉의 경우 여주인공인 나미코와 주로 갈등하는 반동인

---

72 이와 관련하여 이미원은 우리의 신파극이 일본 신파의 모방이었음에도 불구하고 "고전소설의 대중적 모티브"를 차용함으로써 폭넓은 대중적 인기를 얻을 수 있었다고 보았다. 그는 신파극인 「눈물」과 김만중의 『사씨남정기』를 비교 분석함으로써, 신파극이 고전소설이 지니고 있었던 흥미위주의 사건 구조를 전승하고 있었으며 이것은 또한 서구 멜로드라마의 구조적 특성과 유사하다고 보았다. 두 작품은 "현숙한 여주인공이 처첩 간의 갈등으로 어린 자식과 함께 고난을 받고 종래는 남편마저 시련에 봉착하나 뉘우쳐서 일가가 다시 행복하게 된다는 이야기" 구조라는 것이었다. 이러한 시각은 근대 연극사를 이전 연극사와의 '단절'이 아닌 '연속'의 관점에서 바라볼 수 있는 가능성을 열어놓았다는 점에서 의의가 있다. 이미원, 『한국 근대극 연구』, 현대미학사, 1994, 90~94쪽.

73 이미원, 위의 책, 91쪽.

물은 결혼 전에는 계모, 결혼 후에는 시어머니였다. 그리고 〈눈물〉에서 주인공인 서씨부인과 갈등하는 악인은, 남편 조필환이 평양에 있는 동안 함께 살았던 기생 평양집이었다. 신파극의 악인은 대체로 시어머니나 계모, 첩, 기둥서방, 탐관오리 등과 같이 고전소설적인 인물 유형으로 형상화되었던 것이다. 〈눈물〉의 주인공인 서씨부인과 평양집, 조필환은 각각 '조강지처'와 '사악한 첩', 그리고 '잠시 미색에 빠졌으나 본성은 어진 남편'으로서 역시 고전소설적인 인물이었다.

하지만 〈눈물〉은 고전소설적인 틀 안에서 근대적 가정의 새로운 도덕률을 정련화 했다. 즉 고전소설이 유교적 가부장제를 바탕으로 하여 처첩제도를 당연시했던 데 반해 〈눈물〉은 일부일처제를 토대로 하는 근대적 가족제도의 윤리를 우선시하고 가문보다는 부부간의 사랑과 신의를 강조하였다. 따라서 서씨부인과 조필환 부부의 결합은 가문의 대를 잇기 위한 봉건적인 것이 아니라 남녀 두 개인 사이의 애정과 신의, 정조 등을 바탕으로 근대적인 가정을 이루는 것이었다.

신파극의 악인 역시 외적으로는 고전소설적 인물 유형이었지만, 다른 등장인물들과 갈등을 일으키며 극적 행동에 영향을 미치는 방식에서는 고전소설과 달랐다. 물론 선악의 이분법적인 대립과 해피엔딩이라는 멜로드라마적인 구조는 동서고금의 도덕률로 일반화될 수 있다. 하지만 절대적인 선인과 악인은 어디까지나 비현실적이고 관념적인 존재이고, 그 척도가 시대와 사회에 따라 달라지는 역사적이고 이데올로기적인 존재이다. 따라서 신파극의 멜로드라마 구조에서 좀더 주목해 보아야 할 것은 선인과 악인의 인물형을 통해 그것이 어떤 방식으로 근대적 도덕률을 정향시켜 나가고 있는가이다.

〈눈물〉과 〈불여귀〉, 〈쌍옥루〉, 〈정부원〉 등과 같은 가정 신파극에서 악인들의 극적인 행동은 주로 이상적인 가정을 위기에 빠뜨리는 것이었다. 대부분의 악인들은 한 가정의 안주인인 정숙하고 지혜로운 여주인공을 음모에 빠뜨려 추방시키는 방식으로 가정을 몰락시켰다. 〈불여귀〉에서 시어머니와 디디와는 서로 사랑하는 나미코와 다케오를 생이별시켰으며, 그 결과 나미코는 이혼당한 채 결핵으로 죽고 만다. 〈눈물〉에서도 평양집은 자신의 기둥서방인 장철수와 짜고 서씨 부인을 음모에 빠뜨려 집에서 내쫓는 데 성공한다. 그 결과 조필환은 아들 봉남과 전재산을 잃어버리고 자신도 결국 갇히는 신세가 되고 만다. 〈쌍옥루〉에서도 악인 서병삼은 결혼을 빙자하여 여주인공의 순결을 빼앗았으며, 이후 다른 남자와 결혼한 경자를 협박하여 결국 이혼에까지 이르게 만든다. 이러한 악인의 역할 행동은 역설적인 방식으로 가정 신파극의 우선적인 가치가 근대적 가정의 존속에 있었음을 보여주는 것이었다.

　신파극의 해피엔딩 역시 고전소설의 권선징악적 결말과 유사하지만 다른 의미를 가지고 있었다. 『사씨남정기』의 사씨부인은 자신의 의지나 감정보다 유교의 관념적 원리에 따라 행동하며, 작품 안에서 권선징악적 결말을 주도적으로 이끌어가는 주체는 조상님이나 관세음보살과 같은 초자연적인 존재였다. 그러나 신파극의 여주인공은 자신에게 주어진 시련을 인내하고 적극적으로 극복하는 주체였다. 〈눈물〉에서 잃어버렸던 아들 봉남을 찾고 자신의 집에 오히려 갇힌 조필환을 구해낸 것은 물론 조력자의 도움도 있었지만 다름 아닌 서씨부인이었다. 〈쌍옥루〉의 경자 역시 이혼을 당한 후 자신의 죄를 참회하고 봉사하며 살기 위해 간호사가 된다. 그리고 결국 외국 여행 중 풍토병에 걸린 남편의 목숨을 구해낸 그녀는 자신의 헌신에 감동받고 과거의 오만한 태도를 참회한 남편과 다시 행복한 가정을 이룬다. 〈정부원〉의 정혜도 악인의 온갖 계략에도 불구하고 자신의 정숙한 인격을 꿋꿋이 지키면서 시련을 극복해 나간다.

　신파극의 멜로드라마적 구조는 인과성보다 우연성에 기대어 사건이 전개된다는 특징을 지니고 있었다. 멜로드라마는 논리적인 인과율을 바탕으로 하는 고전적인 극행동에 반해 우연의 일치와 비개연성, 엉켜있는 플롯, 데우스 엑스 마키나(*deus ex machina*)에 의존하는 대단원 등을 형식적 특징으로 하였으며, 이같은 우연성은 우리 고전소설의 전형적인 특징이기도 했다. 하지만 우연성이 고전소설과 신파극의 멜로드라마적인 구조에서 구현하는 의미에도 차이가 있었다.

고전소설의 우연성은 절대적인 우연이라기보다 필연에 더 가까운 우연이었다. 『사씨남정기』에서 사씨는 장사(長沙)라는 곳으로 가는 도중에 우연히 임추영의 집에서 며칠 숙박을 하며, 모월 모일 백빈주에 배를 대고 있다가 마침 도적에게 쫓기는 한림의 목숨을 구해준다. 그러나 이러한 우연은 대부분 조상이나 부처와 같은 초자연적인 존재에 의해 이미 마련되고 예지된 운명에 의한 것이었다. 고전소설에서의 우연성은 인물의 자유의지와는 무관하게 선험적으로 결정되어 있는 운명 안에서 만들어졌던 것이다.

반면 멜로드라마의 우연성은 말 그대로 삶의 예측불가능성을 극대화 하는 것이었다. 〈눈물〉이나 〈쌍옥루〉 등과 같은 가정 신파극에는 하루아침에 몰락한 여주인공이 우물가나 강가에서 자살을 기도하는 장면이 으레 한 번씩 등장한다. 그러나 예외 없이 여주인공들은 마침 그곳을 지나가던 마음씨 좋은 여인, 그것도 정갈하게 혼자 사는 여인의 도움으로 목숨을 구하고 여인의 집에 머문다. 하지만 무엇보다도 멜로드라마의 구조 안에서 우연성은 특히 대부분 여주인공의 시련을 점증시키는 데 기여하였다. 마지막 장면에서 해피엔딩으로 반전되기 이전까지 우연에 의해 계속되는 여주인공의 전락 과정은 관객들로 하여금 급속히 변화하는 근대의 삶 속에서 마찬가지로 예측할 수 없는 자신의 삶에 대한 공포감을 극대화시키면서 동정의 여지를 만들어 내었다.

선악의 이분법적 대립이나 권선징악적 결말, 우연성에 기댄 사건의 전개 방식 등의 멜로드라마적인 신파극 구조는 고전소설의 그것과 유사하였다.

하지만 신파극의 멜로드라마는 이를 통해 근대의 새로운 도덕률을 재생산한다는 점에서 궁극적으로 고전소설과 다른 것이었다.

3) 온나가타 여주인공의 도덕주의와 탈성화

가정 신파극의 멜로드라마적인 여주인공은 외적인 아름다움이나 순결, 내적인 정숙성, 이타성 등과 같은 도덕성을 특징적으로 갖추고 있었다. 극 중에서 이들의 도덕성은 어머니나 아내, 딸과 같은 성 역할 안에서 강화되었지만, 그 속에서 여성성은 오히려 탈성화(脫性化, desexualization) 되었다. 그리고 도덕성은 이들을 탈성화시키면서 〈정부원〉의 정혜와 같은 대중적인 영웅(public heroine)으로 만들었다. 신파극 특유의 극적 관습 중 하나인 온나가타(女形)는 탈성화된 신파극 여주인공의 연극적 표상이었다.

신파극의 여주인공은 자신의 여성성을 내세우거나 의식하는 대신에 정숙한 '아내'와 헌신적인 '어머니'의 본분에 충실한 인물이었다.[74] 이 때문에 신파극 여주인공은 봉건적인 도덕률에서 벗어나지 못하는 인물로 평가되었다. 하지만 그들은 오히려 당시 근대 가정의 가부장적인 도덕률을 구현하는 인물이었다.

가정 신파극 안에서 부부는 기본적으로 '사랑'이라는 감정의 화합을 토대로 하는 근대적인 관계였다. 물론 부부간의 사랑과 결합은 멜로드라마적인 구조 안에서 첩이나 시어머니 등과 같은 부정적인 인물의 간계에 의해 깨지고, 그 결과 여주인공은 고통과 시련을 겪는다. 하지만 여주인공의 도덕성은 고통과 시련의 정도에 비례하여 강화되며 결국에는 보상 받는다. 마지막 장

---

[74] 반면에 '첩'이나 '기생' 같은 부정적인 여성인물은 자신의 여성성을 적극 이용하여 남성인물 - 대부분 여주인공들의 남편 - 을 유혹하고 파멸시킨다.

한국 근대연극의 형성

면에서는 거의 예외 없이 부부간의 사랑과 믿음이 더욱 커지고 화목한 가정을 되찾는다.

〈불여귀〉에서 계모의 슬하에서 외롭게 큰 여주인공 나미코는 다케오와 결혼하여 행복한 가정을 이루지만, 시어머니와 디디와 야스히코의 간계에 의해 남편과 이혼하고 결국에는 폐결핵에 걸려 죽고만다. 나미코는 결혼 전에는 아버지와 계모에게 효를 다하고 결혼 후에는 시어머니를 정성껏 섬기고 남편을 사랑하는 선한 인물이다. 그리고 아무런 죄 없이 시어머니와 디디와의 계략에 의해 이혼 당하고 병까지 걸려 죽는 전형적인 멜로드라마적인 주인공이다.[75][76]

〈불여귀〉의 가장 중요한 모티프는 부부관계이다. 그리고 이것은 각자의 직분에 따라 서로를 섬기는 부부유별의 봉건적 관계가 아니라 근대적 개념의 'love'로 맺어진 부부관계였다. 'love'는 1890년 일본에서 '연애'라는 말로 처음 번역되었을 때 영혼적인 측면을 특히 강조하는 새로운 의미로 사용되었다.[77] 〈불여귀〉에서도 나미코와 다케오의 관계는, 직업군인인 다케오가 귀

---

75 1912년 3월 31일 『매일신보』에 실린 문수성의 〈불여귀〉에 관한 기사를 보면, 당시 공연에서는 등장인물의 이름이 일본명 그대로 사용되었다.

76 한편 디디와는 나미코의 집안배경을 염두에 두고 양자에게 구혼하였다가 거절당한 인물로서 '돈'과 자신의 출세를 위해서는 어떤 짓도 서슴지 않는 전형적인 악한 인물이다. 그는 결백한 성품의 다케오와 나미코에 대한 복수로 다케오의 어머니를 꼬드겨 결국 나미코와 이혼하게 만든다. 그리고 결국에는 멜로드라마의 권선징악적 원리에 따라 전쟁에서 비참한 최후를 맞이한다. 디디와와 마찬가지로 시어머니는 며느리에 대한 아들의 사랑을 시샘하여 이유 없이 며느리를 구박하고 결국은 내쫓는 반동인물로 고전소설형 인물에 가깝다.

77 이는 일본의 전통적인 '연(戀)'이나 '애(愛)'가 마음과 육체를 따로 분리하지 않고 하나로 취급했던 것과 대조되는 것이었다. 야나부 아키라, 『번역어 성립사정』, 서혜영 옮김, 일빛, 2003, 98쪽. 이후 연애는 하나의 근대적 풍속으로서 지식인들 사이에서 유행하였는데, 이때는 특히 그 정신적인 측면이 강조되었다. 1910년대 이후 우리나라에서 이광수를 중심으로 한 문인들이 근대적 자아의 발견을 위한 방법으로서 자유연애를 부르짖었던 것도 같은 맥락에서였다.

대하여 떨어져 있게 되는 동안에 편지를 통해 서로에 대한 감정을 정신적으로 키워간다는 점에서 'love'에 가까운 것이었다.

나미코와 다케오가 이루는 가정은 남녀 개인의 정신적 사랑을 토대로 하는 근대적인 "신가뎡"[78]이었다. 하지만 나미코와 다케오의 "신가뎡"은 대가족제도로 인해 무참하게 깨지고 만다. 봉건적 대가족제도 안에서는 부부간의 사랑을 기반으로 하는 신가정이 존립하기 어렵기 때문이었다. 조일재 번역의 〈불여귀〉에서 나미꼬는 결혼하기 전부터 "항상, 마음에, 품어오기를, 닉가 츌가ᄒ여, 남에집 지어미가 되ᄂᆞᆫ 날은, [살림을 직접] 제가흠을, 첫지로 ᄒ리라"고 생각해 왔다. 그러나 막상 시어머니와 함께 살게 되자 한 가정의 안주인이 되는 것은 실질적으로 불가능해졌고 마음고생만 커져 갔다. 시부모와의 동거 속에서 부부 중심의 근대적 가정은 근본적으로 성립하기 어려운 것이었다.[79]

> …흔 집안 권리ᄂᆞᆫ 모다, 그 시어머니게 잇고, ᄌᆞ긔ᄂᆞᆫ, 흔기 유명무실흔 디위에 쳐흘 ᄲᅮᆫ이라, 그럼으로, 닉몸은, 도라보지 아니ᄒ고, 그, 시어머니의, 디휘를, 복종ᄒ며, 모ᄌᆞ ᄉᆞ이에 처ᄒ여, 좌우를 평균이 밧들고자, 남모로ᄂᆞᆫ, 근심

---

78 선우일, 「두견성」, 『신소설・번안(역)소설』 제7권, 아세아문화사, 1978, 361쪽.

79 조일재의 번역 〈불여귀〉에서 나미코는 이 문제에 관해 이종형제인 고마꼬와 대화할 때는 "아지머니도, 언젠지 흔번에, 그럿케 말ᄉᆞᆷᄒ시든데, 집안에ᄂᆞᆫ, 졀문ᄉᆞ람마나 잇셔셔ᄂᆞᆫ, 벌 웃시 업셔져서, 못쓴다고, 참, 그말ᄉᆞᆷ이 올아, 노인네를 공경히야지"(101쪽)라고 대답하며 자신의 속마음을 솔직히 피력하지 않는다. 그러나 선우일 번안의 〈두견성〉에서 주인공 혜경(나미코)은 시집살이를 하는 상황에서는 "그만 ᄌᆞ긔의 의견을 발표ᄒ지 못"하고 솔직하게 비판한다. 뿐만 아니라 "모ᄌᆞ지간에 ᄭᅵ여 잇서 부부지간에도 이정을 마음디로 다ᄒ지 못ᄒᄂᆞᆫ 것을 무수히 탄식흘 ᄶᅢ"에는 결혼 전에 계모가 "열심히 쥬쟝ᄒ던 부ᄌᆞ각거론(父子各居論)이 혹은 리치에 합당흔 말인가 보다ᄒ고 얼마큼 ᄉᆡᆼ각ᄒ야본 일도 잇ᄂᆞᆫ 고로"라며, '부자각거론(父子各居論)'에 긍정적인 태도를 보인다(31쪽).

한국 근대연극의 형성

이, 어늬날 노일씨가 업더라…[80]

가장 흥미로운 대목은 〈불여귀〉의 결말이다. 나미코는 결핵에 걸려 죽지만, 아이러니하게도 죽음을 통해 자신의 사랑과 가정을 완성한다. 근대적인 사랑이나 연애는 죽음을 궁극으로 하여 멀리 떨어져 있는 남녀 사이에서 더욱 깊어지고 완성되는 정신적인 사랑이기 때문이다. 가정을 지키기 위해 불효를 선택할 수 없었던 다케오 역시 마지막 장면에서 어머니가 정혼해 놓은 여자와 결혼하지 않고 나미코의 무덤을 찾아간다. 그리고 죽음과 삶이라는 극단적인 이별, 즉 나미코의 무덤 앞에서 오히려 둘 사이의 사랑을 재확인한다.

감정적 화합을 토대로 하는 근대적 부부관계는 어디까지나 아내를 남편의 권위에 종속시키는 가부장적 도덕률에 의거하였다. 근대적 가부장제 안에서 아내는 남편의 권위에 종속되지만 정숙함이나 순결함, 이타성, 자애 등과 같은 도덕성을 통해 가정 안에서 남편과 차별적인 권위를 가진다. 가정은 남성들이 주로 활동하는 정치 경제적인 공적 영역과 대비되는 사적 영역으로서, 그 속에서 여주인공은 남편에 대한 헌신과 정조, 자식에 대한 모성(母性)과 섬세한 감수성 등의 도덕성을 통해 차별화되었다.

여주인공의 도덕성은 신문·잡지 등의 인쇄매체에서 재생산되고 있었던 현모양처 담론과 조응하였다. 현모양처는 근대적 여성상을 위해 이데올로기적으로 만들어진 신조어였으며, 국난의 위기에서 벗어나고 부강한 국가를 건설하기 위해 미래의 국민을 양육하는 가정교육을 담당할 여성을 교육하기 위해 등장하였다. 종래의 여성은 교화의 대상일 뿐 교육의 대상이 아니었다.

현모양처 이데올로기는 조선여성을 식민지국민으로 통합하고자 했던 일제에 의해 적극적으로 전파되었다. '충'보다 '효'를 중시하는 유교적 가족주

---

80 덕부로화(德富蘆花), 조일재 번역, 『불여귀』, 동경: 경성사서점, 1911, 102쪽.

의에서 이상적인 여성은 '현모양처'가 아니라 '열녀효부'로서, 시부모와 남편에 절대적으로 순종하고 가문을 이을 장자(長子)를 생산하고 양육해야 했다. 하지만 '현모양처'는 '효' 중심의 유교적 가족주의를 근대의 국민국가가 요구하는 '충'을 우선시하는 가족주의로 재편하는 데 기여하였다. 즉 '현모양처'는 천직론을 토대로 여성의 역할을 어머니와 처에 두고 가사노동과 자녀양육 및 교육에 전속시키는 것이었다.[81]

〈쌍옥루〉의 경우 여주인공인 경자는 자신의 과거가 모두 밝혀져 이혼 당하지만 남편 정욱조에 대한 사랑과 믿음을 버리지 않는다. 경자는 속죄하고자 간호부가 되어 사회봉사를 하며 살던 중, 마음을 다스리기 위해 여행을 떠났던 정욱조가 해외에서 열병에 걸려 위독하다는 소식을 듣고 즉시 일본으로 건너가 정성껏 간호하여 결국 목숨을 살린다. 그런데 남편에 대한 경자의 정절과 헌신은 흥미롭게도 국가에 대한 국민의 애국과 헌신에 조응되는 것이었다. 한 가정 안에서 남편에게 지은 죄를 씻기 위해 경자가 선택한 길은 다음과 같이 사회와 국가에 대한 봉사였던 것이다.

> 애국부인회 적십자 평양지부 병원에는 꽃갓흔, 간호부 한사롬이 낫타낫스니 박이흔 성질과, 친졀흔 마음으로, 무슴 일이던지, 츙실ᄒ며 아롬다온 용모와 다졍흔 동작으로, 경ᄌᄂᆫ, 간호부의 흰옷을 몸에 걸고, 적십ᄌ표 붓튼, 흰 모ᄌ를 썻스니, 엇더흔 사롬이 보던지, 텬샹 선녀가, 하강흔 것 갓치 아롬답다."[82]

간호사가 된 경자는 비록 자신의 가정은 잃었지만 그 대신 더 큰 의미의 사회와 국가 안에서 진정한 가족의 구성원으로 인정받는다.

---

81 이상에 관해서는 홍양희의 「현모양처론과 식민지 '국민' 만들기」(『역사비평』 52, 2000 가을), 365~372쪽을 참조할 것.
82 『매일신보』, 1913. 1. 31.

모다 ᄌᆞ긔의 칙임을 ᄭᅵ닷고, 고샹ᄒᆞᆫ 리샹(理想)에 향ᄒᆞ야, 진보ᄒᆞᆫ 풍속을 양셩 일반 간호부의 긔풍을 기혁ᄒᆞ야, 평양적십ᄌᆞ샤 병원의 신용이, 죠션ᄂᆞᆫ디에, 낫타낫슬 ᄲᅮᆫ이 안이라, 일본과 청국사ᄅᆞᆷ 등도 깃거히 이 병원에, 입원코ᄌᆞ 흠에 일으럿더라"[83]

　　한 가정의 '아내'로서 '현모양처'가 되고자 했던 경자는 남편에게 버림 받은 후, 국가와 사회에 대한 헌신과 속죄를 통해 '국민'으로서 다시 태어났던 것이다.

　　간호사로 다시 태어난 경자는 이제 정욱조를 구원할 수 있는 위치에 설 수 있었다. 경자가 남편 정욱조의 목숨을 구원할 수 있었던 것은 남편에게 복종하는 아내였기 때문이 아니라 간호사였기 때문이었다. 그리고 경자가 아내로서 갖는 도덕성, 즉 남편에 대한 사랑과 헌신, 국가에 대한 애국과 헌신은 그녀를 탈성화 하고 모범적 '국민'으로 통합시켰다. 신파극의 여주인공이 극 중에서뿐만 아니라 일반사회에서 말 그대로 국민적인 대중영웅으로 표상화될 수 있었던 것은 궁극적으로 그녀가 단순한 여성이 아닌 모범적인 국민으로서 탈성화된 존재였기 때문이다.

　　가정 신파극의 여주인공들은 남편이나 국가로 표상되는 부권에 종속하는데 그치지 않고 부권의 부재로 위기에 처한 가정을 직접 지켜 나갔다. 〈쌍옥루〉와 〈정부원〉의 여주인공들은 남편에게 버림과 의심을 받지만 ―〈쌍옥루〉의 정욱조는 경자의 과거를 용서치 못하며 〈정부원〉의 정남작은 나철과 정택기의 계략에 걸려 아내의 정절을 의심하고 내쫓는다―, 남편들에게 끝까지 헌신하며 시련을 극복해낸다. 〈눈물〉에서 서씨부인과 아이, 남편은 모두 악인의 간계에 의해 시련을 당하고 위기에 빠지지만, 결국 아이와 남편을 구하고 가정을 지키는 것

<hr>

83 『매일신보』, 1913. 2. 1.

그림 24. 카츄사로 분장한 고수철
(『매일신보』, 1916. 4. 23.)

그림 25. 고수철(『조광』, 1935. 12.)

은 서씨부인이다. 이들 여주인공의 강한 도덕성은 원리원칙이나 합리성, 냉
정함 등과 같은 남성적인 미덕과 차별화 되면서 극 중에서 흔들리거나 부재
하는 부권의 자리를 실질적으로 대신 채워주는 역할을 수행하였다. 그리고
이를 통해 신파극의 여주인공은 남녀 관객 모두의 '동정'을 보편적으로 얻을
수 있었다.

신파극 특유의 극적 관습 중 하나인 온나가타(女形)는 탈성화된 여주인공
의 연극적 표상이었다.[84] 온나가타는 동작과 분장, 의상 등의 양식적인 미(美)

---

[84] 일본에서 온나가타(女形)의 존재는 17세기 초반 이후에 풍기문란 상의 이유로 여자배우를
제도적으로 금지했던 가부키(歌舞伎)의 무대관습에서 비롯되었다. 온나가타의 존재는 일
본의 연극개량 운동에서부터 문제시되기 시작했는데, 1886년 일본의 정부 차원에서 설립
된 연극개량회의 주창자 스에마쓰 노리미즈(末松謙澄)는 극본과 극작가, 극장의 문제와 함
께 온나가타의 폐지를 주장하였다. 이것은 남자 배우가 여자 역할을 하는 연극적 관습이
서구인의 눈에 비사실적으로 보일 뿐만 아니라 그 자체가 부자연 내지는 반자연적인 것이
며, 온나가타에 잔재하는 사무라이 특유의 남색 문화는 심지어 반문명(야만)적인 것이라는
반성적 자의식의 결과에서 비롯된 것이었다.

한국 근대연극의 형성

를 통해 여성보다 더 진실하게 여성성을 구현하였다. 하지만 온나가타의 여성성은 어디까지나 남성에 의한, 그리고 남성의 관점에서 만들어진 연극적인, 그러나 현실보다 더 진실성 있는 허구였다. 마찬가지로 가정 신파극의 여주인공은 무대 위에서 가장 이상적으로 구현된 탈성화된 존재였다.

4) 신파극 멜로드라마의 관극 기제와 근대적 도덕률의 내면화

신파극의 멜로드라마는 해피엔딩을 특징으로 하였지만, 극의 실질적인 비중은 여주인공의 몰락과 이로 인해 발생하는 극심한 시련과 고통의 과정에 있었다. 멜로드라마는 여주인공의 불행과 함께 시작되었고 여주인공의 행복과 함께 끝났다. 시련과 고통은 결과적으로 여주인공의 미덕을 발견하고 증명해주는 극적인 장치였다. 하지만 관객의 동정을 가장 직접적이고 극단적인 방식으로 유발하는 장치이기도 했다.

신파극에서 관객의 동정은 극 중 시각화되는 여/주인공의 고통에 의해 유발되었다. 동정의 감정을 발생시키는 연민은 일반적으로 타인의 고통에 의해 직접적으로 유발되기 때문이다.[85] 신파극의 관객들은 여주인공의 고통스

___

우리의 경우에는 연극개량의 과정에서 일본의 신파극이 수용되면서 '온나가타'의 관행이 그대로 받아들여졌다. 〈혁신단〉에서 가장 나이가 어렸던 안석현은 상투를 자르지 않고 풀어서 머리를 쪽지고 여자 역할을 하였으며(안종화, 위의 책, 90쪽), 고수철은 본격적인 온나가타로 활동하여 유명세를 얻었다. 고수철은 〈혁신단〉의 초창기부터 활동하여 「장한몽」(1913)의 심순애, 「눈물」(1913)의 서씨부인, 「카쥬사」(1916)의 카쥬샤 등의 여주인공을 맡았던 1910년대의 대표적인 '온나가타'였다. 고수철은 1912년 3월 27일 『매일신보』의 기사-"연흥샤의 혁신단(革新團) 신연극은 흥기ᄂᆞᆫ 참말 잘ᄒᆞ야 가히 모범홀만ᄒᆞ다 ᄒᆞ겟스나 비우즁의 림셩구(林聖九)와 하이칼나 녀ᄌᆞ의 고슈철(高秀喆)이 우ᄂᆞᆫ 소리…"-에서 처음 등장했으며, 이후 1919년 이기세와 함께 부산에 지방흥행하던 중에 득병하여 사망했다.
85 일찍이 사무엘 존슨은 생동감과 근접성을 요구하는 동정의 감정이 대부분 시각에 의존하는 상상력에 의해 발생한다고 했다. 그는 실제 눈으로든지 아니면 마음의 눈으로든지

러운 장면에 눈을 돌리지 않았다. 오히려 그들은 고통스러운 장면을 고통스럽게 적극적으로 응시하면서 주인공의 고통을 공유하였다. 관객의 연민과 동정의 센티멘털리티는 여주인공이 몰락하고 시련과 고통을 지속적으로 당하는 멜로드라마적인 구조를 통해 재생산되었다.

우선 가정비극류 신파극의 여주인공들은 대부분 고귀한 집안에서 남보다 뛰어난 미모와 덕성을 지니고 태어나 훌륭하게 양육된 인물들이었다. 멜로드라마의 주인공은 출생과 성품이 비범하다는 점에서 비극의 주인공과 유사했다. 〈눈물〉에서 서씨부인은 지체 높은 재상가의 아들이자 성공한 실업가인 아버지 서협판과 성격이 온후하고 총명한 김씨 사이에서 미모와 고운 천성을 가지고 태어났다.[86] 서협판은 자신의 딸을 자신이 관할하는 은행의 지배인으로 있는 조필환과 맺어주는데, 그 또한 "용모긔골이 단정엄숙ᄒ고" "슈단의 민첩홈과 직질의 총명"을 지닌 남부럽지 않은 재원이었다. 〈쌍옥루〉의 여주인공인 이경자 역시 "명망과 직산이, 일군의 웃듬으로 지니는 리

간에, 타인의 운명에 대한 '관조'는 자신의 것이 아닌 경험을 "실제적으로 만들고" "가깝게 만드는" 상상적인 입장 교환을 허용한다고 했다. "[No. 60] All joy is sorrow for the happiness or calamities of others is produced by an act of the imagination, that realizes the event however fictitious, or approximates it however remote, by placing us, for a time, in the condition of him whose fortune we comtemplate; so that we feel, while the deception lasts, whatever motions would be excited by the same good or evil happening to ourselves.", Ann Jessie Van Sant, *Eighteenth-Century Sensibility and the Novel*, Cambridge Univ. Press, 1993, p.16 에서 재인용. 같은 맥락에서 연극개량론도 시각성이 동정을 유발하는 데 중요하다는 사실에 주목하였다.

86 "셔협판의 령양은, 원리 어려서브터, 외모가, 졀등이 아름다와, 곳곳치 묘흔 주틱가, 당시에 그 짝이 듬은즁, 텬성이 총민ᄒ며, 지조가 단졍ᄒ니, 진실로 비단우에 더흔이라, 보ᄂ 이마다, 한갈곳치, 입에 침이 마르도록 칭찬이더니, 급기, 년광이 졈졈 쟝셩ᄒ며, 가졍의 법임ᄂ교육을 밧음을 싸라, 그 텬싱의 고흔바탕은, 더욱 광치를 빗ᄂ며, 쳐신힝동과 침션 기ᄎᄅ가, 쟝리의 어진 안히, 쟉흔 모친되기에 조곰도, 부죡히 녁일 곳이 업스믜", 천외소설 (天外小史, 이상협), 「눈물」, 『매일신문』, 1913. 7. 18.

긔쟝(李箕藏)"의 딸로 태어났다. 비록 어려서 모친을 잃고 부친의 손에 컸으나 "텬셩이 영니ᄒᆞ여, 만스가 남보다 쒸여남익, 사름마다 극히 스랑ᄒᆞ며, 긔특히 여기여, 어려슬째부터, 일군에 소문이 쟈쟈" 하였다. 〈정부원〉의 정혜는 예외적으로 돈을 빼앗기 위해 살인까지 마다하지 않는 악당 천응달의 딸이었다. 하지만 천응달과 조금도 닮지 않았던 정혜는 결국 이탈리아의 지체 높은 귀족인 이후작의 딸로 밝혀진다. 천응달은 이후작의 은혜를 배반하고 앙심을 품어 가장 소중한 딸을 유괴했던 것이다.

이들 여주인공은 모두 극의 초반부에, 그것도 하루아침에 악인의 계략에 의해 몰락하고 만다. 〈눈물〉에서 서씨부인은 조필환과의 사이에 아들 봉남이까지 두고 금슬 좋게 살았으나, 조필환의 재산을 노린 평양집과 장철수의 간계로 부부관계는 파국을 맞는다. 조필환은 서씨부인에게 정체 모를 연서(戀書)가 왔다고 하자 사실 확인도 하지 않고 그날 밤으로 서씨부인을 내쫓아 버린다. 〈쌍옥루〉에서도 이경자는 육욕만 아는 서병삼의 계략에 넘어가 하룻밤 만에 순결을 빼앗기고 임신한다. 임신으로 인해 서병삼과 이경자는 결혼까지 하지만, 서병삼이 유부남이었다는 사실이 밝혀지면서 이경자는 한강변에서 자살을 시도한다. 〈정부원〉에서도 이후작의 금지옥엽 외동딸이었던 정혜는 기억조차 나지 않는 어린 시절에 천응달에게 유괴되어 머나먼 영국의 해안 마을에서 길거리나 술집에서 노래를 부르며 돈을 받는 거지로 전락한다. 이와 같이 신파극의 여주인공들은 비극의 주인공과는 다르게 아무런 잘못도 없이 심지어는 스스로 의식할 겨를도 없이 몰락한다.

여주인공의 몰락으로 시작되는 신파극의 실질적인 내용은 그녀가 이후에 겪게 되는 시련과 고통의 연속이다. 시련과 고통의 정도 또한 점층적으로 커지는데, 〈눈물〉에서는 서씨부인의 시련에다가 아들 봉남의 시련이 함께 겹쳐지면서 그 극적인 효과가 배가되었다. 집에서 쫓겨난 서씨부인은 친정에서 지내지만, 평양집이 봉남을 구박한다는 소식에 아들을 구하기 위해 상경

한다. 집 근처를 맴도는 서씨부인과 봉남의 애끓는 장면이 지속된 다음 서씨부인은 하릴없이 쫓겨나고, 무작정 엄마를 찾아 집을 나온 봉남은 결국 집을 잃고 자식이 없는 남씨부인의 손에 길러진다. 아들 봉남을 잃어버리고 계속되는 서씨부인의 실성에 가까운 고통과, 남씨부인의 사랑에도 불구하고 어린 시절에 받았던 계모의 학대로 성정이 잘못 되어가는 어린 봉남의 고생은 실질적으로 〈눈물〉을 이끌어가는 원동력이었다. 즉 〈눈물〉이 흥행에 대성공할 수 있었던 것은 무엇보다도 여주인공이 받는 고통의 정도가 아들의 고통으로 인해 배가되었기 때문이었다.

〈쌍옥루〉의 여주인공은 극 중에서 두 차례나 몰락한다. 자살하려던 이경자는 마침 지나가던 노부인 김씨의 손에 구조된다. 새 삶을 살게 된 이경자는 아들을 낳은 후 친정 아버지의 설득에 못 이겨 과거를 숨긴 채 정욱조와 결혼하고, 아이는 시골 해안가 마을에 보내진다. 이경자는 이후 정욱조와의 결혼생활을 통해 진정한 사랑과 가정의 의미를 깨닫지만, 이경자의 행복이 커지면 커질수록 후회와 양심의 가책 또한 커져간다. 이는 극 중에서 실질적인 마음의 고통으로 이어진다. 남편 정욱조라는 인물은 비록 학문과 지위가 높지만 "심히 엄혹(嚴酷)ᄒ야, 너그러운 긔운이 젹은고로, 흥샹 ᄌ긔의, 엄졍ᄒᄃᆡ만 비교ᄒ야, 조곰도 사름을, 용셔치 안이ᄒ며, 심ᄒᄃᆡ 일으려셔ᄂᆫ, 사름의 악ᄒᆫ 일을 보고, 그 사름의 됴흔일ᄭᅵ지, 등기ᄒᆼ"는 "국량(局量)이 좁은 사름"[87]이었기 때문이다.

이경자의 불안감은 극 중 내내 지속되며 마침내는 '신경쇠약'이라는 병으로 구체화된다. 그리고 우연히 다시 만난 서병삼의 협박과 위협으로 인해 심적인 고통은 점점 더 커진다. 그러던 중 이경자는 요양차 바닷가에 왔다가 서병삼 사이에 낳은 아들과 정욱조 사이에 낳은 아들을 함께 파도에 잃고,

---

87 조일재, 「쌍옥루(중편)」, 『매일신보』, 1912. 10. 1.

자신의 과거를 모두 알아버린 정욱조에게 버림을 받는다. 이경자는 극 초반부에 한 번의 전락을 경험한 후 이를 극복하고 어렵게 새로운 삶을 시작하였지만, 가정과 남편, 두 아이를 모두 잃어버리고 다시 전락했던 것이다.

〈정부원〉은 여주인공의 시련과 고통을 가중시키는 악인들의 존재 자체가 극적 긴장감을 배가시켰다. 〈정부원〉의 악인들은 천응달과 정택기, 나철, 구옥경 등 숫적으로도 많을 뿐만 아니라 주인공보다 더 큰 비중을 가지고 극 전체의 긴장감을 고조시켰다. 심지어 이들은 정혜와 정남작의 재산을 가운데 놓고 서로 대결하기도 했다.

〈정부원〉의 여주인공인 정혜는 남루한 옷차림에도 불구하고 배어나오는 기품과 미모로 "영국에서 몇직 안가는 부쟈"인 남작 정세흥(鄭世興)의 사랑을 얻어 결혼한다. 정혜는 사악한 천응달로부터 자신을 구원해준 정남작을 은인으로 생각하고 평생을 다해 섬길 것을 맹세한다. 그러나 정혜는 남작의 유산을 물려받을 것이라고 기대했던 정택기와 정택기가 물려받을 유산을 노린 화학자 나철의 계략에 빠져, 결국 자신의 정절을 의심 받고 집을 나간다. 이후 정혜는 홀로 남작의 아이를 낳고 얼굴을 드러내지 않는 가수로 활동하며 아이를 키운다.

천응달은 파락호인 아버지와 거지인 어머니 사이에 태어난 인물이었다. 그는 고아가 된 자신을 구제해 준 이후작을 회계부정과 문서위조를 배신하여 감옥살이를 한 후 앙심을 품고 이후작의 딸 정혜를 유괴한다. 그리고 영국의 어느 해안 마을에 흘러 들어가 살인을 일삼으며 지낸다. 그는 정혜가 정남작과 결혼한 후에도 정남작의 재산을 노리고 정혜의 아이까지 유괴한다. 화학자인 나철은 천응달과 쌍벽을 이루는 악인으로서 손수 악행을 저지르는 천응달과 달리 뛰어난 머리를 가지고 각종 음모를 뒤에서 꾸미며 독약을 제조하고 다른 사람을 조종해 자신의 악행을 관철시킨다. 예컨대 정택기는 정남작의 유산을 탐내어 나철에게 도움을 청하지만 나중에는 나철의 조종 아래 정남작의 독살 음모에까지 가담하게 된다. 나철은 정남작의 독살에 실패하자 구옥경을 통해 다시 독살을 시도하지만, 결국은 구옥경이 독살의 희생자가 된다.

나철조차도 자신보다 더한 악당인 천응달에게 협박을 당하며 공포에 떤다. 천응달은 나철의 계략과 변장, 독살 음모 등을 모두 파악하고 한수 위에 서서 협박한다. "…라텰씨 당신은 참 큼직흔 노름을 ᄒ시ᄂ구려 그런데 당신의 손속은 닉손가락 한아로 이러케던지 뎌러케던지 좌우를 홀슈가 잇ᄂ줄 모르시오".[88] 아이러니하게도 악인 나철의 입을 통해 악인에 대한 공포감이 극대화된다. 천응달의 악함은 똑같은 악당인 나철에 의해 더욱더 실감나게 전달되었던 것이다.

> 라텰은 큭 놀나 뒤를 도라보니 이ᄂ 져 천달웅 즉 천응달의 당쟈이라 얼골에 가득히 우슴을 씌우고 라텰의 뒤에 셔잇다 하늘에서 써러젓ᄂ가 싸에셔 소삿ᄂ가 라텰이ᄂ 괴이히 넉여 눈을 둥그러케 쓸쌴이오 아모 말도 나오지 안이ᄒ니 천응달은 오히려 웃ᄂ 긔식으로 말을 이어 … 이 대담흔 거동에 라텰이ᄂ 다시 간담이 셔늘ᄒ야 이 악한이 이곳에셔 나를 쥭여바리랴ᄂ ᄆ음이나 안인가…[89]

멜로드라마의 관객 역시 비극에서와 마찬가지로 주인공이 겪는 시련과 고통을 보며 연민과 공포를 느낀다. 아리스토텔레스에 의하면 비극의 주인공은 영웅적 자질에도 불구하고 성격적인 결함(hamartia)으로 인해 몰락하는데 이 과정에서 겪는 주인공의 고통은 관객의 동정을 불러일으킨다. 그리고 관객은 자신도 언젠가는 비극의 주인공처럼 잔혹한 삶의 운명에서 벗어날 수

---

88 하몽, 「정부원」, 『매일신보』, 1915. 1. 22.
89 하몽, 「정부원」, 『매일신보』, 1915. 2. 25.

한국 근대연극의 형성

없을 것이라는 생각에 공포를 느낀다.[90] 멜로드라마에서 연민과 공포의 기제는 비극과 유사하면서도 차별적인 방식으로 작동한다. 관객은 신파극의 여주인공이 겪는 몰락과 고통에 동정을 느끼고, 그들처럼 자신의 삶도 하루아침에 몰락할 수 있다는 사실에 공포를 느낀다. 다만 멜로드라마에서의 공포는 비극에서와 달리 몰락의 원인이 되는 적대적인 외부 세계가 악인과 같은 타자, 즉 미지의 대상이라는 데 있다.[91]

연민과 공포는 에릭 벤트리에 의하면 비극에서나 멜로드라마에서나 궁극적으로 자기연민과 자기공포이다. 다른 사람의 고통에 대한 연민은 곧 우리 자신에 대한 연민이며, 다른 사람에 대한 공포 역시 마찬가지로 우리 자신에 대한 공포라는 것이다.[92] 이는 관극의 주된 기제가 상상적으로 입장을 바꾸는 동정(sympathy)의 감정이입을 토대로 하여 이루어진다는 사실과 연관된다고 할 수 있다. 신파극의 경우에도 관객은 여주인공을 동정함으로써 ─ 여주인공을 대상화하는 것이 아니라 ─ 여주인공에 자신의 감정을 이입시킨다.

신파극의 멜로드라마적인 관극 기제는 근대를 살아가는 관객대중의 삶에 대한 비전과 조응하는 것이었다. 그들에게 익숙했던 봉건적 신분질서와 사회체제는 하루아침에 붕괴되었으며, 문명이라는 이름 아래 물밀듯이 밀려들

---

90 아리스토텔레스는 『시학』 제6장에서 연민과 공포를 하나로 묶어 비극의 전체적인 효과에 대해 다음과 같이 설명하였다. "비극은 심각하고 완전하며 일정한 크기가 있는 하나의 행동의 모방으로서 그 여러 부분에 따라 여러 형식으로 아름답게 꾸민 언어로 되어 있고 이야기가 아닌 극적 연기의 방식을 취하며 연민과 두려움을 일으켜서 그런 감정들의 '카타르시스'를 행하는 것이다.", 이상섭, 『아리스토텔레스의 『시학』 연구』, 문학과지성사, 2002, 40쪽.

91 비극과 멜로드라마의 삶에 대한 인식론적 관점이 보여주는 차이는 다음의 논의를 참고할 것. Robert B. Heilman, *Tragedy and Melodrama ─Versions of Experience*, Univ. of Washington Press: Seattle and London, 1968.

92 Eric Bentley, *The Life of the Drama*, Atheneum: New York, 1979, pp.197~203.

어오는 근대적인 질서는 실체를 파악할 수 없는 낯선 대상일 뿐이었다. 신파극의 여주인공이 하루아침에 그것도 자기 자신이 모르는 사이에 안정된 삶의 기반을 송두리째 잃어버리고 마는 멜로드라마적인 상황은, 근대적인 삶에 대한 관객대중의 인식과 감정을 연극적으로 형식화한 것이었다.

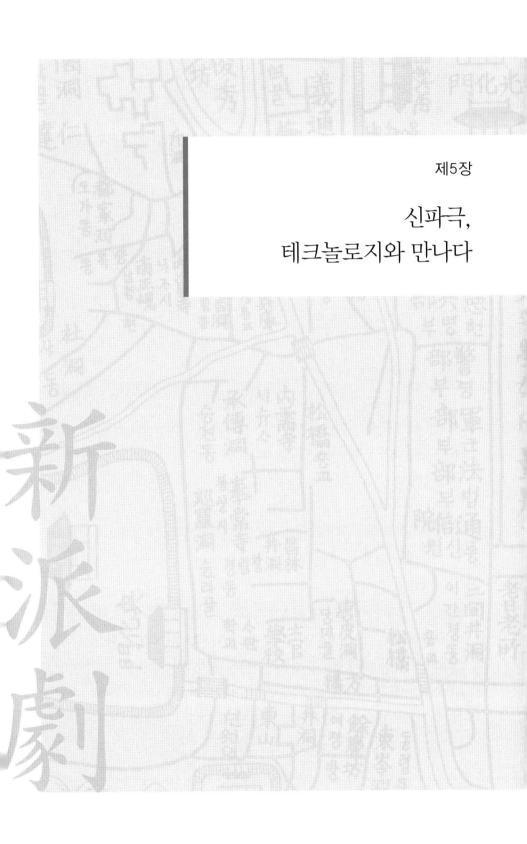

제5장

신파극,
테크놀로지와 만나다

신파극,
테크놀로지와 만나다

근대극장은 신파극과 구연극, 활동사진, 그리고 배우와 기생, 창부, 변사 등이 지속적으로 만나고 교류하는 공간이었다. 전기응용 신파극과 연쇄극, 변사의 무성영화 해설과 신파극 공연은 근대극장이 본질적으로 가지고 있었던 교역성(交易性)의 결과였다.

전기응용 신파극과 연쇄극은 신파극이 관객들을 끌어들이기 위해 각종 전기장치나 활동사진과 같은 최첨단의 테크놀로지를 접목시킨 결과였다. 처음에 이는 신파극과 경쟁관계에 있었던 ―실상 신파극이 더 불리했던― 활동사진이나 구연극의 관객대중을 유치하기 위해 고안된 스펙터클이었다. 하지만 그것은 결과적으로 기존의 신파극을 통해 경험할 수 없었던 사실적이고 생생한 무대적 표현에 대한 감각과 요구를 만들어내었다. 조선적인 무대장치나 의상 등 사실성에 대한 선호는 여배우가 신파극의 온나가타를 대체하는 데 기여했다.

초창기 영화제도의 일부였던 변사는 활동사진의 이차적인 해설자가 아니라 무성영화의 핵심적인 공연자이자 근대적인 대중 연예인이었다. 당시 무성영화가 상영되었던 방식은 필름의 영사와 함께 변사의 해설과 악사의 반주, 각종 여흥, 관객의 환호 등을 통해 일회적으로 완성되는 공연에 가까웠다. 이는 우선적으로 극장의 성격과 밀접한 관련을 가지고 있었다. 극장은

한국 근대연극의 형성

연극과 영화, 기생의 무용과 창부의 판소리, (남)사당패의 각종 놀이를 종합적으로 즐길 수 있었던 대중적인 연예의 장이었기 때문이다. 이 속에서 변사는 새로운 대중 연예인으로 탄생했다.

1. 연쇄극, 신파극과 테크놀로지를 통섭하다

1) 근대극의 타자, '변태의 극' 연쇄극

연쇄극은 1910년대 말경 신파극이 흥행을 목적으로 활동사진을 일부 도입하면서 만들어진 혼종적인 연극 형식이었다. 이로 인해 연쇄극은 당시 '변태의 극'[1]이라는 비난을 받았다.

근대 연극사에서 연쇄극은 전근대적이고 타락한 연극 형식으로 간주되어 왔다. 현실사회에 대한 비판의식을 강조했던 사실주의자들은 관객의 호기심을 직접 겨냥하여 신파극에 활동사진을 접목했던 연쇄극을 노골적으로 폄하하였다. 하지만 근대적인 연극성은 신파극 멜로드라마뿐만 아니라 그 혼종 장르의 연쇄극에서도 선취되고 있었다. 연쇄극은 신파극에 활동사진이라는 근대적 테크놀로지를 도입하는 형식적 시도를 통해 결과적으로는 사실적인 무대와 여배우의 등장을 앞당겼다.

신파극으로 신극 운동을 시작했던 윤백남은 1920년 5월 4일에서 16일까지 『동아일보』에 총 10회에 걸쳐 「연극과 사회」를 연재하였다. 이 글은 근대극 운동이 점차 모색되기 시작했던 시기에 쓰여진 본격적인 연극론이었다.

---

1   윤백남, 「연극과 사회: 병(竝)하야 조선현대극장을 논함」, 『동아일보』, 1920. 5. 16.

윤백남은 1912년 조일재와 함께 문수성을 조직하고 혁신단의 임성구, 유일
단의 이기세와 함께 초창기 신파극의 도입과 정착에 힘썼던 연극인 중 하나
였다. 이 중 임성구는 신파극 운동을 주로 하다가 1921년 일찍 타계했던 반
면에, 윤백남과 이기세는 함께 1916년 예성좌를 조직하고 1921년 예술협회
를 조직하는 등 신파극에서 벗어나 서구적인 근대극을 시도하고자 했다.

예성좌의 조직에는 1915년경에 내한했던 시마무라 호게츠(島村抱月)의 예
술좌 공연도 영향을 미쳤다. 시마무라 호게츠는 일본의 근대적인 연극운동
에 앞장선 인물이었다. 예성좌의 〈코루시카의 형제〉나 〈카추샤〉 등은 서구
식 무대장치를 선보이며, 비록 대중적인 성공은 아니었으나 비평적으로 좋
은 반응을 얻었다.[2] 윤백남의 「연극과 사회」는 문수성의 신파극 공연과 '예
성좌'의 '과도기적 근대극'[3]에 대한 실제 경험을 바탕으로 전개된 연극론이
었다.

윤백남은 이 글에서 현대를 '개조의 시대'로 보고, 이를 위해 특히 군중의
감정과 심리를 이용하여 시대의 민중사상을 좌우하는 힘을 지닌 연극의 교
화작용을 강조하였다. 훌륭한 연극이란 무대 위에 인간의 삶의 단면을 생생
히 보여줌으로써 '이지(理智)'/'사상(思想)'과 '감정'/'감각'에 자극을 주는 것
이었다. 윤백남의 관점은 문명개화의 차원에서 연극을 개량하고 영웅 중심
의 역사극을 통해 국민의식을 고취해야 한다는 1900년대의 연극개량론에서
한 걸음 더 나아가, 연극이 인간의 삶과 사회에 주는 영향을 본격적으로 강
조했다. 윤백남은 연극이 사회교화를 위한 하나의 기관이기도 하지만, 본질
적으로 "연극은 미술이오 예술"이라고 선언했다.

---

2   이상 윤백남 개인과 '예성좌'의 활동에 관해서는 유민영의 『한국 인물연극사 I』, 태학사,
     2006, 179~199쪽과 『한국근대연극사』, 단국대학교출판부, 1996, 285~292쪽을 참조할 것.
3   '예성좌'의 공연을 '과도기적 근대극'으로 명명한 것은 유민영에 따른 것이다. 『한국 인물
     연극사 I』, 193쪽을 참조할 것.

이를 전제로 윤백남은 고대에서 현대까지의 서구 연극사를 국가 본위의 그리스식 연극과 오락 본위의 영미 연극, 그리고 예술주의의 유럽식 연극으로 구분하여 설명하면서, 이를 바탕으로 조선과 일본의 연극 현실을 비판적으로 진단하였다. 조선은 여전히 연극을 천대하는 풍토에서 벗어나지 못했으며, 일본에서는 명치유신 이후 국가와 사회가 연극의 향상에 힘써 효과를 보았으나 여전히 영리 본위의 현실에서 벗어나지 못하고 있다는 것이었다. 그리고 조선 연극이 부진할 수밖에 없는 이유를 자세히 열거한 후 마지막 장에서 연쇄극의 등장이 빈약한 조선극계를 더욱 속화하는 부정적인 현상이라고 비판했다. "슷에 임하야 간과치 못할 한 현상이 생하얏다. 그것은 무엇이냐? 곳 우리 빈약한 조선극계를 더구나 속화하는 연쇄극이 이것이다."[4]

윤백남이 연쇄극을 비판했던 첫 번째 이유는 그것이 "오락적 극"이기 때문이었다. 그는 활동사진을 사용하는 연쇄극이 관객들의 감각적인 흥미에만 호소하고 있다고 비판했다. "한 극의 내용 그 복잡한 내용을 오막(五幕)이나 사막(四幕)에 난호아 가장 인상이 깁흔 사실의 면(面)을 상연함에 당하야 속안(俗眼)을 만족케 하기 위하야 쪼는 흥미를 환(喚)코자 함에만 력(力)을 치(致)하야 막과 막 사이에 연락되는 사실을 활동사진으로 뵈이는 것이다."

두 번째 이유는 연쇄극에서 보여지는 활동사진의 내용이 연극에서라면 생략되었을 막과 막 사이의 내용이라는 점에서 "극의 생명인 암시력"이 소멸된다는 것이었다. 이는 극의 효과를 없애는 것으로써 "순수한 극의 발전을 독(毒) 함이오 배우 자신의 진지한 예술적 양심을 마비케 함"이었다. 활동사진 장면이 정작 연극에는 불필요한 설명적인 역할을 하는 데 그치면서 관객 흥미에만 영합한다는 것이었다.

결과적으로 윤백남이 지향했던 근대연극은 인간의 삶과 사회를 위한 예술

---

4 윤백남, 위의 글, 1920. 5. 16.

한국 근대연극의 형성

주의적인 연극이었으며, '순수한' 연극이었다. 반면에 관객 유치를 위한 오락 본위의 연쇄극은 반예술적인 속된 연극이었으며, 연극과 활동사진의 주객이 전도된 "변태의 극"이었다.

> 그뿐 안이라 임(林)이나 김도산일행의 연쇄극이라함은 극은 여하히 무미건 조할지라도 마(馬)를 타고 쫓치며 자동차로 경주하며 위험을 모(冒)하는 등의 사진으로 갈채를 得코자 함이 확연하니 이는 곳 주객이 전도한 **변태의 극**이 안인가.

윤백남의 관점은 이두현의 『한국신극사 연구』에서도 그대로 계승되었다. 그는 "연쇄극은 「키노드라마」로 계승되었으나 그 이름이 보여주듯이 「통조림된 연극」으로 볼 수 있다. 또 3대극단의 연쇄극 연제(演題)가 한결같이 신파극 초기의 레퍼터리로 역전 내지 후퇴하고 있다는 것도 간과할 수 없는 중요한 사실의 하나이다"[5]라고 했다. 그리고 유민영은 연쇄극이 대중을 끌어들이기 위한 '혼합극'으로 잠깐 인기도 얻었으나, 결국은 시대착오적인 신파극 레퍼토리를 답습함으로써 "순수 정통 근대극"[6]을 갈망하는 관객들의 요구에 부응하지 못했다고 지적했다.

윤백남과 이후의 연극사가들은 '순수한 예술적 근대극'과 '잡종적인 상업적 대중극'을 이분법적으로 대립시키면서 전자를 '정통'의 자리에 위치시키는 방식으로 근대 연극사를 기술해왔다.[7] 그러나 '잡종적이며 상업적인 대중극'으로 저평가되었던 연쇄극과 바로 이전에 등장했던 활동사진 변사들의

5   이두현, 『한국신극사 연구』, 서울대학교 출판부, 1966(1990), 70쪽.
6   유민영, 『한국근대연극사』, 302쪽.
7   그럼에도 불구하고 극단경영이나 연출, 극작 등 실제적인 연극 활동을 해왔던 윤백남은 「민족성과 연극에 취하야」(『동아일보』, 1924. 3. 19.)와 같은 글을 통해 알 수 있듯이, 우리의 전통연희나 신파극과 같은 대중연극에 대해 비교적 유연한 태도를 가지고 있었다.

'전기응용극'은 근대적 테크놀로지의 무대 실험을 통해 근대적 연극성을 부분적으로 선취하고 있었다. 사실적인 무대 표현과 여배우의 등장은 이들 연극형식과 밀접하게 연관되어 있었다.

2) 근대적 테크놀로지와 혼종적 근대성

연쇄극이란 신파극의 일부 배경이나 추격, 격투 장면 등에 짧은 활동사진 장면을 부분적으로 사용했던 연극 형식이었다. 연쇄극이라는 명칭은 공연 도중에 스크린을 내리고 활동사진을 투사하다가 다시 연극을 말 그대로 '연쇄적(連鎖的)으로' 공연한다는 데서 유래하였다. 원래 일본에서 1910년대 초중반에서 1917년까지 유행했던 연쇄극은 1919년 10월 26일 김도산 일행의 신극좌가 〈의리적 구토〉를 공연하면서 우리나라에 처음 등장하였다.

내용적으로 연쇄극은 1910년대 신파극 레퍼토리 그대로였으나, 형식적인 면에서는 극 중에 활동사진을 도입했다는 점에서 전혀 새로운 연극이었다. 기존의 신파극에 생생하고 사실적인 활동사진의 장면들을 무대화시킴으로써 스펙터클한 효과를 극대화시켰던 것이다. 박진과 조풍연의 증언에 의하면, 실제 공연에 활용되었던 활동사진의 분량은 불과 5분에서 10분 정도였다. 오늘날에도 충분히 실험적인 이 시도는 당시 최첨단의 '테크놀로지 연극'으로 수용되었다.

1910년대 초반에 임성구와 윤백남, 이기세 등은 혁신단과 문수성, 유일단 등의 신파극단을 조직하며 이전에는 조선에 없었던 문명적인 '신연극' 운동을 시작하였다. 이는 1900년대 중후반경 각종 신문지상을 중심으로 하여 궁중무용나 민속연희, 판소리 등의 '협률사 연희'를 개량해야 한다는 연극개량론의 요구에 응하는 것이었다. 하지만 이 시기의 연극개량론이 국민통합을 목적으로 하는 영웅서사 중심의 연극을 요구하는 것이었던 데 반해, 한일병

한국 근대연극의 형성

합 이후 '신연극'으로 등장한 신파극은 아이러니하게도 일본신파를 모방적으로 수용한 것이었다. 초기의 레퍼토리는 군사극, 탐정극, 교육극, 의리인정극 등으로 다양했으나, 곧 〈쌍옥루〉나 〈눈물〉, 〈장한몽〉 등과 같은 가정극이 주류를 이루었다. 이들 레퍼토리는 예외 없이 선악의 이분법적 대립과 권선징악적 결말을 특징으로 하는 멜로드라마였다.

대부분의 신파극은 일본이나 서구작품의 번안물이었기 때문에 일본적이고 서구적인 등장인물들과 무대장치 및 의상 등은 새로운 '신연극'으로 여겨지기에 충분했다. 이는 멜로드라마적인 구조를 통해 근대적인 가치관이나 가족 규범 등을 등장인물의 삶을 통해 직접 보여주었다는 점에서도 기존의 협률사 연희와 차별화되었다. 신파극은 무대 위에서 '근대적이고 문명적인 삶의 모습'을 직접 보여주는 것만으로도 '계몽적'이고 '교화적'인 역할을 수행하는 것으로 인식되었던 것이다. 하지만 시간이 지남에 따라 신파극의 감각적인 새로움은 점차 식상해졌으며, 이를 타개하기 위해 인기가 높았던 활동사진에 맞서 그 테크놀로지를 연극적으로 전유한 연쇄극이 등장했다.

연쇄극에 대한 비판은 이것이 상업적인 목적으로 일본 연쇄극을 모방하여 연극도 활동사진도 아닌 식민지적 혼종장르를 탄생시키고 '순수한 근대극' 발전을 지연시켰다는 데 있었다. 그러나 각종 근대적 문물뿐만 아니라 시나소설, 연극, 영화와 같은 각종 예술이나 문화 형식 등은 국가 간 또는 식민지와 식민모국 간의 능동적인 모방에 다름 아니었다. 특히 식민지적 모방은 바바의 개념을 빈다면 대상을 있는 그대로 재현하는 미메시스(mimesis)가 아니라 '미끄러짐 · 초과 · 차이'를 생산하는 미미크리(mimicry)였다.[8] 신파극이나

---

8   호미 바바는 이러한 식민지적 모방이 한편으로는 식민권력의 지배 전략적 기능에 조응하고 감시를 강화하면서도, 다른 한편으로는 규범화된 지식과 규율권력에 내재적인 위협이 되는 차이와 반항의 기호이기도 하다는 점에서 양가성을 지닌다고 말했다. 이에 관해서는 호미 바바의 『문화의 위치; 탈식민주의 문화이론』, 나병철 옮김, 소명출판, 2002,

연쇄극의 등장 역시 단순히 식민지적인 모방이라고 단정, 비판할 수는 없으며, 보다 더 중요한 것은 신파극과 연쇄극이 다른 연극 형식이나 문화 형식과 상호작용해 나갔던 방식이었다.

전기응용 신파극이나 연쇄극의 등장은 최첨단 근대적인 테크놀로지의 적극적인 도입을 통해 사실적이고 생생한 무대 표현을 요구했던 관객에 대응하고자 했던 노력이었다. 활동사진의 도입이 당시 윤백남이 비판했던 바와 같이 신파극의 연극적 완성도를 높이는 데 기여하지 못하고 오히려 이를 저해했다고 하더라도, 이는 결과적으로 사실적인 —조선적인— 무대표현이나 여배우의 등장 등을 촉진시켰다.

전기응용 신파극이나 연쇄극의 '테크놀로지'는 일차적으로 공연에 사용되는 기계장치나 그것이 발생시키는 효과였다. 테크놀로지는 일반적으로 과학적 기술이나 공업적 기술을 의미하기 때문이다. 그러나 실제 공연 안에서 사용되는 테크놀로지는 그것이 공연의 일부라는 점에서 공연 전체와의 관계 속에서 이해되어야 한다.

전기조명이나 회전무대와 같은 테크놀로지는 전기응용 신파극이나 연쇄극이 공연되기 이전부터 공연의 자연스러운 일부로 특별한 자의식 없이 사용되었다. 물론 전기조명이 처음 공연에 사용되었을 때에는 새로운 테크놀로지로 인식되었다. 전기조명은 1910년경 기생들의 무용 공연에서 무대 효과로 처음 사용되었으며, 예컨대 1910년 5월 27일 『대한민보』에 실린 경성 고등연예관의 광고에는 레퍼토리 목록 중 하나로서 "전기응용 한국기생용(踊)"이 들어가 있었다. 화려한 색깔의 전기조명은 '전기응용'이라는 수식을 통해 색다른 것으로 광고되었으며,[9] 이후 '전기춤'이란 명칭을 얻어 새로운

178~188쪽을 참조할 것.

9 "사동 연흥사에셔 외국 활동사진과 고등기생의 검무를 관람홀 시에 전기를 사용ᄒᆞ야 오

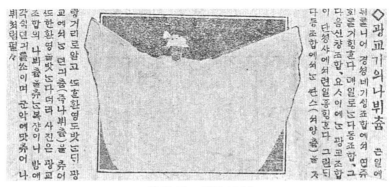

그림 26. 광교기생의 나비춤
("밤에 각식뎐긔를 쏘이며 군악에 맛츄어 나뷔처럼 펄펄", 『매일신보』, 1917. 11. 6.)

형식의 춤으로 여겨졌다. 그러나 불과 몇 년 후 전기조명은 회전무대처럼 익숙한 무대 효과 또는 장치의 일부가 되었다.

이러한 맥락에서 테크놀로지 개념을 도구적 관점에 한정시키는 근대적인 이해방식에 대한 하이데거의 비판은 매우 타당하고 유용하다. 그는 테크놀로지의 그리스어 어원인 '테크네(techne)' 개념이 예술과 밀접한 관계를 맺고 있었으며, 오히려 예술의 미적인 측면이 테크네의 본질이라고 지적했다.[10] 이러한 비판적 시각은 전기응용 신파극이나 연쇄극에 사용된 테크놀로지에 대한 새로운 이해와 평가를 가능하게 한다. '변태의 극'이나 '통조림 연극'이란 평가는 연극에 사용되는 전기장치나 활동사진과 같은 근대적 테크놀로지

채(五彩)가 영롱케 혼다더라.", 「연사(演社)활동」, 『대한매일신보』, 1910. 6. 17.

10 R. L. 러츠키, 『하이테크네』, 김상민 · 윤원화 외 옮김, 시공사, 2004, 8~12쪽. 러츠키는 하이데거의 논의를 빌어 '근대적 (도구적) 테크놀로지'와 '하이 테크놀로지(하이테크네)'를 구별하고, 미적인 하이테크 개념을 포스트모던 예술의 핵심 미학으로 설명하였다. 이 논문에서 연쇄극의 테크놀로지에 대한 이해는 러츠키의 하이테크 개념보다 근대적 테크놀로지 개념에 대한 하이데거의 비판을 토대로 하였다. 하이데거에 관한 자세한 논의에 관해서는 다음을 참고할 것. M. Heidegger, "The Question concerning Technology," *The Question concerning Technology and Other Essays*, trans. William Lovitt, New York: Harper Torchbooks, 1977.

가 관객의 흥미를 돋우기 위해 '도구적'으로 삽입된 것일 뿐 연극의 본질이
될 수 없다는 인식을 전제로 하기 때문이다. 그러나 연극에 사용된 테크놀로
지는 그 자체가 이미 연극의 일부였으며, 테크놀로지가 사용된 연극은 별종
의 것이 아니라 그 자체가 연극의 일부였다. 전기응용 신파극이나 연쇄극의
테크놀로지는 내용과 형식을 아우르는 것이었으며, 근대적 연극성은 그 자
체가 혼종적인 것이었다.

3) 전기응용 신파극: 활동사진 변사들의 새로운 무대효과

연쇄극의 등장 이전에도 새로운 테크놀로지의 '전기응용' 신파극이 활동
사진 변사들에 의해 공연되었다. 이는 기존의 신파극에 '유니버스'라 불리는
첨단의 전기장치를 이용하여 생생한 무대효과를 만든 것이었다. 전기응용
신파극은 연쇄극과 함께 신파극과 활동사진이 ─생산과 수용의 차원에서 전혀
다른 장르였음에도 불구하고─ 극장이라는 공간 안에서 인적인 측면에서나 콘텐
츠적인 측면, 기술적인 측면에서 밀접하게 교류하고 있었음을 보여주는 결
과물이었다. 테크놀로지는 활동사진과 연극 양쪽에서 극장 관객을 실제적으
로 견인해 나갔던 것이다.

우리나라에 활동사진이 처음 유입된 것은 1900년 전후였지만, 활동사진
변사들의 활동이 본격화된 것은 1910년 고등연예관이 경성 최초의 활동사
진 전용관으로 설립되면서였다. 이 시기에 활동했던 대표적인 변사는 일찍
이 안종화가 "변사의 시조"[11]라고 불렀던 우정식과, 한국인 변사로서는 처음
으로 명성을 떨치기 시작했던 김덕경, 그리고 고등연예관에 맨처음 고용되
어 큰 인기를 얻었던 서상호와 이후 우미관과 평양 가부키좌에서 활동했던

---

11 안종화, 『한국영화측면비사』, 춘추각, 1962, 30쪽.

한국 근대연극의 형성

이한경 등이었다.

이 중에서도 서상호는 고등연예관과 우미관 등에서 변사 생활을 하던 중 혁신선미단의 창단 단원으로 참가하였다. 혁신선미단은 후지하라 구마다로오(藤原態太郎)를 극단주로 하고 조중장(趙重章)을 단장으로 하여 1912년 2월에 조직된 신파극 단체였다.[12] 그러나 혁신선미단의 활동은 혁신단이나 문수성 등에 비해 그리 활발하지 않았다. 서상호가 다시 신파극 공연을 하게 된 것은 1918년 12월 단성사에 주임변사로 들어가면서부터였다.

단성사는 1907년 처음 설립된 이후 몇 번의 화재와 수리, 재건축을 거치며 경성에서 유일한 조선인 소유의 연극장으로 존속되었다. 1917년 2월 황금관의 주인인 일본인 다무라(田村)에게 팔린 뒤에는 1918년 9월에 대대적인 수리를 거쳐 12월에는 활동사진 전용관으로 재개관되었으나, 다음 해 5월에는 변사들의 신파극이 공연되었다. 새로운 활동사진이 충분히 공급되지 못해 영사 시간이 상대적으로 짧은 상황에서 다른 여흥거리를 관객대중에게 제공해주어야 했기 때문이었다. 단성사에는 서상호 외에도 여러 명의 변사들이 고용되어 있었기 때문에 연극 공연이 가능할 수 있었으며,[13] 전기응용 신파극은 다른 신파극단의 공연과 차별화되는 것이었다.

전기응용 신파극은 1919년 5월에 처음 공연되었으며, 새로운 전기 장치의

---

12 '혁신선미단'의 창단광고는 다음과 같았다. "본단(本團)에서는 조선 재래연극이 심히 유치ᄒ야 도저히 진보혼 세인(世人)에게 만족을 여(與)ᄒ기 불능(不能)홈으로 신(新)히 현금 일본 내지에서 환영을 수(受)ᄒᄂᆫ 중인 신파극을 모방ᄒ야 최(最)히 혁신혼 취향을 의ᄒ야 래(來) 구력 정월 이일브터 중부 단성사에서 개연ᄒ겟사오니 대방제군(大方諸君)은 육속래관(陸續來觀)ᄒ십 / 구(舊)십이월 이십육일 혁신선미단", 『매일신보』, 1912. 2. 13.

13 "활동계에 호평잇고 갈치밧ᄂᆫ … 안이 구변으로ᄂᆫ 뎨일류되ᄂᆫ 서상호『徐相昊』군을 특이 초빙ᄒ야 변ᄉ쥬임으로 뎡ᄒ고 텬연혼 표정과 그럴듯혼 익살 잘 부리ᄂᆫ 변ᄉ와 희로이락을 긔묘ᄒ게 ᄌ아ᄂᆡᄂᆫ 변ᄉ 합오륙인이 잇서 ᄆᆡ일밤무ᄃᆡ 우에서 일거일동에 딕혼 셜명은 참으로 본관주의 ᄌ랑쑨 안이오.", 『매일신보』, 1918. 12. 21.

도입과 그 효과는 다음과 같이 대대적으로 선전되었다.

> 단성사 활동수진관에셔는 수진에 기량을 더ᄒ야 이번에 찰신긔발흔 수진을 특히 텬연식활동회사에 교섭ᄒ야 가져다가 금구일부터 상쟝ᄒ게 되엿는듸 이 위에 ᄯᅩ **련속대여흥으로 「유니바-스」라는 긔계를 수다가 뎐긔응용으로 변수악듸의 신파극을 츌연흔다는듸 그 긔계로 인ᄒ야 비올쎠는 비가오고 번긔칠 쎠는 텬연으로 번긔치는 등 기타 변환막칙되는 것이 만허셔 됴션에셔는 이것이 쳐음되는 훌융흔 것**이라는듸 입쟝료는 보통이라ᄒ며 일즉 가지안으면 안 될일이라더라[14]

기사의 내용은 단성사의 활동사진 변사들로 구성된 "변사악듸"가 새로 도입한 "유니바-스"라는 전기 기계장치를 이용하여 비나 번개와 같은 생생한 무대 효과를 내는 신파극을 처음 시도한다는 것이었다. 같은 날 신문 광고에서 이는 처음 "전기응용극"으로 불렸다. 첫 번째 레퍼토리는 〈생호(生乎)아 사호(死乎)아〉(전5막)였다.

특히 주목할 만한 전기응용 신파극 공연은 5월 30일부터 6월 3일까지 공연되었던 〈탐라의 사몽(詐夢)〉(전5막)이었다. 이 공연은 『매일신보』에 기사화되었던 '제주도의 살옥(殺獄) 사건'을 바탕으로 만들어졌다는 점에서 시작 전부터 세간의 화제를 모았다. 사건의 내용은 다음과 같았다. 21살의 한신호는 제주도 신좌면 화북리의 한씨네 데릴사위로 들어간 후 장인과 장모가 세상을 하직하자 상속자가 되었다. 하지만 29살의 손위 처남인 한종흠이 재산을 빼앗고자 절벽 아래로 어린 매부를 떠밀어 죽였으나, 결국 탄로되어 지난 7월에 경찰서에 붙잡혔다.

실화를 바탕으로 만들어진 연극에서 전기응용의 전기장치는 특히 생생한

---

14 「단성사의 신여흥」, 『매일신보』, 1919. 5. 9.

한국 근대연극의 형성

특수효과를 통해 강렬한 시각적 리얼리티를 만들어내는 데 성공했다. 공연에서는 벼랑 끝 살인 장면에서 사용되었을 법한 비나 천둥번개와 같은 무대효과 외에도, 산이나 바다와 같은 원경(遠景)의 무대배경과 유령의 현출과 같은 특수효과가 시도되었다. 21일자 광고에는 전기응용을 통해 "황막처참흔 광야"뿐만 아니라 심지어 "유령(독갑이)"까지 생생하게 표현되었으며,[15] 제주도 한라산과 등대 풍경, 바다 위에서 배가 지나다니는 장면 등까지 무대배경으로 생생하게 사용되었다고 했다.

1919년 6월 1일 『매일신보』에 실린 다음의 기사 「비극 제주살옥」은 전기응용 신파극에 사용되었던 테크놀로지가 당시 관객들에게 얼마나 신기한 관극 경험을 제공했는지 잘 보여주고 있다.

> 단성사활동스진관에서 스진을 영스흔뒤에 여흥으로 본보에 게지되엿던 제주도 살옥스건을 관원일동이 각식ㅎ야 신파비극으로 삼십일부터 시작흔다ㅎ민 그날밤 일곱시부터 관람긱이 몰니기 시작ㅎ야 여덜시에ᄂ 아릭위칭이 모다 만원의 셩황이엿고 열시부터 신파가 시작되야 뎨삼막에ᄂ 부인석에서 그 즁 기싱들이 눈물을 흘니엿고 나죵은 **뎐긔스용으로 귀신이 낫하나ᄂ데 모다 신긔히 역이엿스며 뎨스막에 가셔 졔쥬한라산을 꼼여노은 것과 등딕와 윤션의 릭왕ㅎᄂ 광경은 진경과 흡스ㅎ다고 환영을 밧앗ᄂ딕** 이 **신파스실극**은 륙월삼일신지만 흥힝흔다더라

기사에 의하면 이차원의 스크린에 투사되는 활동사진과 달리 삼차원적인 무대 위에서 배우가 연기하는 환경으로서 활용되었던 비나 천둥번개, 한라

---

[15] "광고 (단성사) / 5월 21일 매일신보 3쪽에 게재흔 **최근 제주도 殺獄사건의 사실을 각색**흔 대비극 흥행 / 탐라의 詐夢 전5막 / **(유니바ᄉ) 전기응용**으로 황막처참흔 광야를 배경으로 ㅎ야 불가사의의 **유령(독갑이)이 낫하나ᄂ 전율극** (뎐연흔 독갑이 나오는 O경)…",『매일신보』, 1919. 5. 30.

산과 바다와 배의 풍경 및 유령 등과 같은 특수효과는, "신파ㅅ실극"이라는 명칭에서도 핵심적으로 잘 나타나듯이 '생생한 사실성'을 관객대중에게 경험시켰다. 특히 〈탐라의 사몽〉이 실화를 바탕으로 했음은 테크놀로지가 활용된 무대 효과의 생생함으로 연극의 사실성을 배가시켰다. 이는 기존의 신파극과 전혀 다른 차원의 극적인 경험이었다. 이를 계기로 사실적인 무대에 대한 관객들의 요구는 점점 더 커져갔으며, 단성사는 '유니버스' 기계를 네 대 더 주문하는 등 공연의 규모를 확대시켜 나갔다.[16]

변사들의 테크놀로지 실험극에 대한 관객들의 호응은 역으로 일반 신파극 단들의 공연방식에까지 영향을 미쳤다. 김도산의 신극좌는 일반 극단으로는 처음으로 전기응용 기계를 조만간 일본에서 구입할 예정이라는 광고 「경성 신극좌의 쇄신」를 『매일신보』에 실었다.

朝鮮新派 京城新劇座는 朝鮮劇界의 一流를 網羅會集ㅎ고 過去數千年의 歷史等을 脚本에 上ㅎ야 此의 實行에 努力ㅎ며 廣히 流轉ㅎ야 勸善懲惡ㅎ 目的으로 各地에 巡業ㅎ는中 今回 愈히 內容을 充實케ㅎ기 爲ㅎ야 種種硏究ㅎ 結果 電氣應用(기네오라마) 機械를 購入ㅎ야 舞臺上에서 雲雨雪日月星波濤 등을 隨時現出케 ㅎ고 演劇의 華麗를 加ㅎ야 一般觀客으로 ㅎ여곰 多大ㅎ 快樂과 感想을 興起케 ㅎ 計劃으로…[17]

유니버스 기계장치는 유행이 되어 7월 18일 단성사에서 시작되었던 임성구의 혁신단 고별공연 신파극에서도 폭넓게 사용되었다. 혁신단은 당시 〈가쭈스〉를 시작으로 〈계섬의 한〉, 〈눈물〉, 〈재봉춘〉, 〈육혈포강도〉, 〈장한몽〉

---

16 "광고 (단성사) … 특히 「유니바스」 긔계를 내지에셔 네 긔를 더 주문ㅎ야다가 일대 굉장히 설비를 ㅎ고 한번 상장코져 ㅎ오니…", 『매일신보』, 1919. 6. 13.
17 『매일신보』, 1919. 6. 23.

등의 대표적인 레퍼토리들을 연일 공연하였다. 그리고 특히 〈장한몽〉의 클라이맥스에 해당하는 이수일과 심순애의 이별 장면에 유니버스 기계를 이용하여 극적인 효과를 극대화시켰다. 『매일신보』는 "대동강가에셔 리슈일과 심순이가 셔로 리별ᄒᆞᄂᆞᆫ 마당을 당ᄒᆞ야 긔묘한 『유니바스』로 달쓰고 비오고 뢰성번기를 ᄒᆞᄂᆞᆫ통에 수일의 사람은 곡진긔졍한 그 이쳐러운 리별을 함에ᄂᆞᆫ 기싱들은 노샹 울면셔 ᄌᆞ미붓쳐 구경ᄒᆞ엿다"[18]고 기사화 했다.

광고를 먼저 내보냈던 김도산의 신극좌는 다소 뒤늦은 9월 10일부터 〈의기남아〉를 시작으로 하여 〈견이불견(見而不見)〉, 〈가쭈사〉, 〈은의(恩義)의 발포〉, 〈비파성〉, 〈천리마〉, 〈덕국토산〉 등의 전기응용 신파극을 공연하였다. 광고에는 "최신식 『유니바스』 응용극", "구미 최신식 전기 キネオラマ劇 / 천연적 환영 / 변환 자재", "구미 최신식 키네오라마 전기응용극 (환영자재)" 등의 문구가 조금씩 다르게 사용되었다. '유니버스'나 '키네오라마'는 모두 무대적 환영의 특수효과를 만들어내는 전기장치의 이름으로서 그때그때 구별 없이 혼용되고 있었다.

전기응용 신파극은 다음 달 10월 연쇄극이 등장하기 전까지 활발히 공연되었다. 전기응용 신파극의 테크놀로지를 통해 무대배경이나 눈, 비, 천둥소리 등의 무대효과에 사실적인 표현이 확산되었으며, 그 외의 무대장치나 배우들의 의상, 연기, 발성, 대사 등의 사실성에 대한 요구 역시 점차 증대되었다.

> … 단셩샤에셔 몌일 첫날 흥힝ᄒᆞ던바 『의긔남아』를 보왓다. 그의 딕한 나의 소감을 말ᄒᆞᆯ진딕 위션 『의긔남아』라ᄒᆞᄂᆞᆫ 각본은 각본부터 현금 우리 사회에ᄂᆞᆫ 덕합ᄒᆞ지 못ᄒᆞ다. 그 각본은 닉디 구극과 밋 신극을 졀츙ᄒᆞ야 지은 것인듯

18 『매일신보』, 1919. 7. 20.

흔디 우리됴션에는 잇슴직한 것이 아니다. 그쑨아니라 그듸들의 말홈과갓치 풍속을 기량홀 수는 전혀업는 것이다. 지금 그에 듸ᄒ야 나의 본듸로 곳치고 십흔 뎜을 총괄뎍으로 말홀진듸 뎨일 몬져 표졍ᄒ는 모양을 곳칠 것이오 그 다음에는 사람을 골나셔 『역』(役)을 맛길 것이다. 이것를 다시 분셕ᄒ야 말ᄒ쟈면 뎨일 첫재 표졍에 듸한 것은 말을 비호며 연구ᄒ야 그릇되는 무식흔 말이 업게 ᄒ며 이샹히 듯치는 『악센트』를 업시홀 것, 늬듸인의 구극비우를 입늬늬여 몸의 동작을 이샹히 ᄒ는 것을 곳칠 것, 관긱을 웃기고쟈 공연히 너무 란폭한 거동을 ᄒ지 말것이오

둘재 도구를 곳칠 것은 - 늬듸인을 본바다 슈건을 쓰와셔 머리를 동이는 것, 격금ᄒ는 것 즉 긴칼과 긴 작듸기 등을 업시홀 것, 『한덴』이라는 늬듸인의 로동쟈의 옷과 밋 양복 등을 람용ᄒ지 말 것 곳 현금 우리 사회와 어그러지지 안케홀 것이오

셰재 사람을 골나셔 역을 맛길 것은, 각각 자긔의 댱쳐를 싸라셔 뎍합흔 역을 맛길 것이니 가령 단댱이라도 쟈긔가 능치 못흔 것은 사양ᄒ야쎠 뎍합흔 자에게 맛길 것이다. 이에 말흔바 몃가지를 곳치여셔 더욱 아름다웁게 흥힝ᄒ엿스면 죠흘줄노 싱각ᄒ노라[19]

다소 길게 인용한 위의 비평 기사는 김도산 신극좌의 유니버스 응용극인 〈의기남아〉에 대한 팔극원(八克園) 유지영의 글이다. 이 글에서 팔극원은 신극좌의 공연이 첫째, 우리 사회의 모습을 반영하지 않은 각본으로서 풍속개량에 전혀 도움이 되지 않으며 둘째, 배우들의 연기나 대사가 자연스럽지 않을 뿐만 아니라 일본의 가부키 연기 양식을 흉내내고 있다고 비판하였다. 그리고 셋째, 우리 조선인 캐릭터에 전혀 맞지 않은 일본식 의상이나 소도구를 사용했다고 비판했다. 초기의 신파극이 일본의 신파를 문명적인 새로운 연극('신연극')의 모델로 받아들였던 단계였다면, 이제는 점차 우리 조선의 현실을

19 팔극원, 「신극좌를 보고」, 『매일신보』, 1919. 9. 12.

한국 근대연극의 형성

사실적으로 반영하는 연극에 대한 요구가 점차 형성되고 있었던 것이다.

4) 연쇄극과 조선적인 미장센의 창출, 여배우의 등장

1920년 전후 연쇄극은 전기응용 신파극과 함께 연극에 근대적 테크놀로지를 적극 도입함으로써 이전의 신파극이나 이후의 소위 '근대극'과 다른 연극성을 보여주었다. 이것은 활동사진이라는 매체의 기록에 가까운 직접적인 사실주의와 밀접하게 관계하고 있었다.

전체 공연 시간 중에 활동사진이 차지하는 비중은 아주 짧았다. 그러나 하나의 연쇄극 안에서 활동사진과 연극이 연속적으로 무대화되는 형식은 관객과 제작자 모두에게 결과적으로 활동사진에서 경험되는 실재적인 사실감을 연극에까지 요구하거나 확대 적용시키는 계기가 되었다. 신파극의 연극적인 관습이었던 온나가타(女形)가 연쇄극을 통해 여배우로 대체되어 갔던 현상도 궁극적으로는 연쇄극의 활동사진이 빚어내었던 사실주의적인 무대감각과 관련된 것이었다.

연쇄극은 원래 1904년 러일전쟁 당시 일본의 어느 신파극단이 도쿄 니혼바시(日本橋)의 마사고자(眞砂座)에서 상연했던 〈러시아 정벌의 황군(征露の皇軍)〉에서 비롯되었다. 이 작품은 적의 군함에 어뢰가 명중해 침몰하는 해전 장면에 외국 해군의 훈련 장면을 담은 실사영화 필름을 스크린에 영사해 높은 평판을 얻었다. 그러나 '연쇄극'이란 명칭이 처음 붙여지면서 본격적으로 유행하게 된 것은 1909년 무렵에 시대극을 공연했던 나카무라 카센(中村歌扇) 극단에 의해서였다. 특히 싸움 장면인 '다찌마와리(立回り)'가 큰 인기를 얻었는데, 이는 야외 촬영한 싸움장면을 스크린으로 보여주다가 영사가 끝나면 다시 밝아진 무대 안에서 같은 배우가 연극을 계속하는 방식으로 연출되었다. 그러나 1917년에는 무대공연과 영화를 분리시키는 영화법이 개정

되어 연쇄극의 제작 자체가 금지되고 말았다.[20][21]

우리나라에 처음 들어온 연쇄극은 1915년 부산에서 공연된 미쯔노 강게쓰(水野觀月) 일행의 〈짝사랑〉이었다. 서울에서는 1917년 3월 14일 황금관에서 〈문명의 복수〉가 연쇄극으로 처음 공연되었다.[22] 연쇄극의 형식은 일본의 연쇄극과 크게 다르지 않았다. 박진과 조풍연의 회고에 의하면 연극이 한창 공연되던 중에 갑자기 호루라기 소리가 나면 극장 안이 어두워졌고 동시에 무대 앞에 내려진 흰 천 위에 활동사진이 영사되었다. 그리고 한창 활동사진이 영사되다가 다시 호루라기 소리가 나면 극장 안이 밝아지면서 흰 천이 다시 올라갔고, 무대 위에는 조금 전의 활동사진에 등장했던 배우가 나와 연극을 계속하였다.[23]

오늘날 산만해 보이기까지 하는 연쇄극의 진행방식은 그러나 당시에는 관객들의 극적인 몰입을 방해하기는커녕 오히려 마술에 가까운 최첨단 테크놀로지로 관객들의 주의를 집중시켰다. 그 새로움의 하나는 명칭이 말해주듯이 활동사진이 전체 연극 안에서 앞뒤의 연극 장면과 연결되는 방식에 있

---

20 일본 연쇄극의 발생과 전개, 형식 등에 관해서는 다음과 같은 연쇄극에 관한 기존의 연구물에 충분히 설명되어 있기에 자세한 설명은 여기서 생략한다. 조희문의 「연쇄극 연구」, 『영화연구』 제15호, 2000; 김수남, 「연쇄극의 영화사적 정리와 미학적 고찰」, 『영화연구』 제20호, 2002; 전평국, 「우리 영화의 기원으로서 연쇄극에 관한 시론」, 『영화연구』 제24호, 2004. 그러나 이 논문에서는 주로 佐藤忠男의 『日本映畵史 I』, 岩波書店, 1995, p.124를 참조하였다.

21 연쇄극에 관한 기존 연구들은 대부분 영화 연구 분야에서 현재 한국 영화의 날(1919년 10월 27일)이 김도산 일행의 연쇄극 〈의리적 구토〉를 기준으로 제정된 것에 이의를 제기하고 있다. 그리고 궁극적으로는 한국영화의 기점을 활동사진의 전래나 제작 시점 등을 근거로 구명하고자 했다. 반면에 본고에서는 연쇄극의 제작과 공연 상황을 연극사적인 맥락에서 좀더 실증적으로 살펴보고 그 의의를 구명하고자 했다.

22 김종원 · 정중헌, 『우리영화 100년』, 현암사, 2001, 60쪽.

23 박진, 『한국연극사 1기(1902~1930)』, 예술원 연예분과, 1972, 161 · 162쪽; 조풍연, 『서울 잡학사전: 개화기의 서울 풍속도』, 정동출판사, 1989, 222~223쪽.

었으며, 다른 하나는 무대 위의 스크린에 보여졌던 활동사진 자체에 있었다. 이 중에서도 특히 후자는 조선의 풍경을 배경으로 조선인을 찍었던 최초의 활동사진이었다는 점에서 관객대중들의 관극 경험은 가히 경이로움 그 자체였다.[24] 그동안 서구와 일본에서 제작된 활동사진 속에서 제국주의가 스크린에 투사하는 타자의 이미지들을 동경의 대상으로 바라만 보았던 조선의 관객대중들은 이제 스크린 속에 투영된 자신의 이미지들을 바라볼 수 있게 되었다.

맨처음 연쇄극을 제작했던 김도산 일행의 활동사진 촬영은 크게 두 가지 방식, 즉 경성 시내와 시외를 배경으로 하는 연극과 경성 시가의 경치를 중심으로 하였다. "신파신극좌 김도산일힝을 다리고 경셩늬외의 경치됴흔 장소를 싸라가며 다리와 물이며 긔차 뎐챠 자동챠까지 리용ᄒ야 연극을 흔 것을 져져히 빅인 거이 **네 가지나 되는 예뎨**인바 모다 됴흔 활극으로만 빅엿스며 그 외 **경셩 젼시가의 경치를 빅여 실사**를 흔다ᄒ며"[25] 촬영장소는 "한강철교, 장충단, 청량리, 영미교, 남대문 정거장, 둑도, 젼관교, 젼차, 긔차,

---

24 이는 한국영화사 연구에서 특히 근대영화의 기점 문제와 연관되는 중요한 지점이기도 하다. 왜냐하면 비록 일본인 촬영기사 미야가와 소우노스케(宮川早之助)에 의해 제작된 짧은 분량이었음에도 불구하고 처음으로 조선인 자본에 의해 조선을 배경으로 조선인을 담은 필름이었기 때문이다. 이에 관해『매일신보』에서는 "…홍힝주 박승필씨가 계약을 ᄒ고 오빅원을 늬여 됴션에 처음잇는 신파연쇄활동사진을 빅힐 작뎡으로 특히 동경 텬활회사로부터 활동사진 박히는 긔소를 불노다가 오는 삼일부터 시늬외로 단이면 연극을 ᄒ야 활동으로 박힌후 직시 단셩사에서 처음으로 무딕에 올녀 흥힝홀터이는딕…"(1919. 10. 2.)라고 하였다. 여기서 명시된 제작비 "오빅원"은 이후의 기사들에서 "오륙쳔원의 만흔 돈"과 "오천여원의 거익"으로 정정된다. 그리고 이후 안종화는『한국영화측면비사』에서 당시 단성사의 변사였던 김덕경이 대판(오사카)으로 건너가 일본 텐가쓰(天活) 영화회사 전속 촬영기사인 미야가와 소우노스케를 초빙하여 데리고 왔다고 했다.
25 『매일신보』, 1919. 10. 25.

자동차, 노량진, 공원 기타"[26]였다. 그러나 보도와 달리 실제 공연된 김도산 일행의 연쇄극은 다음 세 편이었다. 〈의리적 구토(義理的 仇討)〉(1919. 10. 27.~11. 2.), 〈시우정(是友情)〉(1919. 11. 3.~6.), 〈형사고심〉(1919. 11. 7.~10.) (이상 모두 단성사에서 공연).

〈의리적 구토〉는 예상대로 대성공이었다. 『매일신보』에서는 이를 다음과 같이 보도하였다.

신파신극좌 김도산일힝의 경성에서 촬영된 신파활동사진이 됴션에 처음으로 지나간 이십칠일부터 단성샤무뒤에 상장된다하믹 **쵸져녁부터 됴수갓치 밀니는 관긱남녀는 삽시간에 아릭위칭을 물론하고 쌕쌕히 차셔 만원의 픽를 달고 표싯지 팔지못한 뒤셩황이엿더라** 그런뒤 뎨일번화한 것은 각권반의 기싱 온 것이 무려 이빅여명이나 되야 더욱 이치를 늬엿더라. 영사된 것이 시작ᄒ는뒤 **위션 실사로 남대문에셔 경성젼시의 모양을 빗치이믹 관긱은 노상 갈치에 박수가 야단이엿고 그뒤는 졍말 신파사진과 비우의 실연 등이 잇셔셔 쳐음 보는 됴션활동샤진임으로 모다 취한 듯이 흥미잇게 보아 젼에 업는 셩황을 일우엇다더라**[27]

저널리즘적인 과장을 감안하더라도 조선 최초의 신파활동사진에 대한 관객들의 흥분과 호응은 자못 열띤 것이었다. 대대적인 선전에 힘입어 좌석은 금새 매진되었고, "각권반의 기싱"들도 여기에 한몫하며 최신식 문화의 소비에 빠지지 않았다. 전체 프로그램은 경성 시내의 풍경을 실사로 먼저 보여준 뒤에 연쇄극이 공연되는 방식으로 진행되었다.

흥행에 성공하자 김도산 일행은 곧바로 두 번째 연쇄극 제작을 준비하였

26 「광고」, 『매일신보』, 1919. 10. 25.
27 「단성사의 초일/관긱이 물미듯이 드러와」, 『매일신보』, 1919. 10. 26.

한국 근대연극의 형성

고, 다른 신파극단들에서도 연쇄극을 제작하기 시작했다. 두 번째 연쇄극 제작의 특징은 '극단과 촬영장소의 다변화'에 있었다. 우선 김도산 일행은 자신들의 두 번째 촬영장소로 경성이 아닌 지방 도시인 부산과 대구를 선택하였다. 한발 늦게 연쇄극 제작에 뛰어든 이기세의 조선문예단은 대구의 시내와 교외 지역, 경주의 불국사 및 첨성대 등의 명승지, 평양의 절경 등을 촬영장소로 하였고,[28] 임성구 일행은 인천과 평양에서 촬영하였다.[29] 김도산과 임성구 일행의 연쇄극이 박승필의 제작으로 단성사에서 독점적으로 공연되었던 것과 달리, 우미관에서 공연했던 이기세 일행은 별도의 제작자를 두고 있었던 것으로 추정된다. 이기세 일행과 임성구 일행의 연쇄극은 최초의 조선인 촬영기사였던 이필우에 의해 제작되었다.[30]

새로 찍은 김도산 일행의 연쇄극은 활동사진의 비중이 연극보다 점점 더 커짐에 따라 "신파연쇄활동사진"으로도 선전되었다. 4월 1일부터 6일까지 공연되었던 〈의적(義賊)〉의 광고 문구―"이번은 실연이 적고 전혀 연쇄활동사진만 영사함"―는 연쇄극 안에서 활동사진에 대한 요구가 신파극보다 더 커지고 있었음을 말해준다. 이는 신파극의 부자연스럽고 비사실적인 ― 일본식으로 양식화된 발성과 움직임, 의상, 분장, 무대장치 등― 무대 감각보다, 조선의 풍경을 배경으로 조선인 배우가 나오는 활동사진이 빚어내는 구체적이고 실제적인 사

---

28 "딕구 달성공원으로 시가와 밋 뎡거장과 도슈원과 농원 등의 명소로 자동챠를 몰아 츄격을 하는 쾌졀흔 촬영을 흔후에 다시 신라고적되는 경쥬불국사 일셩 쳠셩딕 등의 명승디를 촬영ᄒᆞ야 딕구에셔 오륙일간 흥힝ᄒᆞ다가 평양으로 가셔 평양졀승 경기를 촬영ᄒᆞ야 가지고 곳 경셩으로 와셔 흥힝을 흔다 ᄒᆞ니,『매일신보』, 1920. 3. 23.
29 "인천과 ᄀᆞ흔 바다가에셔 긔션과 밋『쏫스』을 타고 슈상에셔 일딕활약을 ᄒᆞ는 것과 밋 평양에 나려가셔 모란봉과 부벽루 대동강을 비경삼아 가지고 본보에 련직되얏던 됴일직군의 장한몽을 아조 유감되ᄂᆞ나 것업시 촬영홀 터이라는딕",『매일신보』, 1920. 3. 24.
30 김종욱 편저실록,『실록 한국영화총서(상); 제1집(1903~1945.8.)』, 국학자료원, 2002, 139~143쪽.

실감에 대한 관객대중들의 선호를 반영하고 있었다. "왜 됴션 사름으로서 연극을 홀 씌는 슌젼흔 됴션식 풍쇽 습관으로 ᄒ지 안코 쪽 보기 실흔 못된 것만 본을 써셔 됴션 연극인지 일본 연극인지 알 수가 업시 되니 졍신됴차 그러ᄒ냐 김도산이나 리씌셰 일힝에게 츙고ᄒ오 아모죠록 됴션 의목에 됴션 식으로 ᄒ란 말이오(츙고생)".[31]

이는 이후 연쇄극의 무대에 '온나가타' 대신에 '여배우'가 등장할 수 있는 기대와 분위기를 마련하였다.[32] 여배우의 등장에 관한 기사가 신문지상에 처음 등장한 것은 이기세 일행인 조선문예단과 관련해서였다. 김도산 일행이 두 번째 연쇄극 〈의적(義賊)〉(1920. 4. 1.~6.)과 〈의외흉한(意外兇漢)〉(4. 7.~11.), 〈명천(明天)〉(4. 12.~22.)을 공연한 후 얼마 안 되어, 이기세 일행은 대구와 경주 등지를 배경으로 찍은 연쇄극인 〈지기(知己)〉(4. 24.~25.), 〈황혼〉(4. 26.), 〈장한몽〉(4. 28.~30.)을 우미관에서 처음 공연하였다.[33] 공연 하루 전인 23일 『동아일보』에서는 이기세 일행의 공연에 여배우가 등장할 수 있음이 암시되었다. "리긔세씨 일힝은 … 시내 우미관에서 신파 련쇄극을 흥힝할 터인라는대 일힝 이십여명중에는 **난서(蘭西) 소정(小艇)이라는 꼿갓튼 녀배우도 잇서** 매우 취미가 진진하겟더라."

실제 공연에서 여배우의 비중은 그다지 크지 않았던 것으로 보인다. 27일자 『매일신보』에 실린 순성(瞬星)의 비평을 통해 볼 때 주요한 여역(女役)은

---

31 「천정지설」, 『매일신보』, 1920. 4. 24.
32 물론 각종 조합에서 활동해오던 기생들 외에 판소리분창극을 주로 공연하는 구파(舊派)배우 일행인 개량단에도 여배우는 있었다. 그러나 이들이 무대 위에서 보여주었던 것은 주로 무용과 창(唱)이었다는 점에서 근대적인 의미의 여배우라고 할 수는 없다.
33 〈지기〉는 확실히 24일에 개연되었으나 25일까지 공연되었는지는 불확실하다. 그리고 〈황혼〉이 26일에 공연된 다음 날인 27일자 『매일신보』에는 이기세 일행의 〈코루시카 형제〉의 공연 광고가 실렸으나, 이것이 연쇄극으로 공연되었다고 보기는 어렵다.

한국 근대연극의 형성

대부분 '온나가타'에 의해 연기되고 있었기 때문이다.[34] 그러나 순성이 "지참 (遲參)하야 여우(女優)의 예술을 보지못함은 유감이라"라고 덧붙였던 것에서, 연쇄극 무대 위에 선 여배우가 세간의 많은 관심을 받고 있었음을 알 수 있 다.

여배우의 존재를 확실히 인식시킨 것은 28일부터 공연된 〈장한몽〉의 마 호정(馬豪政)이었다. 마호정은 구왕실의 나인(內人) 출신으로 사재(私財)를 털 어 취성좌를 운영했다.[35] 취성좌의 전신이 경성배우조합인 개량단이었고, 경 성배우조합은 1915년에 판소리 창자들과 기생들을 중심으로 설립된 경성구 파배우조합이었다는 점에서, 궁중나인 출신의 마호정과 이들이 맺은 인연은 훨씬 이전인 10년대 초반으로 여겨진다. 남편인 김소랑은 임성구 일행의 혁 신단 단원이었던 김현으로서 '취성좌'의 명목적인 대표였을 뿐 실질적인 운 영자는 마호정이었다.

엄밀히 말해 마호정이 무대에 등장하기 시작했던 것은 연쇄극 이전부터였 다. 경성구파배우조합이 산하에 신파부 개량단을 두었다가 이것이 다시 3월 에 김소랑 일행의 취성좌로 재조직되었는데, 마호정은 그 때 당시부터 신파 극 무대에 섰다. 일년 전인 1919년 12월에 공연되었던 〈야성(夜聲)〉에서 이 미 마호정의 연기는 다음과 같이 호평을 받고 있었다.

> 쟈샨가의 소실의 역을 맛혀셔 간악흔 첩의 분쟝으로 출연흔 녀우 마호뎡『馬
> 豪政』은 그 단의 뎨일 화형비우인듯한디 참으로 우리 됴션녀우로는 쳐음보는
> 명우이라고 ᄒ겟다. 그 표명ᄒ는 틱도는 뷔인곳이 업셧다. 그딕로 더욱 열심
> 히 더욱 연구홀 것 갓흐면 얼마되지 안이ᄒ야 됴션극계를 딕표홀만흔 비우가

34 "영해(瀛海)를 장(裝)한 여형배우 이응수", "장필수(張必朱)의 모(母)를 분(扮)한 나효진(羅孝 鎭)", 「우미관의 「지기(知己)」(순성), 『동아일보』, 1920. 4. 27.
35 안종화, 위의 책, 51쪽.

되기 어렵지 안이홀줄로 싱각혼다.[36]

그녀가 자신의 극단 작품이 아닌 이기세 일행의 〈장한몽〉에 출연 교섭을 받았던 것도 연기력 때문으로 추정된다.

안종화가 일찍이 마호정에 대해 "주로 상류가정의 소실 역이나 계모 역을 도맡아 했는데"[37]라고 기술한 이후 그녀는 "최초의 비중 있는 여자 조역"[38]이라는 한정된 평가를 받아왔다. 일반적으로 최초의 여배우는 〈월하의 맹서〉로 대중적인 유명세를 탔던 이월화로 여겨져왔다. 하지만 이월화의 유명세는 어디까지나 영화라는 매체를 기반으로 하는 젊은 여배우의 스타성에 크게 힘입은 것이었다. 근대 연극사에서 시기적인 선구성이나 연기적인 측면에서 여배우의 존재를 처음으로 인식시키고 확대시켰던 사람은 마호정이었다.

마호정은 〈취성좌〉의 신파극 무대에 처음 선 이후에 연쇄극을 통해 여배우의 존재를 분명히 확립시켰다. 1920년대 초반경에는 "여역자(女役者)가 수명이 유하야"[39]라는 연쇄극 광고나 "녀비우도 특히 만어서 ㅈ못 볼만하다러다"[40]라는 식의 신문기사를 어렵지 않게 접할 수 있었다. 1922년에 제작된 임성구 일행의 〈장한몽〉과 김소랑 일행의 〈춘향전〉에서도 여배우의 비중은 한층 커져 있었다.

---

36 팔극원, 「김소랑의 〈야성(夜聲)〉을 보고」, 『매일신보』, 1919. 12. 25.
37 안종화, 위의 책, 52쪽.
38 대표적인 예로 김남석의 『조선의 여배우들』(국학자료원, 2006)을 들 수 있다.
39 『매일신보』, 1921. 6. 29.
40 『매일신보』, 1922. 3. 25.

2. 변사의 대중연예, 무성영화를 공연하다

1) 무성영화 변사의 경계/주변적 위치와 문제성

변사는 초기영화 제도의 일부로서 19세기 말경 활동사진과 함께 시작되었다.[41] 1900년대 중반경에는 변사가 이미 활동하고 있었다. 활동사진 광고는 1903년 『황성신문』에 나타나기 시작했고,[42] 변사에 관한 기사 또한 1908년 『황성신문』에 처음 등장하였다.[43] 기사에서 송병준은 관인구락부에 회동한

---

41 활동사진이 우리나라에 처음 들어온 시기에 대해서는 논란의 여지가 있으나 그 중에서 설득력이 있으면서도 가장 이른 것은 1897년 설(說)이다. 일찍이 심훈은 「조선영화총관」(『조선일보』, 1929. 1. 1.)에서 활동사진이 처음 수입된 것은 "1897년 … 니현(泥峴)(남산정 마루택이)에 잇섯든 『본정좌(本町座)』라는 조그만 송판쪽 빠라크 속에서 일본인 거류민들을 위해서 사진 멧권을 갓다가 놀린 것으로 효시를 삼는다고 한다"고 하였다. 이후 김종원과 정중헌은 1897년 10월 19일자 『런던타임즈』의 기사 「에스터 하우스 '진고개'」에서 활동사진 틀다,를 들어 동년 10월 10일 내외로 보았는데, 이는 심훈의 회고 내용과 대체로 일치하였다. 김종원 · 정중헌, 위의 책, 19~21쪽.

42 "동문 내 전기회사 기계창에서 시술(施術)ᄒᆞᄂᆞᆫ 활동사진은 일요 급 음우(日曜及陰雨)를 제(除)ᄒᆞᆫ 외에ᄂᆞᆫ 매일 하오 십시ᄭᅡ지 설행ᄒᆞᄂᆞᆫᄃᆡ 대한 급 구미각국(大韓及歐米各國)의 생명도시 각종극장의 절승ᄒᆞᆫ 광경이 구비ᄒᆞ외다 / 허입료금 동화(銅貨) 십전", 『황성신문』, 1903. 6. 23. 여기서 "동문 내 전기회사 기계창"이란 당시 동대문 안에 위치했던 한성전기회사의 기계창고를 말하며, 이곳의 활동사진소에는 이후 1907년에 광무대가 신설된다.

43 "애국부인회에서 금일붓터 관인구락부에 회동ᄒᆞ야 일본에 유학ᄒᆞ시ᄂᆞᆫ 황태자전하의 활

애국부인회의 활동사진 상영에 "변사 정운복 한석진 김상연 삼씨"를 불러달라고 내부에 요청했다.[44] 이후 변사는 1920년대 말경 유성영화가 경성 시내에 처음 출현하고 한국 최초의 유성영화인 〈춘향전〉이 1935년에 제작 발표되기 전까지의 약 삼십 년 동안 무성영화와 함께 하면서 초기영화 및 극장 제도의 일부로 존속했다.

우리 영화사에서 변사 연구는 무성영화의 해설자적인 역할과 그 의의에 주로 집중되었다. 가장 대표적으로 조희문은 「무성영화의 해설자 변사 연구」에서 우리나라와 일본의 변사를 일본의 전통극인 분라쿠(文樂)와 가부키(歌舞伎)의 해설자 다이유(大夫)와 유사한 위치에 놓고, 당시 상영되었던 영화의 대부분을 차지했던 외국영화의 내용을 ─ 자막을 이해할 수 없었던 절대다수의 ─ 관객들에게 설명해주었던 전문적인 직업인으로 보았다. 변사는 올바른 영화 감상 또는 영화 감상의 완성을 위한 필수적인 존재였으며, 나아가 영화의 한 부분으로 인식되었다.[45]

변사는 영화의 발전과정에서 한시적으로 나타난, 즉 발성영화의 등장과 함께 사라질 내지는 사라져야 할 운명의 특수한 존재로도 간주되었다.[46] 김

동사진을 거행ᄒᆞ다홈은 己報어니와 작일 하오 1시에 내대 송병준씨가 **변사 정운복(鄭雲復) 한석진(韓錫振) 김상연(金祥寅) 삼씨를** 내부에 청요ᄒᆞ야 해(該) 활동사진에 대ᄒᆞ야 연설ᄒᆞᆯ 방침을 협의ᄒᆞ얏다더라", 「연설협희」, 『황성신문』, 1908. 6. 24.

44 조희문은 「무성영화의 해설자 변사 연구」에서 고종황제를 비롯한 황실인사들이 영화를 관람하는 동안 전무과(電務課)기사 원희정이 그 내용을 설명했다는 『만세보』(1907. 5. 12.)의 기사내용을 들면서, 하지만 이는 직업적인 것이라기보다는 일시적인 것으로 보인다고 하였다 (『영화연구』 제13호, 1997, 182~217쪽). 전기업무를 담당했던 원희정의 해설은 비록 일시적인 것이었겠지만, 앞의 1908년『황성신문』의 기사로 볼 때, 변사의 직업적 활동은 조희문이 추정하듯이 1910년 경성고등연예관이 개관하면서 시작되었다기보다는 1908년에 이미 자리를 잡았던 것으로 보인다.

45 앞의 글, 204~209쪽.
46 앞의 글, 216~217쪽.

수남은 무성영화 〈아리랑〉과 〈검사와 여선생〉의 대본 및 변사의 해설을 비교 고찰함으로써 변사의 자의적 해설이나 해석이 영상예술인 영화의 미학적 발전에 미친 악영향을 특히 강조했다. 변사는 궁극적으로 영화 외적인 불필요한 요소라는 것이었다.[47]

최근 주창규는 식민지근대라는 역사적 맥락에서 변사가 당시의 문화적 아이콘으로서 지니고 있었던 역할과 의의를 재조명하였다. 그는 '버나큘러 모더니즘(vernacular modernism)으로서의 고전 영화'에 대한 미리엄 한센(Miriam Hansen)의 논의를 변사 연구에 적용시켰다. 미리엄 한센은 20세기 초반의 대중적인 헐리우드 고전 영화와 예술적인 모더니즘 영화를 이항대립적으로 바라보는 기존의 연구들을 비판하면서, 고전 영화가 전지구화될 수 있었던 힘은 바로 '다른 지역으로 번역가능한 역동적인 아메리카 지역의 근대성'에 있다고 재평가했다. 주창규는 한센의 버나큘러 모더니즘을 "기원이 외래적이어도 이제는 그 생성력에 의해 토착화된 모더니즘을 그리하여 지구적인 혼종화에 의한 토착화된 모더니즘"으로 해석하고, 변사를 "할리우드 버나큘러 모더니즘에 대한 청중들의 반응을 번역하고 대표하는 스타"로서 위치시켰다.[48]

기존의 논의들이 변사를 영화 '원본'에 대한 이차적인 해설자로 보았던 데 반해 주창규는 변사를 서구 영화와 관객 사이를 능동적으로 매개하면서 "할리우드의 지역적 버나큘라 모더니즘을 번역하고 매개할 수 있는" 존재로 보았다. 변사에 대한 대중들의 환호는 변사의 해설 내용이나 방식보다도 그가

---

47 김수남, 「조선무성영화 변사의 기능적 고찰과 미학 연구」, 『영화연구』 제24호, 2004.

48 주창규, 「버나큘러 모더니즘의 스타로서 무성영화 변사의 변형에 대한 연구」, 『영화연구』 제32호, 2007, 265~299쪽. 이 논문에서 재인용된 한센의 논문은 "The mass production of the senses: classical cinema as vernacular modernism," Christine Gledhill & Linda Williams(ed.), *Reinventing Film Studies*, Arnold, 2000, p.337.

번역해내는 서구적 근대성을 향해 있었다는 것이다. 연구자 스스로 고백하듯 번역과 매개의 결과를 구체적으로 알 수는 없지만, 그동안 변사의 한계로 비판받아왔던 자의적인 해설과 오역은 모두 그 번역과 매개의 결과라고 볼 수 있다. 변사는 '영화 대(對) 해설자'라는 기존의 이분법적인 주종관계에서 벗어나 영화를 매개로 활동했던 근대적 문화 생산자였다.

그럼에도 불구하고 기존의 연구는 모두 변사를 일차적으로 영화 해설자로 보았다. 그리고 이 지점에서 변사는 영상예술인 영화를 구술(口述), 즉 언어화하여 궁극적으로 영화를 오역할 수밖에 없는 존재로서 영화사의 주변적인 내지는 경계적인 위치에 놓였다. 그러나 변사의 활동 장(場)을 '극장'으로 확장시킬 경우, 그의 주변/경계적 위치는 대중연예라는 대중문화의 중심으로 전치될 수 있다. 변사는 '말'을 주된 매체로 활동했던 '숨은' 영화 해설자였다기보다, '몸'의 무대적 현존을 통해 무성영화 상영의 중심에 서 있었던 대중 연예인, 즉 근대적인 엔터테이너(entertainer)인 공연자였다는 것이다.

우리나라에서 변사는 스타덤(stardom)을 통해 대중 연예가 형성되는 기원의 자리에 놓여 있었다. 근대적 산물로서 영화 매체와 스타덤은 일찍이 공생관계에 놓여 있었다. 벤야민은 「기술복제시대의 예술작품」에서 관객과 직접 대면하지 못한 채 카메라 앞에서 연기해야 하고 그 연기 또한 편집되어지는 운명의 영화배우가 가지는 중압감과 불안감이 스튜디오 밖에서 인위적인 '스타'를 만들어낸다고 지적했다.[49] 관객들 역시 연극에서와 같이 배우의 현존(presence)을 직접 마주할 수 없는 공허를 채우기 위해 스크린 밖에서 실체적인 그러나 허구적인 '스타'를 소비한다고 하였다. 이러한 맥락에서 식민지 조선의 무성영화 변사가 가지고 있었던 스타덤은 서구의 무성영화 배우를

---

49 발터 벤야민, 「기술복제시대의 예술작품」, 『발터벤야민의 문예이론』, 반성완 역, 민음사, 1995, 216쪽.

자신들의 스타로 소비할 수 없는 현실 하에서 관객의 굴절된 욕망이 그 대체물로 만들어낸 것이라고 할 수 있다.

　무성영화 상영/관람의 전체 과정을 하나의 공연(performance)으로 볼 때 변사는 무성영화의 중심적인 공연자(performer)임과 동시에 최초의 근대적인 대중연예인(entertainer)으로 자리매김될 수 있다.[50] 영화와 관객의 상호작용─소위 관람성(spectatorship)─과 현장성을 강조하는 '공연' 개념은 우리로 하여금 영화에 대한 제작중심적이고 필름중심적인 접근방식에서 벗어나 상영/관람의 과정 전체를 포괄적으로 인식하게 한다. '공연' 개념은 영화필름 자체만이 아니라 필름의 상영 당시 극장에 함께 있었던 변사와 악사, 관객 등을 모두 중심적인 요소로 아우를 수 있는 개념적인 틀이다. 실제로 변사는 현장에서 영화를 설명하면서 복제(재생산)을 고유한 특징으로 하는 영화 상영을 일회적이고 임의적인 공연으로 전화시켰다. 당시의 영화 관람은 ─오늘날 어두운 극장 안에서 반복 상영되는 동일한 필름을 개개인이 내밀하게 경험하는 것과 달리─ 변사에 의해 매번 관람 내용이 달라질 수 있다는 점에서 일회적이었으며, 관객의 영화 이해가 변사의 동일한 해설에 일차적으로 의존한다는 점에서 집단적이고 공공적이었다.

　무성영화 변사의 공연성은 대중적인 연예의 장(場)이었던 극장과 불가분의 관계에 놓여 있다. 연극사에서 극장은 연극과 기생의 무용 등이 공연되는 공간으로, 영화사에서 극장은 영화가 주로 상영되는 공간으로 각각 기술되어왔다. 그러나 이같은 기술방식은 연극/연극장과 영화/영화관의 명백한 장르

50　조희문은 앞서의 논문에서 변사가 단순히 영화의 내용을 설명하는 것 외에도 공연자로서의 역할을 한다고 지적하였다. 그러나 여기서 공연자로서 변사의 역할은 구경거리의 대상에 머무는 것이었다. "변사가 영화와 더불어 또 하나의 구경거리가 되는 셈이었다."(211쪽) 그러나 본고에서 강조하는 변사의 공연자적인 역할은 영화의 상영과 관람의 과정 전체를 조직, 주도하는 것이었다는 점에서 좀더 적극적이면서도 포괄적인 것이다.

와 장소 구분에 대한 오늘날의 심상(心像)을 소급한 것이다. 당시 극장에서는 각종 공연물과 영화 등이 ─ 적어도 20년대 초반까지는─ 따로 공연/상영되어야 한다는 인식 없이 하나의 '구경거리'로서 한데 제공되었기 때문이다. 극장은 연극과 영화, 기생의 무용, 창, 사당패 놀이 등을 대중들이 종합적으로 즐길 수 있는 '연예의 장'이었으며, 변사는 근대극장이 낳은 새로운 형식의 대중적 연예인이었다.

2) 극장, 버라이어티한 스펙터클의 연예 공간

변사들의 활동 장(場)은 극장이었다. 1900년대 말부터 생기기 시작했던 야외의 가설극장이나 실내극장은 모두 뚜렷한 장르 구분/개념 없이 각종 공연물과 무성영화를 구경거리로 제공했던 혼종적인 스펙터클(spectacle)의 공간이었다.[51]

초창기 1900년대 극장에서 무성영화는 기생들의 각종 무용이나 창부들의 소리 등으로 구성된 장시간의 연희 끝에 상영되었다. 1912년경 조선인 대상

---

[51] 서구 연극사에서 '스펙터클(spectacle)'이란 용어는 아리스토텔레스의 『시학』에서 연극(drama)의 6가지 요소 중 하나로 맨처음 등장하였다. 여기서 스펙터클은 "시인의 기술에서 가장 비본질적인 요소"인 "탈 제작자의 기술"로서 제시되었다(이상섭, 앞의 책, 42~43쪽). 그러나 이 논문에서는 '스펙터클'을 『시학』에서와 같이 연극을 구성하는 플롯과 캐릭터, 주제, 언어, 음악 등의 요소를 제외하는 시각적 장치에 국한되는 연극 용어로 사용하지 않는다. 그보다는 "규모가 있게 특별히 마련된 다소 대중적인 성격을 띠는 구경거리로서, 관객들에게 인상적이거나 재미있는 볼거리 또는 오락물(A specially prepared or arranged display of a more or less public nature(esp. one on a large scale, forming an impressive or interesting show or entertainment for those viewing it)"이라는 좀더 일반적인 의미로 사용할 것이다. 옥스퍼드 사전의 용례에 의하면, 이같은 의미의 '스펙터클'은 14세기경에 처음 사용되기 시작했다는 점에서 근대적인 것이라 할 수 있다. 연극사적으로 이는 화려한 볼거리와 음악 등 오락적 요소가 강한 궁정 가면극의 등장과 조응하고 있었다.

의 전문적인 영화상영관으로 개관한 우미관에서도 연극과 영화의 혼종 형식인 연쇄극과 변사들의 전기응용 신파극, 전문적인 신파극단의 신파극 등은 여전히 공연되었다. 당시의 극장 경영자나 관객에게 연극과 영화, 무용 등은 오늘날처럼 장소를 달리하는 별개의 장르가 아니라 버라이어티의 일부로 인식되었다. 극장은 바로 버라이어티를 제공하는 스펙터클의 공간이었다.

전문적인 영화상영관이 생기기 이전인 1910년경까지 활동사진은 주로 일본인이나 중국인 극장에서 외국인 거류민을 대상으로 상영되거나 일반 가정집에서 영업적으로 상영되었다.[52] 때로는 외국계 기업들이 조선인을 대상으로 상품선전을 하기 위해 회사 창고나 마당에서 포장을 쳐서 만든 가설무대에서 상영되었다. 그 중 가장 많이 알려진 것은 동대문에서 좀더 상설적으로 영화를 상영했던 한미전기회사 내 활동사진소였다. 관객들은 구경을 위해 입장료 십 전을 내거나 입장료 대신에 정해진 수량의 빈 담배곽을 내야 했다. 일명 동대문 활동사진소의 광고는 1903년 6월 23일에 맨처음 등장하였고, 따라서 활동사진이 상영되기 시작한 것은 그 이전부터였다고 할 수 있다. 동대문 활동사진소에서 주로 상영되었던 영화는 뤼미에르 형제가 1890년대 말과 1900년대 초에 만들었던 단편영화들이었으며, 이들은 대개 20~50초 남짓하는 짧은 길이의 영화였다.[53] 따라서 입장료를 내고 들어오는 관객들을 만족시키기 위해서는 활동사진 외에도 기생들의 각종 무용이나 판소리, 사당패 놀이 등을 함께 제공해야만 했다.

광무대 개관 기사는 당시 극장의 전체 프로그램이 구성되었던 방식을 알

---

52 이에 관해서는 유선영의 「초기 영화의 문화적 수용과 관객성—근대적 시각문화의 변조와 재배치」, 『언론과 사회』 제12권 제1호, 2003 겨울, 14쪽을 참고할 것. 1906~7년경에는 프랑스인 마뎅(馬田)이 자신의 벽돌 양옥집에서 유료로 활동사진을 영사하는 광고기사가 『황성신문』이나 『대한매일신보』에 실렸다.

53 앞의 글, 22쪽.

려준다. 구경꾼이 점차 늘어가자 노천의 가설극장이었던 동대문의 활동사진소는 1907년에 광무대(光武臺)라는 실내극장을 신축하여 본격적인 영업에 나섰다.

> 東門내 電氣倉에 부속ᄒᆫ 활동사진소내에 演劇場을 신설ᄒᆫ다ᄂᆫ 說은 前號에 槪報ᄒᆞ얏거니와 該연극은 전기회사에서 專管經起ᄒᆞ야 光武臺라 명칭ᄒᆞ고 前記ᄒᆫ 才人 등으로 演藝을 始開ᄒᆞ얏ᄂᆞ듸 "再昨夜에 하오 팔시붓터 개장ᄒᆞ야 활동사진數回를 演戱한 후에 춘향가 중 數回를 演劇ᄒᆞᄂᆞ듸 才人등의 唱歌와 技藝가 天然的 眞境을 畵出ᄒᆞ거니와 십이세女 蓮花ᄂᆞ 上丹의 형모를 換出하고 십일세女 桂花ᄂᆞ 춘향이가 재생ᄒᆫ 듯 百般悲歡ᄒᆫ 상태를 모출할 ᄲᅮᆫ더러 唱歌彈琴 僧舞가 無非絕妙ᄒᆞ야 可히 歌舞場裏에 제일등을 점거ᄒᆞᆯ거시라 一動一靜이 관광자의 喝來를 供ᄒᆞ며 傀磊가 換出ᄒᆞᆯ 시간에ᄂᆞ 유성기로 가곡을 送奏하니 춘향전은 傳來ᄒᆞᄂᆞ 특이한 行蹟이ᄂᆞ 但唱優가 唱歌로 敷衍ᄒᆞ고 其진상을 未睹함이 慨歎하ᄂᆞ바이러니 今에 其活畫를 快睹ᄒᆞ니 眼界ᄂᆞ 恍然ᄒᆞ고 心地ᄂᆞ 豁如ᄒᆞ거니와 演戱場 進步도 其영향이 역시 國民發達에 及ᄒᆞᄂᆞ듸 此 才人 등의 기예가 타국에 讓頭치 아니ᄒᆞ깃ᄂᆞ지라 관람ᄒᆫ 성황을 略記ᄒᆞ야 찬양ᄒᆞᄂᆞ 辭를 附陳ᄒᆞ노라[54]

기사에 따르면 극장은 8시에 개장하였다. 그리고 활동사진을 몇 회 상영한 뒤 춘향가 중 일부를 공연하고 창(唱)과 가야금 연주, 승무, 인형극을 보여주며 여기에 유성기 소리까지 들려주는 등의 다채로운 버라이어티를 제공하였다. '활동사진소'라는 명칭이 무색하리만큼 영화가 전체 프로그램에서 차지하는 양은 극히 일부였으며, 극장은 오히려 영화가 일부 포함된 종합적인 구경거리를 스펙터클로 제공하는 곳이었다.

1908년 5월 『황성신문』의 광고는 극장의 프로그램 목록과 시간을 좀더 구

---

54 「연극기관(演劇奇觀)」, 『만세보』, 1907. 5. 30.

체적으로 명시하고 있었다.

東大門內 光武臺에서 陰本月 二十七日브터 諸般演藝를 日新改良ᄒ야 古今
奇絶훈 事를 模倣ᄒ고 聖世風流를 敎演擴張ᄒ야 僉君子의 性情과 眼目에 感
發愉快케 玩賞品을 設備ᄒ얏ᄉ오니 及期光臨ᄒ심을 敬要

順序	官妓男舞	佳人剪牧丹	劍舞	梨衣舞	僧舞
	閑良舞	性眞舞	矢射舞	舞鼓	電氣光舞
	地球舞	舞童	項莊舞		

法國 巴京에서 新購入훈 活動寫眞
時間 下午 七時半ᄋ로 同十一時ᄭ지[55]

판소리 개량이나 신파극의 등장이 본격화되기 이전이었을 무렵 동대문 활
동사진소의 주된 레퍼토리는 창부들의 판소리와 기생들의 각종 무용이었다.
가장 큰 관심과 기다림의 대상은 활동사진이었지만 관객들이 오직 활동사
진을 위해 네 시간 동안 앉아 있었다고 보기는 어려우며 오히려 이들 공연을
함께 즐겼다고 볼 수 있다. 특히 기생의 무용은 일반인들이 이전에는 접할
수 없었던 왕족과 양반의 전유물이었다는 점에서 활동사진 못지않은 호기심
의 대상이었다. 위의 순서에 나오는 기생들의 각종 무용과 활동사진 등은 버
라이어티한 스펙터클을 기대하는 관객들의 요구에 충실히 부응하는 것이었
다.
  극장의 프로그램 구성 방식은 무엇보다도 필름의 길이와 불가분 관련이
있었다. 활동사진의 비중이 좀더 길어진 것은 1900년대 후반 이후부터 1910
년대에 이르러서였는데, 이 때에는 총 15~20분짜리, 간혹 45분짜리 단편들,

---

55 「특별대광고」, 『황성신문』, 1908. 5. 26·28.

그리고 이런 단편들의 연작 시리즈물이 제작되었다.[56] 1910년에 일본인 관객을 대상으로 하는 경성고등연예관이 남촌의 황금정에, 1912년에는 조선인 관객을 대상으로 하는 우미관이 중부의 동곡(東谷, 오늘날의 종로2가 부근)에 개관할 수 있었던 것도 궁극적으로는 영화의 기술적 발전 때문이었다. 1907년 조선인 소유로 개관한 이후 신파극과 기생 연주회 등의 공연을 주로 했던 단성사는 1917년 2월 당시 황금관 주인이었던 일본인 다무라(田村)에게 매각된 이후 대대적인 수리를 거쳐 같은 해 12월에는 본격적인 활동사진 전용관으로 재개관되었는데, 여기에도 관객들의 요구와 기술적 발전이 함께 작용했다.

활동사진의 길이가 길어짐에 따라 동대문 활동사진소의 시대보다 활동사진의 비중이 더 커졌다. 스펙터클에 대한 관객의 끊임없는 요구는 극장으로 하여금 활동사진 이상의 것을 고안해 내도록 만드는 추동력이 되었다. 얼마 지나지 않아 변사들의 전기응용 신파극이나 연쇄극 등과 같은 혼종적인 형식이 등장하였다. 전기응용 신파극은 전술한 바와 같이 단성사 소속 변사들이 신파극에 '유니버스'라는 첨단의 기계장치를 이용하여 생생한 무대효과를 냈던 공연이었다.

변사들은 영화해설시 한 사람씩 영화를 해설하거나, 여러 명의 변사들이 등장인물의 배역을 각각 나누어 맡아 연기하듯이 해설하였다. 따라서 변사들은 연극적으로 영화를 해설하는 것과 실제로 연극을 하는 것 사이에 별다른 차이나 어려움을 느끼지 않았다. 나아가 변사들은 연극 해설과 연극 공연, 그리고 다음 장에서 살펴볼 막간의 쇼(show) 등을 모두 망라하는 종합 연예인(entertainer)로서 활동했다. 변사의 극장 전속 제도는 실제로 그들의 공연성을 토대로 하고 있었다.

영화 해설 외에도 단성사 변사들은 1919년 6월 일본의 쇼우교쿠사이 텐카

---

56 유선영, 앞의 글, 22쪽.

한국 근대연극의 형성

(松旭齋天華) 일행이 단성사에서 공연했을 때 연극해설을 담당하였다. 쇼우교쿠사이 텐카 일행은 일주일 간의 황금관 공연을 성황리에 마친 후 조선인 관객을 대상으로 단성사에서 공연했다. 텐카 일행은 『매일신보』에 「희무정(噫無情)」으로 연재되었던 『레미제라블』 중 장발장이 미리엘 주교의 집에서 은촛대를 훔쳐내는 장면을 〈애사(哀史)〉라는 제목으로 공연하였다. 이 때 변사들은 일본어를 알아들을 수 없는 조선인 관객을 위해 사이사이에 연극 해설을 덧붙였다. 극장에 전속되어 있었던 변사들은 영화나 연극의 장르 구분 없이 필요시 일종의 '살아있는' 자막 역할을 했던 것이다.

단성사의 활동사진관 변사들 및 관원 일동은 9월경 자신들이 해설했던 〈애사(哀史)〉를 직접 무대에 올리기도 했다. 해설을 통해 극의 내용을 이미 숙지하고 있었던 변사들은 블로킹을 포함한 무대연출 및 연기, 의상과 세트 등의 미장센 기술을 어깨너머로 익히면서 직접 공연할 수 있다는 자신감을 가졌을 것이었다. 다음 해 7월경 이들은 〈애사〉로 대대적인 자선공연을 가졌다. 당시 자선공연은 주로 신파극단이나 기생조합에 의해 행해지고 있었다. 그리고 변사들 역시 연극배우나 기생들과 다름없이 활동하였다.

이 시기의 극장은 활동사진, 연극, 각종 무용, 창 등이 종합적으로 연행되었던 버라이어티의 공간이었다. 극장은 연극이나 영화, 무용간의 장르 구분 없이 다양하고 종합적인 구경거리의 스펙터클을 제공하는 장이었으며, 변사는 이같은 극장 시스템의 중심에 놓여 있었다. 변사들은 단순한 영화 해설자가 아니라 연극 해설과 연극 공연, 막간극 쇼 등을 망라하는 종합적인 연예인이자 대중적인 스타였다. 그리고 이로 인해 종종 가십의 중심에 놓이기도 했다.

3) '연예인' 변사, 무성영화를 공연하다

초기영화에 대한 서구의 연구들은 무성영화가 지금처럼 조용한 환경이 아니라 악사들의 음악 반주와 음향 그리고 경우에 따라 해설을 동반한, 소리로 가득 찬 곳에서 상영되었음을 밝혀왔다. 오늘날의 관객이 조용한 분위기 속에서 유성영화를 즐기고 있는 데 반해, 무성영화 시대의 관객은 떠들썩한 가운데 오히려 조용한 무성영화를 즐겼다. 우리의 경우에도 무성의 활동사진이 돌아가던 극장은 언제나 변사의 해설과 음악 반주 및 각종 효과음, 그리고 관객의 반응과 환호 등의 소리들로 가득 찬 공간이었다.[57]

무성영화 상영시 동반되었던 이들 '소리' 중에서도 특히 변사의 해설은 무성영화 필름에 결코 부수적이거나 이차적인 것이 아니었다. 변사는 오히려 무성영화의 상영을 주도적으로 연출했던 핵심적인 존재였다. 무성영화의 상영은 기계적인 작동만으로 완성되는 발성영화와 달리 변사의 해설과 음악 반주, 효과음 등의 공연적인 요소가 함께 있는 과정이었다. 여기서 실제 진행의 주도권을 가지고 있었던 변사는 말 그대로 '무성영화를 공연'하였다.

변사는 영사의 속도나 장면 전환에 대한 결정권을 가지고 있었다. 일본의 변사인 가쓰벤(活辯)은 영사기사에게 신호를 줌으로써 자신이 지루하다고 생각되는 부분을 빨리 돌리게 하는 등 자신의 감정에 맞도록 장면의 속도를 조절하였다고 한다.[58] 비슷한 시기에 일본의 변사와 함께 경성 시내에서 활

---

57 이기림은 한국영화에서 사운드 공간을 구성하는 연행요소들─변사, 악대, 실내 상설관 등
─이 1910년대 초에 형성되기 시작해 나운규의 〈아리랑〉으로 전성기에 달했던 1926년에
제도화 되었다고 밝혔다. 이에 관해서는 이기림의 「1930년대 한국영화 토키로의 전환에
관한 연구」, 동국대 석사학위논문, 2003, 제Ⅱ장 제1절을 참고할 것.
58 "자기가 원하는 대로 영화를 공연하기 위해, 가쓰벤은 자신의 감정에 맞는 적당한 속도를
맞추어 주거나 지루하다고 생각되는 부분을 빨리 돌리는 등 장면의 속도를 조절해 주는
영사기사를 정해야만 했다. 때로는 가쓰벤이 원하는, 이야기의 많고 적음에 따라 영사 시

동하며 기술적인 면에서 영향을 주고받았을 우리나라의 변사 역시 마찬가지였을 것이었다. 그리고 변사의 임의적인 속도나 장면 전환은 필연적으로 영화의 의미화 과정, 즉 관객이 영화를 이해하는 방식에도 중대한 영향을 미쳤다.

변사의 해설 내용은 영화의 내용과 무관한 경우가 많았으며, 변사는 그날그날 관객 구성원과 반응에 따라 해설의 내용을 자의적으로 변경시켰다. 1919년경 우미관에서는 "변ᄉ되는 쟈가 설명을 잘못ᄒ야 ᄉ진의 닉용을 알 슈업슬 쑨외라 설명ᄒ는 것이 괴악"한 것에 화가 난 관객이 숯불덩이를 싸서 변사에게 던진 것이 스크린에 잘못 맞는 일도 발생했다.[59] 영화 내용과 다른 해설이나 불필요한 해설에 대한 불만과 비판의 목소리는 지속되었으며, 지식인 영화 애호가들이 증가함에 따라 비판의 내용이 구체화되었다. 예컨대 팔극생은 영화에서 한 여성이 사랑하는 이가 들어오는 것을 보고 화장실에 들어가 옷매무시와 머리모양을 가다듬는 것에 대해 변사가 자기의 생각을 붙여 "그져 져것이 병이야요"라고 한다든지, 한문 문자를 필요 이상으로 과도하게 그리고 잘못 쓰는 경우에 대해서도 비판하였다. "쏘는 한문 문자들을 쓰는딕 너무 범남히 쓴다는 것은 말ᄒ 것도 업지만은 그갓치 쓰는 즁에도 혹은 잘못 외우는 일이 만히 잇다 『화호화피난화골지인지면부지심(畵虎畵皮難畵骨, 知人知面不知心)을 『화우화필란화골』이라고 외우는 쟈도 잇다."[60]

간이 조절되기도 했다. 많은 극장들은, 가쓰벤이 연단에 있는 버튼을 누르면 영사실에 버저가 울리도록 장치를 해두었다. 버저를 통해 지시되는 대표적인 명령은 영사의 속도를 즉시 변화시키라는 것이었다." J. L. 앤더슨(Anderson), 「설명이 곁들여진 일본의 무성영화, 또는 화면을 보며 이야기하기: 가쓰벤에 관한 논의, 텍스트 문맥화하기」, 『일본영화 다시 보기』, 아서 놀레티 · 데이비드 데서 편, 편장완 · 정수완 옮김, 시공사, 2001, 373~374쪽.

59 「변사에게 불덩이 설명을 잘못ᄒ다고」, 『매일신보』, 1919. 1. 18.

60 팔극생, 「활동변사에게 예술뎍 참가치를 츙분히 발휘ᄒ라」, 『매일신보』, 1919. 8. 22.

기존의 연구에서 변사 해설의 자의성 또는 오역은 대부분 자질 부족이나 역할 자체에 대한 한계의 문제로 지적되어 왔다. 일차적으로 변사의 무식함이 영화를 임의적으로 오독하였고, 근본적으로는 영상예술인 영화를 언어로 해설하는 것 자체가 불가능하다는 것이었다. 20년대 중반부터 지식인들 사이에서 증가했던 자의적 영화해설에 대한 비판적 목소리는 역으로 이같은 해설 관행이 여전히 지속되었음을 반증하였다. 실제로 당시 가장 인기가 높았던 서상호는 "「타이틀」에 없는 말을 그럴듯하게 창작하야 집어넣어서 더 한층 갈채를 받기 시작하였으며 「타이틀」에 「쫀」이나 「메리-」로 있건 말건 대중에 영합하기 위하야서 김서방 박서방 홋두루 맛두루 이름을 붙이다가 나종에는 「메리-」가 「뻥덕어멈」이 되어 나오기까지 하였다."[61] 하지만 몇몇 지식인들의 비판에도 불구하고 관객대중들은 큰 문제없이 변사의 다소 황당한 해설을 오히려 즐기고 있었다.

변사들은 영화의 속성상 영화 해설이 어느 정도 '창작적 활동'이어야 한다고 생각했다. 최소한의 해설이 최선이라는 일간의 비판에 대응하듯이 단성사의 변사 김영환은 「영화해설에 대한 나의 천견」[62]에서 해설이 자막만 읽어주어서는 완전한 효과를 볼 수 없다고 주장하였다. 그는 "일화일화(一畵一畵)"로 구성되어 있는 영화 작품 전체에 잠재해 있는 "주의(主義)"나 "중심사상"을 드러내주기 위해서는 변사가 주어진 그림만 따라가서는 안 된다고 하였다. 그리고 이를 위해 "미사여구"와 "청중의 심리를 흔들만한 힘"이 있는 "음성"이 필요하다고 주장했다. 변사는 작품의 주제의식을 관객들에게 효과적으로 전달해줄 수 있는 "설명적 창의(創意)"가 필요하며, 변사의 해설은

---

61 유흥태, 「은막암영 속에 희비를 좌우하든 당대 인기변사 서상호 일대기」, 『조광』, 1938. 10, 123쪽.
62 김영환, 『매일신보』, 1925. 1. 7.

"작자와 감독으로 이중창작이 되엿든 것"을 "삼중창작"하는 과정이라는 것이었다.

김영환은 관객이 궁극적으로 만나는 것은 결국 영화에 대한 변사의 "삼중창작"이며, 미사여구와 호소력 있는 목소리의 연극적인 해설 방식은 관객들에게 영화의 주제를 효과적으로 전달하고 감동을 주기 위해 반드시 필요하다고 주장했다. 여기서 발생하는, 오늘날 변사 해설의 트레이드마크로 여겨지는 과장된 어조는 영화 관람을 방해하는 것으로 비판을 받았다. 하지만 『매일신보』의 「예단일백인」에서 최고의 변사로 꼽혔던 김덕경의 해설은 오히려 이러한 연극성으로 높은 평가를 받았다.

> 류챵훈 어조로 혹은 놉핫다 나젓다 연약훈 아녀즈의 음성도 지으며 혹은 웅쟝훈 대쟝부의 호통도 능호야 보눈 사롬으로 호야곰 비록 그림이 빗쵸이지만은 실디의 연극을 보눈 듯 쏘눈 현쟝에서 그 광경을 즉졉으로 당훈것굿치 감념이 되니 이눈 김덕경의 특이훈 쟝기가 안이면 능치못홀 일이라[63]

변사의 자의적 해설 외에도 관중들의 고함과 이에 대한 변사의 응대가 영화 필름을 갈아 끼우는 사이나 상영 도중에 수시로 간섭하며 끼어들었다. 돌발적 해프닝은 원텍스트에 대한 집중을 방해하거나 그 의도를 변질―예컨대 가장 빈번하게는 진지한 장면을 희극적인 분위기로 몰고가는 등―시켰다. 그리고 관람의 성격을 즉흥적 일회적인 것에 가깝게 만들면서 원텍스트의 의미화 과정에 간섭하고 방해했다. 예컨대 필름을 바꾸는 동안이나 영사 중에 터져나오는 관객의 고함소리―"기사 밤참 먹으러 갔느냐", "오줌 누러 갔다", "변사 좀 크게 해라" 등―나 관객과 변사와의 문답―"아아 사진 떤다!", "동지가 지냈으니 사진도 떰

---

63 「예단일백인 (98) 김덕경」, 『매일신보』, 1914. 6. 9.

니다"-은 영화 내용의 진지함과 관계없이 관람 분위기를 희극적으로 조성하였다.[64][65]

영화 시작 전의 전설(前說)[66]과 막간의 여흥은 무성영화의 상영을 연예 공연에 가깝게 만들었다. 1913년경 우미관의 주임변사였던 서상호[67]는 영화해설의 전문성보다 쇼맨십을 동반한 영화해설과 막간의 쇼로 화제를 모았고, 이를 통해 연예인으로서의 변사의 대중적 인지도를 형성, 확대해갔다. 특히

---

64 "그 때는 영사기의 가격이 비싼 관계인지 한 대만을 설비한 곳이 대부분으로 한권이 끝나면 그 다음권을 박궈넣을 때까지 기다려야 한다. 캄캄한 객석에서는 「기사 밤참 먹으러 갔느냐」 「오줌누러갔다」 「인마 집에서 마누라 기다린다」 「떠들지마라」 이렇게 아우성을 치다가 나중에는 툭닥거리며 싸우기까지 한다. 한권을 돌리는 사이에도 「이층이다」 「눈머렀냐」 「변사 좀 크게 해라」 는등 고함이 그칠 사히가 없으며…", 유흥태, 위의 글, 122쪽.

65 "원악 변사가 전성이었던 시절에는 관중도 지금 관중과 달라 좀 횡포한 편이어서 사진이 흐리거나 잘못되면 「이층이다. 똥통이다」하고 떠들고 변사가 서투르면 「변사 집어내라」 소리가 장내를 흔들었다. 한번은 某舘에서 사진이 원악 헐은지라 「스크린」에 비처도 잘 보히지 않으니까 관중속에서 하나이 「야아 사진 떤다」고 고함을 치니까 변사군 대왈(對曰) 「동지(冬至)가 지냈으니 사진도 떤다」 하였다. 이만하면 어지간한 뱃심이라 안할 수가 없다. 또 한번은 고속도촬영(슬로우·모슌)으로 된 장면이 나와서 동작이 심히 느린 것을 성미가 불 같은 자 고함을 치며 「좀 빨리 놀려라」 하니까 변사군의 대답이 걸작이다. 「놀리기를 천천히 놀리는 게 아니라 박일 때 천천히 박인 때문입니다」" 하소, 「영화가 백면상」, 『조광』, 1937, 236~237쪽.

66 "상영을 하기 전에 그 한편의 경개를 이야기하는데 먼저 악대가 행진곡을 불면 기껏 모양을 낸 변사가 「스테-지」에 나타나 가진 애교를 다 떨면서 한바탕 느러놓고 드러간다." 유흥태, 위의 글, 123쪽.

67 서상호는 무성영화 시대를 대표하는 상징적인 존재였다. 그는 1910년대와 20년대 초반에 최고의 인기를 구가하였다가 1925년에 약물중독이 세간에 알려지면서 한순간에 몰락, 1938년에는 결국 우미관 화장실에서 약물중독으로 사망함으로써 세간을 떠들썩하게 만들었다. 말 그대로 파란만장한 삶을 살았던 그가 변사로서 상징적인 존재였다는 것은 그의 개인적인 흥망이 무성영화에서 유성영화로의 영화사적인 발전과 변사를 규제하고 모르핀 중독자를 통제하고자 하는 식민당국의 시대사회적 필요성과 조응하였기 때문이다. 이에 관련해서는 주창규의 논문을 참고할 것.

인기의 주된 비결이었던 일명 '뽕뽕이춤'은 직접 만든 것이었는데, 이는 나팔을 사타구니 사이에 끼고 엉덩이춤을 추거나 탭댄스를 추며 소리를 내는 외설스러운 춤이었다.

「스테-지」 뒤에서 악대가 저음으로 무도곡을 불면 객석의 불이 꺼지며 「스테-지」에 오색광망(光芒)이 집중한다 이때 난데없는 자전거라팔소리가 나고 「스테-지」 왼쪽에서 손 하나만이 쑥나오며 그 손에 쥐여진 라팔이 「뽕뽕」소리를 낸다 서울의 명물로 양조장 술배달들이 자전거로 떼를 지어가며 장단을 마추어 「뽕뽕」 소리 내는 것을 기억하는 독자도 있을 것이나 이 소리 비슷하게 소리를 내다가는 어느틈에 도라갓는지 오른쪽으로부터 「후룩코-트」에 중산모를 쓴 신사한명이 사차구니에 자전거 라팔을 끼우고 소리를 내며 기상망칙한 춤을 추며나온다 엉뎅이를 젓는품이 「하와이안땐쓰」 비슷도 하지만 그러다가는 「땝땐스」로 변하기도하며 사변하의 작금 같으면 풍기문란으로 유치장밥을 톡톡히 먹을만한 야비한 춤을 춘다 서상호가 이춤을 시작하자부터 단연 여성 「팬」이 붙기시작하야 아지도 못하는 사람에게서 「와이샤쓰」 「넥타이」 양말구두 향수같은 것을 선사 받았으며 나중에는 조선옷을 지어보내는 여성까지 있었다 한다.[68]

상상하기에도 민망한 뽕뽕이춤은 실제로 문란했던 서상호의 삶과 결합되면서 많은 지탄을 받았다.[69] 하지만 이는 우리나라 막간극의 효시로서 변사

---

68 유홍태, 위의 글, 124쪽.

69 변사 서상호의 쇼맨십 코드는 '익살'과 '외설' 또는 '외설적인 익살'이었던 것으로 보인다. 우미관이 개관된 지 석 달이 조금 지나서 서상호의 해설은 다음과 같이 짤막하게 기사화되었다. "▲우미관   각종 선명흔 샤진외에, 죠선기성의 나뷔춤과, **셔샹호의 익살마진 셜명**은, 관람쟈의 흥을, 일층 더 도오눈듯ᄒ고"(『매일신보』, 1913. 3. 15.). 비교적 중립적으로 기술되어 있는 이 기사에서 서상호의 "익살마진 셜명"은 그러나 당시로는 파격적으로 성적인 제스처를 포함하는 것이어서 인기와 함께 사회적 비판을 불러모으는 원인이 되기도 했다.

의 연예적 자질이 영화해설 못지않게, 아니 그보다 더 중요한 것이었음을 여실히 보여주었다.

무성영화 변사의 공연성은 얼마 전 영상자료원에서 공개했던 우리나라 최고(最古)의 무성영화 〈청춘의 십자로〉(안종화 감독, 1934)의 변사 동반 시사회를 통해서도 재확인되었다. 입장 전 관객들이 모여있는 극장 로비에서는 광대차림의 남자가 등에 맨 큰 북을 치고 사탕을 나누어주며 영화를 홍보하고 분위기를 돋우었다. 공연적인 관점에서 본다면 영화의 관람성은 이 순간부터 시작되었다. 북소리는 극장 로비에 모여있는 관객들에게 적당한 기대감과 흥분을 일으키면서 일종의 공동체감 ―오늘 함께 같은 영화를 볼 것이라는― 을 나누고 심정적으로는 이미 관람을 준비시켰다.

관객들이 극장 안에 입장한 후 영화가 본격적으로 시작되기 전까지 여자 주인공으로 '분장한' ―개봉 당시였다면 실제 배우가 나왔을 것이다― 배우가 마치 가수처럼 스크린 앞의 무대 위에서 주제곡을 부르기 시작하였다. 스크린 한쪽 편에는 악사들이 자리를 잡고 반주를 시작했다. 영화의 막간에서도 남녀 주인공은 함께 나와 주제곡을 열창하였고 관객들은 박수로 환호하였다. 영화적인 면에서 볼 때 이들의 노래는 영화의 흐름을 끊어버리는 것이었지만, 공연적인 면에서는 버라이어티의 흥겨운 일부가 되었다. 만일 변사가 서상호였다면 여기에 막간 쇼까지 더해져 한층 왁자지껄한 공연이 되었을 것이다.

무엇보다도 시사회에서 전체 필름 중 일부가 복구되지 못했음에도 불구하고 관객들이 불편감 없이 관람할 수 있었던 것은 무성영화 변사의 공연성 덕분이었다.[70] 변사의 해설은 일부 필름이 훼손되어 발생한 결함인 연결의 비

---

70 박승걸의 「'청춘의 십자로' 인물배역에 결함있다―영화시평」(『조선중앙일보』, 1934. 12. 1.~3.)에서는 영화 속에서 농촌 사람들이 인사하는 장면, 주인공이 나뭇짐을 지는 장면이

약을 창의적으로 메우면서 영화와 관객 사이를 상황적으로 매개하였다. 변사는 영화의 줄거리를 전달해준다는 점에서는 말 그대로 '해설자'였지만, 자신의 재치로 장면 장면에 대한 관객의 정서적 반응을 특정한 방식으로 정향화, 집단화시킨다는 점에서는 무성영화의 독립적인 공연자였다.

일례로 변사는 해설 도중 영화 속 인물들이 스테이크를 먹는 장면에서 미국 소에 대한 애드리브를 하며 당시 사회적 이슈였던 광우병과 미국의 소고기 수입 문제를 비판적으로 환기시켰다. 영화의 내용과 무관한 변사의 애드리브는 순간 관객들의 웃음을 터트렸고, 영화의 흐름을 간섭하는 이 웃음은 미국의 소고기를 희화화 시키며 암묵적으로 수입 반대의 분위기를 집단적으로 형성시켰다. 변사 해설은 '간섭'을 주된 전략으로 하며 웃음/울음 유발을 통해 관객을 동정적/공감적으로 참여시켰던 것이었다. 변사는 관객과 소통하는 공연의 형식임과 동시에 식민지조선에서 서구 제국주의 영화가 의미화되는 과정에 작용하는 즉흥적이고 현장적인 변수였다.

나 노인의 짐을 실어주는 장면과 같은 농촌생활을 재현하는 방식이 사실적이지 않다고 비판하였다. 그런데 그 중 주인공이 물지게를 지고 나간 후 밥상을 들여오고 또 그것이 쌀밥이라고 비판했던 내용의 장면이 이번 시사회에 빠져 있어 추후 영상자료원 측에 문의한 결과 필름 일부가 복구되지 않았음을 확인할 수 있었다.

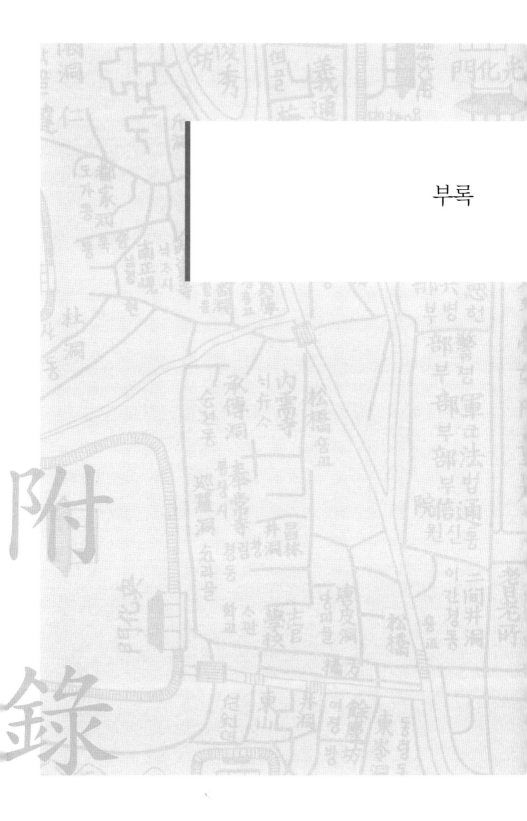

부록

협률사 폐지론

「논협률사(論協律社)」, 『대한매일신보』, 1906. 3. 8.

協律社는 年前에 張鳳煥氏가 皇上陛下게 上奏하되 軍樂隊를 設實흔 經費를 充補흘 計劃으로 協律社를 創設하즈고 屢屢이 天聰을 欺蔽하야 帑金四萬元을 닉下하야 歐洲演戱屋樣子로 건축하고

藝妓를 招選하며 倡優를 募集하야 所謂 春香歌 華容道打令을 百般演劇으로 玩戱를 呈ᄒ야 金錢을 謀取ᄒ야 樂隊經費를 幾分이나 充補ᄒ얏는지 主謀人의 一時 富華를 增加하얏다하니 帑金을 靡費하야 私腹을 充物흠이 世人의 公論이 沸騰흠이 一也오

每日風樂이 轟天하며 艶妓가 如月ᄒ며 倡夫가 如雲ᄒ야 一場風流陳을 設흠이 年少子弟들이 心志가 搖揚ᄒ고 耳目이 恍惚ᄒ야 黃金을 弗惜ᄒ고 靑春을 虛送하야 家産蕩殘은 尙矣勿論하고 萬事營爲가 從此消磨하기로 其父其兄의 慨歎憤恨하는 聲이 滿城에 沸騰흠이 二也오

世界各國에 角力戱이니 習舞會이니 演劇場이니 輕術業이니 活動寫眞이니 猿戱狗戱熊戱虎戱等 諸般劇場이 非日無之로딕 皆是下皆是下賤倡優의 謀生的에 弗過흠이어날 莫重尊嚴ᄒ 皇室遊戱場이라 稱托ᄒ고 宮內府憑票를 使用ᄒ야 宮中營業이라흠은 天下各國에 創見創聞ᄒ는 一大怪事이니 內外國人의 譏笑가 沸騰흠이 三也라

年前에 遏密八音ᄒ는 時代를 當ᄒ야 不禁自禁흠이 弗幸中 大幸으로 國中人民이 爽快無地ᄒ야 佀히 穹然흔 圓屋子만 見ᄒ야도 指斥唾罵ᄒ야 彼는 昔日의 敗

家亡身ᄒ든 協律社이라ᄒ야 反唇側目ᄒᄂ 狀態가 有더니

何意今者에 金容濟 催相敦 高義駿 諸氏ᄂ 一代名譽人으로 何等事業을 不做ᄒ고 內外國人의 譏笑唾罵하ᄂ 協律社를 更起하야 上으로 皇室尊嚴를 貽損하고 下으로 國民子弟를 誘陷하야 京城中에 一大鎖金阱을 開하고 靑年心志를 搖蕩하야 敗家亡身의 機關을 大設하얏스니 諸氏의 不良ᄒ 智術이 利端에 從出ᄒ얏슨즉 翻然改悔ᄒ야 亟日廢止ᄒᆯ 新智識은 念頭에도 不萌ᄒᆯ지라 空言無施ᄒᆯ쥴은 吾儕도 思想ᄒ바어니와

大抵 此時何時완ᄃᆡ 玉樹後庭花로 國民志意를 飄揚하고 事爲를 喪失하야 靡然ᄒ 淫風淫樂으로 一國을 斷送케ᄒᆷ을 不勝痛憤하노라

「책 협률사관광자(責協律社觀光者)」, 『대한매일신보』, 1906. 3. 16.

近日 協律社景況을 聞ᄒᆫ즉 逐日 觀光者가 雲屯霧集ᄒ야 可謂揮汗成雨ᄒ고 連袵成帷라 其坐次의 價格이 四等으로 分排ᄒ야

第一層은 紙貨 一元이오 第二層은 六十錢이오 第三層은 四十錢이오 第四層은 二十錢이오 又 別層座次은 第一層과 同ᄒ지라

該社ᄂ 金鎔濟 崔相敦 高義駿 三氏가 組織ᄒ 것인ᄃᆡ 其實相은 日本人의 出資營業ᄒᄂ 바라 日昨에 一進會 評議長 宋秉俊氏가 該社에 往ᄒ야

警責日 協律社演戲ᄂ 外各國에도 亦有ᄒ者나 人民의 營業으로 爲之ᄒᄂ 것이오 以官人而爲此ᄂ 未聞ᄒ얏고 妓女의 雇用은 有ᄒ거니와 官妓使用은 萬萬不當이라

此等非理의 事爲ᄂ 不得不防遏이라ᄒᆫᄃᆡ 同三氏와 日人이 宋氏를 對ᄒ야 其寬恕를 懇乞ᄒ얏다ᄒ니 噫彼三氏의 攫取民財之計와 傷敗風俗之事ᄂ 言之醜也어니와

其觀光諸人을 論ᄒᆫ건ᄃᆡ 非其病風喪性者면 豈至如此之甚이리오 今夫韓人의 身世를 顧念ᄒ면 곳釜中之魚오 幕上之燕)이라 雖句天廣樂이 迭奏於前이라도 宜其悽然傷懷ᄒ고 慨然下淚ᄒᆯ거시오

且夫生於憂患ᄒ고 死於安樂은 人情之常이라 失所之患과 滅種之慮가 迫在垂眉ᄒ니 苟有一分人心者면 宜抱憂勤恐懼之念ᄒ야 아모쪼록 學問에 從事ᄒ던지

實業注意)ᄒ던지 生活門路를 尋得ᄒ기로 日不暇給ᄒ깃거날

乃紛紛結隊ᄒ고 逐逐成群ᄒ야 一聞協律社之復設ᄒ고 如愚婦之廳賽鼓ᄒ야 快觀爭先ᄒ고 惟恐或後ᄒ야 嬉笑娛樂에 擲金錢如土ᄒ니 是何反常之甚也오 古人日當夏而樂이면 必有殃咎라ᄒ니

今韓人이 値此危急ᄒ야 沉於淫樂이 如此ᄒ니 正恐禍變之至가 尙未有艾로다 噫라 如斯히 病風喪性ᄒ 人類를 對ᄒ야

所謂修身이니 愛國이니ᄒᄂ 義理로써 雖日陳萬言이라도 便同牛耳誦經이오 閔忠正과ᄀᆺ치 民國을 爲ᄒ야 身命을 棄擲ᄒᄂ이가 項背相望ᄒᆯ지라도

如斯ᄒ 劣種은 警醒할 道理가 無ᄒ니 此類가 滅亡치안코 무엇세所用이리오 吾儕ᄂ 實로 韓國前塗를 爲ᄒ야 哀痛不已ᄒ노라

「논설 율사지폐(律社之幣)」,『대한매일신보』, 1906. 4. 7.

協律社之設寘가 其於民國에 有百害而無一利흠은 本報上記載가 不啻屢矣어니와 風俗之移人이 隨其所導ᄒ야 導之以善則善ᄒ며 導之以惡則惡ᄒ야 一或成習이면 雖久難變키로

鄒魯之尙儒學과 燕丞之任遊俠과 鄭衛之多淫靡와 荊楚之好巫覡이 各從其俗習ᄒ야 美惡不同ᄒ니 國家導民之術을 有不可不愼인바

今此協律社ᄂ 未知其有何可取인지 一則淫樂이오 一則巫風이라 倡優妓生이 日夜群集ᄒ야 歌聲이 競天ᄒ며 舞袖翻雲ᄒ니 此果益於公乎아 益於私乎아

假使 其歌舞凌亂을 得如雪兒之檀板과 天寶之 霓堂이라도 徒啓荒逸之張本이라 不可示訓於四方이고 其纏頭所得이 日有千金ᄒ야 以補於國計라도 違道而騙民財가 已非可行之事이거던

況其所得은 盡歸幺麼輩私囊ᄒ고 毫無於補國庫이되 民皆日爲補國家經費而重設此社라ᄒ야 互相傳說에 莫不鼻笑ᄒ니 損貌褻禮가 豈有大於此者이며

且以民情言之라도 一般遊蕩之徒들이 爭以先睹爲快ᄒ야 不惜金錢ᄒ며 不厭難遲ᄒ고 戲臺 側畔에 人山人海ᄒ야 其所貪戀을 有不可名狀인즉 値此國優罔○之日ᄒ야 民俗之轉益淫靡가 實可寒心이며

尤所可憫者ᄂ 各學校學徒들이 俱以志氣未定ᄒ 靑年子弟로 隨伴結隊에 銳於

觀戲ᄒ야 或全抛課程而棄其前功ᄒ며 或迷溺不返而轉成惡少ᄒ야

　貪酒挾娼과 設局賭技等 諸般醜習이 皆從此起ᄒ야 莫可禁遏키로 爲其父兄者들이 埋怨該社而人人仇視ᄒ야 皆曰該社를 不廢ᄒ면 縱有 學校나 ○路教育이라ᄒ야 怨방之聲이 隨處喧然이며 至於各署내 許多艾들도 廢其女紅ᄒ고 携手連袂ᄒ야 三三五五이 翺翔乎戲場ᄒ야 ○芍懷春에 醜聲이 狼藉ᄒ니 苟如是不已則在昔禮義之俗이 其將變爲鄭衛홀지 豈不可慨乎哉아

　今夫政府之論이 每曰 民智를 啓發ᄒ며 教育을 擴張혼다ᄒ면서 如此陷民之一大機阱을 國都中에 廣設ᄒ야 民財를 消糜ᄒ며 民志를 搖蕩ᄒ고 恬然相視ᄒ야 不思禁止ᄒ니 從前欺人的花說을 其誰信之일지 無恥哉라 韓之政府也여

「율사오인(律社誤人)」, 『황성신문』, 1906. 4. 13.

　近日에 協律社라ᄂᆞᆫ 것이 싱긴 以後로 浩蕩혼 春風麗日에 春情을 耽ᄒᆞᄂᆞᆫ 年少男女들이 風流社中으로 輻湊並臻ᄒ야 淫佚히 遊樂을 日事혼다ᄂᆞᆫ딕 蕩子冶女의 春興을 挑發홈은 例事어니와 至於各學校學員들도 隊隊逐逐ᄒ야 每夕이면 協律社로 一公園地를 認做홈으로 甚至夜學教學徒들의 數爻가 減少혼다ᄒ니 果然인지 未詳ᄒ거니와 協律社關係로 野昧혼 風氣가 一層 增進홈을 確知ᄒ깃다더라

「논설 경고율사관자(警告律社觀者)」, 『황성신문』, 1906. 4. 18.

　嗚呼同胞여 試一思之어다 今日我大韓地位가 果立於何等境遇耶아 環顧三千里에 頂天趾地者ᄂᆞᆫ 勿論 男女老少 知與不知ᄒ고 相扶而痛哭之秋也라 現今世界ᅡ 憂韓警韓者之論에 有二大問題ᄒ니 一曰生活이오 二曰學問이라ᄒ니 彼袖手傍觀者도 猶尙如此어든 而況身親當之者乎아 然則分錢粒米를 極力節用이라도 必有人飽而己餓之勢ᄒ고 一知半解를 極力研究라도 難免彼智而我愚之歎이거늘 逎此之時ᄒ야 其所謂協律社者ᄂᆞᆫ 將安用之而設也오 爲公乎아 爲社乎아 誠未可解得이로다 外國人之嘖舌이 如雨是至ᄒ고 各新報之駁論이 如霜是打ᄒ되 恬然若不聞而不知ᄒ니 噫彼刑設者之人面獸心은 言之醜也라 不足責也어니와 對其往觀者ᄒ야 有一辭可質焉ᄒ노라 夫哀怨之音은 元來亡國之遺風이오 淫蕩之

戲는 乃是誤人之捷徑이라 由是而心地搖漾之少年과 腔腸軟弱之女子가 魂迷於 淫說雜戲之場ㅎ야 褰裳踰墻之風과 待月窺花之習이 有不期然而自然之勢矣니 豈不慨歎處乎아 居官者는 當思其何以忠君이며 何而愛民이오 爲商者는 當思其 何而殖産이며 何而興業이오 老成之人은 當撙節財用ㅎ야 公益上 當然ᄒ 事業을 成立ᄒᆯ 것이오 聰俊子弟는 惟구刻是競ㅎ야 身分上 必要ᄒ 學問을 請求ᄒᆯ거시어 ᄂᆯ 不此之爲ㅎ고 浪費金錢며 虛擲光陰ㅎ니 是誠何心고 若有志之士가 刱立學校 ㅎ고 義捐金을 請求ㅎ면 輒日家勢弩末口에 有意莫遂라ㅎ고 一戔을 不應ㅎᄂᆫ 者 뎔이 携朋挾妓ㅎ고 一夜律社에 千金芥視ㅎ되 頓無悔吝之心ㅎ니 此等惡流는 果 於協律社에 不可無之物品也로다 蔽一言ㅎ고 使博浪一椎로 猛擊律社而紛碎之 면 天地間 第一快事로디 東望滄海에 力士已去ㅎ니 奈何奈何嗚呼同胞여 試一思 之어다

「이씨상소(李氏上疏)」, 『황성신문』, 1906. 4. 19.

奉常副提調 李苾和氏가 皇帝陛下끠 上疏ᄒ 全文이 如左ㅎ니…

其一卽協律社貽斃事也 臣聞孔子於顔子以爲邦之道必日放鄭聲 今夫協律 社者臣雖不知其主倡之爲何人然臣聞其通宵設戲男女雜遝鬪爭易己亂淫相屬此 豈非鄭聲乎 大抵習舞演劇之戲於外國亦皆有之不過是俳優丐賤之輩區區營生者 而如今協律社之稱以宮內府所管發票營利者東西列邦所未聞見事也 淫聲亂色眩 惑耳目傷風敗俗年少之學問實業一不留心淫風從生實爲國家人民憂者此也 伏乞 陛下亟令警廳不日嚴禁以絶亂階申飭掌樂之臣復講法樂千萬幸甚右臣所言諸條 雖皆當今之可行而語其最急且大者則果能上下一心務進敎育之實而國家人民之 知識一開則如貪賂之俗淆雜之風亂淫之戲雖不禁而人自焉而不爲矣伏望陛下留 神裁察焉ㅎ소셔ㅎ얏더라

연극개량론

「연희장의 야습(演戲場의 野習)」, 『황성신문』, 1907. 11. 29.

我國이 東隅에 僻在ᄒ야 野昧의 習慣이 頗多ᄒ다ᄂ 外國人의 譏評이 每有ᄒ니 所謂 協律社이니 演戲場이니 ᄒᄂ 것이 則其一種이라 大抵 開明ᄒ 各國에도 戲臺劇場이 不有홈은 아니로딩 皆其國風民俗을 從ᄒ야 人民에게 有益ᄒ 戲劇을 演ᄒ야 國內男女로 ᄒ야곰 疲勞의 餘에 心志를 愉快케 ᄒ며 愛國의 精神을 鼓發케 홈으로써 下等社會ᄂ 此로 因ᄒ야 知識을 感發ᄒᄂ 效力도 不無ᄒ지라 故로 其政府에서도 禁止치 아니ᄒ거니와

我國의 所謂 演戲라 ᄒᄂ것은 毫髮도 自國의 精神的 思想이 無ᄒ고 但其淫舞醜態로 春香歌니 深靑歌니 朴僉知니 舞童稗니 雜歌니 打令이니ᄒᄂ 寄奇怪怪ᄒ 淫蕩荒誕의 伎를 演ᄒ며 靡靡嘈嘈ᄒ 促急迫切의 音을 奏ᄒ야 無賴子弟의 心志를 放蕩케ᄒ며 閭巷婦女의 淫風을 鼓動ᄒ야 囊中의 殘金을 攫取홀 ᄲᆞᆫ인즉 實로 亡國의 音戲라 外國과 如히 可觀의 技藝라던지 可感의 故事라던지 足히 風化를 補ᄒ며 思想을 發홀 國家的 觀念은 絶無ᄒ니 若此等 野習을 不禁ᄒ면 其影響이 必中等社會ᄭ지 及ᄒ야 文明의 前進은 姑捨ᄒ고 反히 野昧의 悲境에 陷홀지니 엇지 慨歎치 아니리오

吾人이 資本을 投ᄒ야 生活의 業을 經營홀진딩 許多ᄒ 實業이 自在ᄒ니 何業을 營爲치 못ᄒ리오 國家에도 有補ᄒ고 社會에도 有益ᄒ 營業을 講究홀지오 此等演戲의 業은 設或 利息의 所得이 夥多홀지라도 決코 不可ᄒ 것이 一再에 不止ᄒ니 第一은 以上所陳과 如히 社會의 風化를 紊亂ᄒ며 人民의 思想을 闇昧케ᄒ야 亡國의 音을 鼓

吹홈이니 其不可者－一이오 第二는 蕩子浪婦와 下等勞動者의 流로 ᄒᆞ야곰 多少金錢
을 皆演戲場에 虛擲케홈이니 其不可者－二也라 假令營業을 注意홀진딘 積極的 意想
으로 産業을 興殖ᄒᆞ던지 貿易上 利息으로 外國의 資金을 輸入ᄒᆞ던지 期必코 生財의
方法으로뻐 公衆의 利益을 資助케홈은 可커니와 一般公衆의 財産을 消耗케ᄒᆞ도록
主力ᄒᆞᄂᆞᆫ 것은 文明社會에서 不許ᄒᆞᄂᆞᆫ바－라

且觀覽者로 論ᄒᆞ야도 彼無賴年少의 蕩子浪婦와 下等勞動者의 流는 勿論홀지
라도 或靑年學生이나 豪華家子弟나 或各郡官吏ᄭᅡ지라도 隊隊波波이 並肩携手
ᄒᆞ고 逐日戲場에 往來觀覽ᄒᆞᆫ다ᄒᆞ니 此等亡國의 音戲를 一覽도 不忍커던 何事에
有補ᄒᆞ야 式日斯進에 喜笑放蕩ᄒᆞ니 嗟夫라 自家身分의 汚損도 不可不念홀ᄲᅮᆫ더
러 況財産의 損害도 不尠홀지라 何故로 彼等 浮浪者擺落豪와 同一히 歸ᄒᆞ리오
吾輩는 實로 其慨惜홈을 不尠ᄒᆞ야 此等營業者와 觀光者에게 一切警告홈을 不辭
ᄒᆞ노라

「대연희장ᄒᆞ야 탄 아방의 실기상성(對演戲場ᄒᆞ야 嘆 我邦의 失其常性)」,

『황성신문』, 1908. 5. 5.

甚矣라 我邦人의 失其常性홈이여 痲痺者가 아니면 疾痛苛癢을 不知홀者가 無
하고 盲者가 아니면 天日을 不覩홀理가 無하고 聾者가 아니면 雷霆을 不聞홀理
가 無하거늘 今我韓人社會는 擧皆痲痺者와 盲聾者인가 苟有常性이면 胡然如此
리오 彼棟宇가 將焚하되 呴呴相樂하는 燕雀은 猶是將焚之頃에 在홈으로 火의
及己홈을 不知ᄒᆞ거니와 現我同胞는 其焚之地와 毒燄之中에 處ᄒᆞ야 般樂怠敖와
流連淫荒ᄒᆞᄂᆞᆫ 狀態가 不惟依然自若이라 反復日益甚焉ᄒᆞ니 其沒思想沒知覺홈
이 燕雀의 不如라 謂홀지로다

嗚呼라 我同胞여 耳目의 視聽이 有ᄒᆞ고 性靈의 知覺이 有ᄒᆞ거든 現在情況을
觀ᄒᆞ라 彊域은 盡是力山劍水오 二千萬生命은 莫非猿鶴虫沙라 地方各處로 言ᄒᆞ
면 砲火가 相聞에 鷄犬이 無聲ᄒᆞ야 兒哭其父ᄒᆞ고 妻哭其夫ᄒᆞᄂᆞᆫ 情況이 何如其
悲慘이며 何如其荼毒이 苟其同胞를 愛ᄒᆞᄂᆞᆫ 常性이 有ᄒᆞᆫ者면 엇지 矜惻悲痛의
情이 無ᄒᆞ며 京城界物情으로 言ᄒᆞ면 四面이 皆羅網이오 出門에 皆荊棘이라 一
般人士가 惴惴慄慄ᄒᆞ야 罔不懼于非辜홀ᄲᅮᆫ더러 加之錢荒이 日甚에 生産이 日退

호야 撤O閉業者가 在在皆然호니 目下情況이 可謂朝不慮夕이라 苟其生活을 顧念호는 常性이 有흔者면 엇지 憂慮嗟歎호는 情이 無호리오

乃近日漢城界에 最히 繁榮發達者는 協律社와 團成社와 演興社라 名倡妖妓가 左提右挈호야 簫鼓가 轟噪호고 歌舞가 跌宕호는 것이 皆桑濮之音이오 鄭衛之風이라 觀光男女가 如雲聚集호야 徹曉忘歸호더 上等中等의 金錢을 浪擲홈이 霜風九月에 木葉墮地와 如호니 噫噫此輩는 太平時代로 因호야 然흔가 富盛흔 生活로 因호야 然흔가 人類의 常性이 有호고는 決코 此에 不至호리로다

彼文明各國의 演戲場은 皆其世人의 善惡을 勸懲호며 國民의 忠義를 感發호기 爲호야 歌以諷詠호며 舞以形容호ᄂ니 演戲場이 亦一敎育意味을 寓호地어늘 今所謂 協律社와 團成社와 演興社는 適足히 人心을 蕩逸케호고 風俗을 淫靡케홀지니 其爲損害가 但히 金錢을 耗費케홀쑨이 아닌즉 警官의 責이 有흔者는 此를 禁止호던지 改良호던지 一日이라도 恬視勿問홀者가 아니오 一般國民된者는 雖其學識이 無호고 智慮가 短흔者라도 今日 此境遇를 當호야 엇지 遨遊를 耽호며 淫樂에 醉호깃는가 一分常性이 有흔者면 宜乎戒之愼之호며 踈之遠之홀지니 嗟我兄弟姊妹는 急急回頭호야 恐懼修省을 是圖홀지어다

구연학(具然学), 『설중매(雪中梅)』, 회동서관, 1908. 5, 48~50쪽.

… 엇더흔 조곰아흔 아히가 신문흔장을 들고지나거늘 남덕즁이 그아히에게 신문을 빌어 태순과나무그늘밋헤 잔디를 싸라안져셔 잡보부터 차례로 볼싀 연희장기량이라는 제목에 이르러 그 취지를 자세히본즉 엇더흔 유명가의 쥬창으로 말믜아마 연희장의 루습을 일쳬기량호기위호야 동지를 구홀싀 유지신亽와 신문긔자졔씨가 모다 찬성호는쯧을 표호얏다 호얏거늘 덕즁이 보기를 맛치고 갈으딕 이는 연희기량을 발긔호는자가 잇는모양이니 이도 구습의 고루흠을 곳치지아니치못홀지나 그러나 오늘늘 정치와 사회상에 기량홀일이 허다호거늘 유지쟈들이 언의여가에 그만일로 써드는고 태순이 갈으딕 연희의 필요흠을 형이 몰으는도다 동셔양을물론호고 풍속기량호는 효험이 학교가 제일이라호겟스나 그효험의 속흠으로 말호면 연셜이 학교보다 압셔고 소셜이 연셜보다 압셔는딕 소셜보다도 압셔는것은 연희라호나니 셔양각국에셔는 연희장을 극히장호게 건축호고 화려호게 설비호엿스며 그쥬모흔

한국 근대연극의 형성

는 사름은 상당한 학문이 잇셔 물졍을 추칙하고 고금을 통달하는고로 연희하는일이 모다 시셰에 젹당하야 부인아동의 구경거리가 아니오 상등사회의 심신을 깃겁게하는 쳐소가 되느니 그런고로 각국에는 뎨왕과 후비라도 의례히 구경하야 우리나라 연희장과 갓지 아니하니 우리나라 연희장은 건츅홈은 약간 셔양졔도를 모방하얏스나 다만 외양쑨이오 그유희하는 규모는 모다 이십년젼 구풍으로 압졔뎡치만 알던 시뒤의 스상을 숭상하야 리도령이니 춘향이니 하는 잡셜과 어스니 루스니 하는 긔구를 쥬쟝하며 쏙두니 무동이니 의미업는 유희로 다만 부랑랑즈의 도회장이 되야 문명 풍화에는 조금도 유익홀바가 업스니 이는 연희를 셜시하는자가 학문이 업셔 동양의 부패한 풍습만 알쑨이오 구경하는사름도 쏘한 유의유식하야 무항산한 사름과 경박허랑하야 무지각한 무리쑨이니 진실로 긔탄홀바로다 하로라도 밧비 그 방법을 긔량하야 력사의 션악과 시셰의 가부를 자미잇게 형용한후에야 남녀구경하는 사름의 안목에 만족홀것이오 외국사름에게도 조소를 면하리로다 남덕즁이 무릅을 치며 갈ㅇ듸 션싱의 말삼을 드르니 비로소 연희를 긔량홈이 필요홈을 가히 알지라 나도 어듸싯지던지 찬셩하고자 하노라 …

「연희쟝을 긔량홀 것」, 『대한매일신보』, 1908. 7. 12.

긔쟈가 엇지츰아 한국의 연희쟝을 말하며 엇지츰아 한국의 연희쟝을 말하리오 한국의 연희쟝을 볼진듸 다만 협률샤나 단셩샤 등을 셜시하야 허다한 음탕한 연희로 허다한 쳥년즈뎨를 유인하야 그 심스를 산란케하며 그 스샹을 미혹케홈으로 학문에 류의하던쟈가 이곳에 가면 학문빈호기를 던져ᄇ리며 실업에 류의하던쟈가 이곳에 가면 실업하기를 던져ᄇ려 무수한 인직를 모다 이곳에서 ᄇ려주니

오호-라 현금 한국의 소위 연희쟝이란거슨 일졀 의심업시 타파홀거시어니와

그러나 이런 연희쟝은 사름의 ᄆ음을 현란케하며 풍속을 괴란케하야 샤회에 괴악한 영향을 ᄭ치게하는고로 의심업시 타파홀거시라 홈이어니와 만일 사름의 ᄆ음과 풍속에 유익하야 샤회에 됴한 영향을 ᄭ칠 연희쟝이 셜립될진듸 우리는 이거슬 찬셩하며 이거슬 츅슈하리니

대뎌 엇던 연희쟝이 사름의 ᄆ음과 풍속에 유익홀 것인고 골ㅇ듸 넷젹 나파륜이 흥샹 연희쟝에 가셔 구경하되 슯흔 연희가 아니면 구경하지 아니하엿스며 쏘 슯흔

연희의 공효를 찬양ᄒ야 글ᄋ디 인물을 비양ᄒᄂᆫ 능력은 력ᄉ상의 효력보다 더욱 만타ᄒ엿스니 더 슳흔 연희가 사름의 ᄆᆷ과 풍속에 유익ᄒᆷ을 가히 알지로다

대개 일쟝 슳흔 연희로 영웅호걸의 허다쟝쾌ᄒᆫ ᄉ적을 구경ᄒ면 비록 우부우밍이라도 이로써 감동이 될지며 츙신렬ᄉ의 무한 쳐량ᄒᆫ 표젹을 구경ᄒ면 비록 비부(?)유ᄋ라도 이로써 분발홀지니 력ᄉ상에ᄂᆫ 엇던 거륵ᄒᆫ 사름이던지 그 언힝과 그 ᄉ실만 긔록ᄒ엿거니와 연희쟝에ᄂᆫ 그러치 아니ᄒ야 천고이상의 인물이라도 그 얼골을 보ᄂᆫ듯ᄒ며 그 말을 듯ᄂᆫ듯ᄒ야 그 졍신을 십상팔구나 엇을 거시라 지금에 가령 셩츙계와 박제샹 졔공의 ᄉ젹으로 연희ᄒ면 그 조촐ᄒᆫ 샹틱가 뇌슈에 박힐거시오 최영과 졍포은 졔공의 ᄉ젹으로 연희ᄒ면 그 츙렬ᄒᆫ 실젹이 안목에 어리여셔 필경은 그리로 ᄆᆷ이 쏠니고 졍신이 들어 고샹ᄒ고 쳥결ᄒᆫ 심회가 졀노 날지니 이러ᄒ여야 연희가 귀ᄒ다홀거시어늘

오늘날 한국에 잇ᄂᆫ 연희ᄂᆫ 다만 유해무익ᄒᆫ 것쑨이오 ᄒ나도 볼만ᄒᆫ 연희쟝은 업스니 이것도 ᄯ호ᄒᆫ 인민의 슈치로다

그러나 이후에 혹시 연희쟝을 긔량ᄒ기로 류의ᄒᄂᆫ쟈가 잇거든 오직 더 슳흔 연희에 죵ᄉ하야 국민의 심졍과 감회를 니르키게 홀지러다

「원각사관광의 향객담화」, 『황성신문』, 1908. 11. 6.

有兩個鄕客이 來遊京師타가 一夕은 月色이 如畵ᄒ야 九街가 如洗라 携手同伴ᄒ야 料理店의 盃酒를 沽飮ᄒ고 因ᄒ야 圓覺社의 演劇을 觀光ᄒ고 十二點鐘에 歸來旅館ᄒ야 該社情況을 互相評論ᄒᆷ이 如左ᄒ더라

甲曰 余가 在鄕ᄒ야 新聞을 閱覽ᄒ니 大韓新聞社長 李人稙氏가 我國의 演劇이 淫靡不雅ᄒᆫ 것을 改良ᄒ기 爲ᄒ야 圓覺社를 設立ᄒ고 人情風化에 有助ᄒᆫ 歌舞로 倡夫와 妓女를 敎導ᄒᆫ다 ᄒ얏스니 氏ᄂᆫ 社會上 開明紳士로 拾餘年 海外文明國에 滯在ᄒ야 文明空氣를 吸收ᄒ며 文明學術을 練習ᄒ얏고 其歸國也에 新聞의 機關을 掌握ᄒ며 小說의 著述을 發行ᄒ얏스니 國民을 開導ᄒ고 風俗을 改良ᄒᄂᆫ 事業에 對ᄒ야 宣乎好個方針을 硏究發明홀지라 於是乎 演劇을 改良홀 主義로 圓覺社를 設立ᄒᆷ이니 吾儕가 思惟ᄒ기를 該社演劇에 乙支文德 姜邯賛의 英雄事業이나 論介桂月香의 貞烈芳跡 等으로 新演劇을 發明ᄒ야 國民의 思想을 鼓發ᄒᆷ이

한국 근대연극의 형성

有호리라 호얏더니 今에 該社情況을 目覩호則 猶是舊日風流에 沈淸歌, 春香歌 等而已니 何者로써 演劇改良이라 謂호ᄂ지 此로써 開明紳士의 事業이라 謂홀난 지 知得키 難호 事로다

乙日 李人植氏의 事業은 姑舍호고 該社에 對호야 同情贊成호ᄂ者가 誰也오호 면 皆我國上流社會에 高等官人이오 昨日今日에 聯翩觀覽者ᄂ 誰也오호면 現政 界에 某某大官이라 其政治改良도 圓覺社의 演劇改良과 如한지 不知호거니와 目 今我韓에 國步의 艱棘과 民生의 塗炭이 何如호 境遇에 在호가 若個有志者流가 國家思想과 國民義務로 敎育을 倡導혼다 實業을 獎勵혼다호야 家産을 傾호고 心 力을 竭호야도 目下經濟의 困難으로 一個事業도 略無起色호니 其舌이 弊호고 其 淚가 枯호야 晝夜優嘆호ᄂ 情況을 凡有人心者ᅳ執不矜惻이며 加之地方騷擾가 經 年不息호야 一般同胞의 死亡이 不絶호고 流離가 相續호ᄂ 情況은 骨爲之冷이오 鼻爲之酸이거늘 當局諸公은 此를 不聞不知호ᄂ지 惟是演劇場을 愛好호고 顧在 호야 無日不額額호니 諸公의 意向은 維新의 功業을 已建호고 太平의 福樂이 無 窮호줄노 認홈인지 果然諸公으로 호여곰 內閣을 愛홈이 圓覺社를 愛홈과 如호면 演劇改良보다 政治改良의 實效가 有홀지어늘 胡爲乎內閣을 愛홈이 圓覺社를 愛 홈만 不知호지 此도 知得키 難호 事라호고 頹然而臥호야 東方의 旣白을 不知호얏 다 云호ᄂ디 有人이 其談話顚末을 報道홈이 其言이 雖涉於憂戀이나 其意가 實出 於憂憤故로 爲之記載如右하노라

「연극쟝에 독갑이」, 『대한매일신보』(「연극계之이인직」), 1908. 11. 8.

한국에 몃빅년리로 츈향가이니 심쳥가이니 흥보타령이니 화용도타령이라호ᄂ 각식 음탕호고 허탄호게 연희호던 거슬 오늘날에 니르러 리인직씨가 팔을 쏨내며 대담호고 기량혼다 ᄌ답호엿스며 오늘날에 니르러 리인직씨가 눈을 부릅쓰며 대담 호고 기량혼다 ᄌ긔호엿도다

오호ᅳ라 연희를 기량홈은 우리도 일즉 극히 찬셩호던 바ᅳ라 이거슬 기량호여야 국민의 슌연혼 덕셩을 훈도호며 이거슬 기량호여야 국민의 고샹혼 감졍을 고동홀 지라 이럼으로 일반 유지혼 사름들은 모다 연희를 기량호고져 호던ᄎ에 리인직씨 가 원각샤를 셜치호고 연희를 기량혼다호ᄂ지라 이에 귀를 기우리고 ᄌ셰히 드러

굴으던 오늘 연희에는 동국에 유명ᄒ 우온달이나 을지문덕의 형용을 볼가ᄒ엿더니 슯흐다 이샹ᄒ다 의구히 월미의 쑬을 쑤짓는 소릭가 나며

오늘에나 연희ᄒ는 마당에 태셔 근딕에 워셩돈이나 나팔룡의 웅위ᄒ 긔개를 볼줄 알앗더니 슯흐다 괴이ᄒ도다 의구히 놀보가 아오를 믜워ᄒ는 말이 란만ᄒ며

오늘에나 츙신렬녀와 의긔남ᄋ의 력스를 ᄒ번 드롤가 신셰계에 겁업는 인물을 ᄒ번 볼가ᄒ엿더니 오호-라 의구히 춘향가 심청가 화용도타령쑨이로다

오호-라 리인직씨여 그딕의 말딕로 ᄒ던 긔량ᄒ지가 이믜 오릭엿슬터인딕 즁인의 눈으로 보면 긔량ᄒ거시 도모지 업스니 오호-라 리인직씨여 리씨의 심쟝은 사ᄅ마다 다 알바-라 리씨가 이왕에 일본가셔 류학홀 ᄶ에 쇼셜에 크게 주의ᄒ여 거연히 한국 안에 뎨일등쇼셜가로 즈담ᄒ던쟈-라 리씨가 만일 샤회와 국가에 딕ᄒ여 일반분이라도 공익샹에 싱각이 잇슬진딕 라빈손의 표류긔ᄀᆺᄒ 긔이ᄒ 쇼셜을 져술ᄒ여 국민의 겁업는 ᄆ음을 고동홈도 가ᄒ고 안졍뎍의 나라를 구원ᄒ던 것과ᄀᆺᄒ 쇼셜을 번역ᄒ여 국민의 이국셩을 굿게홈도 가ᄒ거늘 이졔 리씨가 그러치 아니ᄒ야 뎌것도 아니ᄒ며 이것도 아니ᄒ고 다만 모리ᄒ는 소견으로 쳡을 위ᄒ여 변호ᄒ는 귀신의 소릭라는 쇼셜 등을 져술ᄒ여 샤회샹에 도덕을 해롭게ᄒ며 보는 사ᄅ으로 ᄒ여곰 졍신을 혼미케ᄒ여 칙갑 몃빅환으로 식비를 치왓도다

우리는 이 ᄒ가지를 미루어 보아도 리인직씨의 오쟝을 드려다가 볼바-니 리씨가 연희를 긔량ᄒ다는 일홈을 쟈탁ᄒ여 이런 입쟝을 주츌홈을 엇지 괴이타ᄒ리오마는 이졔 ᄒ가지 가히 놀날만ᄒ 일이 잇스니 리씨가 연희시찰홀ᄎ로 일본에 건너갓다 ᄒ니 희라 그 마귀의 슐업이 더욱 자라셔 졈졈 그 긔괴허탄ᄒ 연희로 국민의 심지를 방탕케ᄒ면 그 해가 엇지 젹겟는가

오호-라 리씨의 죄얼을 지은거시 이믜 만커늘 무슴 못된 긩참을 주츌ᄒ여 동포에게 류독코져ᄒ는지

셔젹을 지어 젼포ᄒ든지 연희를 셜힝ᄒ든지 이 빅셩의 리되고 해되는 거슨 못지 아니ᄒ고 다만 지폐 몃빅환만 즈긔손에 드러가면 이거슬 즐겨ᄒ는 리씨여

외국에 유람ᄒ여 문명ᄒ 재 공긔를 흡슈한 사람의 심법이 이러ᄒ가

한국 근대연극의 형성

「아국의 연극장소식(我國의 演劇場消息)」, 『대한흥학보』 제1호, 1909. 3. 20.

盖國家社會上의 一般民族을 導率感化ᄒᆞᄂᆞᆫ 方法이 不一不二ᄒᆞ야 學校敎育으로 國內靑年을 培養ᄒᆞ며 社會敎育으로 人民知識을 交換ᄒᆞ야 文明程度에 日〃增進홈은 現時代의 通例라 然ᄒᆞ나 但學校와 及社會의 敎育으로 全國男女老少貴賤上下가 一致進明ᄒᆞ야 圓滿無缺ᄒᆞ다ᄒᆞ기 難홀지라 何也오 噫哉라 窮獨無告의 同胞가 所遭ᄒᆞᆫ 境界를 因ᄒᆞ야 學校의 修養을 不受ᄒᆞ고 社會의 行動이 昧方ᄒᆞ야 至愚至劣의 民族이 全國의 多部分을 占領ᄒᆞ야 國際가 墮落홈은 必有ᄒᆞᆯ 結果가 아닌가 所以로 一般男女의 尋常觀念ᄒᆞ기를 爲ᄒᆞ야 街都市巷에 特別히 演劇場을 設置ᄒᆞ고 百般演劇으로 觀聽者의 耳目을 愉快ᄒᆞ며 心臟을 鼓吹홀 쑨外라 其遊戲ᄒᆞᄂᆞᆫ 諸節을 略據ᄒᆞ건딘 古來歷史를 形容說道ᄒᆞ야 過去의 政治와 風俗을 曉然知得케ᄒᆞ며 善惡兩間의 可觀的 行爲를 表出ᄒᆞ야 當時의 善行惡行의 如何를 眞相으로 作爲ᄒᆞ며 又其福善禍淫의 公理를 著彰ᄒᆞ야 人心으로 ᄒᆞ여금 背惡向善케ᄒᆞ며 或 富貴者의 驕奢滅義와 貧窮者의 惻隱無告를 形形色色으로 做戲ᄒᆞ야 滿場景色이 人類生活上의 固有ᄒᆞᆫ 常俗과 處變의 情慾을 畫出ᄒᆞᄂᆞᆫ 者라 所以로 悲激喜激 兩者의 間에 見聞의 同異를 隨ᄒᆞ야 各個人의 氣質을 陶鑄變化ᄒᆞ며 上下善俗을 養成ᄒᆞᄂᆞᆫ 一大機關이라홀지라 然홈으로 國家의 文明이 愈進홀사록 各種演藝의 可觀이 愈衆ᄒᆞ며 演藝가 愈衆홀사록 淫戲俚樂이 杜絶ᄒᆞ야 上下社會의 步武가 正大高明에 日就ᄒᆞᄂᆞᆫ 者어ᄂᆞᆯ 嗚呼噫嘻라 今日我國의 所謂 演劇場消息을 聞ᄒᆞᆫ則 所謂 團成社, 協律社, 音樂社, 許多場所를 設定ᄒᆞ고 娼妓排優를 前後擁集ᄒᆞ며 其所演劇의 資本物 則舊日 春香歌, 沈淸歌로 形容說道ᄒᆞ야 達夜叫送일 쑨外라 其觀聽人類가 只不過 靑年蕩子오 滿樓風景이 無非花月江山 則其淫志蕩情을 感挑홈은 常情의 不免홀 바오 而況其歌調가 曰春香 曰心淸 則臨其見聞이 雖君子가 當座라도 心中有妓를 猶或戒之어딘 噫彼昧知沒覺ᄒᆞᆫ 黃金家 靑年輩가 錦繡寶氈의셔 挾妓同聽ᄒᆞ다가 達曙徹樂홈을 際ᄒᆞ야 散歸ᄒᆞᄂᆞᆫ路에 歌妓舞娼이 前後에 共隨ᄒᆞ며 紅守佳約에 耳語融〃ᄒᆞ더니 更히 西洋料理店에 携手同入ᄒᆞ야 杯盤이 狼藉ᄒᆞ고 戲謔이 放迭홀 後에 各其 花樓蝶房에서 睡眠ᄒᆞ야 此로써 日〃爲事ᄒᆞᆫ다ᄒᆞ니 嗚呼悲夫라 所可讀也인딘 言之辱也로다 大抵 國家가 人民의게

對ᄒ야 個人의 嗜酒와 貪色을 特禁함은 無他라 外面으로 ○看홀진ᄃᆡ 個人의 自由로 財産을 蕩費홈도 自己의 財産이요 身分을 汚損홈도 自己의 身分이나 但此個人의 汚蔑혼 行動을 因ᄒ야 全部社會에 傳染홀가 爲慮홈이니 是는 粮莠를 鋤除ᄒ고 嘉禾를 封植ᄒ는 法問이라 奈之何我國은 百度가 日墜ᄒ야 風敎가 未立한 餘에 如此혼 淫戱蕩遊로 會社를 結集ᄒ야 無數혼 未來靑年을 誘因ᄒ니 法律範圍內에 難容홀 罪案이로다 何也오 一般社會의 風俗을 壞亂케ᄒ야 文明前途의 障碍됨은 尙矣勿論이어니와 靑年輩의 財産을 蕩竭케ᄒ야 全國經濟에 損害가 波及ᄒ며 耳目과 心志를 蠱惑케ᄒ며 國民의 人格을 減損케ᄒ며 衛生이 不得其道ᄒ야 國民의 生命이 縮少케ᄒ며 淫女娼妓를 多蓄ᄒ야 一般婦女界에 不正不淑의 影響이 流行케ᄒ니 此를 細究ᄒ면 國權의 來頭墮落홈이 此演劇場의셔 胚胎ᄒ얏다 ᄒ여도 實로 過言이 안일지라 然혼ᄃᆡ 該場에 執務혼 諸氏가 此를 獨히 猛省치 못ᄒ는가 今日의 悲激한 國運을 遭値ᄒ야 一般同胞가 正路에 共進ᄒ고 忠愛에 奮發ᄒ야 一聲齊力ᄒ다라도 文明이 比他高等ᄒ기는 容易한 效力이 안일지라 諸氏의 卓見은 細瑣의 憂歎이 안인 所以를 看破ᄒ고 此事에 着手ᄒ여슬지나 但方向을 不能研究ᄒ고 一時都下人民의 嗜聞樂見을 標取ᄒ야 究竟所歸가 幾個設立者의 至醜혼 生活營業에 不過혼 外樣을 未免ᄒ야스니 諸氏를 爲ᄒ야 歎惜홈을 不己ᄒ는바로다 嗚呼諸氏여 我國古來歷史中에 可敬可慕ᄒ며 可崇可拜可悲可喜ᄒ야 臨時觀聽者로 ᄒ여곰 忠義를 感發케홀 者도 多ᄒ며 勇敢을 助生케홀 者도 多ᄒ며 善行을 獎勵ᄒ며 惡行을 懲創홀 者가 多치 안인가 薩水大戰에 乙支文德이 百萬支那兵을 奮擊大破한 遺相을 一度作爲ᄒ면 人民의 獨立心이 自生홀지요 平壤府妓生 桂月香의 賊將謀斬혼 眞象이며 檀君時 編髮皮服의 故俗이며 高麗時 文武爭黨의 餘熖과를 做作眞境ᄒ야 天然活用ᄒ면 其所觀感이 顧又何如며 近來地方官吏의 法外行爲와 閨房之內에 妻妾爭妬가 天地의 大和氣를 損傷ᄒ며 上下의 大冤聲을 激起혼 者인則 此等遊嬉를 摸型ᄒ야 一般公眼에 昭示ᄒ면 其風化補助의 莫大혼 機關을 呈露홀지라 諸氏의 慧眼이 此를 注意한지 己久홀지나 但事機가 未遑에 屬ᄒ야 如是홈인가 本記者가 諸氏를 向ᄒ야 全國風敎의 前塗大希望이 有홈으로 如此히 妄陳ᄒ오니 嗚呼演劇場 執務同胞諸氏여

연극장 풍속개량론

「아국연극장(我國演劇場)」, 『대한민보』, 1909. 9. 14.

　演戲場은 文明흔 國에 人民의 程度를 斟酌호야 俚邑의 歌唱과 奇怪의 傀儡로 沉聲흔 耳目을 請○호고 湮鬱흔 思想을 活潑케호는 一方의 危計라 故로 泰西人은 六個日을 下等事務이던지 心을 費호고 力을 盡호다가 禮日을 當호면 困惱흔 身體와 心鬱흔 志意를 快活增補키 爲호야 或曠山麗江의 晴朗흔 空氣를 散吸호며 或奇林秀竹의 幽격흔 景色을 縱覽호고 遊興이 頗減호면 一家族을 統率호고 演場에 往호야 盡日의 餘興을 更續호나니 此等人의 程度는 西施가 顏을 慰解호고 南威가 心을 暗招호더라도 眼前一瞤에 不過호고 心上에는 淸淸白白히 一抹의 愛戀이 不動호는 故로 桑上音과 복上歌를 懲惡호는 事로 認得호야 幼稚흔 婦女에게 一一解釋호야 身上의 佩符를 作케호며 演場은 特新홈으로 主旨를 作爲호야 昨日의 奇神흔 歌謠가 今日에 已陳曲이오 俄頃에 活颺흔 跳舞가 良久에 已舊跡이라 是以로 　人國의 文明흔 程度를 演場과 觀覽者行動如何에 可見홀지로다 我國의 演場이 有흔지 殆히 久흔지라 東西의 文明을 模倣호야 社會의 風俗을 改良흔다는 演社가 日加月增호되 風俗은 漸漸腐敗호고 社會는 愈愈顚倒호야 紅粉의 兒女는 花前遠思를 起호고 靑年의 子弟는 月中逸興을 懷호야 淫奔을 敎授호는 夜學校를 作호니 幼稚흔 男女의 心志가 未堅호야 風流에 沈惑홈은 猶之可어니와 分金片銅의 利益을 求호야 淫奔學校를 設立호는 者는 總히 社會上에 出頭호야 東西洋 風情을 粗解호는 者라 是를 忍爲호거든 其他萬萬事爲아 不見에 是圖홀지오 且當局者는 是를 尋常히 看過호야 一言의 禁勵가 無호니 是를 忍爲

ᄒ거든 其他施爲아 何를 足望ᄒ리오

「연흥사의 상풍패속」(一), 『국민신보』, 1910. 1. 18.

社會敎育의 種類ᄂ 三이 有한ᄃᆡ 其一은 則演劇이니 何로써 演劇으로 社會敎育의 一이라 하ᄂᆫ가 其感化力이 能히 社會에 普及홈을 謂홈이니 假令 孝子와 忠臣烈士의 行蹟으로써 劇을 開하야 俳優가 善能한 演藝를 呈하면 觀覽하ᄂᆫ 人은 自然히 其行蹟을 慕仰하ᄂᆫ 心이 生하야 其感化를 受하ᄂᆫ니 昔楚莊王이 俳優의 戲를 見하고 孫叔敖의 子를 召하야 田宅을 賜홈이 亦其感化力의 一證據라 할지라 故로 歐美列强은 風俗에 流行이 則演劇에 有하야 生하ᄂᆫ니 演劇이라 하ᄂᆫ것은 可히 無치 못ᄒᆯ 것이라 然이나 만일 演劇이라 하ᄂᆫ 것이 不善不美ᄒᆯ 것 갓트면 社會가 도로혀 其流毒을 受하ᄂᆫ니 則傷風敗俗ᄒᆫᄂᆫ 唱歌遊戲로써 淫婦蕩子의 惡心悖膓을 感化케홈이 是也라 我國은 本來 演劇場이 無하고 他國의 俳優에 類似한 者ᄂᆫ 則광ᄃᆡ라 稱하ᄂᆫ 唱夫가 有하야 其歌藝로써 宴會 或은 公會에 餘興의 觀覽에 供하더니 近年에 至하야ᄂᆫ 此도 亦文明風潮의 波及한 바 되어 所謂 演劇이 各處에 生하엿ᄂᆫᄃᆡ 無非傷風敗俗하ᄂᆫ 惡劇이나 其中尤甚한 者ᄂᆫ 中部寺洞에 在ᄒ한 演興社가 是也니 其傷風敗俗하ᄂᆫ 事實을 次第揭載하야 其主管者로 하여곰 猛省케 하고 當局者로 하여곰 注意ᄒᆯ 바가 有케 하고져 하노라

「연흥사의 상풍패속」(二), 『국민신보』, 1910. 1. 19.

▲ 演興社를 當初 創立ᄒᆫ 者ᄂᆫ則 中部 寺洞居 李某崔某兩人이니 中部 寺洞의 位置가 可히 漢城의 中央이라 稱ᄒᆯ지요 況蕩子淫婦의 最多한 處가 校寺洞인고로 一時 射利的 心肚를 起하야 演興社라 稱하ᄂᆫ 演戲場을 設하고 詩洞 三牌와 嶺南 倡夫를 雇入ᄒ야 數朔興行ᄒ엿스나 收入이 持出에 敷치 못ᄒᆫᄂᆫ지라 最初私利的 經營이 漸陷落本ⓞ의 狀態홈이 李崔 兩人은 其無理홈을 自覺ᄒ고 苦心焦思한 結果로 演興社全部를 擧하야 嶺南 某富客에게 引繼하엿고 其嶺南富客도 損害를 當하고 引退하엿스니 其間 今日에 至하기ᄭ지 某主務者의 更迭은 枚陳키 不遑하니 甚至於 淸國人도 一時 其主務에 當한 事가 有하엿고 光州 居하ᄂᆫ 石某ᄂᆫ 則 該郡 巨富 石中軍의 孫인ᄃᆡ 其祖父의 財産을 蕩敗ᄒᆯ 計劃으로 演興社의

主務된 事도 有하니 此는 則 月前의 事이라 演興社의 設立이 迄今 三年에 其主務者의 更迭은 以上과 如히 頻繁하엿스나 所謂 演藝는 小無改良하고

▲ 淫蕩흔 歌曲과 放送흔 遊戲로 一年이 一日과 如히 演藝ㅎ엿스니 則 春香歌, 朴打令, 心處女歌, 陽山道 等 紊亂흔 唱歌 則 蕩子淫婦의 相思愛戀에 不堪ㅎ는 淫談과 兄不友第不恭ㅎ야 家庭이 失和흔 不倫의 悖說과 荒唐無稽흔 事實과 紊亂風俗의 雜歌로 日日開劇하야 血氣未定한 少年과 心志不堅한 婦女로 하여곰 墮落케한 事가 不少하니 倡夫 李東伯이가 演興社의 雇人에 在흔時에 某大官家 小室과 情을 通흠과 如흔 事는 言之醜也라 不可道也나 演興社의 傷風敗俗ㅎ는 演戲에 感化를 受ㅎ야 此等醜行을 敢行흔 事는 此로써 可히 其証을 作흘지요 其間 演興社의 惡劇의 感化로 墮落된 男女는 指를 屈하야 數ㅎ면 幾百幾千에 不下흘지니 一演興社의 流毒이 吾人社會에 及흠이 豈曰少哉아 其唱歌中 紊亂風俗ㅎ는 事証은 此號에 讓ㅎ야 當詳密揭布ㅎ야 讀者諸君으로 ㅎ여곰 演興社의 傷風敗俗ㅎ는 實狀을 知케 하고져 하노라

「연흥사의 상풍패속」(三), 『국민신보』, 1910. 1. 21.

▲ 鄭聲衛樂의 淫蕩放秩흔 唱歌는 男子씬 會合흔 席上에서도 唱흠이 不可하거든 況男子와 婦人이 公同觀覽하는 演劇場에서 此를 唱하고 此를 戲하는 것이리오 其實例를 居하야 言할진딕 春香可의 所謂 「사랑歌」와 「離別歌」는 未冠흔 童子가 愛嬌흔 妓生에게 溺惑하야 父母의 敎訓과 世人의 耻笑를 全혀 顧치 아니하고 醜行을 行흘時의 男女間 極淫亂 極放蕩흔 歌이요 其他 雜歌中에도 掩耳아니치못흘 唱歌의 一二를 居하건딕

一, 에라노와라 ㄴ는 못노캣네 쥐목 죽어도 못노캣녀

二, 우으로 더듬고 아릭로 더듬다가 복판에 月經水통을 산산이 짓들엇다

三, 계집이야 둘나는딕로 쟝구이듸

등 句語가 無흔 歌가 殆無하니 此等의 歌로써 男女가 共히 觀覽하는 演劇場에서 肆然興行흠은 吾人社會를 爲하야 寒心을 不覺흘지요 其傷風敗俗의 演戲로 因하야 毒이 吾人社會에 流함이 엇지 少라 謂하리오 況此等 傷風敗俗의 演戲로서 私利를 營코져하야 婦人兒童의 囊中의 殘錢을 釣上하려고 胡笛을 吹하고 大

皷를 打하야 大道上으로 往來하면서 來覽하라고 廣告하니 其無忌無憚히 紊亂風俗홈이 於斯에 極矣로다

▲ 紊亂風俗함을 禁斜홀 責任이 有흔 當局에서 此等의 興行을 禁廢치 아니하야 紊亂風俗하는 習을 長케홈은 抑何故인고 此는 無他라 我國人의 當局흔 官吏는 此等의 歌曲이 風俗을 紊亂하는 理由를 不知홈이오 日本人의 當局흔 官吏는 言語를 不通하는 故로 警官席에는 來座하엿스나 其唱歌 等의 何唱何歌홈은 不知하는 所以로다 兒童에게 對하야 敎하는 學校敎育에 用하는 敎科書는 一字一句를 檢閱又檢閱하면서 社會敎育에 一되는 演劇에 對하야 如是히 不注意 不檢束홈은 抑何故인고 此는 不可不 當局에 一問홀지로다

「연흥사의 상풍패속」(四), 『국민신보』, 1910. 1. 22.

▲ 演興社의 所謂 演戲는 唱하는 歌와 開하는 劇이 傷風敗俗홀 쑨아니라 演劇場內에 在흔 座席에도 風俗을 紊亂하는 者— 不無하니 舞를 張홈에 用하기 爲하야 雇入흔 妓生 幾名은 其擔任흔 演戲를 行하는 時以外에는 所謂 特等, 一等의 席上에서 該社 主務者及其他觀覽客으로 混同雜坐하야 交頭連膝하고 拊肩接耳하야 淫談悖說과 陋態醜狀이 醜行을 肆함에 適不至홀 쑨름이니 男女가 公同觀覽하는 演劇場內에 此等惡戲를 敢行홈은 其風俗을 紊亂홈이 도로혀 淫蕩放送흔 歌曲을 唱홈보다 尤甚하다홀지로다 우尤히 可怪可歎홀 事는

▲ 所謂 總務席을 特等席傍에 設하고 主務者 幾人이 妓生과 戲弄하는 場所를 作홈이 是也로다 世上天下에 所謂 演劇場 主務 任員輩가 觀覽人과 同席에 在하야 同一한 資格을 就코져하고 上에 論홈과 如한 紊亂風俗의 行爲를 躬行하는 자ㅣ 寧有하리오 此等 傷風敗俗하는 演劇場을 그딕로 放置하면 其害가 社會에 及홈이 可히 言치 못홀 者가 多하니 演興社의 如한 演劇場은 速히 禁閉하야 其毒으로 하여곰 滋蔓치 못하게 홈이 可하다 하노니 本報記事의 反響으로 當局者가 演興社主務者에게 戒飭홀빈가 有하다하나 如干戒飭으로는 其浸染흔 惡習을 一朝一夕에 變치 못홀지니 當局에셔 嚴重히 監督하야 大改良을 加키 前에는 速히 禁閉홈이 可하다 하노라 演興社쑨 以上에 論과 如흔 傷風敗俗의 演戲를 興行홈 아니라

한국 근대연극의 형성

▲ 府內各處에 夕陽斜風에 亂笛을 吹送하는 各演劇場이 無非傷風敗俗의 窩窟이니 所謂 團成社, 長安社, 圓覺社 光武臺 等 各演劇場의 名稱은 雖異하나 其興行하는 演劇은 演興社와 雷同치 아니혼 자ㅣ 無한 것은 往하야 覽치 아니한 三尺童子라도 知치 못홀자ㅣ 無하리로다 各演劇場의 內幕을 詳細히 探査하면 許多히 伏在하엿지마는 此는 後日에 讓하야 筆鈹을 更磨홀지니 當局者와 及 其演劇을 主務하는 人은 或 猛省하야 筆鈹을 更磨할 必要가 無케 홀는지 不知하깃도다

「연극개량의 필요」, 『매일신보』, 1911. 1. 25.

大抵 演戲는 人의 性情을 諷動하는 效力이 急速홈으로 憂혼者를 樂케하며 淫혼者를 正케홈은 學校에서 知識이 高明혼 敎師가 說明홈보다 愈할지라

是以로 古今東西를 勿論하고 俳優를 必蓄하야 人의 性情을 諷動케 하나니 況今 文明列邦은 演戲制度가 愈往愈新하야 各種景況이 足히 風化를 改良하며 足히 國氣를 發展케하도다

我朝鮮은 古來로 演戲가 淫婦蕩子의 養成所에 不過하야 高尙혼 人은 此를 賤視하고 一毫의 硏究가 無홈으로 自然 其程度가 愈卑하야 幾個의 沒知識혼 者가 是를 行하얏스니 엇지 可觀의 實積이 有하얏스리오 近日은 列邦의 制度를 略倣하야 幾個의 演戲社가 團體的으로 設立하야 其鋪置及技藝가 昔日보다 愈하다 홀지나

其實地를 考察하건딕 一毫의 利世利俗홀 者는 無하고 單純히 舊時의 淫調悖辭에 不過하야 反히 病世病俗의 媒介를 作하도다

嗚呼―라 演社를 主管하는 者는 思홀지어다 旣히 此를 設立하얏슨則 自己의 零利만 도圖홀쑨안이라 一般利世利俗의 導線을 作하면 엇지 一擧의 兩得이 안이리오

宜히 演場을 淸潔케하고 諸般位置도 男女의 區別을 整肅케하고 演戲의 一句話 一字語라도 正當혼 新想을 鼓發케하야 世界의 美評을 得혼 然後에야 演社의 效力이 有하다홀지어늘

諸君은 此를 不圖하고 但히 姑息의 計만 取하야 永久의 失利를 不如하는도다

或이 言하되 我朝鮮은 程度가 幼稺하야 演戲를 玩홀지라도 淫褻哀怨의 調가 안이면 到底히 觀覽者의 美評을 不得하리라하나 此不然하니 演戲의 材料가 不正

當ᄒ면 不正當혼 者가 必來홀지오 演戱의 材料가 正當ᄒ면 正當혼者가 必來홀지니 正當혼者의 觀覽料ᄂ 獨히 諸君에게 利益이 無홀가

若諸君의 知覺이 此에 不及ᄒ거던 當時의 有知識혼 者에게 必問ᄒ야 一般制度를 改之又改ᄒ야 高眼者로 觀홀지라도 正當혼 美評을 得혼 然後에야 諸君의 病世病俗혼 罪도 免홀 ᄯᆞᆫ안이라 諸君 自己의 永久實利도 有홀지니 諸君은 思홀지어다 若一向苟且ᄒ야 今日의 百弊를 一不改良ᄒ고 逡巡過去ᄒ면 演戱場은 一箇 諺婦蕩子의 養成所라고 斷言ᄒ겟노라

「악연극의 폐해(惡演劇의 弊害)」, 『매일신보』, 1911. 6. 17.

大抵 人의 性情이 靜혼則 無ᄒ고 動혼則 有ᄒ야 無혼則 万事万物이 皆無ᄒ며 有혼則 萬事萬物이 皆有ᄒ니 不可不 人의 性情을 動혼 然後에야 萬事萬物이 此로 從ᄒ야 始有홀지라

然혼則 人의 性情을 動코져홀진딕 自然 其機關을 要홀지니 其機關이 善ᄒ면 其動이 亦善ᄒ야 萬事萬物이 皆善홀지오 其機關이 不善ᄒ면 其動이 亦不善ᄒ야 萬事萬物이 皆不善홀지라

大略 其機關을 論ᄒ건딕 好書를 見ᄒ면 其性情이 書意를 從ᄒ야 必動ᄒ며 好言을 聞ᄒ면 其性情이 言味를 從ᄒ야 必動ᄒ며 好形色을 對ᄒ면 其性情이 亦形色을 從ᄒ야 必動홀지니 是以로 書도 可愼이오 言도 可愼이오 形色도 亦可愼이라

然ᄒ나 性情의 感動홈이 書보다 言이 速ᄒ며 言보다 形色이 尤速홈으로 形色을 以ᄒ야 人의 性情을 感動코져 홀진딕 演劇만 如혼者가 無혼지라 故로 文明列邦은 演劇場을 林立ᄒ야 人民의 思想을 感動케ᄒ나니 若忠臣의 形色을 對ᄒ면 必忠臣의 心이 感發홀지오 孝子의 形色을 對ᄒ면 必孝子의 心이 感發홀지오 夫婦和樂의 形色을 對ᄒ면 必夫婦和樂의 心이 感發홀지오 兄弟友愛의 形色을 對ᄒ면 必兄弟友愛의 心이 感發홀지며 哀혼 形色을 對ᄒ면 必哀心이 感發홀지오 樂혼 形色을 對ᄒ면 必樂心이 感發홀지오 喜혼 形色을 對ᄒ면 必喜心이 感發홀지오 怒혼 形色을 對ᄒ면 必怒心이 感發홀지오 其他刑 "色"이 并히 耳目의 觸動홈을 因ᄒ야 必刑 "色"의 心이 感發홀지니 然혼則 演劇과 人民의 關係가 果然 何如ᄒ뇨

한국 근대연극의 형성

嗚呼ー라 我朝鮮은 古來로 相當흔 演劇이 無ᄒ고 但히 娼優의 歌舞에 止ᄒ야 其形色上에 缺點이 不無ᄒ더니 近日은 稍히 外俗을 從ᄒ야 若干의 演社를 設立 ᄒ야 古書古言을 形色으로 演ᄒ나 然ᄒ나 淫詞蕩調에 不過ᄒ야 人心의 感發이 不良에 出홀신 憂흠은 有志者의 一般思想이어니와 日來에 所謂 團成社라ᄒᄂ 演場에셔ᄂ 無數흔 狂夫를 召集ᄒ야 山頭都監은 紳士도 堪見키 難ᄒ며 婦女도 感見키 難ᄒ며 兒童도 感見키 難흠으로 一時 蕩子輩가 或 山頭僻處에서 此를 設行ᄒ나니 山頭의 名號가 此로 因ᄒ야 從生흠이라 其淫褻無禮ᄒ고 狂悖無據흠은 筆舌을 汚홀신 慮ᄒ야 修陣치 안이ᄒ거니와 엇지 此等의 演劇을 紳士도 見ᄒ며 婦女도 見ᄒ며 兒童도 見ᄒᄂ 天眼万眼之中에셔 設行ᄒ야 一毫의 顧忌가 無ᄒ니 演劇의 利益을 枯死ᄒ고 演劇의 弊害가 滋生홀지라 風俗을 腐敗흠이 엇지 此에셔 過홀 者가 更有ᄒ리오 然즉 各演場에 主幹ᄒᄂ 者ᄂ 早히 覺悟ᄒ야 此等의 惡演劇을 勿演ᄒ야 人民의 感動心을 毋誤케홀지어다

「논설 장안사의 악폐」, 『매일신보』, 1911. 6. 29.

嗚呼ー라 演劇의 如何흔 性質과 如何흔 利害ᄂ 누차 說明ᄒ야 演劇의 主務者로 ᄒ야곰 諒知케 ᄒ얏거니와 彼主務者ᄂ 頑冥不悛ᄒ야 徒히 淫調蕩辭로 他人의 金錢만 騙取ᄒ고 一毫의 風俗關係ᄂ 不顧ᄒ니 一般公安에 엇지 痛憎홀者가 안이라 ᄒ리오

近日 所謂 長安社라ᄒᄂ 演劇場에셔ᄂ 無數潑皮의 徒가 聚集ᄒ야 藝妓演奏會 를 設行ᄒ야 觀覽者가 人山人海를 成흔다ᄂᄃ 狂童亂女輩가 此를 好時期로 認做ᄒ고 夜〃會集ᄒ야 眉去眼來에 桑期月約이 連絡不絕흠으로 演場門前에 人力車가 幾十幾百으로 可算홀지니 風化의 紊亂이 엇지 此에 甚흔者가 又有ᄒ리오

彼 所謂 主務者ᄂ 其目的이 金錢에 止ᄒ얏슨즉 不可不 如何흔 男女라도 多至흠을 欣幸홀지나 然ᄒ나 醜說이 人聞에 狼藉ᄒ면 演場에도 必然 惡影響이 有홀지며 又 事務員된 者ᄂ 往來人의 便宜를 與ᄒ야 溫恭흔 言辭로 位置 及 通路를 詳細指導ᄒ야 紛擾가 無케홀지어날 所謂 事務員이 傲眼驕色으로 觀覽者를 對ᄒ며 入場券을 調査홀時에도 旺〃悖辭慢禮를 用ᄒ야 舊日 捕吏가 罪人을 取締흠과 同ᄒ니 公衆의 憤을 엇지 惹起치 안이ᄒ리오

又 演場은 會中의 複雜흔 處이라 一般庭階 及 倚子 등을 淸潔케 ᄒ야 多少 衛生上에 極히 注意ᄒ지어날 長安社의 內容을 聞흔則 坐位가 完全치 못ᄒ야 或入 或坐에 困難이 滋甚할 ᄲ더러 酒掃를 不動ᄒ야 飛塵亂沙가 案卓에 充溢ᄒ며 腐氣敗臭가 屋內에 蒸鬱ᄒ니 現今 炎熱을 當ᄒ야 一般衛生에 特히 注意홀 時에 無數흔 東男西女가 狹窄흔 汚場內에 肩磨汗雨ᄒ야 夜〃如是ᄒ니 異病의 發生홀 廬가 可無치 못홀지라

各種弊瘼은 枚擧키 難ᄒ거니와 大抵 演奏ᄂᆞ 或 學校를 爲ᄒ던지 或 救恤을 爲ᄒ던지 或 孤兒를 爲ᄒ던지 文明的 戲劇을 演ᄒ야 觀覽券의 優利와 篤志者의 補助를 得ᄒ야 目的흔 事業을 成就ᄒ나니 今日 藝妓演奏會ᄂᆞ 何事業을 爲홈이뇨 觀覽券의 優利와 篤志者의 補助를 得홀지라도 此를 何處에 用코져ᄒ나뇨 元來 藝妓ᄂᆞ 賣娼賣淫의 許可를 得ᄒ얏스니 賣娼賣淫은 自是 例事어니와 無目的흔 演奏會를 設行하고 他人의 金錢을 希望ᄒ니 엇지 可笑홀者가 안이리오

本記者가 長安社에 對ᄒ야 何等의 愛憎이 無흔지라 若相當흔 材料로 相當히 設行ᄒ면 此를 贊之不暇ᄒ려니와 彼와 如흔 鄙悖擧動에 至ᄒ야ᄂᆞ 筆誅를 不貸홀지니 長安社 主務되ᄂᆞ 者ᄂᆞ 早히 改悛홀지며 其他 京城內에 在흔 諸種演戲場에셔도 各自注意ᄒ야 長安社의 惡弊를 毋蹈홀지어다

부산 이사청령 제1호 극장요세(寄席) 취체규칙

公報 明治 43年 4月 16日

釜山 理事廳令 第一號

劇場寄席取締規則 左와 如히 定함

明治 43年 4月 1日

釜山理事廳理事官 龜山理平太

第一條 劇場 又는 寄席[1]을 設하고저 하는 者는 左의 事項을 具하여 理
事官의 許可를 收함이 可함 此를 變更하고저 할 時 亦同함.

一 名稱

二 劇場 寄席의 位置 并 四隣의 略圖

三 敷地의 坪數 建物의 位置 坪數 及 此를 表示하는 平面圖

四 構造 任樣書 并 圖面

五 客의 定員

六 工事落成期日

七 燈火의 種類及 裝置圖面 并任樣書

劇場의 管理者를 定하였을 時는 其 氏名 住所를 警察官署에
屆出함이 可함 此를 變更할 時 亦同함

第二條 工事落成할 時는 警察官署의 檢査를 受함이 可함

第三條 劇場 寄席은 官公署 學校 病院 其他 重要한 建造物에 對하여

---

1 '寄席'은 일본어로 '요세(よせ)', 즉 작은 규모의 대중 흥행장을 말한다.

相當한 距離를 保有함이 可함

第四條　　劇場 寄席의 構造及 設備는 左의 制限을 受함이 可함

一　　柱礎 棟梁 其他의 材料는 堅固한 것을 使用하고 屋上은 不燃質物로서 葺設함이 可함

二　　建物의 周圍는 三間(道路 下水 等은 此를 算入함) 以上의 空地를 存置함이 可함

三　　建物의 前面 出入口는 幅四間 以上의 道路에 面하고 側面에는 各二個所 以上의 非常口를 設함이 可함

四　　寄席은 疊敷 又는 板張으로 하고[2] 一人平均 方一尺五寸以上의 割合으로 함이 可함

五　　棧敷[3] 及 平場[4]에는 二桝[5]마다 幅七寸以上의 通路를 設함이 可함

六　　棧敷에는 階段 各二個以上을 設하고 幅四尺以上 上踏[6]六寸以上 蹴込[7]八寸以上으로 함이 可함

七　　棧敷 及 階段에는 堅固한 扶欄[8]을 設함이 可함

八　　寄席에는 適當한 換氣窓을 設함이 可함

九　　寄席及 舞臺의 全部를 見透할 수 있는 場所에 警察官吏의 臨檢席을 設置함이 可함

十　　便所는 出入口를 閉鎖할 수 있게 構造하고 屎尿壺[9]는 不滲透物質을 使用함이 可함

2　다다미를 붙이거나 판자를 이어붙여.
3　'사지키(さじき)', 구경하기 쉽도록 판자를 깔아 높게 만든 관람석.
4　'히라바(ひらば)', 평지.
5　'승(桝)'은 일본어로 '마스(ます)'인데, 이는 '마스세키(ますせき, 升席)' 즉 씨름 경기장이나 극장 등에서 사각형으로 칸막이한 관람석을 말하며, 한 칸에는 4~7명 정도의 관람객이 앉을 수 있었다. 따라서 '이승(二桝)'은 그러한 마스세키 두 칸을 의미한다.
6　계단의 디딤판.
7　계단의 디딤판과 디딤판 사이의 수직 부분.
8　일종의 난간.
9　변기.

十一　　非常用으로서 O苟 又는 相當한 防水具를 備置함이 可함
　　寄席은 前項 第二號 第三號의 構造制限에 依하지 아니함을 得함
第五條　　廢場할 時는 理事官에게 届出함이 可함
第六條　　公安風俗 或은 衛生上의 設備에 關하여는 警察官署의 命令에
　　　　　依함이 可함
第七條　　左의 各號의 一에 該當할 時는 許可를 取消하는 事도 有함
　　一　　正當한 事由없이 六個月以內에 工事를 着手하지 아니할 時
　　二　　工事落成期日을 經過하여도 落成하지 아니할 時
　　三　　當該官署의 命令을 遵守치 아니할 時
第八條　　本則에 依하는 願届는 警察官署에 提出함이 可함
第九條　　本則에 違反한 者는 拘留 又는 科料에 處함

附則
第十條　　本則施行前에 設한 劇場 寄席으로서 第四條의 制限에 適合하지
　　　　　않은 것은 明治 四三年 二月 三一日까지 本則에 依하여 改造
　　　　　하지 않으면 此를 使用함을 不得함
第十一條　明治 二八年 七月附 第十五號 劇場取締規則은 本則施行日부터
　　　　　此를 廢止함

부록5

『매일신보』 게재 신파극 레퍼토리의 줄거리

〈사람이냐 귀신이냐〉, 1912. 3. 19.

…제 아들을 죽이는 연극…

〈송죽절(松竹節)〉(또는 〈송백절〉), 1912. 5. 7.

림교욱(林教旭)이라ᄒᆞᄂᆞ 사름이, 이왕에, 국장으로 잇다가, 벼슬을 하직ᄒᆞ고 집에 셔 한양홀ᄉᆡ, 일즉이 샹쳐를 ᄒᆞ고, 십팔세된 ᄯᆞᆯ이 잇ᄂᆞᆫᄃᆡ, 화용월팅와, 온후슉덕이 특이홈으로, 림국쟝은, 쟝즁보옥ᄀᆞᆺ치 ᄉᆞ랑ᄒᆞ며, 아름다온 탕ᄌᆞ를, 구ᄒᆞ더니 륙군대 위, 김영규(金永圭)라ᄒᆞᄂᆞ 청년에게, 그 ᄯᆞᆯ 방ᄌᆞ(芳子)를, 허혼ᄒᆞ얏더라 그러나 김영 규ᄂᆞᆫ, 샹부의 명령으로, 덕국에 류학ᄒᆞ야, 화약을 연구ᄒᆞᄂᆞᆫ바, 그 귀국홈을 기다려 셔, 성혼코져 ᄒᆞ더니, 김대위ᄂᆞᆫ, 불ᄒᆡᆼ히 화약이 폭발ᄒᆞ야, 두눈이 폐밍된고로, 인ᄒᆡ 귀국ᄒᆞ얏더라, 림국쟝은 기간에, 가산을 탕패ᄒᆞ고 겸ᄒᆞ야, 로국사름에게, 빗을 지 고, 곤박을 무수히 당ᄒᆞ더니 하로ᄂᆞᆫ, 그 로국사름의, 인력거가 엇던 공원에서, 김영 규와 츙돌이 되어, 압못보ᄂᆞᆫ 김대위가, 걱구러졋슴으로, 분연히 이러나셔, 무례홈 을 칙망ᄒᆞᆫ즉, 로국사름이 도로혀 단쟝으로, 무수구타홈이, 김대위ᄂᆞᆫ 량미간의, 즁 샹을 당ᄒᆞ고, 집으로 도라간즉, 그 모치노가 셔싱 하슌청(河順清)이가 김대위의, 샹 ᄒᆞᆫ 것을 보고 분ᄒᆞ야, 하슌청이가, 그 로국사름을 징치홀차로, 뒤를 쪼쳐가ᄂᆞᆫ 것을, 김영규와 그 모친이, 만류ᄒᆞ얏ᄂᆞᆫᄃᆡ, 그 ᄉᆞ실을 림국쟝의 ᄯᆞᆯ, 림방ᄌᆞ가 듯고, 원슈를 갑고져ᄒᆞ야, 혼져 그 로국사름을, 차져갓더니, 로국사름은 본ᄅᆡ 림방ᄌᆞ의, 아름다 옴을 보고, 미양흠모ᄒᆞ다가 ᄎᆞ져온 것을 보고, 비루ᄒᆞᆫ ᄒᆡᆼ동을 ᄒᆞ고져ᄒᆞ거ᄂᆞᆯ, 림방

한국 근대연극의 형성

ㅈ가 칼로써, 로국사룸의 비를 질너죽인지라, 그 집에셔, 쏜이노릇ᄒᆞᄂᆞᆫ, 지나인 리진(李珍)이가, 그 광경을 보고, 경찰셔에 고발ᄒᆞ야, 림방ㅈ를 잡어다가, 예심ᄒᆞᄂᆞᆫ 마당에셔, 지나 사룸의 증거로써, 림방ㅈ가 무죄방면ᄒᆞ얏더라.

〈수전노(守錢奴)〉, 1912. 5. 22.

중학교 싱도, 림셩구와, 고등녀학교 싱도가 결혼ᄒᆞᆫ지 칠팔년이 되얏ᄂᆞᆫᄃᆡ, 녀학싱의 부모가, 당초에 림셩구와, 결혼홀 ᄶᆡ에ᄂᆞᆫ, 림셩구의, 지산이 유여흠을 탐ᄒᆞ얏다가, 지금은 빈한흠을 혐의ᄒᆞ야, 그 ᄯᅡᆯ을 다른 곳으로 ᄀᆡ가ᄒᆞᆫ지라 림셩구가 그 광경을 당흠이, 분흔 싱각이 나셔, 금젼을 져츅ᄒᆞ기로 결심ᄒᆞ고, 샹업에 죵ᄉᆞ하야 부ᄌᆞ가 되얏스며, 그녀학싱은, ㅈ긔부모의 명령을 어기지 못ᄒᆞ야, 타쳐소로 츌가ᄂᆞᆫ ᄒᆞ얏스나, 홀연 회기ᄒᆞ야 ᄀᆞᆯᄋᆞᄃᆡ, 녀ㅈ가 한번결혼혼후에, 타쳐로 ᄀᆡ가홈은, 녀의 도리가 안이라ᄒᆞ고, 인히 밋쳣다흠

〈육혈포강도(六穴砲强盜)〉, 1912. 5. 23.

강도 한아이, 륙혈포를 가지고, 혹 쟝님도 되얏다가, 신ᄉᆞ도 되야, 작경이 무쌍흠으로 경찰셔슌사, 림셩구가, 륙혈포 강도 한창렬의 악힝을, 근심ᄒᆞ야 ᄀᆞᆯᄋᆞᄃᆡ, 슌사의 본분은 인민을 보호ᄒᆞ라ᄂᆞᆫ 목뎍인즉, 몸이 부셔지더리도, 이 강도를 잡으리라ᄒᆞ고, 결심흔 동시에, 무한곤난을 밧고, 그 강도를 맛나, 륙혈포를 마졋것만은, 긔어히 잡을 작뎡으로, 방 〃곡 〃이 도라단이다가, 하교등디에셔, 그 강도를 잡어셔 민폐를 들고, 슌사의 칙임을 다흠

〈자작얼은 불가활(自作孽은 不可活)〉, 1912. 6. 12.

남작 한 아이 잇셔, 일즉이 죽고, 젹셔간에 ᄋᆞ들형뎨가 잇ᄂᆞᆫᄃᆡ, 뎍동싱 림셩구ᄂᆞᆫ, 신병으로 디방에 잇셔, 긔거동작을, 임의로 못홀졔, 그 셔형이 지산과작을 탐ᄒᆞ야, 뎍동싱을, 독약으로써, 먹여죽이고져ᄒᆞ다가, 여의치 못ᄒᆞ고, 셩구ᄂᆞᆫ 병셰가 더욱 즁ᄒᆞ야, 작을 샹속홀슈업슴이, 친속이 모다 셔형에게, 위임ᄒᆞ게흠으로, 긔ᄋᆞ심복으로 부리ᄂᆞᆫ 하인이, 셩구를 불상히 녁여, 셩구와, 외양이 흡ᄉᆞ흔쟈, 뎡홍구를 ᄃᆡ신ᄒᆞ야,

위임을 밧어, 성구에게 샹속코져홀식 셔형이 그 긔미를 알고, 암살코져ㅎ다가 셩ᄉ치 못ᄒ고, 제가 도로혀 죽은 일

〈가련처자(可憐妻子)〉, 1912. 6. 16.

참영 한 아이 잇는딕, 마부와, 부인과, 계집하인이 잇는바, 참영이 마부로 더부러 츌전ᄒ얏다가, 참영이 사로잡힌 바이 됨익, 마부는 참영이 죽은줄로 알고, 집으로 도라와, 참의 외 부인을 속이고, 각죵 흉계를, 부릴식 그 부인은 홀일업셔, 두루 방황ᄒᆞᆯ지음에, 참영이 죽지안코, 도라온즉 마부가, 부인의 ᄉ실을 무쇼로, 고흔딕 ᄒ일 업시 그 계집 하인의, 정직홈을, 취ᄒ야 인히 작첩동거ᄒ얏고, 마부는 그후에, 텬벌을 마져 죽엇스며, 그후에 부인이, 다시 집을 차져온즉, 하인과 동거ᄒ고, 부인은 도로혀 링딕ᄒ거늘, 부인이 ᄌ탄홈을, 그 하인이 듯고 불상히 녁여, 참영에게, 간절히 말을 ᄒ야, 도로 살게 ᄒ고, 아들 한아를 다리고 집을 써나, 뎡쳐업시, 나아간 일

〈미신무녀후업(迷信巫女後業)〉, 1912. 6. 20.

한 사름이, 뎐리를 위ᄒ는딕, ᄌ녀남미가, 학교를 단이는고로, 흥샹 그 부모에게, 온당치못한 리유를, ᆫ절히 말ᄒ되, 듯지 안터니, 맛춤 ᄯᅳᆯ을, 무당의 집으로, 츌가한 후, 무당의 아들이, 즁병이 들거늘, 무당이 그 며ᄂ리를, 원망ᄒ되, 의복에 귀신이 붓허 왓다ᄒ고, 구박이 ᄌ심한지라, 학셩남미가, 온당치 못홈을, 일〃히 설명ᄒ되 듯지 안코, 두 집이 불화ᄒ야, 굿과 치셩ᄒ기에, ᄑᆡ가홀 디경이, 된지라 학식남미가, 홀일 업셔, 문명한 교육을 밧기로, 결심ᄒ고, 외국으로 가셔 졸업후에, 다시 도라온즉, 두 집이 모다 걸인이 되얏는딕, 긔과쳔션ᄒ기를 권ᄒ고, 피ᄎ화평ᄒ게 지는 일

〈사민동권 교사휘지(四民同權 教師輝志)〉, 1912. 6. 22.

교ᄉ로 츌근ᄒ는 림셩구가 잇는딕, 항샹 반샹의 차별이 잇슴을, 긔탄ᄒ야, 빅뎡에 누의와 뎡혼ᄒ고, 반샹동등의 권리를, 확립코져 ᄒ더니, 림셩구에 의부가, 그 며나리를 보고, 금슈의 ᄆᆞ음을 두어 틈을 타셔, 검간코져 홈익, 며ᄂ리가, 대경ᄒ야, 거졀도쥬홈을, 식모가 보고, 그 영감을 질칙한 후, 며ᄂ리를 본가로 츅송ᄒ니, 교ᄉ

가, 그러치안이흠을 발명ㅎ되 듯지안이흠이 교ㅅ가 부득이 모닛다가, 후일에 다시 다려와셔, 누명을 변빅ㅎ고, 빅년동락흔일

〈우정 삼인병사(友情 三人兵士)〉, 1912. 6. 25.

긔병부교 단이ᄂ냐, 림셩구가, 일즉이 엇던 긔싱과, 빅년을, 언약ㅎ얏더니 그 긔싱이, 금젼을 탐ㅎ야, 그 이웃의 부쟈로 더부러, 비밀흔, 관계를 두고 림셩구를, 빅쳑흠으로, 림셩구ᄂ 결심흔 것이, 와히됨을 분히 녁여, 그 부쟈를 죽이고, 피신ㅎ얏ᄂ딕, 그 친구 보병단이ᄂ쟈이, 친구의 의리를, 즁히 녁여, ᄌ살흠이, 림셩구도 또흔 친구를 싸러, ᄌ살흔일

〈무죄 사필귀졍(無罪 事必歸正)〉, 1912. 6. 29.

한사름이, ᄌ녀남미가 잇ᄂ딕, 가셰가 빈한흠으로, 녀아를 린근 로파에게 쥬어, 양육ㅎ더니, 그 로파가 치무로 인ㅎ야, 쳥인에게 그녀ᄌ를 팔고져흘 즘음에, 마참 림셩구라ㅎᄂ 학싱이, 지나다가, 헌화흠을 듯고 드러가, 그 무쳐를 쳥쟝흔 후 리치에 온당치못흔일을 효유ㅎ고 갓더니 그 후에 로파가, 긔어히 창기로 팔아스나, 그 녀ᄌᄂ, 림셩구의 은혜를 잇지 못ㅎ야, 비록 ᄌ산가〃, 소실로 치가ㅎ려ㅎ여도, 듯지안코, 결심ㅎ다가, 림셩구의 공부셩취흠을 기다려, 결혼흔 일

〈귀족비밀(貴族秘密)〉, 1912. 7. 2.

귀족참판이 잇셔, 환거ㅎ더니, 문긱은 지판소검ㅅ라, 참판의 지산에, 탐욕이 나셔, 긔싱 한아와 약속흔 후, 참판에게 잉쳡ㅎ게ㅎ고, 암살코쟈ㅎ더니, 마참 참판은 병이 들거늘 마부가 검ㅅ의 악흔 마음을 알고, 참판에게 고흔후, 졔 계집을 늬여쏫고, 가산을 팔아가지고, 닉디로 가셔, 참판의 ᄋ달에게 고ㅎ고, 참판의 ᄋ들과, 법률학교쟝을 다리고, 도라와셔 보슈흠

〈선탐후개(先貪後改)〉, 1912. 7. 16.

녯젹에, 한 지샹이 탐욕이 만어셔, 인민을 토싴ㅎᄂ 즁에, 림셩구의 부친이, ᄌ슈

성가흐야, 젼지를, 근″히 모왓는디 그지샹이, 젼지가 만은 줄로 알고, 강계로 잡아다가 만단기유흐되, 안이된즉 무슈형벌을 흐야, 젼지는, 모다 쎅앗기고 쟝쳐는 졈″, 위즁흐고, 가솔이 다 죽을 모양인고로, 분심이 복발흐야, 인병치ㅅ호지라, 그 아들 림셩구가, 외국에 고심공부흔후, 시찰관이 되야, 그젼 탐욕흐얏던 지샹을 기과되게흐얏더라

〈서승어적(庶勝於嫡)〉, 1912. 7. 21.

한사룸이, ᄋ들 형뎨를 두엇는디, 맛ᄋ들은, 원실에게 낫코, 즈근ᄋ들은, 별실몸에 나엇는디, 젹즈는, 셩질이 불량흐야, 셔뎨를 믹양 압졔흐고, 핍박이 무쌍타가, 심지어 탕픽가 산흐고, 외국에 투족흐야, 본국을 빅반흐고, 그 나라를 셤기는즁에, 셔즈 림셩구는, 집안ㅅ긔를 싱각흐고, 고심극력흐야, 사관공부를 셩취흐고, 군듸에 입격되야, 타국과 교젼승쳡흐고, 승″쟝구흐야, 젹병을 사로잡는즁에, 그 형도, 쏘흔 잡혓는지라, 맛참 군법시힝으로, 포살흘 즈음에 림셩구가, 졔 젹형이 죽음을 기탄흐야 일쟝셜명에, 기과흠을 권고흐니, 그 젹형이 과연 기과흐여, 죽음을 면흔일.

〈천도조정(天道照正)〉, 1912. 8. 8.

● 殺兄漢의 不服　　▲형을 죽인놈이 불복히▲

전라북도 함열군에서, 차샹현(車尙炫)이라흐는쟈가, 그 형 차광현(車光炫)을 쩌려 죽인 ㅅ실을 듯건디 좌와갓흠

▲ 죽인쟈와 죽은쟈의 관계　　　전라북도 함열군 남일면 구즈리에 사는, 차남진(車南震)은, 나이 지금 칠십이셰라, 그 셔즈 차샹현은, 나이 지금 이십팔셰오, 그 뎍즈, 차광현은, 나이 지금 오십ㅅ셰라 차샹현의 부친, 차남진은, 그 경닉에 유명흔 부쟈로, 빅미 오빅셕은, 무려히 츄슈흐는 지산가로, 이왕에 익산군 북일면 신리 사는, 최뎍슈의 쏼, 최셩녀를 작쳡흐야, 차샹현을 나엇고, 차광현은, 그 본쳐의 소싱라, 차샹현은, 슈년젼에 그 이웃집으로 분호흐야, 졔어미와 갓치 사는디, 그 뎍형 차광현과, 흥샹 화목지못흠

▲ 죽인 원인과 밋ㅅ실　　　차남진이 함열군 남일면 하동리 사는, 쟝치국(張致國)이라흐는 쟈에게, 금화이빅원의, 빗밧을 것이 잇는디, 그 돈 밧을 것을,

그 셔즈 차상현에게 준일이 잇는 동시에, 빗준명의는, 즈긔의 일홈으로 하얏스나, 실상은 그 셔즈 차상현의 돈으로, 빗을 쥰 모양이더니 차광현이가, 그 셔뎨 차상현의 츌입흔 스이를 타셔, 그 아비의 명의로써, 쟝치국에게 딕흐야, 그 돈을 몰슈히 밧어다가, 모다 소모흔지라, 그후에 차상현이가, 제집으로 도라와셔, 그런말을 듯고 크게 분흐야, 지나간 스월 이십일에, 그 형 차광현의 집으로 가셔, 무슴 경위로 돈을 차져다가 썻느냐고, 힐난을 흔즉 차광현의 딕답이, 우리 아버지의 돈을 늬가 차져쓴 것이, 무엇이 경위에를 니느냐흐며, 설왕셜릭흔 결과로, 필경 그 날 오후 스시경에, 이르러는, 큰 싸홈이 되어서, 피츳간 두발보이를 흐다가 차상현이, 분을 견딕지 못흐야, 드딕여 큰 방망이를 집어들고, 밋친놈갓치, 바로 제형 광현에게로, 달녀들어, 뒤통슈를 죽어라흐고, 엇더케 몹시, 씨럿던지 당쟝 걱구려지거늘, 차상현은, 그형의 걱구려져, 불셩인스홈을 보고, 부지기져로 도망흐얏는딕, 차광현은, 그 날 오후 륙시에, 인히 죽엇슴

　　▲ 동리스롬의 휘지비지　　　　차남진은, 원릭 그곳에서, 유명흔 부쟈인고로, 즈연 권리가 만어서, 경닉 인민이 모다 복죵흐야, 그 집안에셔, 무슴괴악흔 일이던지, 무더가던터에, 이런 일이 난지라, 그런고로, 이와갓치, 강샹의 큰 변고가 낫것만은, 소문이 날가흐야 휘지비지흐고 무더둠

　　▲ 스실발각의 원인과 검거　　　　지나간 륙월삼일, 리〃 현명분딕에 직근흐는, 판구(坂口) 샹등병이, 익산군 북일면 신리 근쳐로, 슌찰흘식, 엇던 죠선사롬 일명이, 방황홈을 보고, 마음에 대단이 수샹흐야, 감안이 졍탐을 흔즉, 그 사롬이, 최덕슈의 집에서, 류련흐는딕, 아모리 보아도 힝동이 슈샹흔지라, 곳 그 스연을, 쳔셔분딕쟝(川西)에게 보고흐야 슈탐하라는 명령을 밧고, 비밀히 됴샤흔즉, 그 사롬이, 제 토디 슈십두락을, 팔아가지고, 도망흐랴고, 이를 쓴다는 말이 잇거늘, 판구샹등병은, 이놈이 필경, 무슴 죄를 지은놈이라흐고, 그 쟈의 살던 동리로 가셔, 비밀히 됴샤흔즉, 졔형을 씨려죽인놈이라는, 말이 잇는지라, 다시 분딕쟝에게 보고흐야, 발탐하라는, 명령을 밧고, 그곳으로, 츌쟝됴샤흐는 마당에, 과연 스실이 명빅흔지라, 곳 차상현을 포박홈

　　▲ 숑쟝을 파닉여 검시　　　　천셔분딕쟝은, 이런 보고를 보고, 즉시 광쥬 복심법원 젼쥬지부로, 급보흠익, 그지부에셔, 셕쳔(石川)검스가, 통역과 밋 셔긔

를 다리고와셔, 리〃 쳔셔분뒤쟝과 갓치, 하ᄉ샹등병과, 밋 경찰의ᄉ로부터, 그 곳으로가셔, 차광현의 무덤을 파고, 송쟝을 ᄭ어늬여, 검시홈익, 과연 ᄉ실이 판명홈

▲ 죽인자의 심문과 쳐분   리〃 헌병분뒤에서, 취됴를 맛친후, 젼쥬지부로 넘겨, 심리즁이더니, 이즈음에, 공판ᄒ결과를 드른즉, 차샹현은 징역ᄉ년에 쳐ᄒ얏ᄂ뒤, 차샹현은, 불복ᄒ고 그 공소를 뎨긔ᄒ다더라(리〃통신)

〈교육미담 성공고학생(敎育美談 成功苦學生)〉, 1912. 8. 31.

향곡빈ᄉ가 경셩에를 올나와 고용을 ᄒ며 공부ᄒ다가 싱도들의 모함으로 의지업시되엿다가 은인의 구제홈을 닙어 외국에 류학ᄒ고 도라와 고등관이 된 후 젼일 모함ᄒ던 학싱이 걸인된 것을 도로혀 측은히 녁여, 보호ᄒ야 주ᄂ, 근경이라ᄒ고

〈친구의형살해(親仇義兄殺害)〉, 1912. 10. 13.

림셩구라ᄒᄂ 쇼위가 잇셔, 명예가 다대ᄒ더니, 그의형이 쇼위의, 부친을 죽이고, 직산을 차지ᄒ랴다가, 그 정적이 탈로되미, 림쇼위가 그의형을 죽이어, 부친의 원슈를 갑ᄂ 거동이라더라

〈반수천죄(反受天罪)〉, 1912. 10. 15.

륙군정령이 ᄯᆯ하나와 유모의 아들이 잇더니 쇼위와 ᄯᆯ과 결혼ᄒ후 부부의 정이, 두터온즁, 쇼위의 누의가 유모의 아들과, 결혼치못홈을, 혐의ᄒ야, 쇼위부부를 음해ᄒ야, 리혼싯지ᄒ얏다가, 쇼위가 혼암홈을 ᄌ탄ᄒ고, 젼과를 ᄌ복ᄒ후, 쇼위의 누의ᄂ, 제죄에 ᄌ살ᄒ고, 쇼위 부부ᄂ, 다시 화락ᄒᄂ 형용이라더라

〈재봉춘(再逢春)〉, 1912. 10. 26.

빅만보라ᄒᄂ, 한빅명이 직산은, 부요ᄒ나, 한갓 쳔인됨을, 한탄ᄒᄂ즁, 무남독녀로 ᄯᆯ한아 잇ᄂ뒤, 그 동리에 허참령이라ᄒᄂ 사름이, 빅만보를 보고, 네 ᄯᆯ을 뇌계로 수양을 쥬면 가문 놉흔집으로, 츌가식인다ᄒ기로, 그 ᄯᆯ을 보닛더니, 허씨가

그 슈양녀를, 리소위게로 츌가시긴후에, 허씨가, 만보를 ᄌ조 심방ᄒ야, 감언리셜로, 금화를 만히 쎈서가고, 그 ᄯᆯ을 만보에게, 영결케ᄒᆞᄂ나지라 그 동리에 한사름이, ᄌ긔 의 ᄯᆯ을, 리소위계로 츌가식이려다가, 맛참ᄂᆡ, 허참령슈양녀와, 빅년긔약됨을 분탄ᄒ야 리소위의 부인을, 모함ᄒᆯ 계교를, 싱각ᄒ고 리소위 모친에게 간계를 부려 만단모함ᄒᆯᄉᆡ, 맛참 빅만보가, 그 ᄯᆯ을 쥬로 싱각ᄒ나, 볼슈ᄂᆞᆫ업고, 편지나 보ᄂᆡ여, 소식을 알녀ᄒ고, 만지장셔를 써셔 보ᄂᆡ엿더니, 그 편지를, 리소위 녀동싱이 가지고, 리소위 모친을 쥬어, 간부에 편지라 칭탁ᄒ고 그 부인을 구츅박ᄃᆡᄒ흠이, 그 시비 계슌이가, 졔아씨의 무죄히 박ᄃᆡ당흠을, 가련히 녁여, 일장셜화를 써셔, 리소위의 연상에 놋코, 즉시 도쥬ᄒᆞᆫ휴에, 허참령이, ᄌ긔 의 지ᄂᆡ일을 싱각ᄒ야, 무슈괴탄ᄒ고, 젼후ᄉ실을 리소위다려, 부인의 ᄋᆡᄆᆡ흠을 셜화흠이, 리소위가, 그졔야 ᄋᆡᄆᆡ흠을, 확실이 알고 다시 빅년긔약을 빗고, 평싱을 누린일

<단총여도(短銃女盜)>, 1912. 10. 29.

한사름의, ᄯᆯ형뎨가 잇ᄂᆞᆫ딕, 한 ᄯᆯ은 극진히 부친에게, 효도ᄒ고, 한 ᄯᆯ은 ᄯᅩᄒᆞᆫ 불효가, 극ᄒ지라, 그 약(악)ᄒ녀ᄌᆞ가, 단총을 가지고, 민간을 요란케 도적노릇을 ᄒᆼ흠ᄒᆯᄉᆡ, 그째 한 형ᄉ가 극력으로, 그 녀도를, 포박ᄒ려ᄒ되, 종시포박지 못ᄒ고, 로심ᄒᆯᄉᆡ, 그 째 맛참, 형ᄉ 아오 한 아이 잇슴이, ᄌ긔 형이, 녀도로 ᄒᆞ야곰, 근심흠을 보고 ᄯᅩᄒᆞᆫ ᄌ기도, 근심ᄒ며, 형ᄉ의 몸으로, 졍탐ᄒ야, 필경 그 형ᄉ가, 녀도를 포박ᄒ야, 긔과쳔션케ᄒ야, 다시 이 셰상에, 착ᄒᆞᆫ사름이 된일

<불여귀(不如歸)>, 1912. 11. 3.

한중장의 ᄯᆯ이, 긔어히 ᄌ긔 ᄯᆯ을, 최쇼위에게, 츌가를 식이랴다가 여의치못흠이, 긔어히 ᄌ긔 ᄯᆯ을, 최쇼위게로, 츌가식이랴고, 중장의 ᄯᆯ을, 모함ᄒᆞᄂᆞᆫ딕, 최쇼위의, 의형 김경위를 금젼으로 쇼개ᄒ니, 김은 원ᄅᆡ 악ᄒᆞᆫ쟈라, 금젼에 탐이나셔, 허락ᄒ고, 쇼위 츌젼ᄒᆞᆫᄉᆞ이에, 그 부인을, 모함츅츌케ᄒ니, 그 부인이, 인ᄒᆡ 병이나셔, 세상을 하직ᄒᄂ니라, 김위와, 최쇼위가, 젼디에서, 샹봉흠이 김경위가, 그 째 피샹ᄒ야, 임의 죽게 된지라, 그 자리에서, 긔과쳔션ᄒ야 그 ᄉ실을, 이실직고ᄒ고,

인히 죽으니, 최쇼위가, 그 말을 듯고, 집에 도라와 보니, 부인은 셰샹을, 하직ㅎ얏 눈지라, 쇼위가, 그 부인, 묘샹에 가셔, 일쟝 통곡ㅎ고, 다시 쟝가안이들기로, 결심 ㅎ더라

〈허언학생(虛言學生)〉, 1912. 11. 6.

한학싱이, 엇던 직산가의 집예, 의지ㅎ야잇눈딕, 그 쥬인의 아달이, 삼월이라ㅎ 눈 계집아히와 평(?)의가 갓가와져셔 결혼히로ㅎ기를, 피츠에 밍셔ㅎ얏더니 삼월 의 모친이 와셔, 삼월이 부친의 병셰가 위즁ㅎ다 속이고 딕려간후, 학싱이, 그 진ㅇ 를 알고져ㅎ나, 은근히 쪼츠가본즉, 친환잇다는 것은, 거짓말이오 삼월을 오빅원 에, 기싱으로, 매도ㅎ이어늘, 곳 도라와셔, ㅈ긔쥬인아달다려 말ㅎ되, 학싱이 졍시 에, 거즛말을 만히 ㅎ얏슴으로, 고지듯지 안이ㅎ믹, 그 학싱이, 분홈을 익의지 못ㅎ 나, ㅈ긔가 항샹 거즛말을, 만히흔 곡절이라, 엇지ㅎ줄모로다가, 필경 흔 계교를 닉 여, 삼월을 구원ㅎ야, ㅈ긔 쥬인 아달과, 빅년가약을 밋게ㅎ고, 그후로는, 졍직진실 흔 학싱이 되엿더라

〈불효천벌(不孝天罰)〉, 1913. 11. 21.

"불효ㅈ가 텬벌을 입어, 젼신에, 비암이 감기는 것은, 참 신긔ㅎ다더라"

"이 예뎨는 셩졍이 불량ㅎ야 모친을 박딕ㅎ야 죽기에 이른 죄로 쳔벌로 비암이 몸에 감기엿다가 졔 죄를 진실이 기과흔 후 비암이 풀니고 온젼흔 ㅅ람이 된 연극 이오니 일츠 관람ㅎ심을 복망"

〈귀랑 독부간계(鬼娘 毒婦姦計)〉, 1914. 1. 13.

십륙셰에 쇼년녀ㅈ가 악의로 간부를 부동ㅎ야 신랑을 밤에 목을믹여 죽이려는 사실

〈신랑 둘〉, 1916. 4. 15.

혼인날 신부집에 신랑 둘이 드러왓다ㅎ고 근일 경셩안에는 한 큰 소문거리가 싱

한국 근대연극의 형성

긴모양이라 ▲이런것이라는 것은 풍셜이 풍셜을 나앗고 거즛말에 거즛말이 겹쳐셔 거의 준신치 못홀 말이라 ▲그러나 이런 남의 집 사쇼흔 일을 가지고 왼셰샹이 써 드는 까둙은 확실히 이러흔 문뎨가 셰샹 사람의 가삼에 바로 마주치는 식둙이라 ▲ 그 뎐셜의 주인공이 학교츌신이라는데 더흐야 더욱 셰샹사람의 눈을 크게 쓰도록 흔 것은 쓸즛식을 교육홀 여부에 더흐야 큰 의심을 픔고잇는 이째에 그리흘이라 ▲ 과연 혼인날 신랑들이 드러오지는 안엇더라도 그 뎐셜이 싱긴 식둙은 업지 안이흐 면 안될 것이라. 그 까둙은 누구의 죄로 도라갈가 ▲물론 학교의 죄는 안이라 학교 에셔 그러케 가르칠리는 만무흔 일이 안인가. 그러면 단슌흔 당쟈의 죄인가 역시 쥬위의 스졍이 죄를 짓게흠에도 믹우 힘이 잇셧슬 것이라 ▲과연 이러흔 풍셜은 그 스실의 유무는 여하튼지 한바탕 리약이거리로 부칠 것이 안이라 우리가 엄슉흔 티 도로 한번 연구흐야볼일이다. ▲15일밤부터 단셩샤에셔 예셩좌일힝이 이러흔 의 문을 셰샹에 뎨공흐기 위흐야 「신랑둘」이라는 식연극을 흥힝흔다는뒤 그연극이 그 풍셜과 쪽굿흔 것인지 안인지는 우리의 샹관흐야 알바이 안이나 ▲이러흔 연극은 확실히 샤회에 더흐야 무슨 감동을 주는 힘이 이 쓸줄로 밋고져흐는 바이라 (아모긔 로부터)

〈벨쓰〉, 1919. 6. 1.

써는 셔역 1313년 즉 지금브터 597년젼 셧달 스무나흔날 밤일이라 북녁구라파 모 진바람에 눈보라가 쳐셔 스름으로 흐야곰 송연케흐는뒤 불란셔 령디 「알사쓰 로-렌」 의 『쎼겸』이라흐는 다리근쳐에 『셰슈루 마데야쓰』라 흐는 사람이 가난흐야 살수가 업셔셔 뎌의 집에셔 자고 가는 유딘사람 『고브스키-』를 독긔로 쳐셔 죽이고 막딘흔 딘물을 쎅아슨후에

◇ 시톄는 화독에 너어 살나 업식고 좌의 자취를 감쪽가치 숨긴후에 그 동리의 리댱이 되야 호강을 흐고 사딘즁의 죄악이 마음에 거리키여셔 항샹 근심을 흐며 『고브쓰키-』를 죽일 써에 썰믹를 쓰는 말에 다른방울 쇼리에 놀뇌인 것이 가심에 못이 되야 방울소리만 드르면 뎌의 죄악을 두려흐는 마음이 식암솟듯흐야 미친사 람과 가치 날치며 『고브쓰키-』가

◇ 당쟝에 원수를 갑흐러 오는 듯이 두려워흐얏더라 운수가 틱엿던지 열일곱히

동안이나 지닉인 셧달스무나흔날밤에도 그달 그날밤과 가치 눈보라가 라치며 악마의 수파람갓흔 바람소리에 『마데아쓰』의 마음이 죠마조마ᄒ엿스며 그날밤은 예술 탄신 젼날밤임으로 동리사름들이 모혀셔 슐을 난호며 환소ᄒᄂ 소리ᄂ 눈보라치ᄂ 창밧그로 흘너나가더라 그날밤에 『마데아쓰』ᄂ 져의 쌀 아람다운 『아넷데』 『크리쓰챤』이라ᄒᄂ 헌병뒤당과 결혼을 식히고 권력을 즈뢰ᄒᄋ 져의 죄를 숨기랴ᄒ엿스나 하날이 지은 죄ᄂ 용셔흠을 엇을지 스스로 엇은 죄야 엇지 형별이 버셔나리요 그날밤 ᄭᆷ에 져의 죄가 발각되야 ᄌᆞ판뎡에셔 ᄉ형션고를 당ᄒ고 ᄭᆷ을 ᄭᆡᆫ인후에 량심의 고통으로 이 셰샹을 쩌나고 열일곱히 동안 귀신도 모르던 『고브쓰키―』의 살옥ᄉ건은 『알ᄉ쓰』 놉흔 언덕에 눈녹듯이 히결이 되야 한막을 마춰니라

한국 근대연극의 형성

신파극 공연 연보

연 도	월일	내 용	비 고
1908년	7월 26일	원각사 개장	
	8월 5일	이인직, 일본 출국	
	11월 15일	〈은세계(銀世界)〉 공연 (원각사)	
1909년	2월 21일	원각사 재개장	겨울한파로 휴연
	5월 11일 ~6월 27일	원각사, 휴장	일본연극 연습을 위해
	6월 27일	원각사, 재개장	
1911년	12월 27일	혁신단 임성구 일행 창단 공연 (어성좌)	
1912년	1월 2일 ~1월 25일	혁신단 임성구 일행 (단성사)	
	2월 18일	혁신단 임성구 일행 〈육혈포강도(六六砲强盜)〉 (연흥사)	
	2월 20일	혁신단 임성구 일행 〈군인의 기질(軍人의 氣質)〉 (연흥사)	
	2월 21일	혁신단 임성구 일행 〈친구의형살해(親仇義兄殺害)〉 (연흥사)	
	2월 23일	혁신선미단 창단 공연 〈지성감천(至誠感天)〉 (단성사)	
	3월 11일	혁신단 임성구 일행 〈무전대금(無錢貸金)〉 (연흥사)	

	3월 17일경	혁신선미단 해산	
	3월 19일	혁신단 임성구 일행 〈사람이냐 귀신이냐〉 (연흥사)	
	3월 29일	문수성 일행 창단 공연 〈불여귀(不如歸)〉 (원각사)	소설각색
	4월 2일	혁신단 임성구 일행 〈병사반죄(兵士反罪)〉 (연흥사)	
	4월 3일	혁신단 임성구 일행 〈청년입지 고아소위(靑年立志 孤兒小尉)〉 (연흥사)	
	4월 6일	혁신단 임성구 일행 〈무사적 교육(武士的 敎育)〉 (연흥사)	
	4월 10일	혁신단 임성구 일행 〈교육적 활인형(敎育的 活人形)〉 (연흥사)	
		문수성 일행 〈천리마(千里馬)〉 (원각사)	
	4월 11일	혁신단 임성구 일행 〈일녀양서(一女兩婿)〉 (연흥사)	
	4월 13일	혁신단 임성구 일행 〈친구의형살해(親仇義兄殺害)〉 (연흥사)	
	4월 16일	혁신단 임성구 일행 〈소위휘선 사자친죄(少尉輝善 捨子親罪)〉 (연흥사)	
	4월 17일	혁신단 임성구 일행 〈정부감(貞婦鑑)〉 (연흥사)	
		문수성 일행 〈상부련(相夫憐)〉 (원각사)	소설각색
	4월 18일	혁신단 임성구 일행 〈무사적 교육(武士的 敎育)〉 (연흥사)	
	4월 19일~23일	문수성 일행 〈형설(螢雪)〉 (원각사)	
	4월 20일	혁신단 임성구 일행 〈무전대금(無錢貸金)〉 (연흥사)	
	4월 25일	혁신단 임성구 일행 〈군인의 구투(軍人의 仇鬪)〉 (연흥사)	

	4월 29일	혁신단 임성구 일행 〈우정무정 유녀의지(有情無情 遊女意志)〉 (연흥사)	
	5월 7일~9일	문수성 일행 〈송백절(松柏節)〉 (원각사)	
	5월 10일	문수성 일행 〈불여귀(不如歸)〉 (원각사)	
	5월 15일	혁신단 임성구 일행 〈친구의형살해(親仇義兄殺害)〉 (연흥사)	
	5월 16일	혁신단 임성구 일행 〈청년입지 고아소위(靑年立志 孤兒小尉)〉 (연흥사)	
	5월 17일	혁신단 임성구 일행 〈군인의 구토(軍人의 仇討)〉 (연흥사)	
	5월 18일	혁신단 임성구 일행 〈학생의 인내(學生의 忍耐)〉 (연흥사)	
	5월 19일	혁신단 임성구 일행 〈우정무정 유녀의지(有情無情 遊女意志)〉 (연흥사)	
	5월 21일	혁신단 임성구 일행 〈의기남자(義氣男子)〉 (연흥사)	
	5월 22일	혁신단 임성구 일행 〈수전노(守錢奴)〉 (연흥사)	
	5월 23일	혁신단 임성구 일행 〈육혈포강도(六穴砲强盜)〉 (연흥사)	
	5월 24일	혁신단 임성구 일행 (주) 〈무사적 교육(武士的 敎育)〉 (연흥사) (야) 〈열녀충복(烈女忠僕)〉	
	5월 25일	혁신단 임성구 일행 〈수전노(守錢奴)〉 (연흥사)	
	5월 26일, 30일 ~6월 1일	혁신단 임성구 일행 〈소위휘선 사자친죄(少尉揮善 捨子親罪)〉 (연흥사)	
	5월 31일	개성의 성미단 창단 공연	
	6월 2일	혁신단 임성구 일행 〈청년입지 고아소위(靑年立志 孤兒小尉)〉 (연흥사)	
	6월 4일~9일	혁신단 일주일 휴연	

	6월 12일	혁신단 임성구 일행 〈자작얼은 불가활(自作孼은 不可活)〉 (연흥사)	
	6월 13일	혁신단 임성구 일행 〈여강도(女强盜)〉 (연흥사)	
	6월 14일	혁신단 임성구 일행 〈친구의형살해(親仇義兄殺害)〉 (연흥사)	
	6월 15 · 16일	혁신단 임성구 일행 〈가련처자(可憐妻子)〉 (연흥사)	
	6월 17일	혁신단 임성구 일행 〈열녀충복(烈女忠僕)〉 (연흥사)	
	6월 18일	혁신단 임성구 일행 〈기지죄(己之罪)〉 (연흥사)	소설각색
	6월 19일	혁신단 임성구 일행 〈열녀충복(烈女忠僕)〉 (연흥사)	
	6월 20일	혁신단 임성구 일행 〈미신무녀후업(迷信巫女後業)〉 연흥사)	
	6월 21일	혁신단 임성구 일행 〈불행친자(不幸親子)〉 (연흥사)	
	6월 22일	혁신단 임성구 일행 〈사민동권 교사휘지(四民同權 教師揮志)〉 (연흥사)	
	6월 23일	혁신단 임성구 일행 〈미신무녀 휴업(休業)〉 (연흥사)	
	6월 25일	혁신단 임성구 일행 〈우정 삼인병사(友情 三人兵士)〉 (연흥사)	
	6월 26 · 27일	혁신단 임성구 일행 〈효자반죄(孝子反罪)〉 (연흥사)	
	6월 28일	혁신단 임성구 일행 〈가련처자(可憐妻子)〉 (연흥사)	
	6월 29일	혁신단 임성구 일행 〈무죄 사필귀정(無罪 事必歸正)〉 (연흥사)	
	6월 30일	혁신단 임성구 일행 〈무전대금(無錢貸金)〉 (연흥사)	
	7월 2일	신단 임성구 일행 〈귀족비밀(貴族秘密)〉 (연흥사)	

7월 3일	혁신단 임성구 일행 〈미신무녀후업(迷信巫女後業)〉(연흥사)	
7월 4일	혁신단 임성구 일행 〈군인의 기질(軍人의 氣質)〉(연흥사)	
7월 5·6일	혁신단 임성구 일행 〈일녀양서(一女兩婿)〉(연흥사)	
7월 17일	혁신단 임성구 일행 〈선탐후개(先貪後改)〉(연흥사)	그동안 곡가(穀價)의 고 등으로 휴연
7월 18·19일	혁신단 임성구 일행 〈친구의형살해(親仇義兄殺害)〉(연흥사)	
7월 20일~23일	혁신단 임성구 일행 〈서승어적(庶勝於適)〉(연흥사)	
7월 24일	혁신단 임성구 일행 〈악형선제 휘선개악 (惡兄善弟 輝善改惡)〉(연흥사)	
7월 25일~28일	혁신단 임성구 일행 〈형사고심(刑事苦心)〉(연흥사)	
7월 26일경	이기세, 극단 준비를 위해 교토 체류 중	
7월 29일 ~8월 4일	혁신단 임성구 일행, 일주일 휴연	
8월 6일	혁신단 임성구 일행 〈실자살해(實子殺害)〉(연흥사)	실화극
8월 7일	혁신단 임성구 일행 〈열녀충복(烈女忠僕)〉(연흥사)	
8월 8일	혁신단 임성구 일행 〈사자친죄(捨子親罪)〉(연흥사)	
8월 9일	혁신단 임성구 일행 〈가련처자(可憐妻子)〉(연흥사)	
8월 10일	혁신단 임성구 일행 〈시매암의(侍妹暗意)〉(연흥사)	
8월 11일	혁신단 임성구 일행 〈실자살해(實子殺害)〉(연흥사)	실화극
8월 13일	혁신단 임성구 일행 〈친구의형살해(親仇義兄殺害)〉(연흥사)	

	8월 14일	혁신단 임성구 일행 〈수전노(守錢奴)〉(연흥사)	
	8월 15일	혁신단 임성구 일행 〈육혈포강도(六穴砲强盜)〉(연흥사)	
	8월 16일	혁신단 임성구 일행 〈천도조정(天道照正)〉(연흥사)	실화극
	8월 17일~21일	혁신단 임성구 일행 〈반수천죄(反受天罪)〉(연흥사)	
	8월 22일	혁신단 임성구 일행 〈무전대금(無錢貸金)〉(연흥사)	
	8월 23·24일	혁신단 임성구 일행 〈미신무녀(迷信巫女)〉(연흥사)	
	8월 25일	혁신단 임성구 일행 〈우정독신탐정(友情獨身偵探)〉(연흥사)	
	8월 27·28일	혁신단 임성구 일행 〈정부감(貞婦鑑)〉(연흥사)	
	8월 29일	혁신단 임성구 일행 〈유정무정 유녀의지(有情無情遊女意志)〉(연흥사)	
	8월 30일	혁신단 임성구 일행 〈사민동권 교사휘지(四民同權 敎師輝志)〉(연흥사)	
	8월 31일	혁신단 임성구 일행 〈교육미담 성공고학생(敎育美談 成功苦學生)〉(연흥사)	
	9월 1일	혁신단 임성구 일행 〈청년입지 고아소위(靑年立志孤兒少尉)〉(연흥사)	
	9월 3일	혁신단 임성구 일행 〈사민동권 교사휘지(四民同權敎師輝志)〉(연흥사)	
	9월 4일	혁신단 임성구 일행 〈지극병원(地極病院)〉(연흥사)	
	9월 5일~8일	혁신단 임성구 일행 〈친구의형살해(親仇義兄殺害)〉(연흥사)	
	9월 6일	개성의 이화단 창단 공연	
	9월 10일~12일	혁신단 임성구 일행 〈미신무녀휴업(迷信巫女休業)〉(연흥사)	

한국 근대연극의 형성

	9월 13일~15일	혁신단 임성구 일행, 삼일간 휴연	
	9월 17일	혁신단 임성구 일행 〈불행친자(不幸親子)〉(연흥사)	
	9월 18일	혁신단 임성구 일행 〈서승어적(庶勝於嫡)〉(연흥사)	
	9월 19일	혁신단 임성구 일행 〈사자친죄(捨子親罪)〉(연흥사)	
	9월 20 · 21일	혁신단 임성구 일행 〈반수천죄(反受天罪)〉(연흥사)	
	9월 22일	혁신단 임성구 일행 〈무전대금(無典貸金)〉(연흥사)	'無錢貸金'의 오류인 듯
	9월 23일	부인연구단 엄명선 일행 〈삼인결혼(三人結婚)〉(연흥사)	
	9월 25 · 26일	부인연구단 엄명선 일행 〈지옥병원(地獄病院)〉(연흥사)	
	9월 27일	부인연구단 엄명선 일행 〈육혈포강도(六穴砲强盜)〉(연흥사)	
	9월 28일	부인연구단 엄명선 일행 〈무사적 교육(武士的 敎育)〉(연흥사)	
	9월 28일	원각사, 노후로 인해 사용금지	
	9월 29일	부인연구단 엄명선 일행 〈인니수심(人而獸心)〉(연흥사)	
	10월 1일	부인연구단 엄명선 일행 〈교육적 활인형(敎育的 活人形)〉(연흥사)	
	10월 2일	부인연구단 엄명선 일행 〈교영각몽 (驕榮覺夢)〉(연흥사)	
	10월 3일	부인연구단 엄명선 일행 〈서승어적(庶勝於適)〉(연흥사)	
	10월 4일	이화단 〈설상한매(雪上寒梅)〉(장안사)	
		혁신단, 임성구과 박창한의 갈등으로 휴연	
	10월 6일	이화단 〈군인징악 (軍人懲惡)〉(장안사)	

10월 7일~31일	이화단 예제 매일변경 공연 (장안사)	
10월 11일	혁신단 부설 부인연구단 〈서승어적(庶勝於適)〉 (연흥사)	혁신단, 임성구 단장 박창한 주임 · 사장 체 제에서 임성구 단장 · 주임 체제로
10월 12일	혁신단 부설 부인연구단 〈교육적 활인형(敎育的 活人形)〉 (연흥사)	
10월 13일	혁신단 부설 부인연구단 〈친구의형살해(親仇義兄殺害)〉 (연흥사)	
10월 15일	혁신단 부설 부인연구단 〈반수천죄(反受天罪)〉 (연흥사)	광고에는 「친구의형살 해」로
10월 16일	혁신단 부설 부인연구단 〈서승어적(庶勝於適)〉 (연흥사)	
10월 23일	혁신단, 동서연초회사 주최로 평양 가부키좌에서 공연한다는 기사	
10월 26 · 27일	신연극 청년파 일단 창단 공연 〈재봉춘(再逢春)〉 (연흥사)	소설각색
10월 29일	신연극 청년파 일단 〈단총녀도(短銃女盜)〉 (연흥사)	
10월 30일	신연극 청년파 일단 〈앙급자신(殃及自身)〉 (연흥사)	
10월 31일	신연극 청년파 일단 〈월만즉휴(月滿則虧)〉 (연흥사)	
11월 1일	신연극 청년파 일단 〈흥패재우(興敗在友)〉 (연흥사)	
11월 2일	신연극 청년파 일단 〈재봉춘(再逢春)〉 (연흥사)	소설각색
11월 3일	신연극 청년파 일단 〈불여귀(不如歸)〉 (연흥사)	소설각색
	혁신단 임성구 일행, 평양에서 진남포로	
	유일단, 개성좌에서 매일 공연 시작	
11월 5일	신연극 청년파 일단 〈정렬탈험(貞烈脫險)〉 (연흥사)	

	11월 6일	신연극 청년파 일단 〈허언학생(虛言學生)〉 (연흥사)	
	11월 7일	신연극 청년파 일단 〈위광구선(僞狂求善)〉 (연흥사)	
	11월 8 · 9일	신연극 청년파 일단 〈친모양심(親母良心)〉 (연흥사)	
	11월 10일	신연극 청년파 일단 〈친지양심(親之養心)〉 (연흥사)	
	11월 12일	신연극 청년파 일단 〈앙급자신(殃及自身)〉 (연흥사)	광무대 수리
	11월 13일	신연극 청년파 일단 〈허언학생(虛言學生)〉 (연흥사)	
	11월 14일	신연극 청년파 일단 〈인신사기(人身詐欺)〉 (연흥사)	
	11월 15 · 16일	신연극 청년파 일단 〈불여귀(不如歸)〉 (연흥사)	소설각색
	11월 17일	신연극 청년파 일단 〈인신사기(人身詐欺)〉 (연흥사)	
	11월 19일	신연극 청년파 일단 〈고심성공(苦心成功)〉 (연흥사)	
	11월 20 · 21일	신연극 청년파 일단 〈친지양심(親之養心)〉 (연흥사)	
	11월 22 · 23일	신연극 청년파 일단 〈천도조정(天道照正)〉 (연흥사)	
	11월 24일	신연극 청년파 일단 〈인신사기(人身詐欺)〉 (연흥사)	
	11월 26~30일	신연극 청년파 일단 〈수전노(守錢奴)〉 (연흥사)	
	11월 26일	혁신단 임성구 일행 〈육혈포강도(六六砲强盜)〉 (어성좌)	
	11월 27일~30일	혁신단 임성구 일행 〈친구의형살해(親仇義兄殺害)〉 (어성좌)	
	12월 1일	청년파 일단 평양 공연	
	12월 1일~	유일단, 경성진출 공연 (연흥사)	십여 일 공연

		유일단 공연 (연흥사)	
	12월 21일~	청년파 일단, 평양에서 돌아와 공연 재개	
		혁신단, 근일 인천 축항사 공연 예정	
1913년	1월~2월 5일	유일단 공연 (연흥사)	
	1월 11일~	혁신단 인천에서 돌아옴 (황금유원 연기관)	
	1월 15일	평양의 기화단(箕華團) 조직	
	1월 27일	유일단 〈혈의누〉 (연흥사)	
	2월 6일	혁신단 임성구 일행 〈제1일 화생연옥(第一日 禍生戀慾)〉 (황금유원 연기관)	
		신연극 청년파 일단 〈설중의 죽(雪中의 竹)〉 (연흥사)	
		유일단 〈오호천명(嗚呼天命)〉 (단성사)	유일단, 단성사로 옮김
	2월 7일	혁신단 임성구 일행 〈혈루(血淚)〉 (황금유원 연기관)	
	2월 8일	혁신단 임성구 일행 〈독부지자멸(毒婦之自滅)〉 (황금유원 연기관)	
		유일단 매일 예제변경 (단성사)	
		청년파 일단 매일 예제변경 (연흥사)	
	2월 11일	혁신단 임성구 일행 〈육혈포강도(六穴砲强盜)〉 (황금유원 연기관)	
	2월 13일	혁신단 임성구 일행 〈군인기질(軍人氣質)〉 (황금유원 연기관)	
	2월 14일	혁신단 임성구 일행 〈보국탐정(報國探偵)〉 (황금유원 연기관)	
	2월 15 · 16일 18일~21일 23일	혁신단 임성구 일행 〈혈루(血淚)〉 (황금유원 연기관)	

한국 근대연극의 형성

2월 21일	청년파 일단과 유일단, 낮연극 시작		
2월 28일	청년파 일단, 공연 중지		
3월 6일	혁신단 임성구 일행 (연흥사)		
3월 8일	혁신단, 청년파 일단 인계		
3월 28일	혁신단 임성구 일행 〈형제병사(兄弟兵士)〉(연흥사)		
4월 29일 ~5월 3일	신단 임성구 일행 〈쌍옥루(雙玉淚)〉(상중하 전막) (연흥사)	소설각색 (연재: 1912.7.17.~ 1913.2.4.)	
5월 4일~9일	혁신단 임성구 일행 〈봉선화(鳳仙花)〉(연흥사)	소설각색 (연재: 1912.7.7.~ 1912.11.29.)	
5월 17일~19일	혁신단 임성구 일행 〈우중행인(雨中行人)〉(연흥사)	소설각색 (연재: 1913.2.25.~ 1913.5.11.)	
5월 30일~	유일단, 경성 공연재개 (장안사)		
7월 24일	유일단, 연흥사로 옮겨 공연 예정		
7월 27일~29일	유일단 〈장한몽(長恨夢)〉(전편) (연흥사)	소설각색 (연재: 1913.5.13.~ 1913.10.1.)	
7월 27일~29일	박창한 일파 평양 공연		
8월 8일~10일	유일단 〈장한몽(長恨夢)〉(상편 · 중편) (연흥사)		
8월 28일	혁신단, 공연정지 당했다가 다시 공연허가 받음		
9월 5일	혁신단 임성구 일행 (어성좌)		
9월 28일 ~10월 8일	혁신단 임성구 일행, 인천에서 공연		
10월 9일	혁신단 임성구 일행 경성 공연 (연흥사)		

	10월 13일~	어린이 신파극단 연미단 (황금유원 임시흥행장)	
	10월 25일~29일	혁신단 임성구 일행 〈눈물〉(상권) (연흥사)	소설각색 (연재: 1913.7.16.~ 1914.1.20.)
	11월 6일	연미단, 인천 공연 (축항사)	
	11월 21일~25일	혁신단 임성구 일행 〈불효천벌(不孝天罰)〉 (연흥사)	
	11월 29일	혁신단 임성구 일행 〈귀의성(鬼의聲)〉 (연흥사)	소설각색
	12월 16일~19일	청년단 황치삼 일행 창단 공연 (연흥사)	
	12월 27일	혁신단 임성구 일행 〈일책양각(一策兩覺)〉 (연흥사)	창립기념 공연
1914년	1월 1일	혁신단 임성구 일행 (연흥사)	
	1월 13일	혁신단 임성구 일행 〈귀랑 독부간계(鬼娘 毒婦姦計)〉 (연흥사)	
	1월 14일	혁신단 임성구 일행 〈불효텬벌(不孝天罰)〉 (연흥사)	
	1월 15 · 17일	혁신단 임성구 일행 〈귀랑 독부간계(鬼娘 毒婦姦計)〉 (연흥사)	
	1월 17일	단성사, 신축낙성	
	1월 26일 ~1월 31일	혁신단 임성구 일행 〈눈물〉(상 · 하편) (연흥사)	소설각색
	1월 28일~30일	연미단 (어성좌)	
	2월 3일	혁신단 임성구 일행 〈귀랑 독부간계(鬼娘 毒婦姦計)〉 (연흥사)	
	2월 4일 · 5일	혁신단 임성구 일행 〈미신무녀후업〉 (연흥사)	
	2월 6일 · 7일	혁신단 임성구 일행 〈불효친자(不孝親子)〉 (연흥사)	
	2월 11일 · 12일	혁신단 임성구 일행 〈장한몽(長恨夢)〉 (연흥사)	소설각색

2월 13일~16일	혁신단 임성구 일행 〈국의 향(菊의 香)〉 (연흥사)	소설각색 (연재: 1913.10.2.~ 1913.12.28.)
2월 17일~21일	혁신단 임성구 일행 〈은세계(銀世界)〉 (연흥사)	소설각색
2월 22 · 23일	혁신단 임성구 일행 〈쌍옥루(雙玉淚)〉 (연흥사)	
2월 24 · 25일	혁신단 임성구 일행 〈불여귀(不如歸)〉 (연흥사)	
2월 27일	혁신단, 평양으로 출발	
3월 5일~15일	혁신단, 인천 축항사 공연	
3월 12일	문수성 일행 〈청춘(靑春)〉 (연흥사)	
3월 13일~16일	문수성 일행 〈덕국토산(德國土産)〉 (연흥사)	
3월 17일	혁신단, 인천에서 평양으로	
3월 17일~21일	문수성 일행 〈청춘(靑春)〉 (연흥사)	
3월 26일	문수성 일행 〈비파가(琵琶歌)〉 (연흥사)	기사에는 〈신춘향곡〉 으로 보도되었으나 오 보인 듯
3월 27일~29일	문수성 일행 〈춘풍곡(春風曲)〉 (연흥사)	
3월 31일~4월 1일	문수성 일행 〈영월〉 (연흥사)	
4월 9일~	문수성, 휴연	황태후폐하 환후
4월 11일	혁신단, 개성에서 공연중	
4월 15일	문수성, 공연 재개	
4월 16일 · 17일	문수성 일행 〈남아(男兒)〉 (연흥사)	
4월 19일	문수성 일행 〈로형〉 (연흥사)	

4월 21일~28일	문수성 일행 〈단장록(斷腸錄)〉 (연흥사)	소설각색 (연재: 1914.1.1.~ 1914.6.10.)
4월 29일 ~5월 3일	문수성 일행 〈눈물〉 (연흥사)	
5월 7일	문수성 일행, 지방순회공연	
5월 10일~	혁신단, 연흥사 공연 시작	
5월 16일~18일	혁신단 임성구 일행 〈단장록(斷腸錄)〉 (연흥사)	
5월 19일	혁신단, 연흥사 공연 정지	
5월 23일	문수성, 수원 공연	
5월 27일	문수성, 개성 공연	
6월 4일~7일	혁신단, 인천 축항사 공연	
6월 10일 · 11일	혁신단, 해주 공연	
6월 12일	문수성, 개성에서 평양으로	
6월 23일~	문수성, 경성 공연 (어성좌)	
6월 28일	문수성, 대구로	
6월 30일경	한창렬 정극단 일행 창단 공연 (연흥사)	
8월 4일~11일	한창렬 정극단 일행 〈형제(兄弟)〉 (연흥사)	소설각색(연재: 1914.6.11.~ 1914.7.19.)
9월 2일	한창렬 정극단 일행 〈금강문(金剛門)〉 (연흥사)	
10월 10일~12일	혁신단 임성구 일행 〈장한몽(長恨夢)〉 (단성사)	소설각색
10월 13일	혁신단 임성구 일행 〈형제(兄弟)〉 (단성사)	

한국 근대연극의 형성

	10월 29일	혁신단, 인천 축항사로 출발	
	12월 9일~	혁신단, 평양 앵좌 공연	
		유일단, 전주 가설극장 공연	
	12월 11일	유일단, 군산 군산좌 공연	
	2월 19일	단성사, 소실	연흥사, 지난 9월 이후 낙후로 영업취소 상태
		혁신단, 인천 축항사 공연	
	4월 16일	혁신단, 전주에서 공연하다가 충남 강경으로	
	5월 12일	혁신단, 대구로 출발	
	5월 19일	단성사, 수리 후 영업 시작	
	7월 4일	혁신단, 진주 공연	
	7월 14일	혁신단, 통영 공연	
1915년	9월 11일~		시정 5년 기념 조선물산 공진회
	10월 10일~14일	松旭齋天勝 一座 〈싸로메〉 (공진회장 내 경성협찬회 연예관)	
	10월 16일~19일	松旭齋天勝 一座 〈호접무〉·희극 〈포서(捕鼠)〉 (공진회장 내 경성협찬회 연예관)	
	10월 22일~26일	松旭齋天勝 一座 〈싸로메〉 (공진회장 내 경성협찬회 연예관)	
	11월 9일~	일본 예술좌 일행 〈카추샤〉〈싸로메〉〈마구다〉 외 사회극 (용산 사꾸라좌(櫻座))	
	11월 26일~	혁신단 임성구 일행 (단성사)	
	12월 19일·20일	혁신단 임성구 일행 〈눈물〉 (단성사)	
	12. 26일~28일	혁신단 임성구 일행 〈쌍옥루(雙玉淚)〉 (단성사)	

	2월 5일	혁신단 임성구 일행 〈천성효심(天性孝心)〉 (단성사)	
	2월 24일 · 25일	혁신단 임성구 일행 〈눈물〉 (단성사)	
	3월 3일~10일	혁신단 임성구 일행 〈정부원(貞婦怨)〉 (단성사)	소설각색 (연재: 1914.10.29.~ 1915.5.19.)
	3월 14일 · 15일	혁신단 임성구 일행 〈장한몽(長恨夢)〉 (단성사)	
	3월 27일 · 28일	예성좌 창단 공연 〈코루시카의 형제〉 (단성사)	
	3월 29일	예성좌 〈연의 말로(戀의 末路)〉 (단성사)	
	3월 31일	예성좌 정극 〈아내〉 · 희극 〈유언〉 (단성사)	
1916년	4월 1일 · 2일	예성좌 〈단장록(斷腸錄)〉 (단성사)	
	4월 3일	예성좌 〈코루시카의 형제〉 (단성사)	
	4월 11일 · 12일	예성좌 〈쌍옥루(雙玉涙)〉 (단성사)	
	4월 13일	예성좌 〈활극 의? 정?(義? 情?)〉 (단성사)	
	4월 23일	예성좌 〈카추샤〉 (단성사)	
	5월 16일~	혁신단 임성구 일행 (단성사)	
	6월 2일~8일	신파 대합동연극 일주일간 (단성사)	
	6월 16일~	신파 대합동 연극 (평양 가부키좌)	
	9월 17일~	혁신단 임성구 일행 (어성좌)	
	12월 5일~	예성좌, 한 달간 개성 공연 후 경성 공연 (어성좌)	

한국 근대연극의 형성

	12월 8일~	혁신단 임성구 일행 (단성사)	
1917년	2월 18일	단성사, 황금관주인 일본인 다무라(田村)에게 매각됨	
	3월 16일	일본 연쇄극 〈문명의 복수〉 (황금관)	
	12월 14일	혁신단, 임성구 일행 (단성사)	
1918년	2월 27일~	취성좌 김소랑 일행 창단 공연 (단성사)	
	3월 9일 · 10일	취성좌 김소랑 일행 〈추월색(秋月色)〉 (단성사)	
	5월 23일	松旭齋天勝 一座 (황금관)	
	5월 31일~	松旭齋天勝 一座 〈사랑의 힘〉 (황금관)	
	6월 21일	단성사, 활동사진관으로 개축 예정	
	7월 13일~	혁신단 임성구 일행, 단성사 고별공연	
	8월 4일~	혁신단 임성구 일행, 창설 9주년 기념공연 (단성사)	
	12월 21일	단성사, 활동사진 개연	
1919년	5월 16일	취성좌 김소랑 일행, 휴연 후 인천 축항사에서 공연	
	6월 1일	松旭齋天華 一行 비극 〈벨쓰〉 (황금관)	
	6월 3일	松旭齋天華 一行 〈승정의 촛대(僧正의 燭台)〉 (황금관)	
	6월 6일	松旭齋天華 一行 (단성사)	
	6월 7일	松旭齋天華 一行 〈승정의 촛대〉 (단성사)	
	6월 8일	松旭齋天華 一行 가극 〈약의 효험〉 (단성사)	
	6월 9일	松旭齋天華 一行, 인천 가부키좌에서 이틀 공연	

	7월 4일~8일	신극좌 김도산 일행 〈의리적 구토(義理的 仇討)〉 (우미관)	
	7월 18일 · 19일	혁신단 임성구 일행 고별공연 〈장한몽〉 (단성사)	예제: 〈눈물〉〈재봉춘〉 〈천의(天意)〉〈육혈포 강도〉〈공명정대〉〈계 섬의 한〉 등
	7월 20일	혁신단 임성구 일행 고별흥행 〈재봉춘〉 (단성사)	
	7월 21일	혁신단 임성구 일행 고별흥행 〈미신무녀후업〉 (단성사)	
	8월 15일경	혁신단, 군산좌 공연 후 31일부터 동대구좌 공연	
	9월 3일경	취성좌, 전주 공연 후 9월 1일부터 광주좌 공연	
	9월 5일~	단성사 변사일동 〈애사(哀史)〉 중 일부 (단성사)	서상호 주도
	9월 10일~18일	신극좌 김도산 일행 〈의기남아(義氣男兒)〉 (단성사)	
	9월 19일~22일	신극좌 김도산 일행 〈견이불견(見而不見)〉 (단성사)	
	9월 23일~25일	신극좌 김도산 일행 〈카추샤〉 (단성사)	
1919년	9월 26일 · 27일	신극좌 김도산 일행 〈사의(思義)의 발포〉 (단성사)	
	9월 28일	신극좌 김도산 일행 〈비파성(琵琶聲)〉 (단성사)	
	9월 29일	신극좌 김도산 일행 〈덕국토산〉〈천리마〉 (단성사)	
	10월 3일~	혁신단 임성구 일행 (대구좌)	
	10월 27일 ~11월 2일	신극좌 김도산 일행 연쇄극 〈의리적 구토〉 (단성사)	
	10월 30일	이기세의 조선문예단 창단 공연 (대구좌)	
	11월 3일~6일	신극좌 김도산 일행 연쇄극 〈시우정(是友情)〉 (단성사)	

한국 근대연극의 형성

	11월 7일~10일	신극좌 김도산 일행 연쇄극 〈형사고심〉 (단성사)	
	11월 10일	온나가타(女形) 고수철, 부산 흥행 중 사망	11월 14일 보도기사
	11월 11일	신극좌 김도산 일행 고별공연 연쇄극 〈의리적 구토〉 (단성사)	
	11월 13일	신극좌 김도산 일행 고별공연 연쇄극 〈효자열녀극〉 (단성사)	
	11월 15일	신극좌 김도산 일행 고별공연 연쇄극 〈13일 살해극〉 (단성사)	
	11월 19일~	신극좌, 인천 가부키좌로 출발	
	12월 10일경	신극좌, 대구에서 공연하다가 마산으로	
	12월 18일	임성구, 혁신단 단장직을 한창렬에게 이임	
1921년	11월 21일	임성구 사망	

1. 기본자료

『황성신문』·『대한매일신보』·『만세보』·『국민신보』·『대한민보』·『매일신보』·
『동아일보』

이인직, 『은세계』, 동문사, 1908.

조일재, 「쌍옥루」, 『매일신보』, 1912. 7. 17~1913. 2. 4.

이해조, 「봉선화」, 『매일신보』, 1912. 7. 7~1912. 11. 29.

이해조, 「우중행인」, 『매일신보』, 1913. 2. 25~1913. 5. 11.

조일재, 「장한몽」, 『매일신보』, 1913. 5. 13~1913. 10. 1.

이상협, 「눈물」, 『매일신보』, 1913. 7. 15~1914. 1. 20.

조일재, 「국의향」, 『매일신보』, 1913. 10. 2~1913. 12. 28.

조일재, 「단장록」, 『매일신보』, 1914. 1. 1~1914. 6. 10.

심천풍, 「형제」, 『매일신보』, 1914. 6. 11~1914. 7. 19.

이상협, 「정부원」, 『매일신보』, 1914. 10. 29~1915. 5. 19.

덕부로화(德富蘆花), 『불여귀』, 조중환 역, 경성사서점, 1912.

송병기 외 편저, 『한말근대법령자료집 I ~ V』, 대한민국국회도서관, 1970 · 1971.

송병기 편, 『통감부법령자료집 상 · 하』, 대한민국국회도서관, 1973.

안광희 편저, 『한국 근대연극사 자료집 1 · 2』, 역락, 2001.

안국선, 『연설법방』, 경성: 탑인사(搭印社), 1907.

한국정신문화연구원 편, 『한국유성기음반총목록』, 민속원, 1998.

한국학문헌연구소 편, 『대한개화기학술지 1~20』, 아세아문화사, 1978.

＿＿＿＿＿＿＿ 편, 『신소설 번안(역) 소설 1~10』, 1978.

＿＿＿＿＿＿＿ 편, 『한국 개화기교과서 총서 9 · 10』, 1977.

한국 근대연극의 형성

2. 논문 및 단행본

고동환, 「조선후기 서울의 공간구성과 공간인식」, 『서울학연구』 제25호, 2005.

구인모, 「지역 · 장르 · 매체의 경계를 넘는 서사의 역정(歷程)」, 『사이』 제6권, 2009.

권도희, 「20세기 기생의 가무와 조직」, 『한국음악연구』 제45집, 2009.

_____, 「20세기 기생의 음악사회사적 연구」, 『한국음악연구』 제29권, 2001.

_____, 「20세기 관기와 삼패」, 『여성문학연구』 제16권, 2006.

권명아, 「풍속통제와 일상에 대한 국가관리」, 『민족문학사연구』 제33권, 2007.

권보드래, 『한국 근대소설의 기원』, 소명출판, 2000.

권용선, 「1910년대 '근대적 글쓰기'의 형성과정 연구」, 인하대 박사학위논문, 2004.

권정희, 「해협을 넘은 '국민문학' -조선에서의 『불여귀』 수용 양상」, 『한국근대문학
과 일본』, 사에구사 도시카스 외, 소명출판, 2003.

기 드보르, 『스펙터클의 사회』, 이경숙 옮김, 현실문화연구, 1996.

김광우, 「대한제국시대의 도시계획 -한성부 도시개조사업」, 『향토서울』 제50호,
1991.

김규성 엮음, 『존 록크의 교육사상을 이해한다』, 학문사, 1993.

김기란, 「근대계몽기 스펙터클의 사회 · 문화적 기능 고찰」, 『현대문학의 연구』 23,
2004.

_____, 「신연극 〈은세계〉 연구」, 『한국근대문학연구』 제16호, 2007. 10.

_____, 「한국 근대계몽기 신연극 형성과정 연구」, 연세대 박사학위논문, 2004.

_____, 「협률사 재론」, 『현대문학의 연구』 32호, 2007. 7.

김남석, 『조선의 여배우들』, 국학자료원, 2006.

김도형, 『대한제국기의 정치사상 연구』, 지식산업사, 1994.

김동식, 「한국의 근대적 문학개념 형성과정 연구」, 서울대 박사학위논문, 1999.

김병철, 『한국근대번역문학사연구』, 을유문화사, 1975.

김상봉, 『호모 에티쿠스 -윤리적 인간의 탄생』, 한길사, 1999.

김성연, 「한국의 근대문학과 동정의 계보 -이광수에서 『창조』로」, 연세대 석사학위
논문, 2002.

김소은, 「한국 근대연극과 희곡의 형성과정 및 배경연구」, 숙명여대 박사학위논문,

2002.

김수남, 「연쇄극의 영화사적 정리와 미학적 고찰」, 『영화연구』 제20호, 2002.

_____, 「조선무성영화 변사의 기능적 고찰과 미학 연구」, 『영화연구』 제24집, 2004.

김영민, 『한국근대소설사』, 솔, 1997.

김영우, 『한국 근대토론의 사적 연구』, 일지사, 1991.

김우창, 「감각, 이성, 정신 –현대 문학의 변증법」, 이문열·권영민·이남호 엮음, 『한국문학이란 무엇인가』, 민음사, 1995.

김재석, 「개화기 연극 〈은세계〉의 성격과 의미」, 『한국극예술연구』 제15집, 2002.

_____, 「개화기 연극의 형성에 미친 「협률사」의 영향」, 『어문론총』 제43호, 2005.

_____, 「『미야코(都) 신문』 체험이 이인직의 신연극관 형성에 미친 영향」, 『어문론총』 제51호, 2009.

_____, 「1900년대 창극의 생성에 대한 연구」, 『한국연극학』 제38호, 2009.

김재철, 『조선연극사』, 경성: 조선어학회, 1933(민학사, 1974).

김정동, 「협률사의 세움에 관하여(연구노트)」, 『건축역사연구』 제17권 6호 통권 61호, 2008. 12.

김종욱 편저실록, 『실록 한국영화총서(상); 제1집(1903~1945.8.)』, 국학자료원, 2002.

김종원·정중헌, 『우리영화 100년』, 현암사, 2001.

김종철, 「〈은세계〉의 성립과정 연구」, 『한국학보』 제51집, 1988.

_____, 「판소리 연행방식과 사회적 위상의 변모양상」, 『판소리사 연구』, 역사비평사, 1996.

김학현, 『가부키(歌舞伎)』, 열화당, 1997.

김현주, 「문학·예술교육과 '동정' –이광수의 '무정'을 중심으로」, 『상허학보』 제12집, 2004.

_____, 『이광수와 문화의 기획』, 태학사, 2005.

_____, 「1910년대 '개인', '민족'의 구성과 감정정치학」, 『현대문학의 연구』 제22집, 한국문학연구학회, 2004. 2.

_____, 「1910년대 초 『매일신보』의 사회 담론과 공공성」, 『현대문학의 연구』 제39호, 2009.

나가미네 시게토시, 『독서국민의 탄생』, 다지마 테쓰오·송태욱 옮김, 푸른역사,

2010.

나현성,『한국운동경기사』, 문천사, 1958.

_____,『한국체육사(상)』, 영문사, 1959.

다지리 히로유키,「『국민신보』에 게재된 소설과 연극기사에 관한 연구」,『민족문화연구』
　　제29호, 1996.

_____,『이인직 연구』, 국학자료원, 2006.

_____,「이인직의 연극개량과 일본 연극개량 −『좌창의민전(佐倉義民傳)』과
　　『은세계』를 중심으로」,『민족문화연구』제34권, 2001.

딜런 에번스,『감정』, 임건태 옮김, 이소출판사, 2002.

로버트 헤일만,「비극과 멜로드라마: 발생론적 형식에 관한 고찰」,『비극과 희극, 그
　　의미와 형식』, 송욱 외 옮김, 고려대학교 출판부, 1995.

문경연,「한국 근대연극 형성과정의 풍속통제와 오락담론 고찰」,『국어국문학』151,
　　2009. 5.

민족음악연구소,「『예기(禮記)』「악기(樂記)」의 ‘악본편(樂本編)’」,『음악과 민족』제2호,
　　1991. 10.

밀리 배린저,『서양 연극사 이야기』(개정증보판), 우수진 역, 2008.

박명규,「한말 ‘사회’ 개념의 수용과 그 의미 체계」,『사회와 역사』제59권, 2001. 5.

박명진,「근대초기 시각체제와 희곡」,『한국극예술연구』제16집, 2002.

_____,「한국 연극의 근대성 재론 −20c초의 극장 공간과 관객의 욕망을 중심으로」,
　　『한국연극학』14, 2000.

박애경,「조선 후기 유흥공간과 일탈의 문학 −기방의 구성과 성격을 중심으로−」,『여
　　성문학연구』제14권, 2005.

박용옥,「1920년대 신여성 연구」,『여성; 역사와 현재』, 국학자료원, 2001.

박장례,「『은세계』의 원전비평적 연구」,『장서각』제7집, 한국정신문화연구원, 2002.

박제경,『조선정감』, 이익성 옮김, 한길사, 1992.

박주원,「근대적 ‘개인’, ‘사회’ 개념의 형성과 변화−한국자유주의의 특성에 관하
　　여」,『역사비평』, 2004 여름.

박　진,「연극잡감」,『예술원보』8, 1962.

_____,『한국연극사 1기(1902−1930)』, 예술원 연예분과, 1972.

박태규, 「이인직의 연극개량 의지와 『은세계』에 미친 일본연극의 영향에 관한 연구」, 『일본학보』 제47권, 2001.

박 황, 『창극사연구』, 백록출판사, 1976.

발터 벤야민, 「기술복제시대의 예술작품」, 『발터벤야민의 문예이론』, 반성완 역, 민음사, 1995.

백성현·이한우, 『파란 눈에 비친 하얀 조선』, 새날, 2006.

배연형, 「근대 극장 사진자료 연구(1) -협률사·원각사·광무대-」, 『한국사상과 문화』 제30집, 2005. 9.

백현미, 「원각사의 설립과정과 연극사적 성격」, 『판소리연구』 제6권 제1집, 1995.

_____, 『한국창극사 연구』, 태학사, 1997.

변기종, 「연극 오십년을 말한다」, 『예술원보』 제8집, 1962.

사진실, 『공연문화의 전통』, 태학사, 2002.

서울특별시사 편찬위원회, 『서울 육백년사』 제3권, 1997.

소영현, 「근대소설과 낭만주의」, 『상허학보』 제10집, 2003.

손정목, 「일제하의 매춘업: 공창과 사창」, 『도시행정연구』 제3집, 1988.

_____, 『한국 개항기 도시변화과정연구』, 일지사, 1982.

_____, 『한국 개항기 도시사회경제사연구』, 일지사, 1982.

송방송, 「한성기생조합소의 예술사회사적 조명 -대한제국 말기를 중심으로」, 『한국학보』 제29권 제4호, 2003.

_____, 「대한제국 시절의 진연과 관기들의 정재공연」, 『한국무용사학회 논문집』 제1권, 2003.

_____, 『증보한국음악통사』, 민속원, 2007.

송연옥, 「대한제국기의 〈기생단속령〉〈창기단속령〉:일제 식민화와 공창제 도입의 준비과정」, 『한국사론』, 1998.

신근재, 「「불여귀」의 번안양상 -「두견성」과 「유화우」를 중심으로」, 『일어일문학연구』 제15권 제1집, 1989.

신지영, 「연설, 토론이라는 제도의 유입과 감각의 변화」, 『한국근대문학연구』 통권 제11호, 2005.

안느 위베르스펠트, 『연극기호학』, 신현숙 역, 문학과지성사, 1988.

안 뱅상 뷔포, 『눈물의 역사』, 이자경 옮김, 동문선, 2000.

안종화, 『신극사 이야기』, 진문사, 1955.

R. L. 러츠키, 『하이테크네』, 김상민·윤원화 외 옮김, 시공사, 2004.

야나부 아키라, 『번역어 성립사정』, 서혜영 옮김, 일빛, 2003.

야마시다 영애, 「식민지 지배와 공창 제도의 전개」, 『사회와 역사』 제51권, 1997.

양승국, 「'신연극'과 〈은세계〉 공연의 의미」, 『한국현대문학연구』 제6집, 1998. 12.

_____, 「1910년대 한국 신파극의 레퍼토리 연구」, 『한국극예술연구』 제8집, 1998. 6.

_____, 『한국 신연극 연구』, 연극과인간, 2001.

에밀 부르다레, 『대한제국 최후의 숨결』, 정진국 옮김, 글항아리, 2009.

우수진, 「개화기 연극개량론의 국민화를 위한 감화기제 연구」, 『한국극예술연구』 제19
집, 2004. 4.

_____, 「무성영화 변사의 공연성과 대중연예의 형성」, 『한국극예술학회』 28, 2008. 10.

_____, 「신파극의 눈물, 동정의 정치학」, 『현대문학의 연구』 24, 2004. 11.

_____, 「신파극의 센티멘털리티/즘과 개량의 윤리학」, 『현대문학의 연구』 38, 2009. 6.

_____, 「연극개량의 전개와 극장적 공공성의 변동」, 『현대문학의 연구』 42, 2010. 10.

_____, 「연극장 풍속개량론과 경찰 통제의 극장화」, 『한국극예술연구』 32, 2010. 10.

_____, 「연쇄극의 근대 연극사적 의의-테크놀로지와 사실적 미장센, 여배우의 등장」,
『상허학보』 20, 2007. 6. 30.

_____, 「입센극의 수용과 근대적 연극 언어의 형성」, 『한국근대문학연구』 17, 2008.

_____, 「협률사와 극장적 공공성의 형성」, 『한국근대문학연구』 20, 2009. 11.

유모토 고이치, 『일본근대의 풍경』, 연구공간 수유 너머 동아시아 근대세미나팀 옮김,
그린비, 2004.

유민영, 「연극(판소리) 개량시대」, 『연극평론』 제6호, 1972.

_____, 「초기 신파극에 대한 연구 -한국근대희곡사연구 其 Ⅳ」, 『논문집』 제6집, 한양
대학교, 1972.

_____, 『한국근대극장 변천사』, 태학사, 1998.

_____, 『한국근대연극사』, 단국대출판부, 1996.

_____, 『한국인물연극사 1』, 태학사, 2006.

유선영, 「초기 영화의 문화적 수용과 관객성-근대적 시각문화의 변조와 재배치」, 『언

론과 사회』 제12권 제1호, 2003 겨울.

윤백남, 「연극과 사회: 병(並)하야 조선현대극장을 논함」, 『동아일보』, 1920. 5. 16.

_____, 「조선연극운동의 20년전을 회고하며」, 『극예술』 창간호, 1934. 4.

이기림, 「1930년대 한국영화 토키로의 전환에 관한 연구」, 동국대 석사학위논문, 2003.

이두현, 『한국신극사 연구』, 서울대출판부, 1966.

_____, 『한국연극사(개정판)』, 학연사, 1996.

_____, 『한국의 탈춤』, 일지사, 1981.

이미원, 『한국 근대극 연구』, 현대미학사, 1994.

이상경, 「『은세계』 재론; 이인직연구(1)」, 『민족문학사연구』 제5집, 1994.

이상섭, 『아리스토텔레스의 『시학』 연구』, 문학과지성사, 2002.

이상우, 「1900년대 연극개량운동과 근대 국민국가 만들기」, 『한국연극학』 23호, 2004. 8.

이승희, 「식민지시대 흥행(장) 「취체규칙」의 문화전략과 역사적 추이」, 『상허학보』 제29집, 2010. 6.

_____, 「한국 사실주의 희곡 연구 −1910년~1945년 시기를 중심으로」, 성균관대 박사학위논문, 2001.

이윤상, 「고종 즉위 40년 및 망육순 기념행사와 기념물 −대한제국기 국왕 위상제고사업의 한 사례」, 『한국학보』 111, 2003. 6.

이인주, 『디드로: 사상과 문학』, 건국대학교출판부, 1997.

이재숙 외, 『궁중의례와 음악』, 서울대학교출판부, 1998.

이정옥, 「연설의 서사화 전략과 계몽과 설득의 효과」, 『대중서사연구』 제17호, 2007.

이정희, 「대한제국기 장악기관의 체제」, 『공연문화연구(구 고전희곡연구)』 제17권, 2008. 8.

이태진, 「명치 동경과 광무 한성(서울)−근대도시로의 지향성과 개조 성과 비교−」, 『건축역사연구』 제12권 제2호, 2003. 6.

_____, 『고종시대의 재조명』, 태학사, 2000.

이효덕, 『표상공간의 근대』, 소명출판, 1996.

장규식, 『서울, 공간으로 본 역사』, 혜안, 2004.

한국 근대연극의 형성

전평국, 「우리 영화의 기원으로서 연쇄극에 관한 시론」, 『영화연구』 제24호, 2004.

정우봉, 「연설과 토론을 통해 본 근대계몽기의 수사학」, 『고전문학연구』 제30권, 2006.

J. L. 앤더슨(Anderson), 「설명이 곁들여진 일본의 무성영화, 또는 화면을 보며 이야기하기: 가쓰벤에 관한 논의, 텍스트 문맥화하기」, 『일본영화 다시보기』, 아서 놀레티 · 데이비드 데서 편, 편장완 · 정수완 옮김, 시공사, 2001.

조영규, 「협률사와 원각사 연구」, 연세대 박사학위논문, 2005. 12.

조풍연, 『서울잡학사전; 개화기의 서울 풍속도』, 정동출판사, 1989.

조희문, 「무성영화의 해설자 변사 연구」, 『영화연구』 13, 1997.

_____, 「연쇄극 연구」, 『영화연구』 제15호, 2000.

주창규, 「버나큘러 모더니즘의 스타로서 무성영화 변사의 변형에 대한 연구」, 『영화연구』 제32집, 2007.

최남선, 『조선상식문답속편』, 동명사, 1947.

최원식, 「『은세계』 연구」, 『창작과비평』 제48호, 1978 여름.

최혜주, 「한말 일제하 샤쿠오의 내한활동과 조선인식」, 『한국민족운동사연구』 45, 2005.

피터 브룩스, 『육체와 예술』, 이봉지 · 한애경 옮김, 문학과지성사, 2000.

하버마스, 『공론장의 구조변동』, 한승완 역, 나남출판, 2001.

하상락, 「경성고아원에 대한 소고(小考)」, 『향토서울』 제45호, 1988.

함태영, 「1910년대 『매일신보』 소설연구」, 연세대 박사학위논문, 2009.

호미 바바, 『문화의 위치; 탈식민주의 문화이론』, 나병철 옮김, 소명출판, 2002.

홍선영, 「1910년 전후 서울에서 활동한 일본인 연극과 극장」, 『일본학보』 제56집 제2권, 2003.

홍양희, 「현모양처론과 식민지 '국민' 만들기」, 『역사비평』 52, 2000 가을.

효도 히로미, 『연기된 근대』, 문경연 · 김주현 옮김, 연극과인간, 2007.

Andre Schmid, *Korea Between Empires, 1895-1919*, Columbia Univ. Press; New York, 2002.

Ann Jessie Van Sant, *Eighteenth-Century Sensibility and the Novel*, Cambridge Univ. Press,

1993.

Bishop I. B, *KOREA and Her Neighbors*, 1898(1970).

Eric Bentley, *The Life of the Drama*, Atheneum: New York, 1979.

Erika Fischer-Lichte, *The Show and the Gaze of Theatre; A European Perspective*, Univ. of Iowa Press, 1997.

Ernest Berbaum, *The Drama of Sensibilty: A Sketch of the History of English Sentimental Comedy and Domestic Tragedy 1696-1780*, Peter Smith: Gloucester, Mass, 1958.

Frand Rahill, *The World of Melodrama*, Pennsylvania State Univ. Press, 1967

G. J. Barker-Benfield, *The Culture of Sensibility; Sex and Society in Eighteenth-Century Britain*, The Univ. of Chicago Press: Chicago and London, 1992.

James L. Smith, *Melodrama*, Methuen & Co Ltd., 1973.

James Van Horn Melton, *The Rise of the Public in Enlightenment Europe*, Cambridge Univ. Press, 2001.

M. Heidegger, "The Question concerning Technology," *The Question concerning Technology and Other Essays*, trans. William Lovitt, New York: Harper Torchbooks, 1977.

Robert B. Heilman, *Tragedy and Melodrama -Versions of Experience*, Univ. of Washington Press: Seattle and London, 1968.

Robert Metcalf Smith, "the Nature of Domestic Tragedy," *Types of Domestic Tragedy*, Prentice-Hall, INC: New York, 1928.

大笹吉雄,『日本現代演劇史』, 白水社, 1985.

前田愛,『幻景の明治』, 筑摩書房, 1989.

波木井皓三,『新派の藝』, 東京書籍, 1984.

佐藤忠男,『日本映畫史Ⅰ』, 岩波書店, 1995

한국 근대연극의 형성

한국 근대연극의 형성